U0524759

河北省社会科学发展研究重大课题
石家庄学院历史学重点学科建设成果

石家庄文化通史

先秦秦汉卷

王俊华 贾丽英 / 主编

贾丽英 李现红 李巧兰 / 著

中国社会科学出版社

图书在版编目（CIP）数据

石家庄文化通史. 先秦秦汉卷 / 贾丽英，李现红，李巧兰著. —北京：中国社会科学出版社，2018.11

ISBN 978-7-5203-2518-9

Ⅰ.①石… Ⅱ.①贾…②李…③李… Ⅲ.①文化史—石家庄—先秦时代 ②文化史—石家庄—秦汉时代 Ⅳ.①K292.21

中国版本图书馆 CIP 数据核字（2018）第 108105 号

出 版 人	赵剑英
责任编辑	安　芳
责任校对	张爱华
责任印制	李寡寡

出　　版	中国社会科学出版社
社　　址	北京鼓楼西大街甲 158 号
邮　　编	100720
网　　址	http://www.csspw.cn
发 行 部	010-84083685
门 市 部	010-84029450
经　　销	新华书店及其他书店
印　　刷	北京明恒达印务有限公司
装　　订	廊坊市广阳区广增装订厂
版　　次	2018 年 11 月第 1 版
印　　次	2018 年 11 月第 1 次印刷
开　　本	710×1000　1/16
印　　张	23.75
字　　数	389 千字
定　　价	98.00 元

凡购买中国社会科学出版社图书，如有质量问题请与本社营销中心联系调换
电话：010-84083683
版权所有　侵权必究

常山郡故城（贾丽英拍摄）

常山郡故城南城（徐明月拍摄）

封龙山（冀平拍摄）

高庄汉墓今貌（冀平拍摄）

课题组考察常山故城东城墙（徐明月拍摄）

小安舍村石人

赵佗先人之墓(贾丽英拍摄)

赵佗先人冢(贾丽英拍摄)

赵云庙前雕塑（田建恩拍摄）

中山国王䥕墓（杨瑛楠拍摄）

中山古城北城墙（黄子爵拍摄）

中山国哀后墓（黄军虎拍摄）

中山国王陵陈列馆（杨瑛楠拍摄）

藁城台西出土骨镞（田建恩拍摄）

灵寿古城出土镰范、削范、剑范、云雷纹范（田建恩拍摄）

平山穆家庄狩猎宴乐图铜盖豆（田建恩拍摄）

行唐故郡 M2 车马坑局部（张春长拍摄）

行唐故郡 M2 出土鸟盖瓠壶（张春长拍摄）

中山成公墓出土铜銮铃（田建恩拍摄）

中山国兆域图（采自《河北考古重要发现（1949—2009）》，第116页）

中山王䰉墓出土鹰柱铜盆（田建恩拍摄）

中山王䰉墓石编磬（田建恩拍摄）

中山三器之中山王方壶
（黄子爵提供）

中山三器之中山王圆壶
（黄子爵提供）

中山三器之中山王鼎（黄子爵提供）

《石家庄文化通史》编辑委员会

主　任：高　天　王俊华
副主任：王惠周　刘建军　许征程
委　员：李忠良　宋艳涛　胡桂林　柳敏和
学术顾问：
孙继民（河北省社会科学院研究员）
戴建兵（河北师范大学党委书记、教授）
彭　卫（中国社会科学院历史所研究员）
彭建强（河北省社会科学院副院长、研究员）
董存林（河北师范大学历史文化学院教授）
秦进才（河北师范大学历史文化学院教授）
杨振红（南开大学历史学院教授）
张春长（河北省文物研究所研究员）

主　编：王俊华　贾丽英
编　委：赵九洲　王慧杰　付金财　袁丙澍　李现红
　　　　宋　倩　田　雪　陈淑荣　王　倩　李巧兰
　　　　王　锋　田建恩　冀　平　徐明月　庞鸿志
　　　　赵　震　刘露露　董怡廷　侯　苗　王宇欣

序 一

孙继民

王俊华、贾丽英女士主编的《石家庄文化通史》即将出版，借此谈两点自己的感受和认识。

第一，《石家庄文化通史》的编撰反映了河北省学术界在地方史尤其是城市史研究领域向更高阶段的发展和更深层次的推进。

自20世纪70年代末改革开放以来，我省与全国其他地区一样，地方史研究获得长足进展，河北教育出版社1988年出版的《河北古代历史编年》、河北人民出版社1990年出版的《河北简史》和《河北近代史要》以及2000年出版的十卷本《河北通史》就是其中具有代表性的阶段性成果。而作为地方史研究的一部分或者说与地方史研究并列的城市史研究，我省的发轫相较于全国也不算晚，1990年由中国城市经济社会出版社出版的《邯郸简史》和1992年由测绘出版社的《邯郸近代城市史》，不仅属于河北省最早的城市史著作，即使在全国也堪称开风气之先的成果。

石家庄城市史的研究就综合性著作的编撰而言，它在全省既赶不上《邯郸简史》的下手之早，也落在河北人民出版社2003年《邢台通史》（上下册）出版之后。但石家庄毕竟是省会所在，拥有近代以来正太铁路与京汉铁路的交汇机缘，即"火车拖来的城市"带来的工业基础和经济实力，聚集有一大批高等院校、科研单位和文化机构林立带来的文化人才，凭借这一全省政治中心、经济中心和文化中心的优势，她在21世纪之初2001年至2013年的很短时间内，就形成了城市史著作出版的井喷式的爆发，连续推出了政协石家庄市委员会编写、中国对外翻译出版公司2001年出版的《石家庄城市发展史》，中华书局2010年出版的李惠民博士论文《近代石家庄城市化研究》，河北人民出版社2010年推出的《石家庄通史古代卷》（梁勇主编）、2011年推出的《石家庄通史近代卷》（石玉新主编）、2013年推出的《石家庄通史当代卷》（肖力主编）等。短短几年间，石家庄城市史的编著，无论是研究的广度还是涉及问题的深度以及篇幅规模，都跃居全省之首，显示了石家庄市作为省会城市在全省独一无二的文化优势地位。

诚然，冻冰三尺，非一日之寒。石家庄通史著作的编撰能够在进入21世纪后快速推进后来居上，与石家庄市住民对当地历史文化研究的广度和长期积累密切相关。在市情资料积累方面，石家庄当地的各类文化性质的机构从20世纪80年代起就开始编撰了一系列基础性的资料或专题性的著作，如石家庄市总工会有《石家庄工人运动史》（工人出版社1985年版），石家庄市地名志办公室有《石家庄市地名志》（河北人民出版社1986年版），石家庄市地方志编纂委员会有《石家庄市志》（中国社会出版社1988年版），中共石家庄市委党史研究室有《石家庄市资本主义工商业的社会主义改造》（花山文艺出版社1989年版），石家庄市档案馆有《石家庄市大事记（1947—1983）》（河北人民出版社1990年版），石家庄市城乡建设局的《石家庄市市政建设史略》（1991年），石家庄地区地方志编纂委员会有《石家庄地区志》（文化艺术出版社1994年版），中共石家庄市委党史研究室有《中共石家庄党史人物（第三集）》（新华出版社1996年版），石家庄市民政局有《石家庄市行政区划》（中国社会出版社2001年版），河北省制图院有《石家庄市地图册》（西安地图出版社2007年版），石家庄市档案馆有《石家庄解放》（中国档案出版社2010年版）和《石家庄解放档案文献图集》（中国档案出版社2009年版），石家庄市政协组织编纂的《石家庄历史文化丛书》21世纪也由中国对外翻译出版公司陆续出版。此外，石家庄市政协系统还编纂有系列的文史资料书籍，如市政协文史资料研究委员会编辑的《石家庄文史资料》第1—17辑，郊区政协文史资料编辑委员会的《石家庄市郊区文史资料》第1—3辑，桥西区政协文史资料委员会的《石家庄市桥西区文史资料》第1—6辑，新华区政协文史资料委员会的《石家庄市新华区文史资料》第1辑等。还有，与全国性全省性地方志编修同步，石家庄市也在《石家庄市志》之外推出了一系列诸如《石家庄市纺织工业志（1921—1990年）》（河北人民出版社1994年版）、《石家庄铁路分局志

(1897—1990)》（中国铁道出版社1997年版）、《中国南车集团石家庄车辆厂志（1905—2004）》（2005年）、《井陉矿务局志》（河北人民出版社1993年版）、《石家庄市公路交通志》（人民日报出版社1994年版）等企业志部门志等。这些由各类文化机构编纂的基础性市情资料历史资料，无疑为石家庄城市史的编撰提供了坚实的资料基础。

在史料挖掘和资料积累方面，石家庄当地人士长期从事历史文化研究工作的热情和取得的丰硕成果更值得称道。自20世纪80年代以来，石家庄市一直有一批潜心于挖掘当地历史文化资源的人士，如杨俊科、梁勇、张辰来、栗永、段文等就是其中佼佼者。他们在挖掘、研究、宣传石家庄历史文化方面，或潜心钻研，或摇旗呐喊，不遗余力，甘之如饴，推出了一批紧扣石家庄历史文化主题的研究论著和宣传成果，如杨俊科的《石家庄近代史编年》（方志出版社2004年版），梁勇、杨俊科的《石家庄史志论稿》（河北教育出版社1988年版），石家庄地区公路运输史编纂委员会《石家庄地区公路运输史》（人民交通出版社1993年版），李耀峰的《石家庄市非物质文化遗产图典（第1辑）》（河北人民出版社2009年版），栗永的《留住城市的根》（河北人民出版社2008年版）和《石家庄历史文化百题》（中国文史出版社2009年版），赵明信的《历史上的石家庄》（方志出版社2004年版），王智的《石话实说：石家庄的100个故事》（河北教育出版社2011年版）等书。这些论著由于发表或出版时间较早，也由于部分作者的单位性质或专业性质所限，其中有的学术规范未必严格，有的学术水平未必整齐，但都收入了不少他们平时留意的资料、探讨的疑难、研究的心得、解决的问题，也都为后来的石家庄城市史的编撰积累了大量的资料和基础性的研究，形成了一批具体问题研究的论文和其他文章，提供了必不可少的经验以至引为鉴戒的教训，汇合成了构筑石家庄城市史巨著的奠基原石。

以上对以往石家庄城市历史文化研究发展过程的勾勒，固然是着眼于城市史系列著作形成渊源即"来龙"的追溯，但我们更需要在综合性城市史著作撰成之后对石家庄城市史研究今后发展趋势即"去脉"做进一步的展望。笔者认为，《石家庄文化通史》的出版可以说在一定程度上有助于揭示这一趋势的大致方向。《石家庄文化通史》与《石家庄通史》的最大区别在于前者是专门性通史，后者是综合性通史。综史的优势是领域宽广、包罗万象、内容丰富，专史的优势是领域专狭、问题集中、内容深入。专史与综史在初级阶段的逻辑关系，一般来说专史是构成综史的基础，综史是融汇专史的集成，所以就时间顺序而言，应是先有专史后有综史。但是就综史与专史在高级阶段的逻辑关系而言，综史又是专史进一步深入的整体关照，专史则又是综史整体框架内专门问题的进一步深化，所以在高级阶段的时间顺序应是综史在先专史在后。如果说20世纪80年代以来驻石家庄市各机构各人士对本市历史文化进行研究形成的各种资料各种论著，可以视为构成石家庄城市综合性通史著作的前身和专史的话，那么我们现在看到的《石家庄文化通史》则应视为石家庄城市专门性通史在更高阶段对综合性通史《石家庄通史》在文化领域研究的进一步深化。我们正是从这个意义上说，《石家庄文化通史》的编撰反映了河北省学术界在地方史尤其是城市史研究领域向更高阶段的发展和更深层次的推进，也预示了石家庄新一轮城市史其他专门领域迈向更高级阶段的新方向。

第二，《石家庄文化通史》的出版一定程度上还具有市属高校使命回归的学术意义和研究选题更接地气的实践意义。

《石家庄文化通史》的撰写人是以石家庄学院的一批教师为主体，这无论对石家庄市还是对石家庄学院来说都是一个可喜的文化现象。与地方志编纂的空间限定"书不越境"不同，学术研究对象的划分原本并无强制性的空间限定，即所谓"研究无禁区"。不过，这并不妨碍各层级各系统的科研单位实际上还是有一个大致的领域划分，所谓"领域有分工"。作为省会城市，石家庄驻有不少高校和科研单位，但这些高校和科研单位却由于层级和隶属关系的不同，在参与地方历史文化研究方面却有着不同的面向和重点。省社科院和省级文化单位以及河北师范大学等省属重点高校，面向的重点是省级层面的课题和问题，市社科院以及市级文化单位面向的重点是市级层面的课题和问题。这也是河北省历史类的论著多由省社科院承担，燕赵文化类论著多由河北师范大学等省属高校承担，石家庄市历史类论著多由市级单位或人士承担的缘故。按照一般理解，市属高校的石家庄学院，面向的重点应该包括当地的历史文化的研究，但实际情况却不然。我们从以上简述中可以发现，在既有的石家庄市历史文化研究的成果中很难见到石家庄学院作者的身影。一个本应重点面向本地的高校却在本地历史文化研究中长期缺位，这固然有很多原因，但绝非上策。"往者不可谏，来者犹可追。"石家庄学院老师这次主动承担起《石家庄文化通史》的主撰任务，一方面体现了他们对地方历史文化研究从游离其外到参与其中的转变，另一方面也反映了作为石家庄住民和市属高校肩负文化使命的主体自觉，这尤其值得肯定与赞赏。

2018 年 7 月

序 二

杨振红

人类进步的动力，很大程度上源于人类对世界的好奇。好奇的目光投诸三个方向：过去、现在和未来。这三个方向，一定意义上可以概括所有学科的构成。"过去"形成了"现在"和"未来"的基因，决定了今天的面貌，并在相当程度上规定和影响着未来的模样。这一点，无论是自然科学还是人文社会科学概莫能外。我们这些从事历史研究的工作者常常会被人追问你们研究历史有什么用。对于仅仅关心有形的物质和目下功名的人，历史学好像确实没什么实际用处。然而，作为有思想、有情感的万物之灵，怎么可以对自己的过去蒙昧无知、漠不关心？又怎么可能在不了解自己过去的情况下，过好当下，并有一个令人无限期待的未来？

地区史或区域史是历史学的重要分支学科，是我们了解过去不可或缺的视角，尤其对于我们这样一个幅员辽阔的国家来说。上古时代，文明之花灿若满天星斗，开遍中华大地。公元前221年，秦始皇统一中国，此后，中国便长期以一个统一共同体的姿态屹立于世界之林。统治者虽然一贯强调"六合同风，九州共贯"，主张整齐风俗，但不同的自然环境和发展历程，仍造就、形成各地不同的民俗文化、风土人情，所谓"百里不同风，千里不同俗"。因此，要整体地深入地把握中华民族发展的历史，必须建立在充分的地区史和区域史研究基础之上。

石家庄市在中国省会城市中是一个特殊的存在。20世纪初叶，它还是获鹿县（今石家庄市鹿泉区）下一个普普通通的不起眼的村庄，但随着正太铁路的兴建，其四通八达的交通要衢地位才使其价值陡然提升，从而迅速取代县城地位，成为华北地区最重要的交通枢纽和经济中心之一，并在1968年正式成为河北省省会。虽然石家庄的城市历史只有百余年，作为省会城市也只有五十年的时间，但其所辖之地却是中华文明起源和发展的核心区域。现在的石家庄市横跨太行山脉和滹沱河冲击平原两大区域，兼有《禹贡》并、冀两州之地，传说帝尧曾以此为都，战国时为赵、中山之地。自古以来以民风彪悍、"好气任侠""悲歌忼慨"闻名，风俗独特，对中华民族文化和精神的养成产生了重要影响。

2014年，石家庄学院本着服务地方、服务社会的情怀和宗旨，确定了编纂五卷本《石家庄文化通史》作为石家庄学院历史学重点学科建设项目，并通过河北省社会科学发展研究重大课题立项。学院组织了以王俊华、贾丽英教授为代表的学术团队，肩负起这一光荣而艰巨的使命。此套通史以思想、精神风尚、民俗、文学艺术等串线，对今石家庄市区域内的历史进行了系统梳理。由于石家庄市是中国近代化进程中发展起来的一座新兴城市，因此，客观上造成以石家庄为对象的区域通史研究，相较那些历史名城，在历史区域范畴的确定、材料的使用等方面存在更多的困难。但团队不负众望，经过数年努力，各卷陆续完成，即将付梓。虽然由于时间等原因，目前呈现的成果难免存在一些疏漏和缺憾，但作为第一部石家庄文化通史，它显然具有里程碑意义。

我与石家庄结缘，缘于贾丽英教授。贾丽英教授曾在我过去任职的中国社会科学院历史研究所博士后科研工作站工作过两年，其间结下了深厚情谊。此次受贾教授之托，为这样一部具有历史意义的《石家庄文化通史》撰写序言，惶恐之余，也倍感荣幸。在此谨对此套通史的出版表示衷心祝贺。

2018年6月

前　　言

《石家庄文化通史》按时代分作《先秦秦汉卷》《魏晋北朝隋唐五代卷》《宋金元卷》《明清卷》《近代卷》共五卷本，约二百万字。研究对象分期上自远古，下迄石家庄解放（1947年11月），是一个大型的学术工程。这部通史是石家庄学院历史学重点建设学科的标志性成果，凝结了我校及历史文化学院学术同仁的心血，饱含着我们服务地方服务社会的学术热情。与其说通史的写作，完成了一项学术任务，不如说通史的完成，圆了我校史学同仁为石家庄区域文化贡献微薄之力的一个梦想。

"文化"这个词，最早见于西汉。刘向《说苑》："圣人之治天下也，先文德而后武力。凡武之兴，为不服也，文化不改，然后加诛。"① 后来晋代束晳《补亡诗·由仪》："文化内辑，武功外悠。"② 都是将"文化"与没有教化的"质朴""野蛮"相对应，其本义与《周易》中提到的"观乎人文，以化成天下"③ 意义一致。

如今，与文化领域中的许多概念一样，"文化"一词本身的含义就充满歧义。梁启超在《什么是文化》中称"文化者，人类心能所开释出来之有价值之共业也"④。而凡是有助于"正德、利用、厚生"思想的、认识的、艺术的、社会的、器用的等众多领域的物质和精神的业绩，在这个概念中都可以叫作文化。上海书店根据商务印书馆1937年版复印的，由郑振铎、郭箴一、白寿彝等编著的《中国文化史丛书》，就包括了中国

---

① （汉）刘向撰，向宗鲁校证：《说苑校证》卷十五《指武》，中华书局1987年版，第380页。
② （清）沈德潜选：《古诗源》，中华书局1963年版，第155页。
③ （宋）朱熹撰：《周易本义》，中华书局2009年版，第104页。
④ 梁启超：《什么是文化》，《学灯》1922年12月9日。

政治思想史、中国伦理学史、中国文字学史、中国小说史、中国散文史、中国建筑史、中国陶瓷史、中国渔业史、中国水利史、中国医学史、中国算学史、中国妇女生活史、中国救荒史等几十个领域的学术研究成果，全套50种。这种认知应是我们所说的"大文化"。

"小文化"则是专注于精神创造活动及其结果。1871年，英国文化学家泰勒在《原始文化》中提出，文化是一个复杂的整体，"包括知识、信仰、艺术、道德、法律、习俗和任何作为社会成员的人所具有的其它一切能力和习惯"[①]。事实上，泰勒的文化概念与中国传统语言系统中的"以文教化"的意义是相似的，都属于"小文化"的范畴。

我们写作伊始，也就文化史的定义展开充分的讨论，最终确定以"小文化"为研究对象。各分卷需在内容上都涵盖"小文化"中的主流思潮与信仰、文学与艺术、社会习俗与风尚。但是《石家庄文化通史》研究对象从远古，至王国、帝国时期，再至近代社会，历史亘古绵长。每一个时段，尤其是长时段，都有自己的文化特色和风貌。因此我们又强调共性中的个性存在，即"求大同，存小异"。比如说因南水北调工程主要集中在元氏故城，数百座汉墓被集中挖掘，我们在第一卷专门设置"汉墓考古文化"一章。再比如说赵郡李氏，世家家世维系纵贯魏晋北朝一直到隋唐时期，对中古社会影响巨大。因此我们在第二卷中设置"中古时期的世族与世族文化"来探讨赵郡李氏、无极甄氏与土门崔氏等主要世族的兴起与发展脉络、家学渊源等。总之，通史强调文化中的共性，凸显个性，通过对不同的文化现象的分析，总结文化发展的规律，探求石家庄历史文化的精神。

自20世纪80年代以来，区域史和区域文化的研究成为国内史学界关注的重点。这不仅是史学研究自身发展的必然趋势，也是史学服务于地方社会、地方文化的客观需求。《石家庄文化通史》也是在这样一个大背景下构思、规划并完成的。

但是，区域史和区域文化并不完全等同于地方史和地方文化，更不等同于地方志。地方志一般强调的"越境不书"，对于现行行政区划外的事物不会涉及。地方史则多以现行行政区划来划分。而区域史学所强调

---

① [英]泰勒：《原始文化》，蔡江浓编译，浙江人民出版社1988年版，第1页。

的是立足于文化、民族、语言、地理、气候、资源等结构性要素，以整体或单一要素，如政治、经济、文化等为标准来探讨一个特定空间的历史进程或历史发展共性特征。① 法国年鉴学派代表人物费弗尔、布罗代尔、埃马纽埃尔等都是区域史学研究的早期代表。布罗代尔区域史经典之作《地中海与腓力二世时期的地中海世界》，将时间和空间统一起来，历史在这里就成为特定时空点上的一个坐标。埃马纽埃尔《蒙塔尤》则是把时空锁定在1294—1324年奥克西坦尼一个山村，再现了六百年前蒙塔尤的自然生态、宗教信仰、社会民俗等历史面貌。② 这都是"整体"区域史的代表之作。

区域文化史，是以单一要素为标准的。它不同于区域整体史，也不同于区域经济史或区域社会史。它所侧重的应该是"宗教、习俗、语言等文化表象的同一性"③。

本套书是以现行行政区划为标准来划分的，在严格的意义上来说不能称作区域史学，只能叫作区域性史学。但是，《石家庄文化通史》全书共分五卷，分不同的时段来讨论问题。比如先秦的中山国文化，汉代的常山文化，唐代的恒州文化、赵州文化，明清的真定府文化等本身都是对一个特定时段、特定空间文化现象的探讨，其文化现象之间具有明显的同质性和系统性，都属于较为典型的区域史学。而我们在研究过程中，也注意运用了区域史学的视角和研究方法。比如先秦时期依托中山国遗址、中山王墓等考古资料重点探讨了中山国文化现象和文化风貌；汉代的常山国、常山郡，则依托南水北调考古工程的丰硕成果，对两汉常山一带的信仰、习俗、生活等做了较为系统的研究；宋金时期真定府，依

---

① 王先明：《"区域化"取向与近代史研究》，《学术月刊》2006年第3期，认为区域史是"立足于文化、民族、语言、地理、气候、资源等结构性要素，从整体上探讨影响一定区域内的历史进程的力量及其原因或区域历史发展共性特征的一种视野或方法"。徐国利：《关于区域史研究中的理论问题——区域史的定义及其区域的界定和选择》，《学术月刊》2007年第3期，认为"区域史（学）就是研究社会历史发展中由具有均质（同质）性社会诸要素或单要素有机构成的、具有自身社会历史特征和系统性的区域历史，进而揭示区域历史发展系统性、独特性的史学分支学科"。笔者倾向于徐国利先生说。

② [法]埃马纽埃尔·勒华拉杜里：《蒙塔尤》，许明龙、马胜利译，商务印书馆1997年版。

③ 张利民：《区域史研究中的空间范围界定》，《学术月刊》2006年第3期。

托现存正定隆兴寺、佛教石窟摩崖造像和碑刻,对宋金时期宗教和民间信仰进行着重探讨。

现石家庄辖区,区域范围小,史料收集相对困难。越是时代久远,史料不足的问题越严重。因此在研究中,我们一方面充分利用文献材料,将各代地方志、正史、类书、政书、地理书、字书,甚至笔记小说、诗文等都纳入研究视野;另一方面,高度重视考古学资料。碑刻、简牍,以及考古发掘资料,都是各分卷写作中高度关注的。我们不敢说穷尽了所有的考古材料,但主要的碑刻、墓志、壁画、墓葬等内容,都网罗其中。

作为一个区域性文化史,必然涉及生活在这一空间中的人。而生活在这一区域,并对这一区域的社会生活文化产生重要影响的有两类人,一个是原住民,一个是外籍人。因此对于重要人物的文化活动,我们采用的原则:一是"以地系人"。是指那些籍贯在本地的杰出人士,即使后来由于各种原因离开本地,也纳入研究范围。如宋代真定灵寿人韩亿家族,自韩亿开始以科举起家,其子韩缜、韩绛和韩维,都曾经做过宰执。在学术上,韩维和韩绛两兄弟直接受教于程颐、程颢。因此韩亿家族是我们重点关注的对象。二是"以事系人"。是指那些在本地为官、传道、游历的重要人物。比如汉代常山太傅韩婴,本为燕地人。但在任常山太傅时期对于常山经学、易学、韩诗的传播都起到了积极的推动作用。因此在探究两汉时期的主流思想、文学成就时,对韩婴的突出贡献多有叙及。

区域文化的研究,除了关注同一区域文化的同质性、系统性之外,还需要关注超越区域的问题,尤其是当研究的范围相对较小之时。在《石家庄文化通史》的写作中,我们特别注意两种关系。其一,研究本区域与邻近地区的同质关系。比如汉代距今时代久远,资料稀少。但邻近的河北保定满城,中山国刘胜及夫人墓材料丰富,而事实上在两汉时期中山国也曾辖新市(治所正定新城铺)、毋极(治所无极西南新城村)、深泽(治所深泽县城)三县,所以在研究中我们就采用了汉时中山国相当数量的资料;再比如中古博陵崔氏的材料很丰富,而由其分化出来的土门崔氏和平山崔氏的相关材料并不是特别丰富,那么我们较多地运用了博陵崔氏相关材料来探究土门崔氏和平山崔氏的大致风貌。其二，区域文化与主流文化的统一关系。区域文化的独特性是我们关注的重点，但因材料的稀疏以及时代的特点，我们也采用从主流文化视角来阐释石家庄地域文化的研究方法。比如西汉中期以后，大一统主流汉文化对原该地赵文化的冲击和同化严重，因此研究常山一带服饰饮食、墓葬风俗，就适当采用关中地区的材料加以补充说明。两宋时期虽没有达到地域上的统一，然而宋统治地区仍是文化中心，辽金少数民族仰慕中原文化，真定府也是中原文化北渐的通道，因此研究该地的生产习俗、生活习俗和岁时节日习俗也适当采用当时京畿周围材料加以说明。

作为一个大型的学术工程，如同其他多卷本著述一样，我们从写作伊始至今，多次召开调度会，分别就选题的确定、大纲的构思、写作的规范、实地考察的地点、人员的调整、写作的进程等进行讨论、协调。虽然课题组的老师们各尽其力，但毕竟作者较多，编写的时间又很仓促，故不仅在具体问题上，恐在整体结构上也有不尽人意的地方。

《石家庄文化通史》是在石家庄市委宣传部、石家庄学院各级领导的大力支持下完成的。在此谨表谢忱！感谢河北省社科联、河北省历史学会给予的大力支持！

石家庄学院教学任务较重，《石家庄文化通史》课题组的部分老师还承担着国家社科规划项目、教育部人文社科项目、河北省社科规划项目等研究任务，为了完成这部集体著作，各位作者牺牲个人的休息时间，全力以赴，才使这个大型学术工程得以如期完成，感谢大家！

河北省文物局韩立森副局长、河北省文物研究所张春长主任、河北省博物院张慧研究员为丛书提供了封面照片，感谢他们的热情帮助！

中国社会科学出版社郭沂纹副总编、责任编辑安芳老师为本书的顺利出版做了很多工作，真诚地感谢她们！

王俊华　贾丽英

2017 年 12 月

目　录

先秦篇

第一章　先秦时期石家庄地区历史文化遗存 ……………………（3）
　第一节　石家庄旧石器时代历史文化遗存 ………………………（3）
　　一　井陉东元村文化遗址 …………………………………………（4）
　　二　平山县水帘洞文化遗址 ………………………………………（5）
　　三　与国内外旧石器时代发掘和研究的比较 ……………………（7）
　第二节　石家庄地区新石器时代遗存 ……………………………（8）
　第三节　夏商西周时期历史文化遗存 ……………………………（12）
　　一　夏和先商遗址 …………………………………………………（12）
　　二　藁城台西商代遗址 ……………………………………………（16）
　　三　石家庄地区其他商代遗址 ……………………………………（17）
　　四　石家庄地区其他西周时期遗址 ………………………………（21）
　第四节　春秋战国时期中山国历史概况 …………………………（21）
　　一　历史沿革 ………………………………………………………（22）
　　二　疆域范围 ………………………………………………………（29）

第二章　先秦时期石家庄地区的思想与艺术 …………………（38）
　第一节　中山国文化总体特征 ……………………………………（38）
　　一　"崇山"意识强烈 ……………………………………………（38）
　　二　多民族融合色彩浓烈 …………………………………………（43）
　　三　中山国多民族融合的演变 ……………………………………（44）

第二节　学术思想 …………………………………………（45）
　　一　学术文化 ………………………………………………（45）
　　二　祖先上帝崇拜 …………………………………………（50）
　　三　占卜相术 ………………………………………………（55）
第三节　艺术文化 …………………………………………（57）
　　一　文字艺术 ………………………………………………（57）
　　二　青铜艺术 ………………………………………………（63）
　　三　玉石艺术 ………………………………………………（70）
　　四　陶器艺术 ………………………………………………（74）

第三章　先秦时期石家庄地区的文学 ……………………（83）

第一节　先秦时期石家庄的地域版图 ……………………（83）
　　一　夏商周时期石家庄的地域版图 ………………………（83）
　　二　春秋战国时期石家庄地域版图 ………………………（84）
第二节　上古时期石家庄地区的神话传说 ………………（86）
　　一　上古时期石家庄神话传说的特点 ……………………（87）
　　二　上古时期石家庄地区的神话传说 ……………………（87）
　　三　上古时期石家庄地区神话传说的价值 ………………（91）
第三节　先秦时期石家庄地区的诗歌 ……………………（92）
　　一　先秦时期石家庄地区的诗歌 …………………………（92）
　　二　先秦时期石家庄地区的诗歌的价值 …………………（97）
第四节　先秦时期石家庄地区的散文 ……………………（98）
　　一　我国先秦的散文文学 …………………………………（98）
　　二　先秦时期历史散文的发展历程 ………………………（99）
　　三　先秦时期石家庄地区散文文体 ………………………（101）
第五节　先秦时期石家庄地区韵文性的赋体文 …………（104）

第四章　先秦时期石家庄地区的生活文化 ………………（108）

第一节　平山水帘洞遗址生活文化 ………………………（108）
　　一　旧石器时代平山水帘洞生活习俗 ……………………（108）
　　二　水帘洞遗址的考古学意义 ……………………………（110）

第二节　藁城台西商代人的生活文化 …………………………（111）
　　一　藁城台西地区商代人的生活和生产方式 ………………（111）
　　二　商代时期藁城台西地区的生活特点 ……………………（122）
第三节　战国中山国人的生活文化 …………………………（125）
　　一　衣食住行 …………………………………………………（125）
　　二　婚姻家庭 …………………………………………………（137）
　　三　丧葬礼俗 …………………………………………………（148）

秦汉篇

第五章　秦汉恒山郡（国）、常山郡（国）、真定国建置沿革 ……（157）
第一节　秦之赵郡与恒山郡变迁 ……………………………（158）
第二节　两汉常山郡（国）及真定国沿革 ……………………（165）
　　一　项羽及西汉帝国时期 ……………………………………（166）
　　二　东汉帝国时期 ……………………………………………（173）
第三节　东垣、真定、东古城的变迁与赵云故里 ……………（179）
　　一　东垣、真定、东古城的变迁 ……………………………（179）
　　二　真定、正定的由来与赵云故里 …………………………（185）

第六章　主流社会思潮与国家祭祀 ……………………………（197）
第一节　常山黄老之学的流传 ………………………………（198）
　　一　民间黄老思潮 ……………………………………………（199）
　　二　田叔的黄老之术 …………………………………………（202）
　　三　韩婴的黄老思想 …………………………………………（206）
第二节　常山儒家经学的传播 ………………………………（209）
　　一　常山经学流传概况 ………………………………………（210）
　　二　以韩婴为代表的常山易学传播 …………………………（215）
第三节　从元氏汉碑看东汉的国家祭祀 ……………………（222）
　　一　元氏七通汉碑所见祷山求雨 ……………………………（223）
　　二　元氏汉碑所见常山国官祀经费的筹措管理 ……………（229）
　　三　汉代山岳祭祀中的求雨弭灾观 …………………………（231）

第七章　文学与艺术成就 ……………………………………（235）
第一节　文学成就 ……………………………………………（235）
一　韩婴与韩诗学派 …………………………………………（235）
二　伏恭与齐诗学派 …………………………………………（256）
第二节　艺术成就 ……………………………………………（262）
一　常山王禹的音乐成就 ……………………………………（263）
二　石家庄地区的书法艺术 …………………………………（265）
三　雕塑等艺术成就 …………………………………………（271）
四　小安舍村出土石人考 ……………………………………（274）

第八章　汉墓考古文化 …………………………………………（286）
第一节　高庄常山王汉墓 ……………………………………（287）
第二节　北新城真定王汉墓 …………………………………（294）
第三节　南水北调汉代墓葬群 ………………………………（297）
一　常山故城中心聚落的繁荣 ………………………………（298）
二　元氏南程汉墓群 …………………………………………（302）
三　鹿泉西龙贵汉墓群 ………………………………………（306）

第九章　社会风俗文化 …………………………………………（310）
第一节　饮食与厨事 …………………………………………（311）
第二节　人俑与服饰 …………………………………………（320）
第三节　居住与建筑 …………………………………………（335）

参考文献 …………………………………………………………（345）
一　史料 ………………………………………………………（345）
二　引用著述 …………………………………………………（349）
三　引用论文 …………………………………………………（352）

先 秦 篇

李现红　李巧兰等

第一章

先秦时期石家庄地区历史文化遗存

石家庄地区先秦时期历史文化遗存丰富，使石家庄先秦的历史有据可依，对研究石家庄的历史意义重大。

第一，先秦时期石家庄地区的历史遗存在时间上是延续的。所以，石家庄具有延续的历史文化。以旧石器时代为例，石家庄地区的文化遗址就有包括井陉东元村、平山水帘洞、井陉龙窝村、井陉河西村等在内的近十处地点。

第二，石家庄无夏代历史的说法已被打破。仅就目前的发现来看，石家庄地区的夏代遗址分布在多个地区，根据古人生活地点的选择规律来看，在滹沱河流域，无疑还存在其他夏代遗址，只是目前尚未被发现而已。

第三，早期历史文化遗址地点，大都在滹沱河流域，并且在时间上存在自西向东、从早到晚的序列，同时，由于石家庄处在太行山东麓和滹沱河交界的地方，所以，这一地区的文化交流既有自东向西的，又有从北向南的。这就注定了石家庄的文化具有多种文化基因。

以上几点，有的属于保守的推测，随着已经被发掘的遗址和更多的材料公之于众，更期待在条件成熟的情况下有更多的新的考古发现以不断检验和印证我们的结论。

第一节 石家庄旧石器时代历史文化遗存

一般认为，旧石器时代（距今约300万年—约1万年）是以使用打制石器为标志的人类物质文化发展阶段。地质时代属于上新世晚期更新世,从距今约 250 万年前开始,延续到距今 1 万年左右止。其时期划分一般采用三分法,即旧石器时代早期、中期和晚期,大体上分别相当于人类体质进化的能人和直立人阶段、早期智人阶段、晚期智人阶段,旧石器时代的文化在世界范围内分布广泛。由于地域和时代不同,以及发展的不平衡性,各地区的文化面貌存在着相当大的差异。

石家庄市的历史虽然较某些省会城市较晚,但是就近些年以来的考古发现来看,石家庄地区的历史从旧石器时代以来从未间断过,境内的古代文化遗址内涵丰富,数量众多,现已查明达 200 余处,所以,石家庄地区的历史文化内涵的丰富程度并不亚于某些古都级的城市。上起距今 5 万年以前旧时器时代文化遗址,下迄明清各类遗址,不仅时间跨度大,而且类别全、价值高。这些不同时代的古文化遗址从不同侧面反映了石家庄源远流长的历史文化脉络。井陉县孙庄乡东元村文化遗址,成为石家庄市境内发现的旧石器时代的人类文化遗址,由此掀开了石家庄的历史。根据目前公布的资料,介绍如下:

一 井陉东元村文化遗址

井陉县孙庄乡东元村旧石器时代遗址位于井陉县城北 15 公里处,是石家庄境内迄今发现最早的一处旧石器时代遗址。1990 年 11 月 19 日,河北省文物复查队旧石器组发现。此处遗址位于井陉县城北 15 公里处的孙庄乡东元村村北 100 米的丘陵地带,西临滹沱河中游的重要支流——冶河。高出冶河河床 15 米左右,断面上层为黄褐层,厚 3.5 米,下层为红色黏土层,厚度约为 7.5 米。黏土层东西长 100 米,南北宽 100 米,面积 1 万平方米。

近年来文物工作者在绵河东岸台地上发现了人工打制的石片、刮削石器、砍砸器等石制工具,经专家鉴定,这些以河卵石为材料加工而成的石器,为山西丁村类型的旧石器时代遗物,距今已有 30 万年以上。(图 1—1)

这处遗址的发现,首先证明了太行山东麓(石家庄境内),早在 5 万年以前,人类的祖先就已经在这片土地上生息了。

图1—1 井陉东元村出土的丁村类型刮削器、砍砸器①

二 平山县水帘洞文化遗址②

（一）平山县水帘洞简介

2009年发现的"水帘洞遗址"位于河北省平山县沕沕水景区一瀑布水帘之下，基于地层地貌、文化遗物及动物群分析，该遗址是距今约2万至3万年的旧石器时代晚期洞穴遗址，在地质学上被称为第四纪晚更新世晚期，在考古学上叫作旧石器时代晚期，在人类演化史上则处于晚期智人阶段，准确年代有待对文化层中保存的烧骨、碳粒等标本的碳十四测年最终确定。这一时期水帘洞一带水量充沛，植被茂盛，动物成群，为他们的生存与繁衍提供了优越的环境。

水帘洞人的相貌特征，仅凭现有的考古资料还没有确定答案，因为在洞内还没有发现与人类相关的头盖骨或其他能证明人类长相、脑量、高低、年龄的实物资料。只能依据国内外其他考古发现来分析比较，大致勾画出他们的面貌。水帘洞人在人类发展进程中处在晚期智人阶段，因此又叫作现代智人，在人体解剖结构上与现代人基本相同。据以往研究，北京猿人就具备了蒙古人种的某些特征，而山顶洞人的体质特征与蒙古人种几乎相同。总体特征是皮肤黄色；头发黑色、粗直；眼睛黑色或深褐色；面部宽阔，颧骨平扁而突出；鼻梁低矮；丹凤眼（眼内角下斜，外角上斜）；胡子、体毛稀少。水帘洞人与山顶洞人时代相当，文

---

① 栗永、梁勇：《滹沱河，从历史深处奔涌而来》，《石家庄日报》2013年7月26日，第10版。

② 据河北省文物局副局长谢飞文整理，《燕赵晚报》2010年7月14日、7月15日。

一脉相承。水帘洞人和山顶洞人都被视为黄种人的祖先。

(二) 平山县水帘洞遗址与其他遗址

1. 水帘洞遗址与泥河湾遗址的渊源

河北泥河湾遗址自从距今200万年出现古人类及其文化以来,文化从来没有间断过,因此常被誉为东方人类的家园,官方也提出过"东方人类从这里走来"的口号。

水帘洞文化是泥河湾早期文化繁衍并传播的一个支系在太行山东麓的晚期代表,即水帘洞文化的根在泥河湾。在中国北方特别是华北地区,距今200万年前就拥有了极具特色的文化,那就是学术界所说的小石器文化,这和非洲、欧洲等以手斧技术为代表的文化有较大区别,同时与中国南方特别是长江流域以砾石石器为代表的文化也大相径庭。这一文化传统的基本特征是石器体型细小,以石片石器为主,少见粗大石器,常见的器形有砍砸器、尖状器、刮削器和雕刻器等。

在华北地区典型的小石器文化传统中,最早的是泥河湾马圈沟遗址,著名遗址还有小长梁、东谷坨、飞梁、马梁、北京猿人、侯家窑、板井子、西白马营、山顶洞、田园洞、二道梁、虎头梁,再就是水帘洞遗址。从遗址分布分析,这一文化传统的起源及传播路线很清晰——源头是泥河湾,桑干河孕育了小石器文化,顺流而下发展到下游永定河,产生了更加灿烂辉煌的北京猿人文化。这一文化传统在周口店一带扎根后,又顺着太行山东麓向南传播,又沿燕山南麓向东和东北发展。其中向南传播的这支到达了拒马河流域、滹沱河流域及其以南地区。在水帘洞遗址附近的井陉县,这一文化的历史可以追溯到二三十万年以前,在距今二三万年前后,水帘洞文化开始绽放,成为华北地区和滹沱河流域的重要文化代表。

2. 水帘洞人与北京猿人的渊源

北京猿人文化是中国旧石器时代文化的瑰宝,出土的人类化石及文化遗物极其丰富,从距今六七十万年一直延续到二三十万年前,是世界上影响最大的古人类文化遗存。之后又出现了山顶洞人及其所创立的文化。水帘洞遗址与山顶洞时代接近,地域接近,水帘洞人生活很有可能会受其影响。

一是水帘洞人和山顶洞人的居住方式或习惯相同,都属于穴居者。

他们虽然处于不同的时代，面对不同时代的动物群和植物群落，但是都生活在石灰岩地区，其基本资源和生产方式是相通的；二是同一文化传统显示出其深厚的渊源关系，二者均属北方小石器文化传统，加工石器的方式方法一致，都使用锤击法和砸击法，砸击技术都非常娴熟。另外石器的加工以正向为主，辅以其他修理技术。石器的类型也较为接近，大小也近于雷同；三是他们都非常喜欢选取石英作为原材料，对于这种被实验考古学证明不易加工石器的原材料，他们都情有独钟。我们知道石灰岩地区不产石英，北京猿人也好，水帘洞人也罢，要想得到它，必须到较远的地方采集并携带回家。况且石英本身硬度较高，与铁相同，打片非常困难。那么，他们为什么会选择这种石料呢？大概也应该从两个方面来考虑：一方面遗址附近缺少诸如燧石、石英砂岩等优质石材；另一方面可能最为重要，那就是他们共同拥有并熟练掌握对付石英最有效的加工技术，那就是砸击技术，这是提高这种岩石利用率的最佳选择。同样的情况也见于河南安阳小南海遗址。如上分析可知，水帘洞文化与北京猿人文化间既表现出了深远的渊源关系，在某些方面，也显示出文化间的内在联系。[①]

3. 太行山东麓相关遗址

在旧石器时代晚期的水帘洞人生活时期，小型的人类群体星星点点地散布在太行山东麓。就洞穴遗址而言，从北京至安阳的太行山东侧，已经发现了山顶洞、水帘洞和小南海洞穴遗址，恰巧三个遗址的时代大体相当或稍有早晚，其中水帘洞或许稍早些。如此，基本可以认定，山顶洞和小南海的居民，无疑是水帘洞人的远亲。同时，并不排除他们之间存在文化交流的可能性，应当加强研究、探讨。水帘洞人生活时期，太行山东麓分布着不少同时期人类群体，既有远亲，又有近邻，山顶洞人和小南海人是他们的远亲，诸如井陉朱会沟一样，同一时期、同一领域生活的远古居民则是他们的近邻。他们邻里之间来往密切，甚至会成为亲戚。

三 与国内外旧石器时代发掘和研究的比较

我们对石家庄地区旧石器时代遗址的研究还很薄弱。当然，这也是

[①] 石家庄新闻网。

由于复杂原因，国外的研究起步早，体系健全，门类丰富，而国内其他地方的研究侧重对古人类的研究方面，这对我们的研究也有借鉴意义。

不难发现，在石家庄地区的旧石器时代遗存比较丰富，并且非常具有代表性，不仅对于研究河北地区的古人类活动提供了重要依据，并且对于研究中华大地上旧石器时期的人类活动及分布情况提供了重要资料。这对于提高石家庄地区乃至河北省的历史文化内涵都有积极作用，这也成为河北省重要的历史文化资源，它的开发与保护也将成为新的课题，甚至对于河北省经济社会的发展都有重要作用。

我们期待考古工作者加快对包括水帘洞遗址在内的资料整理和科学报告出版进度，使这一科研成果早日被社会和公众分享。另外择机召开科学研讨会，听取业界专家的意见，扩大旧石器时期石家庄地区历史文化在国内外的影响。

第二节　石家庄地区新石器时代遗存

在考古学上，新石器时代是石器时代的最后一个阶段（距今约 1 万年至 2000 多年不等），以使用磨制石器为标志的人类物质文化发展阶段。我国大约在公元前 1 万年就已进入新石器时代，由于地域辽阔，各地自然地理环境很不相同，新石器文化的面貌也有很大区别。

新石器时代的标志是人类开始使用磨制石器，年代大约从 1.8 万年前开始，结束时间约距今 5000 多年至 2000 多年。

相对于旧石器时代，石家庄地区新石器时代的遗址地点就比较多，主要分布在正定、赵县、赞皇和井陉地区，而且其文化遗存也更加丰富。

第一，正定。

1. 正定南杨庄仰韶文化遗址

南杨庄仰韶文化遗址，位于正定区城南约 8 公里杨家庄村北。这里有一片高大的土岗，俗称"卧龙岗"。1955 年，在这片岗地上，发现了石家庄境内第一处新石器时代仰韶文化遗址，该遗址面积 2 万多平方米，文化层厚度在 0.80—2.20 米之间。1980 年，对此遗址进行了正式发掘，发现了房址、陶窑、灶、墓葬、灰坑等重要遗存，出土有大量陶器、石器、骨器、蚌器等文物。

采集到的遗物以陶片居多，尤其是三片釉陶片的出土引起了专家学者的高度重视，釉陶片呈酱褐色，质细胎薄，火候高、硬度大，通过化学分析和物理性能测定，被确认为原始瓷器。这一重大发现，使我国瓷器起源又向前推进了1000多年。陶器中有两件陶蚕蛹，是仿照家蚕蛹制作的，由此证明，滹沱河流域早在5400多年前就已从事育蚕丝织手工业；其次在出土器物中，彩陶居首位，呈砖红色，橙黄较常见，表面磨光，火候较高，彩陶上饰以黑色、红色、棕色几何形图案或纹饰。器形多数为敛口钵，兼有尖底瓶、敞口平底盆、侈唇罐。除陶片外，还发现许多生活工具，如石斧、石铲、骨器，除日常用的小型生产工具还发现了加工粮食的实用工具石磨盘、磨棒等珍贵文物。

出土器物大多有纹饰装饰，既有平行竖条纹和网状纹等该遗址特有的风格纹饰，也有"大司空类型"的叠人字纹、勾状纹和用三角、平行曲线组成的几何形纹，并且还发现有少量属"庙底沟类型"的彩陶片。这也说明该遗址开始时间较早，延续发展的时间是比较长的。

2. 正定西洋村遗址

西洋村遗址，位于正定城东北部4公里处的西洋村西约1000米处。遗址为土丘，周围在20世纪40年代是长年积水的低洼地，由于农村早年在此用土和平整土地，土丘渐少。土丘东面断崖暴露多处红烧土、红陶片、灰陶片等，未发现完整器物。经专家鉴定，为新石器时代仰韶文化至商代文化遗存。

根据1959年调查记录，在遗址的四周，地面下0.7—1米处发现有文化层，内有绳纹砖、绳纹瓦片等，夹杂有仰韶时期陶片，估计四周被汉代文化层扰乱，仰韶文化堆积只有土丘部位，在土丘正北约300米处，有一土岗，土岗中有一条通往牛家庄的大道，大道东断崖上有断续的文化层，厚达0.3—0.4厘米，内有绳纹灰陶片、石刀、鬲足等。

现存遗址东西宽30米，南北长50米，中心为高6米、直径约30米的土丘，文化层厚度为1.5米。

3. 正定小客遗址

小客遗址，位于正定区西北12公里处的小客村东250米处，地跨小客、北早现两村。遗址平面呈长方形，东西长约320米，南北宽约100米，为新石器晚期。

1981年秋，北早现中学学生经常从小客村东的一块地里捡到石斧、石铲等，正定文保所立即派人前往调查，在遗址断崖处发现灰坑和红烧土数处，并采集到一些磨光黑陶、灰陶、红陶、夹砂红陶片，另外还有石器和骨、蚌器等。

从这些遗物中可分析出器物有陶鬲、大口尊、大瓮、豆、罐、石斧、石铲、石锛、石杵、蚌锯、卜骨等。陶片纹饰有篮纹、绳纹、篦纹、指甲纹、方格纹、同心圆等。经鉴定为一处龙山文化遗址。

第二，平山。

平山县新石器时期遗址有多处，平山中贾壁遗址最先被发现，此外还有平山的南贾壁、西水碾、坡底、西沿兴、西荣村、郭苏西山、胡村、东岳村等多处。

平山中贾壁遗址属于新石器时代仰韶文化，位于平山县城西1公里的台地上，东距冶河300米，北距滹沱河4公里，占地面积约5000平方米。1983年秋发现，1984年7—9月，文物工作者对其进行了发掘。发掘面积275平方米。共发现灰坑29座，灶址一处，并出土了大量的陶片、石器、骨器；1984年以后平山境内相继发现了坡底、西水碾、郭苏西山、胡村、东岳村5处龙山文化遗址；1984年7月，考古工作者在坡底村清理灰坑一座，采集陶片泥质陶较多，夹砂陶次之。可辨器形有碗、瓮、罐、壶、器盖等。陶色多见黑灰，个别也见外表黑灰内胎褐色者。制作工艺既有轮制也有手制，已经体现了在仰韶文化基础上发展起来的龙山文化制陶业特征。

这些龙山文化遗址的发现为考证该区域仰韶文化的发展去向提供了一定的线索。

第三，赵县。

赵县贾吕村遗址是目前赵县境内发现的唯一一处新石器时期遗址。2010年，在配合京港澳高速公路（石安段）改扩建工程进行的考古调查中，河北省文物研究所考古工作人员在赵县贾吕村东发现一处遗址。2013年3月，省文物研究所会同石家庄市文物局、赵县文物旅游局组建贾吕遗址考古队，对遗址进行抢救性考古发掘。通过发掘确认，该遗址为距今5000—6000年前的新石器时代古村落，大体属仰韶时代晚期，发掘区所处位置可能为新石器时代聚落的边缘区，而核心区应在公路占地范围以外。

目前，该遗址已出土一定数量的器物、陶片（图1—2），出土的钵、罐、盆、连口壶等器物、陶片等一些具有新石器时代特征的文物，部分器形与大司空文化和午方类型均有相似之处。两个疑似石砸、石斧之类的工具最具代表性，将赵县人类活动历史提至5000年前。

图1—2　赵县贾吕村出土的部分陶片①

除器物、陶片外，遗址中还发掘出一个灰坑、一口水井和一条浅沟。在发掘现场的探方内，有许多深浅不一、大小不等、形状各异的土坑。据韩金秋博士介绍，这些土坑是灰坑，是古人倾倒垃圾的场所，目前已挖掘出30多个这样的灰坑。

河北省文物研究所徐文英说该遗址为石家庄地区继正定南杨庄、平山中贾壁之后发掘的第三处新石器时代遗址，丰富了冀中地区新石器时代考古资料。它是赵县迄今为止发现的唯一一处新石器时代的古人类遗址。该遗址及出土的相关器物，有利于研究者进一步掌握这一地区历史规律，并根据这一规律对今后的考古研究提供佐证，从全市范围来看，这一地区的考古发现也具有突出的研究价值。

---

① 《新石器时代古村落遗址惊现赵县》，《燕赵晚报》2013年4月26日，第4版。

第四,赞皇。

赞皇目前发现的新石器时期遗址是赞皇万坡顶遗址,该遗址位于赞皇县城西侧高地上,当地人俗称"万坡顶"。该遗址平面近似长方形,东西长300米,南北宽205米,面积约61500平方米,文化层堆积情况复杂,厚约3米,未经正式发掘。遗址地势高度由北偏东部向三面递减,东部破坏较为严重,有一条宽6米的道路穿过遗址,其他部分保存良好。经专家认定,该遗址为一处新石器时代文化遗址,距今已有5000多年。

近年来,遗址内曾出土石斧3件,穿孔石刀2件,石镞2件,石镰1件,残石刀片8件,出土陶器多为泥质灰陶,陶片纹饰有绳纹、篮纹、划纹、曲折纹、方格纹等。

第五,井陉。

井陉县位于河北省西部边陲,冀晋结合部,太行山东麓,北邻平山县,东部和东南部与鹿泉、元氏、赞皇三县毗连,西部和西南部同山西省盂县、平定、昔阳三县接壤。井陉以地形而得名,素有"太行八陉之第五陉,天下九塞之第六塞"之称,乃冀通衢要冲,历代兵家必争之地,一则曰"天下险塞",再则曰"兵家必争"。井陉又被称为天下九塞之第六塞。历史上著名的韩信背水列阵攻克赵国之战,抗击日寇的百团大战,就发生在今微水镇一带。正是因为井陉的历史悠久,所以有许多的遗址。井陉县境内的测鱼、胡家滩、天长镇一带,已有人类原始居民聚居。据对胡家滩、吕家、段庄、马村等地发现的陶器、石器等器物的考证,发现它们均为新石器时代文物。这表明最迟在原始社会晚期,井陉境内已有人类聚居。[1]

第三节　夏商西周时期历史文化遗存

一　夏和先商遗址[2]

石家庄地区夏和先商遗址主要分布在市区、井陉县、正定县、赞皇县、平山县、灵寿县。

---

[1] 《井陉概览》,井陉县人民政府,2012年版。
[2] 本部分作者:石家庄学院历史文化学院人文教育专业2015级学生赵震。

(一) 石家庄市区

1. 市庄遗址（新华区市庄村南）于 1954—1955 年发掘，面积 1 万余平方米，文化层厚 1—2 米。属夏商时期先商文化遗存的遗迹有灰坑，遗物有石器、骨器和陶器。陶器以夹砂灰陶为主，次为泥质黑陶和灰陶。器表除素面磨光外，纹饰主要是绳纹。器形有鼎、鬲、罐、盆、豆等。①

2. 贾庄遗址（井陉矿区贾庄乡贾庄村东）1990 年调查发现，面积约 1.6 万平方米，文化层厚 0.5—1.5 米。暴露遗迹有烧土块和灰坑。采集遗物有石斧、石铲和陶器残片。早期遗存属先商文化，陶器以夹砂灰陶为主，次为泥质黑陶。器表纹饰以细绳纹居多。器类有鬲、盆、蛋形瓮、罐等。

(二) 井陉县

井陉，地当太行要冲，左控幽冀、右扼雍并，在八陉之中不仅是兵家必争的天下险塞，且是渤海湾以西一条十分重要的冀晋孔道，自古即为经济往来、文化交融的要枢之区。

1. 井陉县夏代遗址：在石桥头遗址灰坑中采集到带有实足跟的夹砂细绳纹大袋足灰陶鬲残片；在场树岭遗址采集到细绳纹灰褐陶扁足鼎、细绳纹黑皮褐陶蛋形瓮等残片；在微水镇微新庄金良河北岸台地亦采集到与石桥头、杨树岭同类的鬲、鼎、瓮残片；在良都乡南良都村东金良河北岸丘陵顶部发现的遗址，不仅获得上述同类鬲、瓮及席纹红褐陶瓮残片，断崖上还暴露出半地穴式房子、百砌灶坑等遗迹。含有上述典型器物的遗址，时代上均处于夏纪年的阶段，依据遗物特征，均确定为先商时代的遗址。

2. 南横口遗址（秀林镇南横口村西 250 米）位于绵河南岸的台地上。1989 年调查发现。面积 1 万余平方米，文化层厚 1 米，暴露遗迹有灰坑。采集遗物为陶器残片，以夹砂灰陶和泥质灰陶为主，次为泥质黑陶。器表多饰绳纹，其次为素面磨光。可辨器形有鼎、罐、盆、蛋形瓮、豆和鸡冠器耳等。属先商文化遗存。

3. 石桥头遗址（天长镇石桥头村东北 100 米）位于绵河北岸的台地上。1989 年调查发现。面积约 4 万平方米，文化层厚 1 米，暴露遗迹有

---

① 河北省博物馆：《河北藁城台西村的商代遗址》，《考古》1973 年第 5 期。

灰坑、红烧土、灰烬层。采集遗物有石斧和陶器残片。陶器以夹砂灰陶和泥质灰陶为主,次为泥质黑陶。器表纹饰以绳纹居多,其次为素面磨光。可辨器形有鬲、罐、盆、豆等。属先商文化遗存。

4. 南良都遗址(南良都乡南良都村东南)位于金良河东岸的台地上。1989年调查发现。面积约1万平方米,文化层厚1米,暴露遗迹有灰坑和房址。采集遗物有石铲、石镰和陶器残片。陶器以夹砂灰陶和泥质灰陶为主,器表多绳纹,其次为素面磨光,可辨器形有鬲、罐、蛋形瓮等。属先商文化遗存。

5. 微新庄遗址(微水镇微新庄村西1000米)位于金良河东岸的台地上。1989年调查发现。面积约6万平方米,文化层厚0.5米,暴露遗迹有灰坑。采集遗物有石铲和陶器残片。陶器以夹砂灰陶和泥质灰陶为主。器表多饰绳纹,其次是素面磨光,另有螺旋、重环状的印纹。可辨器形有鬲、罐、盆、瓮等。属先商文化遗存。

(三) 正定新区

由河北省文物研究所和吉林大学考古专业联合组成"滹沱河考古队"在1984年冬对滹沱河以北的灵寿、行唐、新乐、正定等地的部分地区进行了踏查。夏、商时期遗存有平山的南石殿、坡底、秘家岸、张家庙、新水碾,正定小客庄、西洋村,灵寿的北宅等遗址。

根据陶器的文化特征,可将这一时期的文化遗存分为两组。其中一组以正定小客庄遗址为代表。

1. 小客遗址(北早现乡小客村东200米)面积3万余平方米,文化层厚1米左右。1981年调查发现。暴露遗迹有灰坑和红烧土。采集遗物有石器和陶器残片。陶器以泥质灰陶和夹砂灰陶为主,另有少量褐陶和黑皮陶。器表纹饰以绳纹居多,多为细绳纹,纹理较深且多为交错拍印,还有少量的附加堆纹。器形有鬲、甗、盆、豆、罐和蛋形瓮等。属先商文化遗存。

2. 西房头遗址(北早现乡西房头村西北500米)1985年调查发现。面积约3000平方米。暴露遗迹有灰坑。采集遗物有夹砂灰陶和泥质黑陶残片,器表多饰绳纹,其次是素面磨光,可辨器形有鬲、甗、罐、盆、豆、鼎等。属先商文化遗存。

（四）赞皇县

1. 孙庄遗址（西高乡孙庄村北）位于槐河南岸的台地上。1989年调查发现。面积约6000平方米，文化层厚1米，暴露遗迹有灰坑。采集夏商遗物有长条舌形石铲、石斧和陶器残片，陶器以夹砂灰陶和褐陶为主，器表多饰绳纹，可辨器形有鬲、罐、盆、豆、器盖、蛋形瓮等，属先商文化遗存。

2. 万坡顶遗址（赞皇镇西街村西1000米）位于槐河南岸的台地上。1985年调查发现。面积约2000平方米，文化层厚1米。采集遗物有石铲、石斧、穿孔石刀、石镞、石镰、石锛和陶器残片，另外还发现动物骨骼和蚌壳。陶器以夹砂和泥质灰陶为主，器表多饰绳纹。可辨器形有先商文化的鬲、甗、罐、瓮、盆等。

（五）平山县

1. 东洞南遗址（两河乡东洞村东南1000米）位于滹沱河北岸的台地上。1989年调查发现。面积约5000平方米，文化层厚0.6米。采集遗物为陶器残片，可辨器形有夏商时期的夹砂灰陶绳纹鬲、罐、盆等。

2. 新水碾遗址（两河乡新水碾村西300米）位于滹沱河北岸的台地上。1989年调查发现。面积约4万平方米，文化层厚1米。采集遗物为陶器残片，可辨器形有夏商时期的夹砂、泥质陶绳纹鬲、罐、盆等。

（六）灵寿县

灵寿县位于河北省西部山区，太行山东麓，南近平山县，北与阜平、新乐县相邻，东南距石家庄市约40公里。灵寿地形呈窄条状，西北高东南低、境内由山区、丘陵、平原三部分组成，县城居东南部平原区。水系主要以慈河为主，其次有松阳河及无名支系水流数条遍布整个县境。[①]

孙家庄遗址（马阜安乡孙家庄村西100米）在1989年的调查中被发现。面积1万余平方米，文化层厚1米。暴露遗迹有灰坑。采集遗物有夹砂灰陶和泥质灰陶残片，器表多饰绳纹，可辨器形有鬲、甗、罐、盆等。另外还采集有骨刀、动物骨骼等。[②]

[①] 刘福山：《灵寿县文物普查简报》，《文物春秋》1992年第1期。
[②] 滹沱河考古队：《河北滹沱河流域考古调查与试掘》，《考古》1993年第4期。

二　藁城台西商代遗址①

（一）地理位置

台西商代遗址位于藁城台西村东北，是一处大规模的商代中期遗址。遗址位于草城县西10公里，石德铁路北侧，滹沱河南岸，台西、内族、庄合、故城四个村之间。四村之间相去都不过一二公里。遗址离台西村最近，文化堆积以三个土台为中心，名西台、南台和北台，②当地人称"土疙瘩"。关于土疙瘩，在20世纪70年代还流传着许多歌谣传说，比如"土疙瘩，年年大，里面住着金马驹""土疙瘩，年年长，有条大蛇在发狂"。这些代代相传的歌谣是人们对土疙瘩的神秘产生的想象。在1965年的秋天，台西村村民在"西台"挖土时发现成组的青铜器和一件长度39厘米的大玉戈。河北省文化局文物工作队曾派人去现场调查，迫于当时的人员鉴定能力等问题，无果。1972年11月，当地人在从事农业生产时，在"西台"南侧发现瓿、戈、青铜鼎、石磬等许多文物。尤其是铁刃青铜钺的发现，引起了国内外学术界的关注。

1973年，河北省博物馆和文物管理处组成了台西考古队，对藁城台西遗址先后进行了两次挖掘。两次挖掘共开探方19个，总面积1889.75平方米。其中发现房址14座、灰坑134个、墓葬112座、水井2眼。出土较完整遗物3000余件。③

（二）自然环境

在商代，藁城台西地区气候宜居，自然资源丰富。对于商代气候，学术界有两种不同的观点：一种观点以竺可桢为代表，认为商代气候比现在温暖；另一种观点以董作宾为代表，认为商代气候与现代没有区别。④ 不论是哪一种观点，商代气候是宜居的，适宜动植物的生长和人群的生活。首先，在藁城台西遗址中发现了许多桃仁、李核、枣等植物果

---

① 本部分作者：黑龙江大学民俗学专业2016级研究生刘露露。
② 孙德海、陈惠：《河北石家庄市市庄村战国遗址的发掘》，《考古学报》1957年第1期。
③ 河北省文物研究所：《藁城台西商代遗址》，文物出版社1985年版，第3页。
④ 董作宾：《读魏特夫商代卜辞中的气象纪录》，华西协合大学：《中国文化研究所集刊》1942年第3卷1—4期合刊。

实，按照当时的生产以及生活条件，这些果实是就近采摘的，说明商代时期藁城台西地区具备了桃树、枣树等植物生长需要的气候条件；其次，在藁城台西遗址的挖掘中发现大量的牛、羊、猪的骨头以及14号墓中发现女子胸前的蛤壳饰物，说明当时藁城台西地区附近动物数量和种类都比较多，气候温和。根据学者的研究以及发掘的资料，商代时期藁城台西地区的自然环境优越，动植物种类繁多，适宜人群的居住。

三 石家庄地区其他商代遗址[①]

（一）石家庄地区其他商代遗址简介

除藁城台西商代遗址以外，石家庄地区还有其他的商代遗址如正定新城铺商代遗址、藁城前西关遗址、赵县双庙商代遗址等，这些遗址相比藁城台西商代遗址规模较小，年代较晚，属殷商时期。这些遗址出土以青铜器、陶器居多，其中有不少带有铭文的青铜器。这些遗址零散分布在滹沱河流域，与藁城台西商代遗址相距不远，气候、土壤等自然环境良好，适宜动植物的生长和人群的活动。

（二）石家庄地区其他商代遗址政治和经济生活

在遗址发掘之前，这些遗址被破坏严重，无法判断原有的样貌，只能根据挖掘出来的遗物对当时的社会进行分析。

第一，以农业为主、渔猎为辅的社会经济形态。

商代聚落体系在生态环境的选择上，已兼顾到土质地力、地貌、气候、水文等多重利用因素，重视总体安排，基本上贯彻了便于生活、便于生产、便于交通、保障安全防范的原则。[②] 滹沱河流域所处纬度的地理和气候条件十分适宜人们生息休养。据卫星遥感摄影，石家庄坐落在滹沱河的冲积扇平原上，目前仍是主要的产粮区，几个商代遗址聚集于此，宜于农耕的因素可能是商王朝统治者首选的因素。考古发现，在藁城北龙宫遗址曾挖掘出石刀、石镰、石锛等石器，由于发现遗址时已经被严重破坏，有关的其他遗存并未发现，但北龙宫一带地势平坦、土地肥沃，

[①] 本部分作者：黑龙江大学民俗学专业2016级研究生刘露露。
[②] 陈朝云：《商代聚落模式及其所体现的政治经济景观》，《史学集刊》2004年第3期。

是藁城主要的产粮区之一,① 这些石器很有可能是从事农业生产的。在藁城靳庄商代遗址,石刀、石斧、石铲、石镰片等遗物随处可见,这些生产工具的大量存在说明这些工具在人们的生活中有重要的作用,如果这些工具是从事农业生产时使用的,可以从侧面反映出当时的农业生产规模以及水平。

在农业发展的基础上,商代的畜牧业也繁盛起来,出现了专门饲养牲畜的官职。考古发现,在赵县双庙商代遗址出土了一件觚,其圈足内铸有一"圉"字,这当是其氏族名称。"圉"按《说文》:"圉圄,所以拘罪人,从囗幸,一曰圉,垂也,一曰圉人,掌马者。"觚铭正是从幸从囗,古代的氏,或得于祖父之字,或得于职官,或得于地望。此处"圉"氏当得于职官,应该是主管养马之官。② 这件觚是墓中的陪葬品,根据陪葬情况学者猜测应当是一座小奴隶主的墓。主管养马的官员是一个小奴隶主可以说明当时人们虽然已经能够驯化动物,但水平不高,仅有少数人掌握这门技术;另一方面马作为当时重要的交通工具,相应的养马的官员地位更高、权力更大。就渔猎生产而言,甲骨文中的兽类字形有象、虎、鹿、麋、豚、猴、狐等,以及海产品蚌、贝等,在石家庄地区商代遗址中也有反映。在赵县双庙遗址的墓中发现陪葬的狗骨和人骨;其次,在藁城台西遗址的灰坑中发现了圣水牛的骨头、四不像鹿的鹿角,这些发现说明当时的人们已经开始捕猎;最后,在藁城靳庄商代遗址发现数量颇丰的蚌贝。这些野生动物,大部分是当时人们渔猎捕获来的,这种生产形式是农业的补充。

第二,金字塔式的聚落等级结构。

商王朝各诸侯方国大体各属于一个独立的系统,各个方国的中心聚落——方国都城应属于当时商王派遣到本区的官吏、分封的王室子弟或臣服的部族首领的统治根据地,也是方国的政治中心和权力中心。它们是商王朝势力在远方安置的据点。③ 石家庄地区的商代遗址出土了许多带有铭文的青铜器,1976 年在正定新城铺商代遗址,文物部门征集到由此

---

① 河北省文物研究所:《藁城北龙宫商代遗址的调查》,《文物》1985 年第 10 期。
② 文物编辑委员会编:《文物资料丛刊》,文物出版社 1997 年版,第 151 页。
③ 陈朝云:《商代聚落模式及其所体现的政治经济景观》《史学集刊》2004 年第 3 期。

出土的两件带铭文青铜器,其中,铜爵腹部一侧有半环形錾,錾下有铭文,释为"庸册"二字。与铜爵同样刻有"庸册"铭文的铜觚,足上有对称两个长方形槽,足内是铭文"庸册"。一爵一觚都有"庸册"铭文,过去著录中曾有不少这种铭文的青铜器。凡有器形可查的大多属于殷墟晚期。最重要的是商代末期酒器宰椃角,其铭文为"庚申,王在嗇,王格,宰椃从,锡贝五朋,用作父丁尊彝,在六月,唯王廿祀翼又五,庸册"。这是帝辛(纣)二十五年的青铜器,器王椃是帝辛的宰,他的族氏是庸。可见庸氏是商朝末年显赫的贵族之一,说明这一地区当时与商王朝存在着密切联系。在藁城前西关商代遗址发掘的墓葬中发现三件有铭文的青铜器,铜爵和铜鼎均铭一"守"字,旧释为"守"字。壶内底部铭"心、守"二字,"守"当是氏族,"心"是名,"守"氏族与商王室有着密切关系。正定新城铺商代遗址、藁城前西关遗址、藁城北龙宫村商代遗址、灵寿西木佛遗址零散分布在滹沱河流域,前后不过20公里,可能分布着多个方国。① 这些方国的诸侯与商王关系密切,甲骨文记载了这些诸侯方伯与商王的关系,如方国诸侯对商王有下列义务:一是保护商王,听从商王调遣,随王征伐;二是进贡与纳税义务;三是义务为王室耕作田地。兵士的征集和农田的开垦都离不开其下属聚落中的人力。② 商王都控制若干诸侯的都邑,每个诸侯都邑又控制若干大型村落及小邑,呈现出金字塔式的政治结构。

(三)石家庄地区其他商代遗址与藁城台西商代遗址联系

石家庄地区的商代遗址大都集中于滹沱河流域,从先商时期这里就开始孕育文明,是生产技艺的传承、生活方式的传承和精神信仰的传承。

1. 生产技艺的传承

在石家庄商代遗址中,不论年代每个遗址中都有陶器、青铜器。这些陶器的造型以及艺术相仿,是一代又一代的传承与传播。台西遗址出土了很多的陶器,如陶豆、陶鬲、陶罐等,有的还带有绳纹。同样的,在平山县郄坊遗址发现印有绳纹的陶鬲和其他类型的陶器,两

---

① 韦心滢:《商代王国政治地理结构研究》,上海古籍出版社2013年版,第216页。
② 胡厚宣:《殷代封建制度考》,《甲骨学商史论丛初集》,河北教育出版社2002年版,第66—70页。

者都分布在滹沱河流域，除了手工技艺的传承外，还有审美的传续。

2. 生活方式的传承

2010年，在鹿泉北胡庄发现一处距今4600多年的先商遗址，段宏振说，根据地层年代和出土文物特征判断，这里是先商部落的聚集区。居住的主要是土房，分为半地穴式和地穴式两种方式。在藁城台西商代遗址，同样发现了商代中期的城邑，这里一共有14座房子，房屋样式秉承了鹿泉北胡庄的半地穴式和地穴式的样式，房屋墙壁用土夯成，这种半地穴式和地穴式的居住方式被传承了下来；从藁城台西到平山县城西门外遗址，从商代中期到殷商晚期，当时人们的饮食生活中酒在贵族阶层的生活中扮演者重要的角色。在台西遗址出土的112座墓中，共有10座墓出土酒器，出土的有觚、爵、斝、盉四种用于品酒的礼器，觚、爵以及斝是青铜礼器，盉是陶礼器。总共占总数的8.9%。[①] 这10座墓都有人殉葬，说明墓的主人在当时位列贵族阶层。在正定新城铺商代遗址、藁城前西关商代遗址和赵县双庙商代遗址都发现了带有铭文的青铜爵和青铜觚，由于年代的久远，铭文的具体含义已经无从知晓，但铭文本身就是为贵族所有，所以这些青铜器的主人当为贵族。在居住和饮食上的传承是人们生活的痕迹。

3. 精神信仰的传承

商代是敬神重鬼的时代，在藁城台西遗址出土带有饕餮纹的青铜斝、青铜鼎、青铜醴等青铜器，这些青铜器是墓葬中的随葬品，造型颇为讲究。饕餮是上古时期的野兽，是天神或者太阳神的儿子，通常在青铜器上装饰，代表神秘和权力，是当时"尊神敬鬼"观念下的艺术造型。在商代后期的正定新城铺商代遗址、赵县双庙商代遗址出土了印有饕餮纹的青铜爵、青铜觚等青铜容器。从商代中期甚至先商开始，人们将信仰转化成物质的、实在的、具体的东西，例如这些青铜器上的艺术造型是"尊神敬鬼"观念下的产物，是对威严、神秘的审美风尚的追求，也是商代"神本位"宗教思想的组成部分，它反映的是商人对鬼、神的崇敬和对祖先崇拜的虔诚，直到现在这种观念依然存在，只是宗教色彩没那么浓重。

---

① 宋镇豪：《中国风俗通史·夏商卷》，上海文艺出版社2001年版，第270页。

（四）影响和地位

2010年鹿泉北胡庄商代遗址的发现说明在距今4600年前石家庄地区已经有商代人活动，张献中说："这次先商遗址的发现实证了商的祖先契和他的儿子昭明的发祥地就在今石家庄滹沱河流域的平山、元氏一带，从实物角度印证了滹沱河流域石家庄区域是商祖先的发祥地。"① 后来又相继出现藁城台西商代遗址、正定新城铺商代遗址、赵县双庙商代遗址、平山县城西门外遗址等，这些遗址均分布在滹沱河流域，说明石家庄滹沱河流域是商代文明孕育的地方，也是本土文明繁荣生长、代代传承的地方。

四　石家庄地区其他西周时期遗址

相对于商代，石家庄地区目前发现的西周遗址相对较少。1978年，在元氏县文教局和西张大队党支部、群众的大力协助下，河北省文物管理处对西张村的青铜器出土地点做了调查和铲探，并将遗物全部带回保存。这批遗物中包括青铜器、玉器共39件，均为西周时期遗物。据当地村民说，这些铜器出自一座长方形土坑内，并有人骨架，因此，确定青铜器应是出自西周时代的墓葬中。经过分析，考古工作者认为，西张村西周遗物大都是属于西周晚期器物。并且推断："在西张村遗址内所发现的这座西周墓是在岗子中部稍偏北的黄沙土中，据群众讲，过去在这座墓附近曾不止一次地发现过一些小型土坑墓，墓内最多只有一二件殉葬品，有的则一无所有，说明这座墓并不是孤立的，这里应当是西周时代的一个墓地。"②

第四节　春秋战国时期中山国历史概况

在中华民族漫长的历史长河中，在富饶广袤的华北平原上，曾经活跃过一个勤劳、勇敢的北方少数民族——鲜虞。战国时期，这个民族以现石家庄市平山县三汲乡灵寿故城为都城，建立了一个堪与"战国七雄"

---

① 李春炜：《石家庄鹿泉北胡庄发现大面积先商遗址》，《燕赵都市报》2010年5月6日。
② 河北省文物管理处：《河北元氏县西张村的西周遗址和墓葬》，《考古》1979年第1期。

比肩的政权——中山国,以一个"千乘之国"的身份载入了史册,被世人誉为"战国第八雄"。历经四百年的发展、壮大,几经灭国与复国,中山国不但给后人留下了顽强抗争的不屈事迹,还以其精湛、华美的文化艺术惊艳于世。两千多年过去了,曾经一度辉煌的中山国早已遥不可及,只是在零星的史页上还可以寻到些许的蛛丝马迹。近年来,随着考古发现的不断深入,中山国又抽丝剥茧般地呈现于世人面前,通过一件件精美的青铜器、铭文、石刻……我们似乎能够聆听到这个神秘国度传来的远古绝响,能够窥其风采华貌于一斑。

一 历史沿革[①]

(一)鲜虞族的兴起

在距离石家庄市以北约40公里处,有一个叫作新城铺的村子,这里地处正定、藁城、新乐三县(市、区)交界,是正定东北部最大的村庄。春秋战国时期,一个源于白狄、名为"鲜虞"的族群历经夏、商、西周,由太行山北端及中部的井陉扩散至太行山东麓的石家庄、保定一带。逐渐繁衍强盛起来的鲜虞部落,定都于新市,也就是今天的正定新城铺村。据民国时《河北省沿革图表》记载:鲜虞国以今新城铺为中心,占有正定、井陉、灵寿、行唐等15县之地,国力显赫一时。这个鲜虞国,就是中山国的前身。

鲜虞的名称最早出现在《国语》一书中。该书记载,周幽王八年(公元前774年)西周的史官史伯对郑桓公叙述成周洛阳四周的华夏族封国和少数民族部落集团的分布状况时,曾经说过这样一段话:"当成周者,南有荆蛮、申、吕、应、邓、陈、蔡、随、唐;北有卫、燕、狄、鲜虞、潞、洛、泉、徐、蒲……是非王之支子母弟甥舅也,则皆蛮荆戎狄之人也。"[②] 这些"非王之支子母弟甥舅"的南蛮、东夷、戎、狄国家或部落集团之中,就有鲜虞部落。

春秋时期的鲜虞部落联盟,由鲜虞、肥、鼓、仇由几个部落组成。

[①] 河北省博物馆编:《战国中山史话》,地质出版社1994年版,第1—11页。

[②] 徐元诰撰,王树民、沈长云点校:《国语解集》卷十六,中华书局2002年版,第461—462页。

鲜虞的力量逐渐强大，开始向其他部落出击以扩张势力。公元前662年春，鲜虞出击邢国，次年又征伐卫国，邢君出逃，卫君被杀。之后，东方霸主齐桓公联合了宋、曹、邢、卫诸国的兵力，挫败鲜虞，才挽救了邢、卫这两个濒临灭亡的姬姓封国。

春秋中后期，鲜虞的主要敌人是毗邻的大国晋国，晋国采取了先吃掉鼓、肥、仇由等鲜虞属国，最后消灭鲜虞的战略。

公元前530年，晋国的大将荀吴伪称与齐国军队相会，借道鲜虞进入鼓都昔阳（今河北省晋州市西），但并未灭掉鼓。秋八月，晋灭肥（在今河北省石家庄藁城区一带），俘获肥国国君绵皋，肥国旧地归属了晋国。第二年冬，晋昭公得知鲜虞边境空虚，兵力涣散，即在鲜虞周围屯兵四千，又派甲车四千，仍由荀吴统率，向太行山以东的鲜虞驻地挺进。晋军所向披靡，占领了鲜虞的中人城（今河北唐县境内）。公元前527年秋，荀吴再次率军攻鼓，俘虏了鼓的国君鸢鞮（音"冤低"），使鼓成为晋的属国。六年后，鼓被彻底毁灭。

公元前507年秋，鲜虞出兵晋国平中，大败晋军，俘虏晋国勇士观虎，报了晋灭肥、鼓，占领中人城的一箭之仇。

（二）中山国的建立

春秋末年，鲜虞在列强纷争中逐渐兴起，并开始仿效华夏诸国建立中山国。"中山"之名，始见于《左传》，公元前506年春，晋文公召集各路诸侯谋划征伐楚国，晋大夫荀寅（荀吴之子）对范献子说："如今国家危难，诸侯二心，再去袭击敌人，真是太困难了。① 现在危患又起，中山不服，如我们弃盟取怨，不但无损于楚国，还要失去中山，不如辞却蔡侯的请求。"于是晋国拒绝了蔡侯伐楚的要求，专心对付中山，晋于公元前505年、前504年两次进攻鲜虞中山，报"获观虎"之仇。此后对鲜虞中山国，史书中兼称"鲜虞中山"。

公元前497年，晋国发生内讧。中山借机开始介入列国纷争，成为一支助弱抑强、削弱晋国的力量。

公元前494年，中山与齐、鲁、卫共同伐晋，取得晋国的棘蒲（在今河北赵县境内），此后棘蒲列入中山国版图。前492年，齐、卫

---

① 杨伯峻：《春秋左传注》，中华书局1981年版，第1534页。

两国军队围戚，求援于中山。前491年，晋大夫荀寅因晋内乱逃奔鲜虞中山。荀寅原是中山的死敌，但此时中山为了削弱晋国，将荀寅接纳到新占领的晋国属地柏人（今河北隆尧县西）。为报复中山国，前489年春，晋大夫赵鞅"帅师伐鲜虞"。这次进攻，对鲜虞中山国的打击极为沉重，以至此后20余年间史籍对中山国没有只字记载。其后，晋国又把矛头指向中山国的最后一个属国仇由。晋国的智伯（名荀瑶）诡计多端，唯恐仇由国路险难行，遂新铸大钟一口，诡称送给仇由国君，使仇由国"斩岸埋溪"（劈山填谷）以迎钟。仇由臣相赤章蔓看穿了荀瑶的诡计，多次劝说国君，但仇由国君得钟心切，不听劝阻，七天之后仇由被灭。

外围扫清后，晋国开始进攻中山国本土。公元前459年至前457年间，"荀瑶伐中山，取穷鱼之丘（在今河北易县境内）"。前457年，晋派新稚穆子伐中山，直插中山腹地，占领左人、中人（在今河北唐县境内），"一日下两城"，中山国受到致命的打击。

（三）中山国的兴盛与衰亡

公元前453年，骄横的荀瑶被晋国新兴的地主阶级代表赵、韩、魏三家攻灭，三家共分其地。这就是战国史上著名的"三家分晋"事件，"三家分晋"标志着新兴地主阶级登上历史舞台，对中国古代政治制度产生了深远的影响。公元前403年，赵、韩、魏被封为诸侯，形成秦、齐、楚、燕、赵、韩、魏七雄争霸的局面。在这个动荡的年代，一个年轻的中山国正在复兴。西汉刘向所编著的《战国策》中，除秦、齐、楚、赵、魏、韩、燕七雄之外，还有东西周、宋、卫和中山，所谓"万乘之国七，千乘之国五，敌侔争权，盖为战国"。[1]

按照《史记·赵世家》的记载，公元前414年，中山武公率领人们离开贫瘠的山区，向东部平原迁徙，在顾（今河北定州市）建立了新都。但武公并不是中山国的第一代国君，据中山王䉟墓出土的方壶铭文记载，"惟朕皇祖文、武、桓祖、成考"，[2] 说明武公之前还应有中山文公，但史籍无载。

---

[1] 范祥雍著，范邦瑾协校：《战国策笺证》，上海古籍出版社2006年版，第2页。
[2] 王先谦：《鲜虞中山国事表》，上海古籍出版社1993年版，第99—101页。

中山武公很有抱负，仿效华夏诸国的礼制，建立起中山国的政治军事制度，对国家进行了初步治理。但好景不长，武公离开了人世，年幼的桓公掌握了国家大权。桓公年幼无知，不恤国政，同时，中山国落后的习俗也腐蚀和削弱了自身的战斗力。魏国派遣著名将领乐羊、吴起统率军队，经过三年苦战，占领了中山国。魏文侯派太子击为中山君，三年后又改派少子挚。后来击被立为魏国国君，就是魏武侯。

中山被灭后，"不恤国政"的桓公经过20余年的反思，逐渐成熟起来。他励精图治，积蓄力量，与强大的魏国抗衡，终于在公元前380年前后复兴了中山国。这一次，桓公在灵寿（今河北平山三汲附近）重建国都，使中山国得到新生。

复兴后的中山国位于赵国东北部，把赵国南北两部分领土分割开来，成为赵国的心腹之患。因此赵国在公元前377年、前376年曾两次进攻中山国，企图占领中山。此时的桓公早已改掉旧习，"身勤社稷，行四方，忧劳邦家"，① 日夜为中山国的强盛操劳。在两次抵御赵国入侵后，他开始率领中山军民修筑防守工事——长城。《史记·赵世家》记载："赵成侯六年（公元前369年），中山筑长城"，② 虽仅有只言片语，却已勾勒出桓公勤勉治国的形象。中山修筑的长城地处何方，史书没有记载。近年河北省文物研究所和保定市文物管理处的考古工作者经过考察，在顺平、唐县等地发现了土石混筑的战国中山长城。长城高处约有3米，宽0.5—2.5米，做法是两侧挖地基，砌石块做边墙，中间用土和碎石填充。另据专家推测，中山长城可能在中山国西北边界，沿今唐县、曲阳、行唐、灵寿、平山、石家庄西南的太行山南下，止于邢台西北。

桓公去世后，中山成公即位。他继承先祖遗风，继续学习中原先进的社会制度，发展生产力，使国势得到进一步加强。在中山成王墓中，考古工作者发现了一套九个按形体大小递增的铜鼎，铜鼎是古代重要的食器和礼器，按周代礼制规定，只有天子才可以使用九鼎。中山成王使用九鼎，一方面说明战国时"礼崩乐坏"，旧的礼仪制度被打破，各诸侯国王自己都比作天子；另一方面说明中山国势增强，政治地位提高，也

---

① 王先谦：《鲜虞中山国事表》，上海古籍出版社1993年版，第101页。
② 《史记》卷四十三《赵世家》，中华书局1959年版，第1799页。

敢于与各诸侯国王一样使用九鼎了。

中山成王时期中山国的国力和军力已经有了很大的提升,最能说明这一点的就是"引水围鄗"。"引水围鄗"是一次与赵国争夺鄗邑的军事行动。鄗邑(今高邑县境内)原为中山属地,被赵国强占。公元前332年,齐、魏共同伐赵时,中山军队趁机决槐水围鄗邑,迫使赵军龟缩在鄗城之中。直至齐、魏撤军,中山军队才离开这里。这次事件,成为30余年后赵武灵王实行"胡服骑射"、消灭中山国的导火索。赵武灵王在公元前307年决定实行胡服骑射时,教训保守的公子成说:"先时中山负齐之强兵,侵暴吾地,系累吾民,引水围鄗,微社稷之神灵,则鄗几于不守也。先王丑之,面怨未能报也。今骑射之备,近可以便上党之形,而远可以报中山之怨",① 对肥义说:"虽驱世以笑我,胡地中山吾必有之",② 从中可看出"引水围鄗"事件对赵国造成的巨大震撼。

公元前327年前后,中山国史上最有作为的国王——王䜏登上了历史舞台。此后十余年间,中山国富兵强,先是参与"五国相王",再是伐燕取得大胜,"错处六国之间,纵横捭阖相控引,争衡天下",达到历史的鼎盛时期。

公元前325年,秦国称王。秦经过商鞅变法后国势、兵力已远远强于山东六国,开始向东扩张,占领了魏国的大片土地。魏极力讨好齐国,指望齐国派兵救援,齐却一直按兵不动。秦的扩张政策不仅使魏国惊慌不已,也引起韩、赵的恐惧。于是,公元前323年,由魏国犀首(即公孙衍)发起倡议,联合韩、赵、燕、中山几国共同"相王"(即称王),以抵御秦、齐、楚等大国的侵略。在称王的五国中,只有中山国是"千乘之国",其余四国都是"万乘之国"说明中山国的国力和影响此时已同赵、韩、燕等大国不相上下。

中山称王,还有一段曲折的故事,首先是称王引起齐国不满,齐威王对赵、魏说:"寡人羞与中山并为王,愿与大国伐之,以废其王。"③ 中山王听说后十分害怕,找到足智多谋的政治家张登谋求对策。张登到齐

---

① 《史记》卷四十三《赵世家》,第1809页。
② 同上书,第1807页。
③ 范祥雍著,范邦瑾协校:《战国策笺证》卷三十三,第1851—1852页。

国游说齐王,说:"齐国谋划讨伐中山,中山害怕,必然要去掉王号而臣属赵、魏。不如暂且承认中山称王,使中山断绝与魏、赵的关系而亲近齐国。"齐王采纳了张登的意见。张登又对赵、魏两国君主说:"齐国要征讨你们了。原来齐国羞与中山为王,现在突然召见中山并允许中山称王,是想调用中山的兵力攻击你们。你们赶快承认中山的王号吧。"赵、魏同意,加强了与中山的关系。中山则绝齐而从赵、魏。

上了当的齐国非常恼火,"闭关不通中山之使",扬言:"我万乘之国也,中山千乘之国也,何侔名于我?"① 要割平邑之地贿赂燕、赵,唆使燕、赵进攻中山。张登再次入齐对齐王说:"齐国不惜割地给燕、赵,就是为了废止中山称王,这代价太大了。我有办法可以使您既不割地,又不用兵,还可以废中山王号。您派重臣到中山国告诉中山君:我之所以闭关不通中山使者,是因为中山擅自与燕赵为王,不让我知道。如果中山王来齐会见我,我就支持中山。中山君听到这番话后肯定会背离燕、赵,来与您相见。燕赵听说中山来齐就会痛恨中山并与中山断绝关系。那时大王再与中山断绝关系,中山国就孤立了,中山王号还愁不废吗?"齐王采纳了张登的计策。张登又赶快到燕、赵游说,使两国支持中山称王。这样几番往来活动,中山称王之事终于成功,被各国所承认中山称王,表面看来是得益于张登摇唇鼓舌,实质是中山国国势兵力、政治地位的体现。对于强盛的中山国,无论是齐国,还是燕、赵、韩、魏,都不敢轻视,而把它当作一支重要的力量来对待。正如清代郭嵩秦在《鲜虞中山同事表·疆域图说》一书序言中所说:"战国所以盛衰,中山若隐为之枢辖。"②

中山王䜤所做的第二件大事是征伐燕国。公元前 314 年,燕国内乱,齐国打着平燕内乱的旗号攻进燕国,夺取土地和财物。中山国见有机可乘,也背弃了与燕共同称王的同盟。派相邦司马赒率三军之众北略燕国,夺取燕国几十个城市,占领燕国疆土方圆数百里。这次伐燕,还掠取了燕国许多财物,并在同年用伐燕时取得的"吉金"(铜器)重新铸造了重达 60 公斤的铁足大鼎和高达 63 厘米的夔龙纹方壶,在上面铭刻长篇铭文

---

① 范祥雍著,范邦瑾协校:《战国策笺证》卷三十三,第 1860 页。
② 王先谦:《鲜虞中山同事表》,第 5 页。

来颂扬王譽和司马赒的功绩。

伐燕胜利后不久,王譽辞世。继位的新国君为先王举行了隆重的丧礼。他为王譽修建了巨大的陵墓,墓上建筑豪华的享堂,墓中埋葬了大量珍宝;他率领群臣驾着马车在新获得的燕国土地上狩猎,用猎取的动物祭祀先王,此时的中山国达到了顶峰。

王譽死后继任者𫐉𧉻由于内政外交政策的不当,使中山国国力逐步衰落。在对内政策上,中山国非常看重和学习中原各国的养士制度,却忽视了农业生产和军队建设。中山国君"好岩穴之士,所倾盖与车以见穷闾隘巷之士以十数,忨礼下布衣之士以百计数"①,造成"战士怠于行阵,农夫惰于田"的现象,兵力日益衰弱,国家逐渐贫穷,亡国成为定势。而其他各诸侯国都在进行社会改革,限制贵族特权,提倡耕战,富国强兵。因此李疵受赵武灵王指派到中山国刺探消息回来后即说:"中山可伐也。"②

除此之外,中山国政治腐败,大臣们钩心斗角,贪污受贿,后宫争权夺宠,也是国力衰败的原因之一。《韩非子·内储说》记载,大臣季辛与爱骞有积怨,司马喜(即司马赒)与季辛新结仇,便令人杀害爱骞。中山王认为是季辛杀害的爱骞,就杀掉了季辛。司马喜借刀杀人,诛除了异己。该书《说林篇》记载,鲁丹到中山国,三次求见中山国君都未见到,就拿出50金贿赂中山王周围的人,马上就见到了中山国君。《战国策·中山策》用了大量篇幅记载阴姬和江姬争夺后位,司马喜耍尽政客的投机伎俩,使阴姬立为皇后的故事。

在对外关系上,中山国在复国初期基本保持中立地位,不介入其他大国的纷争,并利用魏、齐等大国与赵国的矛盾,制约东、西、南三面接壤的主要敌人赵国,使赵不敢对中山轻举妄动。"五国相王"后,这种中立立场发生了转变。为了得到更多的利益,中山往往依附一个大国去进攻另一强国,并不断改变依附和进攻的对象。这样做的结果,不仅使中山国失去了和平发展的环境,而且四面树敌,孤立了自己。如北面的燕国,原为"五国相王"时的盟友,但在公元前314年,中山乘燕内乱

---

① 韩非著,陈奇猷校注:《韩非子新校注》卷十一,上海古籍出版社2000年版,第700页。
② 韩非著,陈奇猷校注:《韩非子新校注》卷十一,第700页。

随齐兵进攻燕国，彼此成为仇敌。原来依峙的齐国，也在"五国相王"时结下了怨恨，中山彻底被周边国家孤立起来。这些对外政策，尽管在王𰯔时已开始实行，但其苦果却要由𰴎䇂来品尝了。

中山国内外交困之日，正是强敌赵国实行"胡服骑射"国富兵强之时。此时赵国与强大的秦国结成同盟，开始向中山国发起了为时十余年的残酷战争。燕国也趁机进攻中山国，收复旧日的失地。公元前296年，赵军攻破中山国都城灵寿，国君𰴎䇂出逃到齐国。赵国立尚为中山国傀儡，第二年，赵国又将尚迁徙到陕西肤施，一代强国中山国至此宣告最后灭亡。

二 疆域范围

中山国地处燕之南、赵之北，西有巍峨险峻的太行山脉，由太行山发源的多条河流自西向东横贯中山国，并在其东界汇聚成薄洛津。这些河流不仅肥沃了中山国的土壤，便利了中山国的交通，而且和太行山脉一同构成了中山国的天然防御工事。在战国纷争之际，中山国地控险要，颉颃于大国之间，强盛时"地方五百里"。凡此种种，莫不与其地理形势有着不容忽视的关系。因此，对中山国之疆域范围、地理环境以及交通条件的探究就成为研究中山国史的一个必然环节。

首先我们要寻找的是鲜虞本部的定居点。《汉书·地理志》在"中山国新市县"下有应劭注曰："鲜虞子国，今鲜虞亭是。"① 此正是鲜虞的都邑。新市之名是汉代才有的，至清代改名为新城铺，沿用至今。其地属河北省正定新区，在市区东北20公里处。

除此之外，《左传》中提到了鲜虞部落联盟中的两个重要部落：肥和鼓。它们各自的定居点应当距鲜虞不远。《汉书·地理志》"下曲阳"一地之下有颜师古注引应劭之言说："晋荀吴灭鼓，今鼓聚昔阳亭是。"②《后汉书·郡国志》也说："下曲阳有鼓聚，故翟（狄）子国，有昔阳亭。"③ 昔阳当即鼓聚，在今河北省晋州市西，是鼓部聚居之地。

---

① 《汉书》卷二十八《地理志》，中华书局1962年版，第1633页。
② 《汉书》卷二十八《地理志》，第1575页。
③ （南）范晔撰，李贤等著：《后汉书》卷十一《郡国志》，中华书局1965年版，第3433页。

晋军入昔阳而后不久"灭肥",则肥部的定居点应该距昔阳不远,所以才能在突然袭击之下一举灭之。《汉书·地理志》"真定国肥累县"下,班固注曰:"故肥子国。"① 肥累故城在今河北省藁城西南,此地距昔阳故城不过10—15公里,当即肥部的聚居地。"累"有缠绕之义,"肥累"之名与"鼓聚"乃属同样格式。今河北省卢龙县西北有肥如城、山东泰安有肥城县、山西昔阳东冶镇有肥子故国城,盖均为晋灭肥后,肥民散落之居住地,以及晋国安置被掳获的"肥子绵皋"的所在。

《左传·昭公十三年》载晋荀吴伐鲜虞,"及中人,驱冲竞,大获而归"②。中人也应当是在鲜虞境内,后来中山国的领地上也出现过中人之名。《史记·赵世家》徐广注云:"中山唐县有中人亭。"③《左传》杜预注:"中山望都县西北有中人城。"④ 中人亭是中人后期的名字,如同鲜虞的聚居点后来叫鲜虞亭一样。古中人邑在今河北省唐县西北境,在鲜虞时期,中人当是鲜虞势力的最北端、与晋相邻的地方。

再有,《左传·定公三年》记载鲜虞人败晋师于平中;其后到哀公元年(前494年),鲜虞又与齐、卫一道伐晋,攻取了晋之棘蒲;哀公四年(前491年),又与齐人共同将荀寅送入柏人。这里所出现的平中、棘蒲、柏人三个地方,均属于晋国的边邑。此外,还有昭公十三年(前529年),荀寅伐鲜虞时屯军在著雍;昭公二十二年(前520年)荀吴灭鼓时所经过的东阳。可以肯定,这两个地方也在晋与鲜虞交界处。东阳,据杜预注:"晋之山东魏郡广平以北",即今河北省太行山东麓的邢台、邯郸一带,晋之后属赵。平中,地名不可考,疑即平山。春秋时属晋国蒲邑,在今河北省平山县。棘蒲,《元和郡县志》云:"平棘县,本春秋时晋棘蒲邑。"⑤ 故城在今河北省赵县城。柏人,杜预注:"今赵国柏人县。"春秋时为晋邑,战国时属赵,汉代置柏人县。故城在今河北省隆尧县西约十三里。著雍,地属晋,其他亦不可考。

由以上的一些地名我们约略可以描述一下鲜虞部落集团的势力范围:

---

① 《汉书》卷二十八《地理志》,第1632页。
② 杨伯峻:《春秋左传注》,第1360页。
③ 《史记》卷四十三《赵世家》,第1799页。
④ 《后汉书》卷十一《郡国志》,第3435页。
⑤ 李吉甫撰,贺次君点校:《元和郡县图志》卷十七,中华书局1983年版,第489页。

以今河北省石家庄地区的正定新区、藁城区及晋州市为中心；向北达到今保定地区的唐县、望都市一带；向南曾一度达到今赵县、隆尧县一带；西界在今平山县以东，东界则大约在晋县以东不远处。基本上是依托太行山向南北方向发展的。由于材料的缺乏，这一描述也许并不全面，不过可以确知的是：一则鲜虞的统治中心与中山国的并不完全重合，中山国是以灵寿城为中心的，较之鲜虞要偏西、偏北，且平山一带原属晋，可知中山是在晋国内部发展起来的；再则鲜虞的势力范围比起中山国来要小得多，这大概和其自身的力量、定居时间的长短以及民族的心理有关。我们知道中山国乃是归化于晋的白狄狐氏所建，再加上其祖先原属周族，所以比起纯粹属狄族的鲜虞人来，自然能得到中原诸侯的更多认可。当中山崛起之后，慢慢地扩张自己的势力，原先的鲜虞部落或者是服从于中山的统治，或者是迁徙到他方，总之，其领地就由中山国接管了。

相对于鲜虞史料的缺失，中山国的史料要稍为丰富一些，而其中对于城邑的记载也更多，更为准确。由史书和各类方志地理著作中可搜集到的中山国城邑及地区名称有近三十个，可以帮助我们较为准确地描绘出中山国的疆域轮廓。

中山国的都城曾有过两次迁移，最早的时候是在中人城。史书中虽未有正式记载，但据西晋时张曜的《中山记》云："中人城，城中有山，故曰中山。"① 可知中山国之得名就源于中人城。中人城曾是鲜虞的领地，后被东迁的白狄狐氏所占有。由于白狄狐氏与晋的亲缘关系所以得到默许。《国语·晋语》载："赵襄子使新稚穆子伐狄，胜左人、中人。"②《史记·赵世家》又载："敬侯十一年，伐中山，又战于中人。"③ 在前文我们已经考证，中人城在今河北省唐县西北。由于其位置偏北，与赵相距不远，故颇受侵扰。所以中山国将都邑由此南迁也在情理之中。而且以作为国都而论，应当选在人口稠密、经济发达的地方，中人城在这一点上也不算合格。中山国迁都以后，中人城的重要性虽降低了一些，但

---

① 《后汉书》卷一《光武帝纪》，第14页。
② 徐元诰撰，王树民、沈长云点校：《国语解集》卷十五，第453页。
③ 《史记》卷四十三《赵世家》，第1799页。

仍是中山国在北方的重要城邑。与之相邻的左人城，据应劭《风俗通义》云："左人城在唐县西北四十里。"即今河北省唐县西北。左人、中人并为中山国北部关防重镇，同气相连，首尾相顾，在中山国防御赵国的侵袭方面发挥着重要作用。

公元前414年，"中山武公初立"，当时的都邑是顾。顾地确切的地望已难以考证。河南省范县有一个顾城，但与此并不相干。我们怀疑"顾"与"鼓"或许是由于读音相近而发生通假。如果顾即是鼓，即原先鼓部的聚居点昔阳，则中山选择它作为国都就可以理解了。因为昔阳是一个很早就发展起来的大都邑，经济繁荣，农业尤其发达。在早年荀吴伐鼓时曾围困其达三个月之久，而在此情况下鼓民"犹有食色"，其粮食储备之丰当不是偶然现象；其后荀吴第二次伐鼓时，又曾让手下士卒伪装成籴米者，暗藏甲兵在昔阳城门外休息。趁守备之卒猝不及防而攻下昔阳。纵然是以少量精兵实行偷袭，人数也绝不至于太少。这么多籴米的人待在城外而守城之卒似司空见惯，可知昔阳平时就是一个粮食交易的大市场了。综合这两点来看，昔阳既人口稠密，经济发达，粮食储备丰足，再加上其地理位置又处于交通要道上（晋从鲜虞借路去会齐师，就走的是昔阳这条路）。这一切，都使昔阳具备了成为一国之都的条件，所以我们推测中山第一次迁都选择了顾，也就是昔阳并非胡乱猜疑。有人说顾在今河北省定州市境内。定州市与唐县相邻，仍偏北；而前面我们已考证昔阳在今河北省晋州市，顾若是昔阳，应当在晋州市。

昔阳既是一个有着深厚经济基础和城市规模，并且交通便利的大城邑，中山国为什么没能在此长久定都，而是又一次迁都呢？这与中山武公的亡国有着直接的关系。原来，昔阳交通的便利也成了它的致命伤。它处于平原之上，无险可恃，早在鲜虞时期就两度被晋军所困，证明它在军事防御方面并不合格。中山武公以此为都，只看到了它的繁华富庶，却忽视了军事防备，又从心理上依赖赵国，所以当赵国不肯再为他保驾时，不免就抗拒不住魏国的攻势了。不过中山国在武公时也比较具有实力了，所以魏将乐羊连攻三年才艰难地攻下了中山。中山武公的后人经此惨痛教训，决定迁都，最终，复国的桓公选择了在军事重地灵寿定都，才终于使中山国真正得到了稳固与繁荣。

灵寿古城今何在？河北省境内有两处遗址：一在今灵寿县西北十五

里的故城村周围。那里有传说中的"赵武灵王台"的遗迹；另一处在今平山县东部的上三汲乡东南，距灵寿县城约十公里，与前一遗址相距不太远。著名的中山王墓就在这里。这两处遗址哪一个才是真正的古中山国的国都灵寿呢？相比较而言：故城村遗址位于丘陵之上，土地贫瘠，物产不足。据《灵寿县志》云："灵寿县于真定三十二州县中，最为瘠壤，其民遇丰岁，豆饭藿羹仅免沟壑；一遇水、旱、虫、雹之灾，流离转死，不可救药。"① 而平山县遗址却坐落在北高南低的滹沱河北岸台地上，土壤肥沃，地势险要，西、北、南三面均为太行山所环抱，东面可极目广阔的华北大平原。自然的山水不仅为它提供了丰富的物产，而且构筑成天然的防御工事。再者，故城村古城南北宽约一千零五十米，东西长约一千四百米，而平山县古城不仅东西宽约四千米，南北长约四千五百米，规模大得多，而且有计划地将一座小山圈入城内。既符合中山国"俗以山在邑中"的传统特色，又可以在战时做瞭望和指挥之用，更何况城里城外的中山王墓葬群，有力地证明了这里确实是中山国的都城。战国时诸侯之都城遗址中，不乏这种城内设墓区的例证。

除了中人城、昔阳和灵寿这三处外，史籍中所涉及的中山国城邑还有如下一些：

苦陉，魏灭中山后封太子击于中山，使李克辅佐他。李克治理中山时，有一位苦陉的官吏出主意让进献更多的财货，李克没有采纳他的建议。《元和郡县志》中说苦陉是"本七国时中山国之苦陉邑，汉苦陉县也"②。《一统志》云："苦陉故城，在今正定府无极县东北。"即今天的河北省无极县东北。那里自古贫瘠，物产不丰，所以那位苦陉官吏的主意并不被李克所采纳。既然在魏治中山时，苦陉就已是中山的城邑，那么在中山复国后自然仍收回苦陉。它在中山国的东部，后来被赵国占领。

房子邑，据《史记·赵世家》载，赵敬侯十年，赵与中山战于房子。《汉书·地理志》云："常山郡有房子县。"③《高邑县志》云："房子故城在今县西南，俗呼其地曰仓房村。"民国《高邑县志》又云："今古城村

---

① 卫秦龙修，傅维枟纂：《灵寿县志》，成文出版社有限公司1976年版，第1页。
② 李吉甫撰，贺次君点校：《元和郡县图志》卷十八，第513页。
③ 《汉书》卷二十八《地理志》，第1575—1576页。

北尚有遗址,村盖以此得名。又与仓房村毗连,或呼为仓房村,周围七里余。"今高邑县古城村、仓房村之间当即房子之故地。房子本属赵,中山桓公复国后扩张领土,占领了此地。至赵武灵王十九年,"北略中山地,至于房子。"① 赵才把房子收回。所以我们在讲中山国强盛期的疆域时,一定要把房子算在内。房子是中山国南部的重要军事堡垒。

宁葭,在赵武灵王收复房子的第二年,他又一次进攻中山,这回占领中山的土地一直到了宁葭。宁葭城址的所在,史书无载。清末学者王先谦在他的著作《鲜虞中山国事表·疆域图说》中认为:"宁葭又可作蔓葭","殆绵曼之异名也"。② 后人多从此说,认为宁葭即今天的河北省石家庄市鹿泉区北部的绵蔓故城。这种说法很值得商榷。一来,宁与蔓古音虽可通转,但绵曼如何就成了蔓葭了呢?按王先谦的说法:赵武灵王前一年已北伐至房子,而此年继续深入北上,攻下宁葭,符合用兵之次第。可是事实上,据《史记·赵世家》所载,赵武灵王攻取宁葭之后的下一年,又亲率大军进攻中山,这一次攻下鄗、石邑、封龙、东垣等邑。而这几处均在王先谦所说的绵曼故城之南。如果宁葭即绵曼,怎能先取北方的宁葭,而后才攻下南方几邑呢?纵然真是如此,岂不是犯了孤军深入之病?深谙兵法的赵武灵王又怎会如此行险大意呢?更何况,《史记·赵世家》中仅云赵武灵王"略中山地,至于宁葭",③ 并未言是"北略",宁葭并不一定要在中山国的南部,赵国进攻它,也不需要向北进军。若非绵曼,那么宁葭必定另有其地了。

明末清初学者顾祖禹的《读史方舆纪要》云:"宁葭城在(深)州东南,故赵邑。④ ……《水经注》衡漳山东北历下博城西,又迳乐乡故城南,又东引葭水注之。城盖以葭水而名。"依顾氏之说,宁葭城得名于葭水,其地当在今河北省深州市东南下博村东北一带。此处不在赵军北上的路线中,而是中山国东部的一个边邑。《史记·赵世家》记载赵武灵王十七年(前309),"王出九门,为野台,以望齐、中山之境"⑤。九门城

---

① 《史记》卷四十三《赵世家》,第1805—1806页。
② 王先谦:《鲜虞中山国事表》,第78页。
③ 《史记》卷四十三《赵世家》,第1811页。
④ 顾祖禹撰,贺次君等点校:《读史方舆纪要》卷十四,中华书局2005年版,第652页。
⑤ 《史记》卷四十三《赵世家》,第1805页。

在赵国与中山和齐国相邻的边界上，所以才能筑高台来观察中山与齐国之地貌。中山国的东南部是一片河沟纵横的低洼地，与赵、齐相邻。赵武灵王若由东路进攻中山，宁葭正是必取之城。《战国策·赵策》载："赵攻中山，取扶柳，五年以擅滹沱。"① 扶柳是赵国在东路进攻中山的第一邑，由此再向东北到滹沱河之间，恰好是宁葭城。由此分析，我们已可认定，宁葭城当在中山之东南边境，今深州市境内，而非今石家庄鹿泉区内的绵曼故城。

前段引《战国策》，出现扶柳这一地名，已知它是赵东路大军所攻取中山的第一处城邑。按《汉书·地理志》云："信都国扶柳县。"② 《水经·浊漳水》注云："扶柳故城，在信都城西，衡水迳其西，县有扶泽，泽中多柳，故曰扶柳。"③ 则扶柳当在今河北省衡水市冀州区西，今当地仍有扶柳村，盖即扶柳故城。扶柳邑是中山国东南边境上的一处重要城邑。

《史记·赵世家》载赵武灵王二十一年（前305），大规模进攻中山时，兵分两路，北路大军"合军曲阳，攻取丹丘、华阳、鸱之塞"④。而南路由赵武灵王亲率的王军"取鄗、石邑、封龙、东垣"。这里一次就出现了这么多地名，对我们研究中山国的疆域大有助益。依其顺序，先来看曲阳。《史记正义》引《括地志》云："上曲阳故城的定州曲阳县五里，合军曲阳，即上曲阳也。"⑤《汉书·地理志》："常山郡有上曲阳。"⑥《曲阳县志》则云："（上曲阳）在县西五里。"古之曲阳城在今河北省曲阳县西，在战国时为中山国西北部重邑。次及丹丘，《十三州志》载："上曲阳有丹邱城。"也有人认为丹丘是恒山的别名，城在山上。笔者认为北路赵军合兵曲阳后攻取丹丘等地，则这些地方必然相近。所以丹丘当在距曲阳城不远处，亦即今河北省曲阳县西北附近。华阳，《史记正义》引《括地志》注云："北岳有五别名，三曰华阳台，按北岳恒山在定

---

① 范祥雍撰，范邦瑾协校：《战国策笺证》卷二十一，第1210页。
② 《汉书》卷二十八《地理志》，第1633页。
③ 房鑫亮等主编：《王国维全集》，浙江教育出版社2009年版，第373页。
④ 《史记》卷四十三《赵世家》，第1811页。
⑤ 同上书，第1812页。
⑥ 《汉书》卷二十八《地理志》，第1249页。

州恒阳县北百四十里。"① 华阳既是恒山的别名,则地在今河北省曲阳县西北。至于鸱之塞,《史记正义》引徐广曰:"鸱,一作鸿。鸿上故关,今名汝城,在定州唐县东北六十里,本晋鸿上关城。又有鸿水,源出唐县北葛洪山,按北岳恒山,与鸿上塞皆在定州。"②《水经·滱水》注云:"杏水又东流历鸿山,世谓此处为鸿头,疑即《地道记》所谓鸿上关者也。关尉治北平,而画塞于望都东北,去北平不远,兼县土所极也。滱水于是左纳鸿上水,水出西北溪,东南流注于滱水也。"③ 清末王先谦《鲜虞中山国事表·疆域图说》云:"'鸿'之为'鸱','上'之为'之',皆字形相近而讹。以郦注及今地图合证之,鸿上塞即在今倒马关南滱水之右,葛山亦在焉。"④ 鸱之塞即鸿上关,在今河北省唐县西北。由曲阳至丹丘、华阳及鸱之塞,是由南向北逐一打通中山国西北部诸关隘。这些关邑,都在恒山附近。依山而建,本是中山国借以抵御赵国的重要关防,而且史书曾载中山国也筑有长城,疑即在此一带。

再看由王军攻下的鄗、石邑、封龙、东垣一系地名,原是赵邑,中山国在赵肃侯十八年"负齐之强兵"侵犯赵国,并"引水围鄗"。当时似乎只是给赵国造成了极大的困扰,并未攻下鄗邑,但其后鄗邑还是被中山国占领了,所以赵武灵王二十一年攻中山时又夺回了鄗。《汉书·地理志》谓常山郡有8县。《元和郡县志》云:"今赵州柏乡、赞皇二县,本春秋时晋鄗邑之地,汉以为县。"⑤《一统志》云:"鄗县故城,在今赵州柏乡县北。"据民国时的《高邑县志》云:"古却城在县治东二十五里,距柏乡城二十二里。"今河北省柏乡县北二十二里即古鄗邑。此地临近房子邑,在中山国强婞时国土扩张至此,以房子及鄗为南部边邑。

石邑,汉时属常山郡,置石邑县。故城在今河北省石家庄鹿泉东南。南故邑村、北故邑村,均系在故石邑之南北而得名。封龙,《史记正义》引《括地志》云:"封龙山,一名飞龙山,在恒州鹿泉县南四十五里,邑

---

① 《史记》卷四十三《赵世家》,第1812页。
② 同上。
③ 房鑫亮等主编:《王国维全集》,第400页。
④ 王先谦:《鲜虞中山国事表》,第80页。
⑤ 李吉甫撰,贺次君点校:《元和郡县图志》卷十七,第491—492页。

因山得名。"① 封龙山在今河北省元氏县西北与石家庄鹿泉东南之交界处，封龙邑亦当在此处。东垣，《汉书·地理志》云："真定国真定县，故东垣，高帝十一年更名。"②《一统志》云："东垣故城，在今正定府正定县南。"清光绪年间《正定县志》云："东垣故城，在县南八里，今名古城。"今河北省石家庄市东北有西古城、东古城村，即东垣邑故地。由鄗至石邑、封龙再至东垣，是赵国大军由南向北攻占中山国南部疆土。此时，北部由曲阳向北，南部由石邑往南，东部由扶柳至宁葭已全属赵之势力控制下。中山国的疆土被吞并了大半，只剩下中部的灵寿及东部的苦陉，北部的中人诸邑了，而这些地方，不久也被赵国占领。

现在我们可以大体勾勒一下中山国鼎盛时期的疆界：北部偏西以鸱之塞为界，向西北一侧可画出华阳、丹丘、曲阳一线；东北方有左人、中人两邑。另外中山曾趁燕国向内乱吞并了燕国数百里土地及数十座城邑，则东北部与燕国接壤处最远当可及燕南部长城，即今河北省徐水县至安新县一带。那么中山国北部包括了今天河北省保定地区的大部分：唐县、满城、徐水等均在其境内。南部则以房子为界，向东至扶柳，向西达太行山麓，即今河北省新河、柏乡、高邑、赞皇一带。东部以宁葭为东限，向北至燕长城、向南至扶柳，即今河北省深州市、安平、博野至清苑一带。西部则以井陉为界，沿太行山向南北延伸，南至赞皇，北经平山、灵寿到倒马关一带。这样，中山国全盛时的面积就大致可知：南北向由鄗至鸱之塞约二百公里、东西向由井陉至深县约一百五十公里，按先秦的长度单位计算，其总面积与"方五百里"之说相吻合。

太行山东麓历来是我国南北文化迁徙交流的干道，这条文化迁徙和交流的线路，是随着时代的前进逐渐向东滚动的。也就是说，时代越早越靠西，时代越晚越向东。直至今日还是重要的交通要道。有了千万年的文化积淀，沿途形成了一个个区域文化政治中心。常言道，"府见府，一百五"。仅河北而言，自北而南，保定、定州、石家庄、邢台、邯郸，距离相当，哪一个不是历史悠久、源远根深的区域中心城市呢？

---

① 《史记》卷四十三《赵世家》，第1812页。
② 《汉书》卷二十八《地理志》，第1632页。

第二章

先秦时期石家庄地区的思想与艺术

第一节 中山国文化总体特征

一 "崇山"意识强烈

横亘八百里的绵绵太行，几百年来滋养哺育了中山人的繁衍壮大，山的精神和性格融于其民族特质之中，并表现在建筑、艺术等各个方面。"崇山"，可以被认为是中山国最为鲜明的文化特征，因此中山之地盛行山岳祭祀与崇拜。

春秋战国时期华夏之地普遍存在着将山岳视为自然神灵的观念，如《礼记·礼运》载："山岳，所以傧鬼神也。"①《墨子·明鬼》中将鬼分为三类，其中"山水鬼"即是指山岳神灵。据《左传·宣公三年》记载，当时人认为山岳中多有"魑魅魍魉"②等为害于人的鬼神。《左传·昭公元年》记载："山岳之神，则水旱疠疫之灾于是乎禜之。"③可见当时人们认为山岳神灵会造成各种灾害。中山之地就曾发生过许多怪异的现象，当时人们将这些怪异的现象视为妖，是鬼神降下灾祸的象征。如《说苑·辨物》中赵简子与翟封荼谈到狄族所在之地（即中山之地）曾出现的"雨谷三日""雨血三日""马生牛，牛生马"的怪异现象，赵简子认为这是中山之地的妖异之象，是亡国之兆，因而感叹："大哉妖，亦足以

---

① 孙希旦撰，沈啸寰、王星贤点校：《礼记集解》卷二十二，中华书局1989年版，第615页。
② 杨伯峻：《春秋左传注》，第670页。
③ 同上书，第1219页。

亡国矣!"① 受过教育的上层社会人士尚且如此认为,一般未受过教育的平民百姓当然更会如此认为。中山之地的妖异之象也见于《孔丛子·执节》中魏王问子顺的话,曰:"往中山之地无故有谷,非人所为,云天雨之,反亡国,何故也?"② 这些奇异的现象虽然已经为当时的少数知识分子如翟封荼等以科学的方式认识解释,但一般平民还是认为这些怪异之象是超自然的鬼神灵怪所为。为了避免山岳鬼神危害于人,中山之地产生了山岳崇拜的宗教信仰。中山之地盛行崇山观念,这一现象有关学者早已进行了详细的考证。

中山国人的崇山观念主要表现在以下几个方面:第一,春秋战国时期鲜虞族活动的范围多在太行山中,属山地民族,战国中山国的统治地域在太行山东麓的唐县、平山这一带,国土中大部分也是山区丘陵,中山人的生活、生产都与山密不可分,有产生崇山观念的自然环境条件。第二,春秋战国时期中山都邑中据记载都有一座孤山圈于城内,中山之国名即以此而得。中山国的国名和都城选址情况都反映了中山国内盛行崇山观念。第三,在中山灵寿城址内多发现各种山字形建筑饰件,器物上饰有山点纹、山字形等纹饰,中山侯铜钺上的纹饰也与山岳相关,这些都是中山崇拜山岳观念的反映。城址内发现的山字形建筑饰件有山字形脊瓦、山峰形瓦钉帽饰件、座山形瓦钉帽等,反映了中山国盛行崇山观念,因此将建筑饰件建造成山形来表达自己的崇拜感情(见图2—1)。这与古人崇拜龙,因而在房脊上用各种龙形作为装饰性建筑饰件的行为是相同的。中山侯铜钺下部铸有五座山峰,峰下绘有6个"十"字回旋纹,钺柄前部铸有"山"字,字下绘有4个"十"字回旋纹,此五山者,当取自古制五方国中的五山之经。此回纹者,当取自五山之川水。因此铜钺上的纹饰也反映了中山的崇拜山岳观念。第四,在灵寿城六号遗址一座铸铁炉边,发掘出一组完整的祭拜山的遗迹,是以6个方锥形陶器组成"山"形,分列左右,后有一小陶人束发拱手,面向"山"做朝拜状,这无疑反映了中山民间的崇山活动。发掘者陈应祺先生指出,陶人俑拜山发现于冶铜炉作业坑边上坎内,人俑和山字形器均用净土埋住。

---

① 刘向撰,向宗鲁校证:《说苑校证》卷十八,中华书局1987年版,第469—470页。
② 王钧林、周海生译注:《孔丛子》卷五,中华书局2009年版,第231页。

这种现象可能是铸铜工匠对山神祈祷，祈求保佑之举。第五，大型山字形器是中山之地崇拜山岳观念的重要物证。中山王墓 M1、M6 中均出土有大型山字形器。"山字形器上锐呈三圭状象征三山，山字形器下方有回旋纹象征两川水。"因此极可能是中山国崇山意识的象征——山岳神主桑封的变形，中山王以山字形器作为仪仗，以表达自己对山岳之神的敬仰，表明自己是受到山岳之神佑护，并掌握有山川之神赐予的权威（图2—2）。

图 2—1　中山国山峰形瓦钉饰①

自然崇拜的产生总是与人们的生存条件相联系的。中山国普遍的崇山观念即来自该民族长期居住的山区自然环境。山在人们心目中是神圣的："夫山，草木植焉，鸟兽蕃焉，财用出焉，直而无私焉……兴吐风云，以通乎天地之间，阴阳和合，雨露之泽，万物以成，百姓咸飨。"②

---

① 图片由平山县战国中山国王陵文物陈列馆提供。
② 王钧林、周海生：《孔丛子》卷一，第 25 页。

第二章　先秦时期石家庄地区的思想与艺术　41

图 2—2　中山国山形器①

中山之人因此产生了崇山观念，并在都城选址中以山处于城中为标志，以中山为国名，各种大型建筑饰件、器物纹饰上都饰以象征性的山岳纹饰，平民以陶制成高山之形，并对之顶礼膜拜，中山王则将山岳神主"桑封"加以夸大、变形，使其成为自己的仪仗，表达自己的崇山观念。这种种迹象都表明因为鲜虞族所处之地多为山区，所以鲜虞族从上到下在长期的生产、生活过程中产生了普遍的崇山观念，并在日常生活中形

---

① 河北省文物研究所编著：《河北考古重要发现（1949—2009）》，科学出版社 2011 年版，第 119 页。

成了各种崇拜祭祀山岳之神的宗教习俗。

中山国祭祀山岳的方式以瘗埋为主，祭品有牺牲、玉器和青铜器等。从中山国滹沱河边祭祀区的考古资料来看，中山国祭祀河神的方式主要以瘗埋方式为主。在今河北平山县境内滹沱河北岸，发现了数量众多的战国时期祭祀河神的祭祀坑，坑均为土坑，一般长1.5米，宽0.7米，深2—12米不等。东西两壁均有上下用的脚窝，每坑内均葬有四肢捆绑的牛、羊、猪等动物各一头，同时随葬玉器一件，玉器有龙形玉佩、虎形玉佩、玉璧、玉剑首等。分析上述祭祀坑遗迹，可知中山之人在祭祀时是先挖坑，并留下脚窝以供上下。祭祀牺牲是牛、羊、猪等较大的家畜，从捆绑四肢和这些动物在坑内的残骨式样，推测应该是用绳将家畜吊下坑底。祭祀用玉有的安放在坑底，有的祭祀坑内掘有壁龛，龛内放置玉龙或玉璧。因此，祭祀玉器应都是专人下到坑内安放妥当。这些祭祀坑和坑内的牺牲、玉器遗迹应该是中山国人祭祀河神所留。中山在祭祀山神时也有可能采用了瘗埋的方式。《吕氏春秋·简选》载"中山亡邢，狄人灭卫"。① 而《左传·僖公元年》记载狄伐邢，邢人溃，迁都于夷仪。这说明灭亡邢国的狄人中应包括建立中山的白狄别种鲜虞族人。而1974年内蒙古哲里木盟（今通辽市）扎鲁特旗发现了邢姜太宰巳簋。此簋出土的地理位置正处于大罕山北麓的霍林河源头，共出土8件青铜器，是出土于一个窖藏内。有学者认为，邢国的器物出土于内蒙古地区，正是灭亡邢国的狄人将其作为战利品带到了内蒙古地区。狄人将多件自己从遥远的中原掠夺来的青铜器埋葬在山麓和水源之间，显然并非偶然。从这批铜器出土的地点来看，应是以这些青铜礼器来祭祀山岳，即大罕山和霍林河。《山海经·中山经》记载祭祀山岳时确实有一种"瘗而不糈"② 的方式，指祭祀后将礼山岳的供物埋葬在山上。打败邢国的狄人与中山应同为狄人，推测其祭祀山岳的观念和方式也应具有共性。

中山崇拜和祭祀山岳之俗与当时中原习俗相近，但在具体表现上与众不同。中山国人将自己的山岳崇拜观念寄寓在现实生活中的各种器物、建筑装饰上，这种奇特的表现形式在春秋战国时期却是一种较特殊的习

---

① 吕不韦著，陈奇猷校释：《吕氏春秋新校释》卷八，第446页。
② 袁珂校注：《山海经校注》卷五，上海古籍出版社1980年版，第121页。

俗，为他国所不见。推其原因应该与中山国本是一个山地民族，因而特别崇拜山岳有关。

二 多民族融合色彩浓烈

中山国本是白狄鲜虞族所建，鲜虞族来自经济文化较落后的西北部山区，北方民族文化是其文化基础，中山的南部则是比较先进的农耕区域，属于中原文化范畴。中山国建立后，游牧的鲜虞族在经济上、政治上向先进的华夏族学习，在思想、文化、艺术上也与汉文化走向融合，中山国的历史即是一部北方戎狄文化与华夏商、周文化的融合史。

其一，中山文化与商文化的融合。由于中山地区在周代以前为殷商重地，直至战国时期，该地殷商文化传统一直比较强盛，导致春秋战国时期中山之地诸方面都不同程度地蕴含着商文化的底质。比如，中山国古老的玉卜卜辞，其格式即与商代卜辞相类；中山国嗜酒、好游戏、为倡优之风也深受商人习俗的影响。中山国高超的铜铁冶铸技术与商代该地发达的冶铸业有着不可分割的联系。中山国独特的交通工具三马车，也是源自商代。中山寝庙合一的墓祭礼俗也源自商人习俗。

其二，中山文化与周文化的融合。中山地处华北平原，与春秋晋国，战国魏、韩、赵、燕等国处在同一个地理单元内，在地域上犬牙交错，相互毗邻。而且中山国春秋时期依附晋国，在战国早期又曾为魏国属国近30年，战国中期复国后又与燕、赵、齐等国联系密切。因此，中山与周边各国在频繁的政治、经济往来和不断交战的同时，文化交流自然也比较密切。也因此，中山国的历史文化从战国早期开始受到华夏文化的影响，至战国中后期已经基本与华夏文化相融合。

在思想上"中山专行仁义，贵儒学"，接受了汉民族传统的儒家文化。中山国君尊贤重士，在重大政治活动中发挥士的作用，取得了一定的成就。平山出土的铜器铭文中，大谈天命、忠、孝、仁、义、礼、信等，具有浓厚的儒家思想色彩，对儒家之外的其他思想流派，中山国也兼收并蓄，并仿效中原诸国，接受他们来游说辩论。中山国文字风格总体上属三晋系统；中山社会各阶层均存在祭祀祖先和山川的宗教信仰；中山城址布局遵循东西两城分隔的中原城市布局特点；中山上层社会及其侍从服务人员一般穿着深衣，与当时中原流行的衣服式样相似；中山王墓中出土了大量的佩玉,这种崇玉观念在虢国墓、赵王陵等中原三晋地区的墓葬中也都有体现。中山王的饮食器具中,铜鼎和铜壶的组合和使用情况已经与中原华夏礼制相类。战国早期饮食习俗中的饮食器具组合,如鼎、豆、壶、匜与黄河中下游习俗相类。中山丧葬习俗中,中山墓地制度中存在与中原地区相同的"公墓"和"邦墓"。战国中晚期灵寿城址附近墓葬普遍随葬陶礼器的风俗也与中原三晋地区相类。墓葬形制基本上都是土坑竖穴墓,身体葬式以仰身直肢为主,头向从混乱逐渐发展为以北向为主。中山国王及其众多配偶墓葬的排列形式、墓上巨大的封土和墓上建筑以及墓内出土众多的随葬品,与当时中原流行的厚葬习俗,特别是魏国墓葬习俗相近。其他表现包括:中山国的后宫等级制度划分严格;中山国实行中央集权的官僚体制;中山地方行政体系中都邑制与分封制并行,中山国的经济以农业为基础;中山国军事制度中兵种以车兵及步兵为主,兵器种类与当时中原各国相近。

三　中山国多民族融合的演变

这种多民族融合,既表现在纵向的、时间上的演变,又表现为横向的、地区上的演变。

其一,地域性演变。中山国存在着以灵寿为中心城市的城市文化,同时,中山国还存在大量的山区,城市和山区的文化存在着变化性,中心都邑与边远山区习俗传承、科技水平均呈现出不同程度的差异。比如,墓葬习俗中,春秋晚期至战国早期,灵寿城址附近及今之赞皇等山区均出现了不同形式的石构墓,墓葬习俗的共性较强。但至战国中晚期,灵寿城址及其附近的积石墓已经大大减少,并出现了象征性的积石墓,或转化为防盗措施。但同期的中山国山区发现了元氏县石板墓和赞皇古墓群,却仍然盛行石构墓,并将此风延续至汉代。战国中晚期中山墓葬中的差异性,显然是因为中心城市与山区受华夏文化影响的程度不同而造成的。再如,在科技水平之上,战国中晚期的灵寿城址发现了大规模的铸铜铁作坊遗址,中山王墓 M1 和 M6 所出四龙四凤方案、虎噬鹿屏风座、铁足铜鼎、大铁盆等精美绝伦的器物,显示了中山国城市中已经掌握了高超的冶铸技术。但同期的中山国山区如赞皇古墓群却只有粗糙的铜器出土,未见铁器。这种情况反映出中山国文化因城市和山区的不同,而产生了较大的地域性差异。对于山区来说，这种差异主要表现在习俗的滞后性和科技的落后性两方面。

其二，时段性演变。春秋早期、战国早期与战国中晚期，中山国的文化性质发生了极大的变化。战国早期，鲜虞族具有北方民族风格的文化和商人传统文化仍具有强大的影响力，华夏文化的影响在中山大部分地区还不是很强烈。至战国灵寿城址时期，华夏礼俗在总体上已经影响到中山社会各阶层，并与当地鲜虞族文化和殷商传统文化相互融合，形成了颇具地域特色的中山国文化。其中以中山灵寿城址及其附近地区所受影响最大，变化也最明显。主要表现为华夏文化融合本地土著文化形成的地方性文化渐渐发展。具体来说，战国灵寿城址Ⅰ期墓葬中随葬实用陶器，尚不能构成固定的器物组合，Ⅱ期墓葬中即出现了与同时期三晋墓葬随葬器物相同的陶礼器。同时，墓地制度、墓葬形制、随葬器物、葬式等方面体现出越来越鲜明的等级划分。这些都体现了华夏礼俗与中山本地土著习俗的融合过程。但是在具体的墓葬排列顺序、随葬陶礼器的种类、数量和制造工艺、中山王墓中随葬鼎制和祭祀用品如大羹、酒的设置和祖先上帝的祭祀等方面，中山国的礼制表现并不完全符合华夏礼制的规定，呈现出一些独特之处，表明华夏礼制与土著习俗结合形成了颇具地方特色的中山礼制。

其三，经济区的演变。中山国经济的变化主要表现在平原与山区经济类型的变化。平原区以农业为主，兼营畜牧业，而山区则是以畜牧业为主，兼营农业。这种差异主要是由于中山国的国土分布正好处于农业区和畜牧区之间，再加上中山畜牧传统而形成的。

第二节 学术思想

一 学术文化

（一）中山盛行儒家思想的考证

中山文字中套用了大量儒家典籍。中山国中山王鼎、方壶、圆壶上三篇较长的铭文中，字体秀丽、文句典雅，其中经常引用或套用各种先秦典籍中的言辞，如《诗》中的《皇矣》《访落》《殷武》《维天之命》《烝民》《大明》《韩奕》《宫》《崧高》《文王》《采苢》《车攻》《清人》

《大东》等诗中的语句,屡屡见于中山三器铭文中,其中有的诗篇如《大明》《烝民》中的多个文句被套用在中山器铭中,内容相差无几。其他先秦典籍的篇章中也有和中山铭文相似的语句,如《尚书·周书》中的《多方》《吕刑》《康王之诰》;《礼记》中的《武王践阼》(大戴礼记)《乐记》《祭统》《曲礼》《少仪》《大传》和《周礼·天官·大宰》。此外,《春秋左传》中的"文公十八年""哀公元年""桓公十八年";《国语·周语中》等典籍的篇章中也有与中山铭文语句相似的情况。以上中山铭文语句与同时期典籍相似的情况,反映出战国中山国知识分子精通当时中原各国流行的各种典籍。

中山铭文的言辞显示出中山之地深受儒家文化的影响。春秋战国时期儒家学说的创始人孔子及其弟子就是以《诗》《书》《礼》及各国的《春秋》《国语》等史料作为教授弟子的教材。而中山铭文中的措辞用语正是多与《诗》《书》《礼》及《左传》《国语》中某些篇章中的言辞相类。但是,战国时代流传的《书》的内容并不统一。有关学者考证,当时墨家典籍《墨子》中引用的《尚书》主要是有关禹、启、汤、仲虺、周武王等人的文献,偏重于周书以前的资料。而儒家编选学习的《书》则是为了宣扬文、武、周公之道,侧重于周书中的资料。中山铭文中与《书》中相类的言辞都是引自周书,这反映出中山铭文的写作者应是学习过儒家编辑的《书》。《礼》是当时墨家反对学习的科目,只有儒家才学习礼治,编辑礼书,而中山铭文中言辞多有与《礼》相类者。中山铭文措辞用语应是多类似于儒家文献用语,这种现象反映出中山之地在华夏化过程中深受儒家典籍的影响。顾颉刚甚至认为:"《虞夏书》当系冀州进入城市文明时代之中山王国所综述编订者。"虽属猜测,可备一说。

中山有关文献记载中留下了中山崇儒的史实,如《太平寰宇记》卷六十二引《战国策》称"(中山王)专行仁义,贵儒学,贱壮士,不教人战,赵武灵王袭而灭之"。《韩非子·外储说左上》描述了中山国王尚贤好士,"好显岩穴之士而朝之""上尊学者,下士居朝"。[①] 中山王所欣赏的这些士中显然有些应该是儒者。

中山考古资料体现了中山实行尊卑有别的等级规定,基本遵循中原

---

① 韩非著,陈奇猷校注:《韩非子新校注》卷十一,第700页。

儒家的各种礼制。如发掘者通过《兆域图》和实际发掘材料，对照有关文献进行分析，指出战国中后期中山王及其众多配偶在埋葬方面所用的积石积炭、棺椁及棺饰情况同中原诸国基本一致，大致实行了《周礼》所规定的一套制度，根据尊卑贵贱不同身份而有明确严格的限制。

通过以上有关中山国的文献、铭文和考古资料的分析研究，可知中山国确实盛行儒家思想。

（二）儒家思想在中山国的具体表现

中山国在华夏化的进程中曾受到儒家思想文化的强烈冲击。以中山国王为首的中山上层统治阶层，以孟子等倡导的儒家学说为理论基础，制定了中山国的治国方略，一方面重视礼、仁、义，维护等级秩序；一方面以民本思想来治理百姓，缓和阶级矛盾。

中山铭文中多处体现了儒家明尊卑贵贱，讲究礼、仁、义，民本思想等学说。中山王鼎铭中称赞中山的忠臣"克顺克俾，亡不率仁，敬顺天德"，其中"仁"的具体表现就是："竭志尽忠，以左右厥辟。"（方壶铭）"事少如长，事愚如智"（鼎铭）。也就是说，在君主幼弱之时，依然遵循君臣之礼，努力辅佐君主。中山王赞赏臣下的这种品质正与孔子所推崇的"克己复礼为仁"的儒家思想相符。段连勤先生还依据儒、法、墨三家对禅让的不同见解，进一步指出只有儒家的思想中才认为禅让必须遵从天意，私下授受国家权力则是逆天行事，应该讨伐。中山王鼎、壶铭中记载中山君臣指责燕国的禅让是"上逆于天，下不顺于人""不用礼义，不顾逆顺"的有关言辞，正与儒家的禅让观相符，而与墨、法两家根本不同。李学勤先生也认为中山三器铭文反映了"中山的统治者不仅通习作为正宗思想的儒术，而且把儒家的政治观点在行动上付诸实现了"。

中山国的民本思想也本源于儒家学说。战国时期，《孟子·尽心下》提出了著名的民本思想，"民为贵，社稷次之，君为轻"这种思想具体体现在以下几个方面：争取民心，推行仁义；反对国君的虐政；节约民力，减轻人民负担；尊贤使能，俊杰在位。中山三器铭文中多处提到中山国统治阶层治理百姓的基本原则，主要体现在四方面，即举贤任能，减轻刑罚，赋税适中，教以仁义。两相比较，可以发现两者具有相当的共性。

1. 举贤任能的思想体现及其来源

中山先王在临终之前，总结自己的治国经验，并将之刻于方壶上，以训诫后人。方壶铭曰:"夫古之圣王,务在得贤,其次得民。故辞礼敬则贤人至,陞爱深则贤人亲。"这反映出中山王在思想上非常重视选贤任能,并希望后人遵循此原则。这种举贤任能的措施明显是孟子民本思想的继承和发展。

2. 减轻刑罚的思想体现及其来源

中山国已经制定了非常严酷的法律制度。但因为受到孟子等儒家思想中反对虐政的学说的影响,中山王开始注意减轻刑罚,以笼络民心。这种思想体现在中山方壶铭云:(中山王)"慈爱百牧,大去刑罚,以忧厥民之唯不幸。"中山的刑罚改革显然法自儒家,与当时法家提倡的以严刑峻法治民的做法背道而驰。

3. 赋税适中的思想体现及其来源

方壶铭曰:"夫古之圣王,务在得贤,其次得民。……作敛中则庶民附。"此言体现了中山王奉行了儒家的减轻人民负担、缓和阶级矛盾的说法,在征收赋税之时考虑百姓的承受能力,制定一定的标准,以限制统治阶层对百姓的过度压榨。这一行政原则明显是受孟子"耕者助而不税""关市讥而不征"等轻徭薄赋思想的影响。

4. 教以仁义的思想体现及其来源

战国时期儒家的仁政思想主要体现在排斥"利",而讲究"仁义",主张推行"仁政",实行"王道"。教民以仁义,以仁义治国,就可以使天下之民一齐归向,就会无敌于天下,实现天下统一。而中山三器铭文中充斥着"仁、义"等字眼。中山以仁义教化百姓的治国方法明显源自儒家之仁政思想。

这些治国方略均与以孟子为首的战国儒家学说息息相关,显示了中山国的统治阶层深受儒家民本思想的影响,并以儒家学说为治国的理论基础。关于这种儒家思想的来源,李学勤、段连勤先生都在论著中指出,中山的儒家思想应该是受到魏氏中山统治时期崇尚儒学的影响。这固然是一个重要的历史原因,但是,战国中、后期中山王尊贤礼士,各种学派的士子纷纷到中山国上书游说,其中包括大批的儒学之士,这些儒者在中山之地任职为官,推行自己的学说,必然也对中山国内儒家思想的盛行起到了不小的促进作用。中山铭文中存在大量当时流行习语和儒家典籍中的语言,显示出中山之地深受儒家思想文化的影响。这既是受魏氏中山的影响，也是中山国与华夏文化相融合的必然结果。

（三）中山墨家思想的传播及影响

中山之地也曾受到墨家思想的影响。《吕氏春秋·应言》记载："司马熹难墨者师于中山王前以非攻。"① 这段文字记载了中山国的相邦司马熹（司马喜）与墨家思想的倡导者"墨者师"在中山王前进行辩论的情景。但是，正如李学勤先生指出，中山国统治阶层普遍采用的治国方略还是儒术，墨家思想并非中山国的主流思想，并不居于主导地位。

墨家思想之所以能流传于中山国，是源于中山国有施行墨家学说的土壤。中山国灵寿城址发掘了大面积的商业区和手工业区。中山灵寿城址九号、十号遗迹总面积为东西约750米，南北约450米，"似为城内的中心活动区及商业活动中心，属城内的'市'"。中山之地手工业发达，且历史悠久。春秋晚期至战国早期，中山鲜虞族民间已经开始制造陶器，灵寿城址一号居住遗址发现了陶窑就是实证。此外，中山国还发现了大面积的官营作坊遗址。官营手工业作坊遗址有四号制陶作坊遗址，面积为4万平方米，东西200米、南北200余米；五号铸铜、铁器作坊遗址，面积55.68万平方米，南北960米、东西580米。此外，中山民间手工业遗址也有发现，如灵寿城址九号遗址发现了冶铜炉群。《史记·货殖列传》也记载中山"多美物"，"作巧奸冶"。② 中山王墓出土众多的精美器物，正是中山国发达手工业的历史见证。考古发掘与文献记载相联系，印证了中山国确实有着相当多的人从事手工业。墨家本是小手工业者和农民阶层的思想代表，中山国众多的手工业者正是墨家思想传播和发展的人民基础。

中山的墨家思想主要表现在非攻方面。《吕氏春秋·应言》记载："司马熹难墨者师于中山王前以非攻，曰：'先生之所术非攻夫？'墨者师曰：'然。'曰：'今王兴兵而攻燕，先生将非王乎？'墨者师对曰：'然则相国是攻之乎？'司马熹曰：'然。'墨者师曰：'今赵兴兵而攻中山，相国将是之乎？'司马熹无以应。"③ 非攻是墨家反对战争，保护生产力的

---

① 吕不韦著，陈奇猷校注：《吕氏春秋新校注》卷十八，第1220页。
② 《史记》卷一百二十九《货殖列传》，第3263页。
③ 吕不韦著，陈奇猷校注：《吕氏春秋新校注》卷十八，第1220—1221页。

代表思想之一。墨家认为攻战要杀害许多人民，损毁建筑和财物，破坏生产，特别是大国兼并小国，"天下之害厚矣"，因而主张"非攻"，讲究守御之器与守城战术。墨家主张非攻和防守，明显与中山国的国情相符。中山本为一小国，要生存于列强的夹缝中，国防自然以守为主，对外扩张如攻打燕国等周边国家只是偶尔之举。此则史料明显是中山伐燕之后，受到赵国攻击之时。中山国在与赵国的交战中屡屡战败，割地求和之举，正是墨家以守为主的国防政策的体现。

二 祖先上帝崇拜

春秋战国时期社会等级结构出现巨大变动，宗教信仰中的礼制也随之崩溃，一方面，诸侯和卿大夫等新兴势力开始越级享有各种祭祀权，祖先祭祀受到重视，地位上升；另一方面，重实用功利的民间祭祀习俗、卜筮、相术等普遍盛行，宗教信仰上"礼"与"俗"开始交融。春秋战国时期中山之地的宗教信仰礼俗主要表现在对祖先上帝的崇拜，对自然神灵如山川、社稷的祭祀和占卜、相术等方面。

春秋战国之时，各国对祖先的崇拜经常与对天、上帝的崇拜相联系，人们将自己的祖先视为上帝身边的神，可以给生人带来福祉，保佑后代免遭灾祸。中山王墓出土器物铭文表明，中山之人以祖先为上帝身旁的神，受天命统治国家。在这种祖先崇拜思想的指导之下，中山国也存在对祖先上帝的崇拜祭祀。

（一）祖先上帝的崇拜祭祀

战国中山国具有祭拜上帝祖先的宗教习俗。中山国崇拜祖先上帝的思想在墓葬出土器物铭文上有非常明晰的表述，如中山方壶铭中记载中山王"择燕吉金"，即选择从燕地俘获的铜器，铸造这件方壶"以飨上帝，以祀先王"，而且进行祭祀时态度非常恭谨，"穆穆济济，严敬不敢怠荒"。方壶铭中还记载中山王认为燕国子之受禅为王是"上逆于天，下不顺于人也"。在中山王鼎铭中有称赞中山之臣"敬顺天德，以左右寡人"之语。中山王认为有忠臣辅佐自己是"天其有刑于兹厥邦"，也就是忠臣是出于上天对国家的恩赐。这些铭文的记载均表明中山国存在对祖先和上帝（天神）的崇拜祭祀。

中山王对祖先上帝的祭祀方式非常隆重，祭祀前要准备大量的酒食

(鲜犒、牺牲、酒),铸造祭器并准备其他如玉、帛、圭等祭品。据《国语·楚语》《墨子·尚同》等文献记载,春秋战国祭祖时,身份较高者,牺牲、粢盛、酒醴、圭璧都是必不可少的祭品。平民百姓则可依经济情况而定。战国中山王是中山国内身份最高的祭祀者,祭祖时所采用的祭品种类繁多。中山圆壶铭中称:"唯送先王,苗蒐田猎,于彼新土。""以取鲜犒,飨祀先王","敬命新地,永祠先王","子子孙孙,毋有不敬,寅祗承祀"。① 这些记载表明中山国进行祭祀前要进行大规模的狩猎活动,以取得祭祀用品中的鲜犒。中山王墓 M1 出土礼器中尚存各种动物如狗、马等制作的大羹和稻粱的残迹,还出土了真正的酒,应是祭祀时的牺牲、粢盛和酒醴的残余。这些出土物表明中山国在祭祀祖先时的祭品与中原习俗相符,非常丰富。中山国祭祀祖先之时还要铸造祭器。春秋时期文献及"楚公逆钟"铭文、"王子午鼎"铭中多有祭祀时铸造祭器的记载。中山方壶铭文证明方壶是中山王用对燕作战的战利品铸造的祭祀用具。这些铭文记载印证了中山国与春秋战国时期的他国一样,在祭祀上帝祖先时要征集铜料,铸造大批祭器,中山王墓 M1 和 M6 中出土的礼器有食器、酒器,此外还有乐器,西库出土了成套的铜纽钟 14 件,石磬 13 件。除了祭祀酒食和器具外,中山祭祀祖先所用之器物还有一些如圭璧、玉帛之类祭品。中山王墓中出土的《兆域图》上有执帛宫、正奎宫(即整圭宫)两个宫殿名称,这说明中山王在墓祭时要用到圭、帛等祭礼用品。中山王墓 M1 西库中即出土白色石圭 4 件,是祭祀用圭的实物,此外中山王墓中还出土有玉璋。帛乃织物,不易保存,但中山王墓 M1 发现了许多织物残迹,其中有可能即有帛等祭礼用品的残留。《左传·哀公二年》记载卫太子曾以自己的佩玉向祖先祈求保佑平安。这说明当时祭祀祖先时佩玉也可用作祭品。中山王墓 M1 出土了大批各式各样的玉佩,还有形制不同的 9 件玉璧,也应为祭祀用玉。《礼记·礼运》记载当时中原各国祭祀祖先上帝时,"陈其牺牲,备其鼎俎,列其琴瑟、管磬、钟鼓,修其祝嘏,以降上神与其先祖,以正君臣"。② 中山的祭祀用品正与文献记载相符,反映出中山国在祭祀祖先上帝方面已经基本采用了中原礼仪。

---

① 王先谦:《鲜虞中山国事表》附录,第 104 页。
② 孙希旦撰,沈啸寰、王星贤点校:《礼记集解》卷二十一,第 588 页。

中山王墓上建筑"宫堂"即是祭祀祖先的地点。先秦时期文献所载统治者的宗庙和族墓，分造在两地，宗庙建筑在统治者所居住的都城里，墓地则一般设在城外。战国时代，宗庙在礼制中的地位下降，有些国家如楚、秦等国的君王宗庙建在陵园附近。中山国则把宗庙和陵墓合为一体，在陵墓上设置先王及其诸多配偶的堂，并设置管理宗庙陵墓祭祀官员的住所"宫"，如中山《兆域图》所示四宫：正奎宫、执帛宫、大将宫、诏宗宫。这四宫显然分别为四位管理宗庙陵墓祭祀的官员处所。正奎应为主洁祀之官；执帛显然是主管祭祀用物之官名；大将应为看守维护陵墓之官，诏宗应是主祭祀执礼之官。《国语·楚语下》记载了春秋战国之时祭祀祖先的盛大场景，其中"奉其牺牲，敬其粢盛……禎其采服，禋其酒醴"①均涉及祭品的管理，应属于"执帛"之职掌；"絜其粪除"应属于"正奎"之职掌；"择其令辰……帅其子姓，从其时享，虔其宗祝，道其顺辞，以昭祀其先祖，肃肃济济，如或之临"。这些都是祭祀礼仪，应属于诏宗的职掌。因此除大将外，其他三个官职的职掌显然都与祭祀祖先有关。因此，中山王𰁜墓上的建筑物应该不仅是其生前住所的模仿"陵寝"，也应该是中山后人祭祀祖先的场所，即春秋战国时期所称的"宗庙"。中山国实行的是"寝庙"合一的墓祭制度。

中山普通族众也共同祭祖，如战国早期中山灵寿城址所出的祭祀狩猎纹铜鉴的纹饰中，也显示了鲜虞族众聚集在一起准备祭祀的场景。此幅图画显示：中山国地区百姓聚集在有高大的防御墙、楼阁的住宅内，进行祭祀。祭祀时全族之人共同准备。图上院外男女多人在树林中徒步和驾车狩猎，乘车狩猎者应是族中地位较高的人，一般族众则徒步狩猎，狩猎是为了取得祭祀时新鲜的祭品，与中山圆壶铭中所载中山王祭祖前的狩猎相同。图上还有从事其他各种准备工作的族众，如院内有肩担猎物运送者，有两处中，四人正在伺火用鼎煮肉的炊者，有手捧食器送祭品入楼阁上的殿堂者，殿堂内中央置一个长案桌，上放两个罍（盛酒器），内有长柄勺，殿堂内有摆放祭器者。各族众分工协作，齐心协力准备各种祭品祭祖。这正是《诗经·七月·豳风》描写的宗族祭祀的场景写实。从图上可以看出，中山国普通族众有共同祭祖的习俗，祭品中有

---

① 徐元诰撰，王树民、沈长云点校：《国语集解》卷十一，第519页。

新鲜的猎获物、酒等祭品，祭器有鼎、豆、罍等。

（二）祭祀祖先上帝的特点

中山国祭祖习俗中存在着两个较为突出的特点。其一，在祭祀食物方面，中山侧重于猎获物，而中原地区则侧重于家畜。无论中山社会上层统治者或下层普通族众，在祭祀时除以家畜为牺牲外，还必须进行狩猎，非常重视以新鲜的猎获物作为祭品，称"鲜犒"。这种重视以新鲜的猎获物为祭品的习俗与中原地区不同。《诗经》《国语·楚语下》《左传》等文献记载，中原地区无论统治者还是普通族众，祭祀时所用的牺牲主要都是特意蓄养的家畜，而中山之人在祭祀中则非常重视用新鲜的猎获物为祭品。这种祭品的差异反映了中山之地在主要生产方式上与中原各国存在着不同。其二，中山社会上层统治者存在的当时较为罕见的寝庙合一的墓祭礼俗，可能源自商俗影响。据考古调查，中山王墓 M1、M6 和其他中山王墓上均发现了建筑遗迹。中山王墓 M1 中所出《兆域图》，证明中山国君主在陵墓之上修建了宏伟的高台建筑，作为中山国祭祖的宫堂。由此可知，在祖先墓上修建大型宫堂建筑以供墓祭是鲜虞族由来已久的习俗。

但是，中山墓祭习俗并非白狄民族传统或受中原文化影响。在《左传》《新书·退让》等文献记载中，春秋战国时期狄人一般不祀，即没有祭祀传统；荐居，即一般居住在流动性的帐篷中；战国时期狄国即使已经建立了城邑，也不流行高台建筑，因此可以推测狄人并不重视祭祀祖先，在祖先墓葬之上建筑高大的庙堂以供祭祀更不是狄族的传统习俗。因此，作为白狄别种的鲜虞族显然不可能是从狄族那里继承了墓祭祖先的习俗。另外，据文献记载，有周一代中原地区一直是在宗庙中祭祀祖先，以至形成了"古不墓祭"的习俗，甚至《礼记·曲礼上》讲到送葬的礼节时说"适墓不登垄，助葬必执绋"，[①] 将登上祖先的陵墓都视为对祖先的不敬。考古发掘资料也证实中原地区的宗庙都是建筑在城内。因此中山此墓祭习俗也不是来自中原传统习俗。

中山墓祭习俗一方面可能是商俗的残余，另一方面可能是受魏国的

[①] 孙希旦撰，沈啸寰、王星贤点校：《礼记集解》卷四，第79页。

影响。《礼记·孔子闲居》载"殷人吊于圹",① 说明商人有墓祭的习俗。"圹"古音与"堂"同。考古发掘资料也显示商末的大型墓葬上确实存在建筑遗迹,如山东滕州前掌大商代贵族墓地中某些墓葬上和殷墟妇好墓的墓圹口上,即发现建有享堂或寝庙之类建筑。"殷人吊于圹"中的"圹",一般是指平民墓的墓圹;另外一种情况,对于大型墓来说,即是指商代大型墓圹口上的建筑物,即后世所谓的堂,这句话表明殷人有在墓上建筑物进行祭祀的习俗。而学者依据卜辞资料考证,在殷末文丁、帝乙时期的卜辞中,堂由原先的公共祭祀场所已经发展为专属于某位先王或先妣的享堂。因此,文献、卜辞、考古三方面资料相互印证,表明商末确实存在对某位祖先的墓祭习俗。殷人的这种墓祭习俗还流传至战国时期,如《荀子·礼论》中称:"圹垄,其貌像室屋也。"② 荀子所说的圹垄,应当是包括两种形式:一种是指战国时期平民墓上修建的各种形式的封土;一种是指战国时期大型墓上修建的封土和享堂。战国时期,各诸侯国墓葬上可以仿照居室建筑享堂,而广大普通平民则无力修建巨大的墓丘,更无法在墓上建造享堂,因此形成了在墓上用泥土仿照各种生前居住房屋样式建造封土的习俗。但是,无论墓上是真正的房屋还是模仿房屋样式的圹垄,这些葬俗显然都是商人在墓上设立建筑物进行墓祭传统的延续。战国时期大型墓上修建享堂的并不止中山一国。1950 年发掘的河南省辉县固围村并列的 3 座战国大墓上也有类似的建筑物,除了四周有围墙建筑遗迹以外,中间大墓上有 7 间建筑遗迹,两侧二墓上各有 5 间建筑遗迹。值得注意的是,河南辉县固围村战国魏陵上的 3 座建筑遗址作方形,也正好覆盖在范围略小的墓圹上。这 3 座建筑遗址作方形,和中山王陵《兆域图》上的 5 间堂相同;正好覆盖在墓圹上,又和殷代墓上建筑的特点相同。综合考虑这些考古资料,可以发现魏墓所处的辉县和中山王礐墓所处的灵寿地区都曾是商人统治中心,这些地区在战国时期仍然存在着商代各种遗俗,而考古发现又证实商代确实存在墓祭习俗。战国时期商代统治中

---

① 孙希旦撰,沈啸寰、王星贤点校:《礼记集解》卷五十,第 1290 页。
② 王先谦撰,沈啸寰、王星贤点校:《荀子集解》卷十九,中华书局 1988 年版,第 369 页。

心地区发现的这些墓上建筑很有可能是遗自商代墓葬上建筑享堂的习俗。据此，中山特殊的寝庙合一的墓祭制度来源可能有二：其一应是源于商俗；其二魏国有墓上建筑，并且曾统治中山长达几十年，因此，中山此风俗也可能是受魏国的影响。

三　占卜相术

（一）中山玉卜

春秋战国时期，占卜占有相当重要的地位。《周礼》等文献记载，春秋战国之时，除了草筮、龟卜外，还有玉卜、瓦卜、原卜等多种不同的占卜方式。战国中山王墓 M1 中发现了玉卜踪迹，证实春秋战国时期中山国还存在着古老的玉卜习俗。

中山国王墓葬中保存的各种玉石边角料应该是中山王生前占卜用具的残片。中山王墓 M1 中出土的有墨书文字的玉器有 26 件，均出土于中山王墓 M1 的西库中。西库中所出多为礼器，可知这些有字玉器具有礼器性质，应该是中山王的珍贵物品。这些玉器中大部分是玉佩，其中有三块较特殊的玉石残片。第一块石片上竖书两行九字："壬申卜，行舆，桓子（占曰）：匦吉"；第二块长方形石片上也有墨书文字"平君"二字；第三块基本呈长方形，写着三个墨书文字"囗它玉"。分析形制及文字，这三块玉片应该不是佩戴之玉，而是中山玉卜用玉。此外，中山王墓 M1 西库中还出土了一些无字的玉石边角料，发掘者指出这些玉石边角料虽然不能制造出像样的器物，但却受到珍藏，说明原料来之不易。但细考这些玉石料的出处，这种看法似乎难以让人信服。如果说产自新疆、辽宁、河南南阳、河北张家口等地的玉料来之不易还情有可原，但那些普通的大理石料有的就产自中山国内太行山区显然并不足珍贵，但中山王却将其视为珍宝而随葬入墓，这种情况显然出乎常理之外。中山王保存这些玉石边角料应另有原因。通过以上对有墨书文字的残玉石片的分析，我们可以认为，这些玉石残料应该都是中山王进行占卜时所用的玉石材料的碎片，也就是玉卜所用的材料残余，因为占卜用具一向被当时人们视为灵异之物，因此才被保存下来并随葬入墓。

中山王墓中所出占卜玉石残片及其上所书文字再现了中山国玉卜的基本方式。

第一，中山国玉卜采用的材料既有石，也有玉，要求并不严格，但从墓中仅存的三片玉卜残片形状来看，占卜所用的玉石片都经过整治，形制整齐，多为长方形，石片厚度一般在0.15—0.4厘米之间，其上可能还有穿孔。这些玉石片的整治大该应相当于龟卜的钻凿整治，其目的都是便于产生较为整齐的兆纹。

第二，林杰先生分析玉卜卜辞中"卜"字的构成，指出此字"像人于宫殿之下用玉片占卜，并把卜辞刻写于玉片上"，并结合《周礼·太卜》中关于玉卜的记载指出，玉卜是与龟卜近似的一种占卜方法。玉卜是以玉为卜，也是用火灼玉片，使玉片呈裂纹，即现玉兆，卜者据玉兆而占断，然后用刀刻卜辞于玉片上。由此推测，中山国的玉卜必定是采用某种方式使玉石片产生裂纹，据之进行占断。

第三，中山玉卜卜辞的书写有一定的规则。从已经确定为玉卜残片的石片图上可知，石片上可供书写的地方有很多，但这两行文字却沿不规则的弧形边走势延伸，整行文字也因此有些倾斜。这种文字布局说明此行文字是与此弧形边有着密切关系的。这不禁让人想到商代占卜习俗中存在着将卜辞顺着兆纹的走向布局延伸的习惯。这反映出中山国玉卜时也是将卜辞顺兆纹的走向书写的。中山玉卜卜辞的格式与习见的商代甲骨卜辞的格式非常相像。

第四，中山王䑝墓中所出土的玉石残片有的上面书写有文字，但文字内容非常简单，有的上面没有文字。这种情况反映出中山国占卜后在玉石片上书写卜辞并不是一种经常性的习惯行为。这种玉卜材料上有的有文字，有的没有的情况与商代占卜后的卜辞书写习俗是一致的。

第五，玉卜材料和玉卜卜辞出土于中山国王墓中，这说明战国时期中山国上层社会存在将重要的灵验占卜辞记录在卜用材料上保存并随葬入墓的习俗。在墓葬中随葬占卜用玉石器具的习俗起源很早，新石器时代的河南舞阳贾湖、裴李岗文化遗址、安徽含山凌家滩墓葬都有发现。今天凉山彝族依然将极少数特别灵验的卜骨作为纪念加以保存。商周墓葬中也有少量占卜用龟骨出土。因此中山以重要的占卜材料随葬的习俗应是相当古老的习俗，可能是受当地保存的古老商俗的影响。

(二) 中山相术

相术在春秋战国时期非常流行。相术可以根据人的形貌而推知人的才性，因人的才性而推测人的前途未来。春秋战国之时已经形成了一批专门以相术谋生的士人，这些人将相术运用于人们生活的各个方面，建立了一套相术方面的理论，并将之传授于人。这些相士在当时是非常受人尊敬的，他们为当时的统治者所器重，往往能左右统治者在选择人才方面的重大决策。如《史记·赵世家》载赵简子就曾请相士姑布子卿为他所有的儿子相面，因为姑布子卿称身份低贱的毋卹有将军之相，最终废原太子而改易毋卹为太子。战国中山国之人也有精通相术者，如《战国策·中山策》载中山国的士司马憙在向赵王讲述中山王阴姬的容貌时，就运用了相术，称阴姬的"容貌颜色，固已过绝人矣。若乃其眉目准颊权衡，犀角偃月，彼乃帝王之后，非诸侯之姬也"。① 鲍本注：准，鼻。颊，鼻茎。权，辅骨，当作颧。衡，眉上。犀角，首骨。偃月，额骨。可见，中山之士在相面时，要仔细观察人的面部，包括鼻、眉、颧骨、额骨、首骨等各个方面，并可以在一定的理论指导下据相貌来预测人的前途命运。这番运用相术技巧而编造的话得到了赵王的欣赏，可知，当时赵、中山之地的人都非常相信相术。司马憙显然也是一位精通相术的中山之士。

第三节 艺术文化

一 文字艺术

语言文字是思想情感的载体和表达手段，同时也是一个时代、一个国家和地区民族精神、性格和气质的体现。战国时代语言文字最大的特点是丰富多彩的地域性。许慎《说文解字·序》指出，战国之时各国"言语异声，文字异形"。这一点我们从中山国的文字中可见一斑。20世纪70年代，在河北省平山县发现大范围的古墓及古建筑遗址，经考证，确定为战国中山王墓及中山国国都灵寿古城。其中有两座大墓，出土文物异常丰富，带有铭文的器物共118件，铭文总计2488字。在诸多器物

---

① 范祥雍笺证，范邦瑾协校：《战国策笺证》卷三十三，第1868页。

中，尚有四件刻有长篇铭文，分别为中山王大鼎，467字；中山王方壶，450字；中山王圆壶，182字，以及兆域图铜版，484字。这几件罕见的青铜器为战国文字的研究提供了珍贵的第一手资料。对于这批总数达2500余字的中山国文字，尤其是四件青铜器上的长篇铭文，先后有十余位学者进行过考释的工作，其精辟之处自不待言。但是迄今为止，亦仅限于单篇铭文的考释。除了80年代初，张守忠先生编写的《中山王器文字编》外，再无一人对中山国文字进行整体研究。虽然中山国在战国时期只是一个中等国家，仅历数代而亡，历史上对它的记载也是语焉不详，但是并不能由此就忽略了它的文化价值。尤其是中山国的文字，不仅数量丰富，而且结构严谨、造型优美，颇具特色，非常具有研究价值。

对于战国文字，研究者一般习惯依照国别分为楚系、秦系、晋系等几大系统。这种分类法虽然有其缺憾，然而考虑到战国时期文字异形的复杂情况，仍有其必要性。目前楚系、秦系、晋系等几大战国文字系统都不乏专门的研究，甚至吴越、徐舒等小国的文字也早已有人进行专门研究，独中山国文字无人问津。何琳仪先生在其大作《战国文字通论》中曾直接把中山国文字作为三晋文字系统的一部分加以介绍，而大部分学者亦默认此说。但是，对于中山国这样一个有着复杂的民族与文化背景的国家来说，如果仅仅根据其地理位置和历史渊源以及部分文字写法与某系文字相同或相近就将其文字进行归类的话，不免有些草率。而且，在考察了目前所见的全部中山国文字之后，我们发现，中山国的文字固然和晋系文字有相通之处，但和楚系文字也有着极深的渊源。此外，还有个别文字直接来源于商代的甲骨文和金文，同时更有着为数不少的独创字体，其面貌之复杂使我们很难将其简单地归于某系。有鉴于此，将中山国文字作为一种独立的文字体系来考察就成为一种必然的结果。

（一）中山国文字书体

综合分析中山国墓葬和遗址中出土的文字资料，可知中山国文字书体可以分为工整的刻画体、较规范的手写体和民间俗体三类。

首先，工整的刻画体是由专人进行书写，并且不止一人。比如，中山铁足铜鼎、方壶、圆壶（后三十七行）三器铭文的刻写特点基本相同，刀法娴熟，横竖刚直，圆弧匀畅，刀锋细锐，构字秀丽，粗细、深浅匀称，是工匠高超技艺和锐利金属工具相结合的产物。有学者指出，这些文字秀劲整齐，每行字不问笔画繁简，都写得一样大小，形成直行的直气和横行的行气，上下左右关照，严谨美观，说明刻手非一般工人，而是类似于今之篆刻家。该铜鼎刻字前还事先画出横竖格线，应出于一人之手。此外，中山《兆域图》上模铸的文字字体、字形、风格与铁鼎、方壶、圆壶上的文字一致，而且文字布局严谨，依照书写文字的地方大小而平均分配，甚至还将原来较为瘦长的文字字体变为扁平，十分注意字体左右对称。因此这些铭刻应该都是同一人所书写。但是，《圆壶铭》文前二十二行刻工笨拙不畅，结构松散，与铁足铜鼎和方壶的刻工明显不同，还有同字不同形的现象。该器前二十二行与后三十七行铭刻明显不同，显然应为二人分作。而且中山侯钺上的刻写铭文字形方正，笔画较粗，字体书写风格与三器铭文的瘦长工细风格明显不同，相同文字如"子、乍、中"等的字形也不同。因此，中山国应该不止一个专门进行文字刻写的工匠。这些铭刻都有一个共同的特点，即都是重要器物上的铭文，且文字一般字数较多，文字整体布局严谨，排列整齐，大小比例适中，美观清晰，因此应该归为一类，即由中山国技艺高超的专门工匠正规刻画体文字，其书体应该是篆书的起源之一。

其次，中山国的文字还存在一些较为规范的书写体。中山王墓葬出土器物上的墨书文字，如中山玉卜上的文字，虽然数量不多，但书写运笔流畅自如，字形结构匀称，顿折有力，刚劲挺拔。可以说，该文字代表了战国时期中山国的书法水平。从墓葬中出土的封泥印文字体布局匀称，十分美观，反映了当时雕刻印章的高超技巧。这些中山王墓中出土的玉器、玉片和印章等器物上的墨书文字应该是中山国知识阶层的手写体，书写虽不及礼器上的文字工整，但还是比较规范的。（图2—3、图2—4）

再者，中山国文字还存在大量的民间俗体。如中山灵寿遗址所出土的《河光石铭》，按文字内容来看其实是一块石碑，其上的文字则是典型的草率的民间俗体。有学者研究认为，中山国铜器上长篇铭文书法力求工饬、整齐、美观与标准化，《河光石铭》石刻文字则随意刻写，所用为俗体，故常有简化。而且石刻文字的排列也不一一对应，两行字一行为

图 2—3　中山国墨书文字·墨书双龙佩①

图 2—4　中山国墨书文字·墨书虎形佩②

八字（含一合文），一行为十字，两行的开始处也不平齐，文字的间距也宽窄不一，文字笔画歪斜不齐。石刻的文字有十个字见于中山王墓中所出土的铜器铭文中，但写法不同。这种现象即可能是因为铭刻时代较早，也可能是由于文字为俗体的缘故所致。

中山国墓葬出土器物上勒工名性质的模铸或刻画文字也属于民间俗体字。这些文字排列凌乱，大小不均，有的文字方向也不同，基本字体的笔画极不规整，歪歪扭扭，而且文字结构也不一致，甚至出现了相近

---

① 图片由平山县战国中山国王陵文物陈列馆提供。
② 同上。

两字因有同一偏旁而成合文的现象。中山国遗址出土陶器上的刻画文字更是随意写就，字体结构不整，文字大小毫无规律可言，即使是遗址中所出土的陶器上的印记文字也极粗糙，远不能与中山国王墓中出土的封泥文字相比。这些情况都明显反映出这些文字是由一般工匠自己书写的文字。至于陶器上的所谓"窑记"中出现了一些简单的符号，甚至纹饰的现象，似应表明中山国下层的手工业者也许根本不会写字，只好以某种简单的符号作为标记。中山国自铸货币上的文字开始还比较正规，但随后越来越草率，省简笔画的现象更为明显。

从以上对中山国文字书体的分析可知，中山之地文字的用途对文字形体乃至书写影响很大。中山王所用的礼器依仗如铁足铜鼎、方壶、圆壶、《兆域图》等，是为了表示国君的尊严，因此文字书体乃至字形都显出严谨、庄重、典雅的风格。尤其是著名的中山三器长篇铭文的文字中甚至还加上了一些带有装饰性的鸟虫字样，使这些正规体的文字具有楚文之风，更加美观。中山国玉卜上的文字因为是占卜所用，因而也比较正规。至于那些一般的生活物品、陶器、货币乃至河光石上的文字，因为只是一般的物勒工名或标志性文字，所以，无论文字书体还是字形都有很大的随意性和不规则性。

（二）中山国文字风格及特点

中山国出土的大量文字资料引起了众多学者的关注，以李学勤为首的诸多学者在经过长时间、多方位的研究探讨后，一致认为中山国文字总体上属于三晋系统。李学勤指出："在文字方面，平山的铭文和固围村二号墓骨饰上的漆书，字体也很接近。固围村出了一些魏国布币，面文是'梁正尚全尚寽'。这个'全'字，历来误释为'金'，这次根据平山铭文，才弄清楚是'害'字的省体，读为'百'，可见两地文字彼此没有根本差别。"[①] 黄盛璋也认为，中山国的文字有一些特异字体仅见于三晋铭刻，并且具有三晋文字系统的一些结构特点变化规律，而且中山国的某些特异文字和特殊结构变化规律都与晋国的侯马盟书相似。因此，中山国文字虽然具有一些自身特点，但是应属于三晋、东周即中原文字体系，是这个系统的一个分支。

---

① 李学勤：《平山墓葬群与中山国的文化》，《文物》1979年第1期。

然而，中山国文字也有其自身书写特点。战国时期，社会发生巨大变革，经济、文化飞速发展，文字的使用也趋于精密，主要表现在文字数量增加，形体多变。加之诸侯分裂割据，因此各国的文字形体也体现出不同的区域特点。中山国使用的文字形体，大部分是中原国家共同流行的，其中也有仅限于三晋地区流行的文字体形，甚至有中山国自己制造流行的文字。黄盛璋也指出，中山国出土文字资料中也有一些此前未见或少见的新字和异体字。综合分析这些中山之地特有的文字形体，可以发现中山之地造字方法以形声为主，一般的文字构成方式有变换形符、假借字加形符、形旁或表意旁加声符，此外还有指示、会意、简化、增加表意旁等方法。此外，中山王铁足铜鼎、方壶、圆壶上的铭文中还出现了一些纯粹为了美观而增加的一些具有装饰性的笔画，主要体现在增加鸟形等装饰性笔画，或在字中或在下部增加一点、一横、两小横或口的繁文等方面，这使中山国文字形体具有了晋体楚意的风格。中山国文字形体变化的原因，一方面是为了更精密具体地表达人的思想意识和客观事物，在原有文字的基础上按地方习惯变换增加偏旁或制造新字；另一方面是因为古文字的简化讹变而某些字的原意不清，中山之人舍弃本意字，或代之以假借字，或制造新字，或用错字。

再者，中山国文字中出现了奇特的反书现象，还有一些特殊的语法与用辞现象。中山王墓 M1 东库出土墨书小木条，细方柱状，一端拴有丝线，一面从上向下墨书"宝重椁石"四字，两侧各书一"左"字。此四字从上向下念毫无意义，应从下向上念为"石椁重宝"才符合习惯和文意。由此可知，中山尚有一种从下向上的反书文字习惯。此外，中山灵寿城址出土陶量的内底部上有一印玺文字"敬事"，亦是反书，应属于一种吉语玺文。中山文字中还出现了一些特殊的语法现象，如中山王鼎铭中的"作鼎于铭"显然是"作铭于鼎"的倒书，这种将直接宾语置于间接宾语之后的用法与古今汉语皆不合，"于"字的用法也不符合汉语的习惯。此外，中山文字中还有多处"在""于"字的用法不合汉语习惯的现象，如方壶铭"赒愿从在大夫"，鼎铭"而皇（况）在于少君乎"之句中的"在""于"的用法都与汉语有差异之处。黄盛璋先生认为这应该是鲜虞语法的残遗。这些反书和其他特殊的语法现象应该是中山国语言文字的一个重要特点。

二 青铜艺术

青铜艺术在中国丰富的文化艺术遗存中占有重要地位。大约在四千年前，它伴随着中国历史进入青铜时代而开端。历经夏、商、周、春秋，到战国，经历了育成、鼎盛、转变，复而更新，达到了古青铜艺术史上的光辉顶点。中山国王陵的大批错金银器的发现就是这一历史的见证。

（一）铸造技术

中山王墓出土青铜器约249件（不含车马器、兵器以及漆器、屏风、帐、棺椁等青铜构件）。泥范铸造、分铸铸接是这些青铜器的主要成型方式。这种利用块范制作青铜器的方法是商周以来制作青铜器的传统方法，亦是应用最广泛的青铜器制作方法。块范法铸造工艺的中心环节便是制范。这一个时期，在范模上刻印花纹已采用模印法，即用刻有花纹的陶质或木质的拍子，在泥模上拍印纹样。用模印的办法在范上印出连续的花纹，可以遍印全器，更可移用多器，省工省时，最为便利。行唐西石邱出土的铜器，花纹大部分是采用模印法制成的。此外，中山国铜器花纹还有直接在范上阴刻而成的。如中山王墓出土的一件青铜铙，纹饰细密，大约每毫米的范围内有两条以上纹饰，特别突出的是铙腔内也满布纹饰。据学者推断，形成铙内表面纹饰的铙芯，是在塑制成形后半干状态下直接阴刻而成的。而铙表面的纹饰，则是在范上直接阴刻形成。这反映了中山国高超的范制工艺水平。

除陶范外，中山国还发现了20余件石范。石料大多为青石，质地较软，主要有刀币范、尖足布币范、镞范、炉条范，陶范一般使用一次就损坏了，而质地较软的石范不但易于雕刻，而铜液注入范后空气容易排出，使范不致破裂，可多次使用。从石范的种类也可看出，石范多用于铸造那些需要大批量生产的钱币和镞。石范的使用比陶范更利于提高生产效率。

制范完毕，下一步便是浇铸。由于范的组合方式及浇铸方式的某些具体差别而形成了几种不同的铸造方法，其中较重要者有浑铸法和分铸法。

浑铸法就是一次浇铸即完全成形,这是一种最原始也是最基本的铸造方法。在浑铸法中,最值得一提的是中山王墓西库和葬船坑出土的两套纽钟。因为纽钟是乐器,铸造前必须考虑铸后的音响效果。为了避免影响音质,钟体的枚不可铸接或焊接在钟体上,而必须把枚范和钟体的范嵌在一起一次铸就。纽钟钟体满布花纹,钲部有两组18枚突乳,仅这36个枚,每枚至少两范,就需要72块范,再加上钟体其他范,一件钟至少需要上百块范拼合在一起。铸造这种纹饰极为复杂、尺寸相当精确的乐钟,关键在于分范合铸的娴熟运用。这两套纽钟不仅外形美观而且音质清晰优美,堪称浑铸法的代表之作。

分铸法是相对于浑铸法而言的,即一件铸器各部位并不是一次浇铸而成的,而是分别铸成,再联结为一体。分铸法便于部件复杂器物的制作,曾创造出许多结构复杂、优美动人的艺术作品。分铸法铸造的关键是分铸的各部分之间连接的问题。具体方法主要有铸接和焊接两种。

在中山国铜器群中,四龙四凤方案和十五连盏灯堪称分铸法铸造的代表作(图2—5、图2—6)。四龙四凤方案综合运用铸接、焊接两种结合方法,据学者统计,该器物是由78个部件,以22次铸接(36个接点)、48次焊接(56个接点)成型的,共计使用了188块泥范、13块泥

图2—5 中山国错金银四龙四凤铜方案①

---

① 河北省文物研究所编著:《河北考古重要发现(1949—2009)》,科学出版社2011年版,第119页。

第二章　先秦时期石家庄地区的思想与艺术　65

图 2—6　中山国十五连盏铜灯①

芯。十五连盏灯除了运用铸接、焊接这两种连接方式外，还采用了榫卯接。该灯底座圆盘形，中有圆柱形轴，轴上端有卯，以纳第一节灯架之榫，第一节灯架端上也有卯，以纳第二节灯架，以此类推进行组装。这七对榫卯，榫口各异，移动时便于安装和拆卸。灯架连接所采用的榫卯结构，在商周青铜器制作中十分突出，是战国中山国匠师的特长。

（二）装饰工艺

中山国的青铜制造业不仅有着高超的铸造技术，还运用了许多精美的装饰工艺。青铜器的装饰工艺是随着青铜器的发展而发展的。战国青铜器的制作工艺达到了空前的水平，与此同时，鎏金、金银错、髹漆、线刻等诸种青铜装饰工艺手段也广泛流行，创造出一批古代青铜文化中的精品。中山国青铜器便是这诸多精品中的一朵奇葩。下面我们就考察几种中山国常见的装饰工艺。

1. 镶嵌

春秋战国时期青铜镶嵌工艺空前发展，这一时期镶嵌用的材料主要

---

① 河北省文物研究所编著：《河北考古重要发现（1949—2009）》，科学出版社 2011 年版，第 120 页。

有金银、红铜、绿松石等。下面我们就具体器物谈谈战国中山国镶嵌装饰工艺的艺术成就。

（1）镶嵌绿松石。满城采石厂和新乐县（今新乐市）中同村都出土有虎形金饰片，虎体各个部位镂小圆孔，孔内镶嵌绿松石。新乐中同村2号墓和行唐庙上村均出土有首端镶绿松石的剑。平山中七汲村北战国墓出土有4件嵌绿松石铜带钩。除了这些小型器物，还有容器。容器上镶嵌绿松石有两种情况。一是在容器纹饰中的动物形象目、鼻、口部镶嵌绿松石，如唐县北城子出土的成组铜器，这些铜器的环、纽、柄等部位多做成兽面、鸟首、凤首和虎首等动物形象，在目、鼻、口部镶嵌绿松石。同在此地出土的铺首衔环扁方壶、铜簋也都是在兽目镶嵌绿松石。二是以绿松石镶成纹饰，更有把绿松石镶嵌与其他装饰工艺配合使用，构成绚丽纹饰的精品，比如：满城采石厂出土的战国嵌松石三足敦，该敦盖与腹部饰嵌松石绚纹及蟠螭纹。中山王墓出土的牺尊，颈部由金泡镶成项圈，头和身由银丝与绿松石镶错花纹。著名的中山方壶则把镶嵌红铜、绿松石、填漆等多项工艺集于一身，器身纹饰以红铜和绿松石衬地，显得雍容华贵。周菱形红铜饰，兽眼嵌绿松石；同出的盘口沿也错菱形纹红铜饰，使器物增色不少。新乐县中同村2号墓出土的盖豆，盖、盘上各用红铜镶嵌一组夔龙纹，圈足上亦有红铜镶嵌纹饰一组，做工十分精致。新乐中同村3号墓出土的错铜鸟兽纹铜壶更是把红铜镶嵌技术发挥到了最高水平。该铜壶通体布满纹饰，器身花纹可分5层，依次为飞鸟踏兽纹、卧鹿纹、蟠龙纹、鸟兽纹、奔鹿纹。每层的8组图案又两两对称，结构巧妙，层次分明，此器周身纹饰采用错铜工艺，精美绝伦。金银错，镶嵌金、银于青铜器上作为装饰物，此种工艺通称为"金错"。中山王墓出土了一批错金银铜器，其数量之多、工艺之精在中国考古史上是不多见的。其中上乘之作有错金银神兽、虎噬鹿屏座、错金银犀屏座、错金银牛屏座等。错金银神兽周身饰卷云纹，黄白相间，繁花似锦。虎噬鹿屏座中虎、鹿全身装饰了精美的嵌错花纹，更值得注意的是，这些纹饰往往配合着动态、结构的表现，虎背上弯曲的脊柱、斑斓的皮毛，虎颊上坚硬的咬肌，肩胯处扭动的关节，都通过不同形状的金银镶嵌线条表现出来，这些花纹已经不单纯是为了美观装饰，而是成为形体塑造的重要手段。同样，在错金银犀屏座中，犀额角以几条竖金线表现其锐利，另外两个角扁棱用竖线，角体则用细密的横斜金线,来表现角的犀利。这种服务于造型、服务于主题的纹饰已成为刻画形象性格的艺术手段。这也是中山国金银错工艺的一大特色。

2. 鎏金

据目前所见考古资料,鎏金的发明和使用大约可追溯到战国早期。战国时期的鎏金器与后代一些精美鎏金器相比,无疑是粗糙和幼稚的,但其工艺程序大体相同。

鎏金,手续繁多,工艺要求精细,要鎏好一件器物绝非易事,战国时期鎏金工艺处于初级发展阶段,各地出土的这一时期的鎏金器多是一些带钩、铜泡等小件器物,且为数不多。战国时期中山国境内也出土了这样一些鎏金器,如中山王墓椁室中部出土了1件鎏金匕形器;2号车马坑出土了8件鎏金兽纹带钩。1989年在元氏县北正乡杨家寨村战国墓中发现铜铺首1件,通体鎏金。新乐中同村出土的虎形饰片也是正面鎏金,同时出土的还有8枚鎏金的纽扣。

3. 线刻

所谓线刻,就是在器物上用锐利的刻刀刻出纹饰。用线刻工艺装饰的铜器称刻纹铜器。其雕刻技法为錾凿法,即用高强度的铁刀或钢刀等工具,在器壁上凿刻成细如毫发的阴线或由点组成的线,线条流畅自如。有学者通过观察器物刻纹的放大图,推断刻纹饰的刀具应为双刃斜口小型刀具这种崭新的工艺在中山国铜器中的运用,反映了中山国在青铜制造和冶铁两方面的成就。

由考古资料可知,平山县穆家庄出土的铜鉴是中山国刻纹铜器的典型代表。此铜鉴内壁饰线刻狩猎纹,胎较薄,出土时破碎严重。在如此菲薄的器壁上刻制花纹,需要高度技巧。鉴内腹壁的一组纹饰,一半为楼台和庄院建筑,一半为狩猎图。这样的图案在战国刻纹青铜器中亦极具代表性。

与刻纹铜鉴相比,中山国铜器刻铭无疑更具有知名度。著名的中山三器是我国至今发现的战国时期铜器铭文字数最多者。这些刻铭,刀法娴熟横竖刚直,圆弧畅,刀锋细锐,构字秀丽、精细,深浅匀称,不但具有极高的史料价值,也极具艺术性。

(三)造型和纹饰

中山国的青铜器在铸造技术和装饰工艺上既有战国时期共有的某些

时代风格，又有自己的特色。同样，在器物造型和纹饰方面也存在这种共性与个性，并且表现得更为明显。

首先，在青铜容器的造型上，受中原青铜文化和北方青铜文化的影响颇深。以下以鼎、甗、豆等主要器型为例进行分析。

鼎和甗基本与中原形制相同，只有个别器物有少许差异。中山国出土的鼎大致可分为三种：一种是与中原式鼎相同者，如新乐中同村、平山访驾庄、行唐西石邱、灵寿西岔头等战国早期墓和中山王墓及陪葬墓中出土的鼎大体都是深腹、圜底、附耳、蹄足，盖上有三环纽。这是战国时期典型的中原式鼎形制，在河南汲县山彪镇1号墓、侯马上马村墓地等中原墓中也有出土。一种是具有北方青铜文化特色的鼎，如唐县北城子2号墓出土的鼎，蹄足细高，足基饰兽面，盖上周列三个鸭形纽，与中原式鼎形制略异，但燕国铜器中有类似者，唐山贾各庄28号墓出土的鼎便与此鼎大致相同。还有一种是中山国特有的鼎。中山王墓出土的细孔流鼎，形制与中原式鼎大体一致，只是在腹部一侧上部有一流，流有十细孔，十分新颖别致。这种鼎在别国铜器中均未有发现。甗在中山国出土不多。新乐中同村2号墓出土铜甗与中原芮城坛道村2号墓出土铜甗大致相同，只是甑部附耳不接在束颈部位而接在颈下，甑、鬲扣合处不作直口而作斜折状。战国时下部鬲的变化趋势是三足越来越短，平山中山王䰜墓出土的铜甗，鬲部短平圈足上只有等距的三个支钉，体现了这一变化趋势。

豆和匜基本与燕国形制相同。与中原流行的矮柄豆不同，中山国的豆多为细高柄豆，且纹饰多为红铜镶嵌，一般饰于豆柄和捉手上，也有饰于器身与豆盖上的。燕国易县燕下都M31、唐山贾各庄M18、三河县大唐回M1出土的豆都有这种特点。战国中期中山王墓出土的平盘盖豆和方座盖豆则是典型的中原式样。中山国唐县北城子、行唐西石邱和燕国唐山贾各庄M18出土的铜匜形制大体一致，都是流作凤首形，首顶部一轴，啄部可以启合，尾部一首形环柄，深腹圜底，下有三兽足。不仅如此，器内底部还分别饰双鱼纹和双鸭纹。这种类型的匜与中原器物风格迥异。中山与燕都是地处北方的诸侯国，有着共同的北方青铜文化因素，而且两国毗邻接壤，互相交流、互相影响，从而形成了这一地域的独特风貌。到战国中期末叶，中山国铜器已进一步中原化，北方青铜文化因素在青铜容器上的影响已甚微，青铜容器与中原诸国已无大的差异。

其次，中山国有许多别具特色的铜器造型，其造型之美观、设计之精巧非他国可媲美。如山字形器，为其他地区所未见。有学者认为它们可能是象征中山王权的一种礼器，平时立于帐前，战争或出行时竖于战车，或轩车之上，与后世的族徽或国徽颇相类似。发掘简报中称它是中山国用来祭祀的山川神主牌位。再如银首人俑灯，通高66.4厘米，在一兽纹方形座上立一男性，身穿右衽宽袖长袍，两臂张开，手握双螭，由三螭连接三支灯盏，灯柱除饰有错银蟠螭纹外，还附有夔龙戏猴，形象十分生动。此灯造型优美，既有实用性又有高度的艺术性，是战国青铜器中不可多得的精品。

中山国铜器群中最具特色的莫过于那些惟妙惟肖又充满神秘浪漫色彩的生肖动物雕塑。这些雕刻不仅造型千姿百态，且都镶金错银，装饰得绚丽多彩。典型的如虎噬鹿屏座，长51厘米，高22.5厘米，虎口中咬住一鹿，虎的凶猛和小鹿挣扎的形象刻画得栩栩如生，虎的前爪由于抓鹿而悬空，利用鹿腿支撑，保持虎身平衡，设计极为精细。双翼神兽圆颈直竖，前胸宽阔而低沉，两肋生翼，臀部隆起，后尾斜挺，四肢弓曲，利爪外撇，撑地平稳有力，是一种幻想的艺术形象。有人认为此器是压镇席边角之器，也有人认为是辟邪。

最后，我们再来分析一下中山国青铜器纹饰的特点。商周时流行的纹饰如夔纹、蝉纹在战国中山国铜器中也有出现。行唐西石邱出土的铜瓶，腹部饰两组夔纹，中间以一周凸弦纹相隔，腹下饰蝉纹，纹饰处均以细雷纹作地。这样的纹饰及纹饰组合反映了中山国对商周青铜文化的继承。战国时流行的一些纹饰如蟠螭纹、蟠虺、陶索纹、勾连雷纹、菱形纹、三角云纹等，亦是中山国青铜器纹饰的主流。但中山国铜器也有地方特色的纹饰。唐县北城子出土的瓿、豆、鼎、双耳小铜釜等青铜器上的网络式连接的陶索纹等，是太行山区从西北的阳原、浑源，南到保定、石家庄西部一带，春秋以来墓葬中流行的纹饰和风格，与中原纹样有所不同。另外，像灵寿西岔头出土的铜盘内底饰七鱼六兽这样的纹饰在战国中原各国也不多见。图像纹是战国时代新兴的题材，它的特点是把人的生活描绘在图像中。中山国出土的狩猎宴乐图铜盖豆，器盖上饰两组相同狩猎侍宴图像，图中有一座两层楼台，楼台外为猎雁图，图下方有游鱼；铜豆腹部铸有两组图像相同的狩猎图；豆柄座上也有两组相同的采集狩猎图案。这件精美的狩猎宴乐图铜盖豆，其图案内容和成都百花潭出土的战国铜壶有相同之处。这种纹饰的艺术水平和史料价值均高于其他纹饰。

三 玉石艺术

（一）玉石制造业发展及其原因

中山国战国早期墓葬如河北新乐中同村墓、灵寿西岔头墓以及行唐李家庄墓，从出土铜器看应属较高等级，但仅出有一些玛瑙制品和绿松石珠。战国中期灵寿城址内已经有了大规模的制玉手工业作坊。中山王墓及其家族墓出土玉器达3000多件，占全部出土文物的1/6。这批玉器种类齐全，礼仪用玉、装饰用玉、丧葬用玉应有尽有；制作精细，透雕、浮雕、浅浮雕、阴刻等各种工艺综合运用；装饰纹样繁多，既有中原同时期流行的云纹、谷纹，又有具有中山国特色的螭纹、斜格纹。这些玉器与中原诸国的玉器相比是毫不逊色的。（图2—7）

图2—7 中山国蛙形小玉兽[①]

战国中山国制玉业之所以能取得如此大的成就，应在于如下一些原因。

首先，是受到中原玉文化和玉工艺的影响。玉器是有着特殊文化内涵的器物，它的器类、形制、装饰无一不与社会的政治、文化紧密联系。玉器在中原文化中占有特殊重要的地位。商周时代，玉器是为礼制服务的，春秋战国时期，玉器被儒家赋予了种种道德文化内涵。中山国制玉

[①] 河北博物馆院编：《战国雄风·古中山国》，文物出版社2014年版，第255页。

业发展与中山国的华夏化进程是同步的。中山国战国早期墓葬所表现出来的少数民族特征很明显，华夏化程度还不深，几乎没有真正的玉制品。但他们深入燕赵之地，拓地建国，很快便被周围先进的中原文化所征服，到了战国中期已经基本汉化。中山国十分推崇儒学，中山三器铭文中大多数是属于儒家的语言，在当时甚至出现了"倾盖与车以见穷闾隘巷之士"的情形，可见中山对中原文化仰慕之深。这样的文化氛围自然会成为制玉手工业发展的最强大的动力。中山王墓所出精美玉器正是此种文化背景下的产物。此外，中原地区有着悠久的制玉史，到战国时期已有了许多丰富的经验，掌握了许多先进的制玉工艺。中山国工匠学习了这些工艺，应用到本国玉器制作中去，使中山国制玉业迅速发展起来。

其次，中山国制玉业发展有其客观有利条件。中山地区乃产玉之地，且各处所产玉石品种丰富。《中国古今玉石产地名录》中列举了400余处古今玉石产地，其中在今河北省境内的有20处，仅中山境内就有8处，分别是平山（蓝宝石、方解石）、满城（玉、方解石）、曲阳（汉白玉、曲阳玉）、太行山（玉）、鹿泉（汉白玉、墨玉）、灵寿（刚玉）、正定（解玉砂）和井陉（玉）。中山国冶金业高度发展，对玉器制作业也有一定影响。玉的切割需要硬度很大的工具，冶金业可为之提供金属工具；中山国玉器中大量精美的镂雕工艺，也与铁器的使用有密切的关系。丰富多彩的青铜装饰工艺也可为制玉业所借鉴。

最后，商品经济发展对玉器制造业起了促进作用。商品经济的发展，扩大了原料来源。中山国王墓和家族墓出土的玉器，其材料就来自许多不同的地方。地质博物馆、北京市玉器厂以及有关单位经初步鉴定，均认为其中有新疆产子玉、辽宁岫岩玉、河南南阳地区独山玉及河北张家口北部新河地区玛瑙。各地的玉材通过贸易成为中山国制玉业的重要原料。商品经济的发展，使玉器普及市庶，从而促进制玉业生产规模扩大。

（二）中山国玉器的特点

战国时期，在器类形制上，与中原诸国无大差异，但也独具特色。

1. 玉璧

这是中山王𰉒墓出土礼玉中最重要的一种。虽然由于被盗，仅存9件，但也可看出素面璧、云纹、谷纹等非出廓璧，这些战国时玉璧的基本形式在中山国都已存在。透雕螭纹玉璧是中山国很有特色的一件出廓璧。此璧的肉质处镂雕两个大小不等的卧蚕纹瑗相套,两瑗间有镂雕的若干条龙连接为一体。其中外瑗之外又镂雕一两组一首双身龙或蛇。这种形象在战国玉器中极为罕见。

2. 玉佩

中山王墓出土玉佩187件,其中龙形佩数量最多,龙的形态各有不同,与中原出土的龙形佩差别不大。战国时期中原少见的虎形佩,在此地多见,出土有27件,有的蜷曲,有的生翼,有的无足无尾。此外,中山国还出土有虺形佩、鱼形佩、螭形佩、羊角形佩,这些形象的玉佩是中山国特有的,反映出中山国作为北方戎狄建立的国家所具有的某种文化因素。

3. 玉饰片

中山国葬玉中的玉饰片,在数量、种类上都十分丰富,是中山国丧葬用玉的一大特色,这些玉饰片纹样有许多兽面形象,或许它与北方文化盛行的铜牌饰有着某些联系,也可能是中山国人在接受了中原玉文化后,选用的一种特殊装饰。(图2—8)

图2—8 透雕圆形夔龙黄玉片[①]

① 图片由平山县战国中山国王陵文物陈列馆提供。

4. 小玉人

中山国出土的 10 余件玉质人像，在战国时期是罕见的。这些玉人，有男有女，有成年人，也有小孩，均着各式花格长裙，束腰窄袖，头结角髻或圆髻，拱手或抱手而立。这些人物形象，都应是按照中山国人的穿着打扮进行创作琢制的，为研究当时中山国人的风俗习惯、人物形象及其服饰提供了直观的感性材料。（图2—9）

图2—9　小玉人①

（三）玉雕工艺与时代同步，综合多种技法

战国玉器制作工艺特点是镂雕技术兴起并取得较大成就，中山国玉雕工艺与时代同步，且有许多综合运用几种技法的精品出现。中山国镂雕技术的代表作有镂雕双兽双蛇灰玉饰板、镂雕四凤黄玉佩、虺纹黄玉佩、镂雕螭纹饰片、镂雕螭纹玉璧。镂雕造型多为瑞禽神兽，且大多对称布局，其形态虽仍带有几分神秘感，但多为摄取自然界多种禽兽的部分特点，加以综合形成，注重写实，具有一定的生气和活力。陪葬墓出土的一件玉环，通器为镂雕的三龙纹围绕在一环之上，同时由于巧妙的琢玉工艺及阴阳线的灵活运用，从而使扁平的器面，具有一定的浮雕效果。另有一白玉龙凤佩，浮雕和阴线刻相配合，十分协调。浮雕层次分明，阴线刻纹极为精细。

（四）装饰纹样总体风格与当时列国玉器较为一致

这些玉器装饰纹样中，以谷纹最为显著，几乎各类玉器表面都有施用。还有云纹、虺龙纹、弦纹、扭丝纹、花瓣纹及各种几何形纹饰，这些纹饰多与其施用的器形结合在一起，往往是特定的器形采用特定的纹

---

① 河北博物院编：《战国雄风·古中山国》，第256页。

饰。除此之外，中山国玉器具有自己的特色饰纹，如螭纹和斜格纹。

中山国玉器中有大量体态各异、造型多样的螭纹形象出现，这些璃纹的形式主要有回首卷体式、一首双身螭、双体缠绕式、寄生附体螭等。战国时期青铜器纹饰中蟠螭纹相当盛行，中山国玉器装饰纹样中的螭纹或受其影响。中山国墓葬中出土的刻螭纹石板，螭纹形象一首双身，杮圆形头，橄榄形眼，两身分别饰丝束纹、鳞纹，每身四足，其中一足肥壮。一首双身造型与侯马出土陶范螭相类似，头部造型与山西长治分水岭战国墓出土铜当卢螭纹、陕西博物馆藏战国秦国金饰螭纹相似。繁密的斜格纹是有中山国本民族特色的玉器装饰纹样。这种由斜线或直线组成的网状图案，经常出现在中山国玉器画面上，与其他装饰纹样相配合，起着点缀和充填画面空白的辅助作用。这些斜格纹，有的出现在兽面的额、脸、鼻处，有的琢制在龙、虎的身躯上，有的则装饰在画面的边框、格栏内，小玉人的衣裙上也刻画有这种斜格纹饰。这些小玉人的形象应是当时中山国人形象的真实写照。当时中山国人或许便以这种斜格纹服饰为时尚，斜格纹受到人们的喜爱，从而逐渐被作为一种纹样应用到玉器装饰中去。这虽只是一种推测，但战国时期各种工艺之间相互影响的范围很广，纺织业对玉器制造业的这种影响也不是不可能的。

四　陶器艺术

（一）出土陶器概况

中山国陶器在中山王墓、灵寿城址制陶手工业遗址、石家庄市市庄村遗址、灵寿岗北村墓地以及平山三汲乡几座战国中、晚期墓葬中出土最多，也最具有代表性。从种类来看，大致可分为日用器具、礼器、建筑构件和陶制工具四类。从陶质看，主要有泥质陶和夹砂陶。泥质陶数量最多，陶色以灰陶为主，日用陶器中主要是泥质灰陶，只有釜、甑之类的炊器为夹砂陶。陶建筑构件和陶工具也都是泥质灰陶。另有一种黑陶是专用于墓中殉葬的祭品。这种黑陶其实也是灰陶，只有表皮呈黑色，这是因为它采取了一项特殊的工艺，即在坯体尚未完全干透时，用浓烟熏翳，使浓烟中活泼的碳素微粒渗入到坯体表层的颗粒之间的缝隙里。从制作手法看，日用器具和礼器多为轮制；器物上所需大小形状一致的附件，如盖纽、器耳、器足等，则用模制；表现动物形象的部分如飞鸟、鸭首等，为雕琢成形；另外一些板瓦里面有泥条盘筑痕迹和指压凹痕，为手制。

战国时期中山国的制陶手工业规模大，分工细密，内部已出现了生产某种产品的专业化倾向。灵寿城址制陶器作坊遗址面积4万平方米，东西长200米、南北长200余米，遗址文化层平均深度1.2—3米，可以想见当时的生产规模是很大的。从这片遗址所暴露于地面的陶器残片，可以看出当时烧制陶器已有种类的分工，西南区主要是烧制生活用的陶器，东南区主要烧制瓦片，中部主要是制陶场所。这一方面说明制陶业内部有着严格的统一管理和部署，另一方面也说明生产更加集中、更加专业化。不仅如此，在不同区域内部还有更为细密的分工。在这片遗址共发现9座陶窑，平面形状近似圆形和椭圆形5座，长圆形的4座，而且大小也有所不同，加之从每座陶窑边的废陶器堆出土的器形分析，固定的某一陶窑专门烧制特定陶器。就烧制生活用的陶器来说，又细分为烧制罐、釜、盆和烧制甑、豆、碗等的陶窑。

战国时期中山国制陶业应该已有私营作坊出现。有学者分析陶器上的陶文，认为石家庄市市庄村出土的带单字印记的陶器，应是私营作坊的产品。制陶业是与人们日常生活关系密切的一个手工业部门，产品需求量大，并且制陶所需的原料易得，技术也相对容易掌握，这就使得私营作坊的出现成为可能。战国时期列国制陶业都有了某种私营作坊的出现，中山国制陶业也一定不会例外。

（二）主要陶制品

中山国出土的陶制品主要有日用器具、礼器、建筑构件和陶工具四大类，涉及社会生产和生活的各个方面，分析如下。

1. 日用器具

中山国出土的日用陶器常见的器物有：做炊器的釜、甑，盛放食物的罐、盆、瓮、钵和饮食用的豆、碗、盂。在器物种类上与中原列国基本相同，只是陶碗的盛行是中山国日用陶器的一个明显特征。在器物形制上，釜常作圆底，下有三短实足，这种三足釜在晋国小型墓葬中有发现，应是受其影响的产物碗式豆、盘式豆也与其他国家没有较大区别。这说明战国时期，尤其是中、晚期，中山国的文化与中原文化已经基本一致了。日用陶器的花纹装饰十分简单，釜、甑、罐、盆、钵、瓮的腹部多饰绳纹，有的兼有一周附加堆纹或弦纹；豆的腹部多饰瓦棱纹；许多器物光素无纹饰。

值得注意的是釉陶的发现。在石家庄市市庄村发现釉陶残片22块，可辨之器形有尊、罐、平口器等。胎泥灰质，釉涂于器外绳纹上，口沿的内面亦施用，釉薄而匀，呈灰绿色，有光泽，颜色略接近汉代的青绿色釉。我国最先发明的色釉是以氧化铁为着色剂，以氧化钙为主要溶剂的青釉，这是一种高温色釉。这里出现的釉陶，从颜色看，与青釉有所区别。汉代普遍使用的青绿色釉是以氧化铅为主要溶剂的低温色釉，石家庄市市庄出土的釉陶时代属战国中、晚期，和汉代发展起来的釉陶可能有着密切的关系，是否为萌芽阶段的低温色釉还有待考证。

总之，这些只求经济实用的日用器具，在工艺上并没有太多新成就。当时制陶业生产的这些日用器具绝大多数是要投放市场的。在灵寿城址商业区遗址出土了大量未使用过的陶碗，这显然是作为商品出售的。为了适应商品生产发展的需要，就要提高生产效率，实行批量生产，因此产品的个性逐渐消失，产品趋于规格化，更加具备了商品的特征。

2. 礼器

战国时期，丧葬制度发生了变化。战国早期以铜礼器随葬的现象逐渐被以仿铜陶礼器随葬的现象所代替，所以陶礼器的制造迅速发展起来。磨光、暗花、彩绘、雕塑等各种绚丽多彩的手法广为应用，把陶器的制作工艺推进到一个新阶段。

磨光是在陶器成形后不久，坯体还是半干时，在器物表面进行打磨，烧成后壁面光滑。暗花是用尖端圆滑的工具，在陶器焙烧前压划而成，这种纹饰在光线反射适当的角度下，器面若隐若现地露出细腻别致、柔和优美的纹样，十分独特。这两种装饰艺术，在战国时期中原一带十分流行。中山国出土的陶礼器大多数饰有暗纹，灵寿城址岗北墓地出土的陶器暗纹纹样有带纹、锯齿纹、网纹、三角纹、涡纹、波浪纹、同心圆纹等，同时出土了为数不少的素面磨光陶。中山王墓出土的磨光暗纹黑陶更是精美异常，堪称中山国高超的制陶技术的代表作。陶器表面磨光，并有暗纹装饰，二者相配合，在一件器物上按着同心圆的格局或内外，或上下的相间排列，相互陪衬，构成和谐图案，产生出娴静典雅的艺术

效果。(图2—10、图2—11)

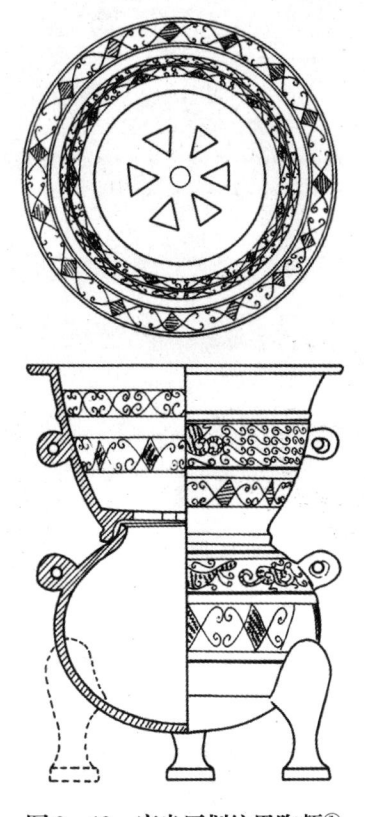

图2—10 磨光压划纹黑陶甗①

彩绘是在陶器烧成后，用红、黄、白、黑等色彩绘出各种花纹。此种装饰只有艺术价值而不易在生活中使用。中山王墓出土陶器中彩绘只发现于陶甗的上面，为赭色地朱红色龙纹。灵寿城址岗北村墓地也发现少量彩绘，是以白彩为地，用红彩描绘花纹，纹样有S形纹、云纹、网纹、动物形纹等。

此外，中山王墓出土的鸭形尊和鸟柱盘上的飞鸟造型生动，在战国时期为数不多的陶塑作品中也算得上精品之作。(图2—12)

---

① 河北博物院编：《战国雄风·古中山国》，第224页。

图 2—11　磨光压划纹黑陶甗①

图 2—12　鸭形尊②

---

① 河北博物院编：《战国雄风·古中山国》，第 225 页。
② 图片由平山县战国中山国王陵文物陈列馆提供。

这些战国时期新兴的装饰艺术虽多与生活用品无关,但它们却表现出当时中山国的文化艺术内容。这些丰富而瑰丽的古代文化艺术资料以陶器为载体,流传至今,不可不说是制陶业对后世的一项不朽的贡献。

3. 建筑构件

建筑陶器是在烧制日用生活陶器的基础上发展起来的一种新兴手工业。战国时期,各国在都城等地大兴土木,建筑城市和宫殿,使建筑用陶得到迅速发展。建筑用陶的迅速发展反过来又推动了建筑业的发展,两种手工业相互影响、相互促进。

中山国出土了大批建筑陶构件,主要有筒瓦、板瓦、瓦当、瓦钉、陶斗、砖、空心砖等。板瓦仰置于屋面;筒瓦覆盖在两行板瓦之间,以防漏雨;瓦钉使筒瓦固定以免滑动;瓦当起装饰作用。这些构件的出土说明,中山国木构瓦房的屋顶设施已臻完善。瓦当纹饰丰富,不同国家的纹饰也有区别。两周地区的半瓦当以卷云纹为主,燕国半瓦当以饕餮为主,齐国半瓦当以树木纹为主,中山国的半瓦当则以大量的乳钉纹饰为特色,如乳钉双阴云纹半瓦当、乳钉双鹿纹半瓦当(图2—13)、乳钉虎纹半瓦当、乳钉双虹云朵纹半瓦当、乳钉单虹云带纹、席纹半瓦当等。十号遗址还出现了仿东周王城的乳钉卷云纹半瓦当。藁城故城遗址也出

图2—13 乳钉双鹿纹半瓦当①

---

① 河北博物院编:《战国雄风·古中山国》,第85页。

土了饰有各种图案的半瓦当,有的接近山东临淄齐故城出土的树木双兽纹半瓦当,有的和洛阳周王城常见的卷云纹半瓦当接近,这些又是列国之间彼此影响的结果。

砖是建筑中重要的材料。在中山国出土的砖可分两类:一类是小型的薄砖,呈方形或长方形,是用木框制作砖坯,框底放置绳纹印模板,用手压平泥坯制成的,这些砖主要用于铺地。另一类是大型的空心砖,是由四块预制的板形坯放入大印模内相互扣合挤压而成,四面均饰斜绳纹。在古灵寿城大型夯土建筑群遗址经常发现一片片铺排得十分平整的空心砖。这种砖大而稳重,坚硬结实,用于大型建筑以增添端庄雄伟的气氛。

中山国还出土了一批陶斗,这证明当时中山国灵寿城邑内的建筑上已采用斗栱,而且用陶斗来代替一些较小的木斗。这几件陶斗可能是当时官署一级的门楼建筑或门前砖、石小阙上的用斗,而且其装饰作用大于实用。战国中山国灵寿城址出土的这批建筑实用陶斗,是目前我国保存下来的最早的实用斗,也是中山国重要的建筑构件之一。(图2—14、图2—15)

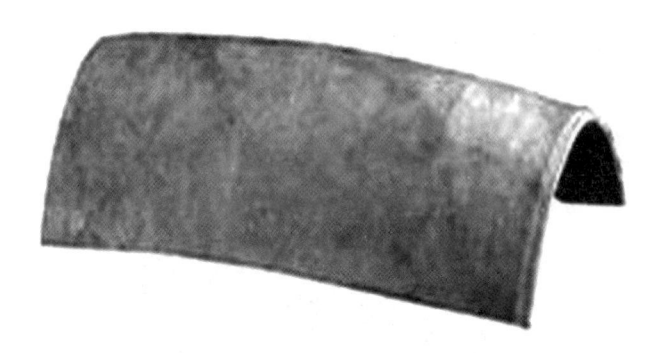

图2—14 中山国建筑瓦片·板瓦①

4. 陶制工具

中山国出土的陶制生产工具,从用途看,有冶铸工具、制陶工具、纺织工具和渔猎工具等。

---

① 平山县战国中山国王陵文物陈列馆提供。

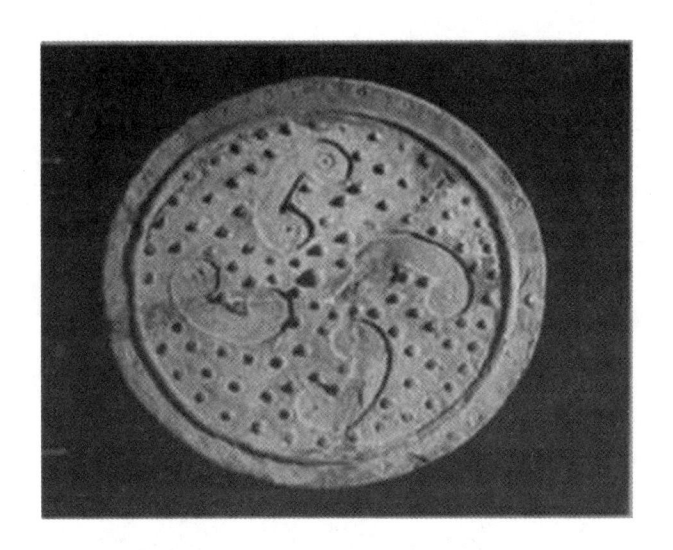

图 2—15　中山国建筑瓦片·圆形瓦当①

中山国发现的冶铸工具主要有坩埚、陶范、陶量等。在冶铜、冶铁遗址发现坩埚残块，这种陶制的耐高温材料是冶炼金属必不可少的工具之一。在铸造中，陶范法在中山国占统治地位。大批精美的青铜器所用陶范，陶模数量庞大、种类繁多、形态各异。此外，在中山国都城还发现了一批陶量。这批陶量多出土于冶铁、冶铜和制陶遗址，尤以冶铁、冶铜遗址内出土的占多数。工匠们使用这种量器，可以掌握更精确的合金配比，当时冶铸业的成就与此度量衡制度是有一定关系的。

中山国发现的制陶工具主要有陶拍、转盘、转钵等。陶拍有两种作用，既可通过拍打器表，使陶胎坚实，又可通过拍打，把陶拍上的纹饰反印到陶器表面，起到增加器物外表美观的效能。转盘是轮制制陶工艺不可缺少的工具。它是将泥料放在盘上，借其快速转动的力量，用提拉的方式使之成形。中山国日用陶器多为轮制，一些器物轮旋痕十分明显。转钵可能是制各种筒形器的规钵。这些陶制制陶工具的使用，既是制陶业进步的表现，又为制陶业的发展提供了物质条件。

纺织工具主要有纺轮。制陶遗址和石家庄市市庄村都出土有纺轮，形制可分扁平式、凸面式、球式、碗底改制品四式。纺轮的普遍使用是

---

① 平山县战国中山国王陵文物陈列馆提供。

纺织业发展的一个标志,同时它也促进了纺织业的发展。在中山国出土器物的木楔孔上,遗存有丝织、刺绣和麻织物残片,有平纹绢、提花织物、方空纱、辫绣、麻布等,织造技术也比较高。

渔猎工具主要有网坠和弹丸。网坠是捕鱼时用来克服水对渔网浮力的;弹丸则坚硬有力,用来打击猎物。(图2—16)

图2—16 中山国渔猎工具①

---

① 图片由平山县战国中山国王陵文物陈列馆提供。

第三章

先秦时期石家庄地区的文学①

第一节 先秦时期石家庄的地域版图

石家庄地区，从古至今作为燕赵文化的一个重要组成部分，为人类文化的辉煌发展做出了不可磨灭的贡献。由于历史的变迁和行政区域的几度沿革，我们要想给石家庄地域文学与文化划一个明晰的疆域，尤其是没有文字记录的上古时期，是件十分困难的事情，今天石家庄24个县市区在历史上的疆域范围很难做出划定，我们所说的石家庄文学与文化，只能在历史上做一个大致的范围划分。

一 夏商周时期石家庄的地域版图

夏商周时期，大致相当于人类始祖契所活动范围，《世本》记载商族的始祖契居于蕃，封于商。据丁山先生考证，蕃地"亦可于汉常山郡薄吾县求之。薄吾，战国时谓之番吾……是汉以来蒲吾，战国时皆曰番吾。番、蕃古今字，则谓番吾即殷契所居之蕃可无疑也"②。汉常山郡薄吾县即今平山县（城址已为黄壁庄水库淹没），民国时期的《平山县志》说："嘉阳城距今治十八里，即春秋之蒲吾也。汉于此置蒲吾县。"那么蕃地应在今平山县境内。邹衡先生曾说："河北平山县北临滹沱河，正是在先商文化漳河型分布区域内，仅就契居蕃的地望来看，丁氏之说基本上是

---

① 本章作者系石家庄学院文学与传媒学院教授李巧兰。
② 丁山：《由三代都邑论其民族文化》，《中央研究院历史语言研究所集刊》第5本，1935年。

可信的。"①《荀子·成相篇》说:"契玄王,生昭明,居于砥石迁于商。"据夏自正、孙继民等先生说:"砥石所在,为今河北元氏、平山一带。西汉时常山郡房子县赞皇山有石济水东流入泜水。砥石即石济水与泜水的混称。"② 昭明是契的儿子,这是昭明为首领的商族曾经活动于泜水流域(今石家庄地区)的文献记载。

据中华人民共和国成立以后的文物普查证实,石家庄藁城一带曾是早商统治的重要区域之一。这里不仅在台西和王家庄、张名甫、南乐乡、前西关、北龙宫等地发现有著名的商代遗址。而且还发现有春秋战国时期的故城古城址、九门古城址遗址。故城古城址的详细情况至今尚未公布,目前仅知其位于今藁城西10公里处,遗址南北长450米,东西长约540米,总面积约24.3万平方米。除发现部分仰韶文化遗物外,主要还是春秋战国时期的遗物。这座古城的年代至少经历了春秋战国。

二 春秋战国时期石家庄地域版图

春秋战国时期,石家庄地区大致是北方少数民族戎狄所活动的范围,狄族在包括石家庄在内的河北地区建立了鲜虞中山国,鲜虞一名最早出现于《国语》一书。《国语·郑语·史伯为桓公论兴衰》有郑桓公与周太史史伯的对话,称:"桓公为司徒,甚得周众与东土之人问于史伯曰:'王室多故,余惧及焉,其何所可以逃死?史伯对曰:'王室将卑,戎、狄必昌,不可逼也。当成周者,南有荆蛮、申、吕、应、邓、陈、蔡、随、唐;北有卫、燕、狄、鲜虞、潞、洛、泉、徐、蒲'。"桓公即郑国始封之君,史伯为周太史。据韦昭注称,郑桓公始任司徒的时间是周幽王八年,相当于公元前774年。则鲜虞一名至迟在周幽王八年已经出现。此年之后,鲜虞再次出现于有纪年的史籍是《左传·昭公十二年》称:"晋伐鲜虞。"鲜虞见于史籍最早的时间就是公元前774年,这时的鲜虞已经成为周王室北部诸封国和诸部族中的一个,至少在周幽王八年已经登上了当时的社会政治舞台。鲜虞的最初活动地当在五台山一带,《山海经·北山经》里说:"石山……鲜虞之水出焉,而南注于滹沱,'于'为

---

① 邹衡:《夏商周考古论文集》,文物出版社1980年版,第212页。
② 夏自正、孙继民:《河北通史·先秦卷》,河北人民出版社2000年版,第47页。

'虞'的同音假借。"据谭其骧先生考证，鲜虞水即今源出五台山西南流注于滹沱河之清水河。估计这一带就是鲜虞最初的发祥地。鲜虞何时穿过太行山孔道循滹沱河东迁至河北石家庄地区，史所不详。从《左传》等早期史籍看，春秋时期鲜虞活动的地区主要在今石家庄地区一带，又据《国语》所谓周王室"北有卫、燕、狄、鲜虞、潞、洛、泉、徐、蒲"一语，可知至少西周晚期鲜虞已经迁徙到今石家庄一带的滹沱河流域。这一带的考古遗迹和出土文物具有这样一个特点，殷商文化分布密集，遗址多达近30处之多，例如正定新城铺有面积相当大的商代遗址，出有成组铜器和玉器；藁城台西遗址，更是商代方国的都邑所在。而西周文化遗迹较少。这既说明了鲜虞作为殷商后裔子姓部族的性质，同时又说明鲜虞迁徙这一带的时间有可能更早。鲜虞迁至滹沱河流域的最初落脚点可能是今石家庄正定新区东北的新城铺。清初顾祖禹在《读史方舆纪要·真定府》中说，真定府西北四十里有新市城，"其地有鲜虞亭"。顾氏所说的新市城，是西汉新市县的治所，当今石家庄正定新区东北的新城铺。这里当为鲜虞人东迁河北的第一个居住地，也是鲜虞最早的都城。春秋后期，鲜虞已不是作为单个部族活动于当时的政治舞台，而是与邻近的部族肥国和鼓国组成了部落联盟。《春秋·昭公十二年》记载："晋伐鲜虞。"《左传》同年条记载这次晋军的具体行动则是："夏六月，晋荀吴伪会齐师者，假道鲜虞，遂入昔阳。秋八月壬午，灭肥，以肥子绵皋归。"《春秋·昭公十五年》又载："晋荀吴帅师伐鲜虞。"《左传》同年条记载晋军的具体行动则是详述晋军灭亡鼓国的经过。由此可见，《春秋》所谓的鲜虞，是将肥国、鼓国包括在内的。把鲜虞、肥国和鼓国作为一个整体来看待。杨伯峻《春秋左传注》因此认为肥国和鼓国都是鲜虞的属国，鲜虞的都城在今正定东北的新城铺，肥国的都城在昔阳（今石家庄藁城西南），鼓国的都城在鼓聚（今石家庄晋州西），三国族姓相同，相邻而居，都在滹沱河流域，都处在相同的社会发展阶段，具有从属关系，说明他们当时组成了以鲜虞人为主的部落联盟，鲜虞中山及其部落联盟在太行山东的兴起，构成了晋国东向扩张的障碍。当时晋国已崛起为中原大国，中原大国又召开了"弭兵"会议，晋乘大国争霸平息之机，开始北向和东向扩张，翦灭周边戎狄，先是北伐山戎无终，继而又伐太原群狄，然后东出太行，向鲜虞部族联盟诸国展开攻伐。最先遭到晋国攻伐的是肥国。前530年,晋军统帅荀吴诈称与齐国会盟,向鲜虞"假道"通过,顺利进入了昔阳。两月后,一举灭掉了肥国,肥君绵皋成为晋军的俘虏。鲜虞中山部落联盟被打开了一个致命的缺口,从此走上了下坡路。中人之战晋灭肥国,是晋对鲜虞战争的第一步。据《春秋》和《左传·昭公十二年》,在灭肥之后的两个月,晋军就向鲜虞发动了进攻,所谓"晋伐鲜虞,因肥之役也"。这次战争的详细情况,史籍没有记载,但可以视为鲜虞与晋国大规模冲突的前哨战。次年,晋军接着向鲜虞发动进攻,导致了双方的中人之战。《左传·昭公十三年》称:"鲜虞闻晋军之悉起也,而不警边,且不修备。晋荀吴自著雍以上军侵鲜虞,及中人,驱卫竞,大获而归。"公元前408年,中山遭到中原强国魏国的大举进攻,中山在顽强抵抗三年之后,终因力不能支,于公元前406年被魏军统帅乐羊所亡。史称"魏灭中山"。据《韩非子·说林上》和《战国策·魏策一·乐羊为魏将而伐中山》等书记载,当时乐羊的儿子正留居中山,中山武公听说乐羊来伐,命烹其子以报复,并遣人送乐羊一杯肉羹,乐羊不为所动,于军帐之下受而"啜之"。然后攻之愈急,"三年而拔之",中山虽倾国迎战,前后坚持了三年之久,但终因寡不敌众,于公元前406年落入魏国之手。

公元前381年前后,中山复国迁都灵寿(今平山县境),成为领土方圆五百里的大国,后为赵所灭,在战国时期,今天的石家庄大致相当于当时的赵国北部地区。

第二节　上古时期石家庄地区的神话传说

文学的起源须上溯到史前史,即没有文字记录的历史以前的人类历史阶段。那时候的文学以口头文学形式为主。先秦文学是中国古代文学发生发展的最早阶段,它包括秦代以前各个历史时期的文学,其主体部分是成熟的周代书面文学,尤其是春秋战国时代的文学。这一时代由天下统一的分封到诸侯异政的分裂,再到中央集权的统一。文学作品的思想性和艺术性大部分也都体现了华夏范围内由分裂而寻求统一的基本时代特征。在这一阶段里产生了很多优秀作品,有成为我国古代文学先导的古代神话和古代歌谣,有标志着我国文学光辉起点的《诗经》,有作为后代史传体文学和小说、戏剧滥觞的历史散文，有体现战国时代百家争鸣之局面的诸子散文，有我国寓言文学鼻祖的先秦寓言，有光耀千古的浪漫主义杰作《楚辞》，诸如此类，不胜枚举。丰富多彩，斑驳灿烂的先秦文学奠定了我国两千几百年文学发展的坚实基础。

一　上古时期石家庄神话传说的特点

石家庄文学从文学形式上看，上古时期，夏商周之前，由于文字尚未形成，主要是一些口耳相传的神话传说，这些传说主要体现在后世的记述中，商代以后出现了文字，有些传说可能出现在早期的文献记述中，一些民间的活动也得到记录，其中就有民间诗歌总集《诗经》中记录的石家庄地区的一些民间诗歌。先秦时期石家庄文学的主要成就集中体现在春秋战国阶段的诸子百家的论述中。在这些论述中有纪实性的散文，也有具有哲学意义的学说，还有具有很高艺术性的骈体文。

人类文学史上，最早的文学形式当属上古神话，先民们利用幻想的形式，创造出了一个个超自然，具有非凡力量的形象，折射了人类浓郁的思想感情和情感体验。在没有文字的史前时期，勇敢的先民们，俯仰大地苍穹，带着对大自然的无限敬畏，带着对自身和周边世界的有限理解，在心中编织出了一个个神秘而又美丽的神话传说。

二　上古时期石家庄地区的神话传说

人类早期的神话传说，在长期的历史过程中，借助于口耳传授而积累、延续，内容虽然不免庞杂而重叠，甚至失真，但却是古代人们对先民业绩的怀念和赞美，其丰富的内涵能够折射早期人类的起源和生活的经历，反映原始社会时期氏族、部落、部落联盟生活、交流和冲突的原始面貌，不失为研究史前社会的重要历史资料。

据《淮南子·览冥训》记载："往古之时，四极废，九州裂；天不兼覆，地不周载；火滥炎而不灭，水浩洋而不息；猛兽食颛民，鸷鸟攫老弱。于是女娲炼五色石以补苍天，断鳌足以立四极，杀黑龙以济冀州，积芦灰以止淫水。苍天补四极正，淫水涸，冀州平，狡虫死，颛民生。"这段记述就是源于女娲补天的神话传说。传说中再现了天崩地裂、水深火热、鸟兽食人的一种艰难的生存状态，面对这苦难先民无能为力。于是就出现一位法力无边、慈爱悲悯的女神——女娲,她炼五色石补天,挥利剑斩黑龙、断鳌足,通过百折不挠的奋斗,最后取得了胜利,保佑了苍生,这也是先民顽强的生存意识和反抗精神的投射。女娲是我们民族精神的体现者,她是芸芸众生心目中的保护神,为了纪念这位人类始祖,各地还有一些历史遗迹,比如河北邯郸涉县的娲宫。

女娲,又称娲皇、女娲娘娘,史记中称女娲氏。女娲是古代传说中中华民族人文始祖,是神话中的创世女神。女娲人首蛇身,为伏羲之妹,与伏羲兄妹相婚,以泥土造人,创造人类社会并建立婚姻制度,石家庄新乐的伏羲台,传说是伏羲和女娲夫妇共同居住的地方。关于伏羲也有一个美丽的神话传说——伏羲画卦。传说伏羲在闲暇之余,时常盘坐卦台山巅,苦思宇宙的奥秘,十分茫然。仰观日月星辰的变化,俯察山川风物的法则,不断地反省自己,追年逐月,风雨无阻。也许是他的精诚感动了天地,有一天,他的眼前出现了一派美妙的幻境,一声炸响之后,渭河对岸的龙马山豁然中开,但见龙马振翼飞出,悠悠然顺河而下,直落河心分心石上,通体分明,闪闪发光。这时分心石亦幻化成为立体太极,阴阳缠绕,光辉四射。此情此景骤然震撼了伏羲的心胸,太极神图深切映入他的意识之中,他顿时目光如炬,彻底洞穿了天人合一的密码;原来天地竟是如此的简单明了——唯阴阳而已。为了让人们世世代代享受大自然的恩泽,他便将神圣的思想化作最为简单的符号,以"——"表示阳,以"— —"表示阴,按四面八方排列而成了八卦。伏羲一画开天,打开了人们理性思维的闸门,将困苦中挣扎的人们送上了幸福的彼岸,从而博得了人们永生永世的怀念和尊崇,这个传说折射了我们先人在与自然做斗争的过程中,在不断地总结经验教训,寻找着战胜自然的玄机,其中不乏理性思维的光辉。

传世文献中,也有不少关于女娲和伏羲的记载,如《易·系辞下》记载:"古者庖羲氏之王天下也,仰则观象于天,俯则观法于地,观鸟兽之文与地之宜,近取诸身,远取诸物,于是始作八卦,以通神明之德,以类万物之情,作结绳而为网罟,以田以渔……"[①]《庄子·缮性》《战国策·赵策》等篇目也记载了伏羲"王天下"的伟大功绩。《汉书·律历

---

① 李道平:《周易集解纂疏》,中华书局1994年版,第621页。

志》引刘歆《世经》言："炮牺继天而王,为百王先。"①《白虎通义》记载："三皇者何谓也,谓伏羲、神农、燧人也。或曰伏羲、神农、祝融也。"②《庄子·大宗师》云："夫道……伏戏氏得之,以袭气母。"这显然是说伏羲能够承袭天地之气源。女娲的始祖神身份于传世文献中也多有体现,《风俗通义》《春秋纬运斗枢》《补史记·三皇本纪》等典籍均以女娲作为"三皇"之一。此外,《说文》中记载："娲,古之神圣女,化万物者也。"③《山海经·大荒西经》："有神十人,名曰女娲之肠,化为神,处栗广之野,横道而处。"④《淮南子·说林训》："黄帝生阴阳,上骈生耳目,桑林生臂手,此女娲所以七十化也。"⑤《太平御览》卷七十八转引《风俗通》："俗说天地开辟,未有人民,女娲抟黄土作人。"⑥1942 年湖南长沙子弹库所发现的《楚帛书》,是迄今发现的年代最早的战国时代楚国的古文帛书,也是迄今见到的唯一的"图""文"并茂的有关创世神话的古文献。关于始祖神伏羲和女娲化生出禹、契,开始创设天地,《楚帛书·甲篇》记载："曰故(古)大熊雹戏……乃取(娶)□□子之子,曰女填(娲)……□是襄天践,是各(格)参化法度。为禹为契,以司堵襄,咎(晷)天步廷。乃上下朕(腾)传(转)。山陵不疏,乃命(名)山川四海。熏气仓(沧)气,以为其疏,以涉山陵,泷汩凼漭。"⑦出土文献中的上古神话材料,不仅具有史料意义,还极具神话学价值。它们所提供的往往是某一神话的较为原始的版本,并且我们还能从中发现许多传世文献未曾著录的内容。

我国古代文献中转录的神话传说与石家庄这一地域相关的,还有很多记载了三皇五帝的传说,其中有些被后世的文学作品所转述和收录,成为我们了解史前神话的一个窗口。例如,《史记·五帝本纪》就说唐尧"流共工于幽陵,以变北狄"。流共工于幽陵,即将共工流放到幽陵。这

---

① 《汉书》卷二十一下《律历志下》,第 1011 页。
② (汉)班固等:《白虎通义》(卷上),四库全书文渊阁本。
③ 许慎著,段玉裁注:《说文解字注》,上海古籍出版社 1981 年版,第 1031 页。
④ 袁珂:《山海经校注》,上海古籍出版社 1980 年版,第 389 页。
⑤ 何宁:《淮南子集释》,中华书局 1998 年版,第 1186 页。
⑥ 李昉等:《太平御览》(第 1 册),河北教育出版社 1994 年版,第 672 页。
⑦ 转引自李佩瑶《出土上古文献的神话传说研究》,济南大学硕士学位论文,2012 年,第 9 页。

实际上也是不同部落或部落联盟之间矛盾斗争在神话传说上的体现。所谓幽陵，后人相传就是幽州。这有关的传说的内容都在夏代以前，传说人物又都是男性，这实际上是原始社会父系氏族公社时期先民们在燕赵地区活动的曲折反映。是燕赵地区的先民处于原始社会的末期，部落或部落联盟之间进行大规模战争，进入文明社会前夕的写照。

传说唐尧、虞舜时代，他们活动的中心地区是在冀州，以今河北为主体的冀州也确实留下了不少有关唐尧、虞舜的传说。今河北唐县，相传就是因为是唐尧封地而得名。《元和郡县图志》卷18"定州唐县条"称唐县"即古唐侯国，尧初封于此，今定州北有故唐城，是尧所封也"①。唐尧本称帝尧，因封于唐而又称唐尧。今石家庄的行唐县这一地名的来历，据说是唐尧迁都山西平阳，因南行经过此地而得名行唐县。

夏代文字尚未发现，但史籍记载有不少关于夏朝的传说，其中也有的涉及今天的河北石家庄地区。例如流传很广的夏朝开国之君大禹，在夏代，与河北石家庄关系密切，传说材料相对较多的部落非商族莫属。传说内容主要有如下几事：

第一事，《世本》记载商族的始祖契居于蕃，封于商。据丁山考证，蕃地"亦可于汉常山郡薄吾县求之。薄吾，战国时谓之番吾……是汉以来蒲吾，战国时皆曰番吾。番、蕃古今字，则谓番吾即殷契所居之蕃可无疑也"②。汉常山郡薄吾县即今平山县（城址已为黄壁庄水库淹没），民国时期的《平山县志》说："嘉阳城距今治十八里，即春秋之蒲吾也。汉于此置蒲吾县。"那么蕃地应在今平山县境内。邹衡就说："河北平山县北临滹沱河，正是在先商文化漳河型分布区域内，仅就契居蕃的地望来看，丁氏之说基本上是可信的。"③ 契封于商，是《史记·殷本纪》中的记载，王国维说"商之国名本于地名"，那么商在何地？过去多认为在今陕西商州，现在看来传说中商族最初活动的地域应该在今冀中南和豫

---

① 《太平御览》引《汉志》称："唐县，故尧国也，尧为唐侯邑于此。"《册府元龟》《帝王都邑》："尧为唐侯都中山，后徙河东平阳。"

② 丁山：《由三代都邑论其民族文化》，《中央研究院历史语言研究所集刊》第5本，1935年出版。

③ 邹衡：《夏商周考古论文集》，文物出版社1980年版，第212页。

北。保北考古队《河北省安新县考古调查报告》一文即根据保定以北发现的先商遗址,认为商文化起源于整个太行山东麓地区,而不仅仅局限于冀南一带。①

第二事,《荀子·成相篇》说:"契玄王,生昭明,居于砥石迁于商。"砥石所在,为今石家庄元氏、平山一带。西汉时常山郡房子县赞皇山有石济水东流入泜水。砥石即石济水与泜水的混称。昭明是契的儿子。这是昭明为首领的商族曾经活动于泜水流域的传说。省伯,为商代方邦之一,地域在今晋州市偏东北。

三 上古时期石家庄地区神话传说的价值

这些神话传说还不能称得上是真正意义上的文学作品,但是这种不自觉地艺术和幻想形式,不仅凝聚了神奇的神性色彩,也积淀着人性的光辉,折射着人类的思想情感,上古神话作为先民记忆的遗存,虽然还算不上真正意义上的文学创作,但它以充满象征的意象和隐喻的表现形式,展现了远古时代人们艰难的生存状态,生命的短暂,人对于大自然的无能为力,人不能掌握自己命运的惊惧,先民们靠丰富的想象创造一个个超自然的神灵,来抚慰他们无助的心灵,幻想着有拥有一种超凡魔力的英雄,来拯救他们于水深火热,于是就产生了女娲补天、精卫填海、后羿射日等一个个美丽的神话,这些故事代代口耳相传,从而使得先民们恐惧的心灵得到慰藉,支持着他们走过那危险丛生的荒蛮时代。神话对后世文学的影响是深远的,作为一类特殊的题材,它不断被后世文学作品引用、重塑经久不衰,伴随着集体体验和历史厚重感,穿越时空,给人们带来心灵的震撼。正如荣格所说:"一个用原始意象说话的人,是在同时使用千万个人的声音说话……他把我们个人的命运转变为人类的命运,他在我们身上唤醒所有那些仁慈的力量,正是这些力量,保证了人类能够随时摆脱危难,度过漫漫长夜。"② 神话是人类先民留给我们的宝贵财富,蕴涵了先民的智慧和思考,"不是骗子的谎话,也不是无谓想

---

① 保北考古队:《河北省安新县考古调查报告》,《文物春秋》1990 年第 1 期。
② 荣格:《心理学与文学》中译本,生活·读书·新知三联书店 1987 年版。

象的产物……是人类思想的朴素和自发的形式之一"①，神话以其神奇的幻想和跳跃式的思维，把个人体验融入集体意识，融入万物有灵的神仙精怪世界，这些超凡脱俗的虚幻形象和力量，可以帮助人们缓解现实的压力，提升精神世界，这是一种最愉悦的心理体验，这也是神话传说永恒魅力和价值所在。

第三节　先秦时期石家庄地区的诗歌

一　先秦时期石家庄地区的诗歌

远古时期民族的歌谣在古籍中时有记载。据说是神农时代出现的《蜡辞》云："土，反其宅！水，归其壑！昆虫，毋作！草木，归其泽！"这大约是一首农事祭歌。另有《吴越春秋》卷九所载的《弹歌》："断竹，续竹，飞土，逐宍。"②该诗反映的是原始人制造弹弓和狩猎的过程，语言古朴，但已经具有韵律，显然是一首十分古老的歌谣。作为中国最早的民间诗歌总集《诗经》，它的绝大多数作品产生于西周和春秋初期，相传中国周代设有采诗之官，每年春天，摇着木铎深入民间收集民间歌谣，把能够反映人民欢乐疾苦的作品，整理后交给太师（负责音乐之官）谱曲，演唱给天子听，作为施政的参考。《诗经》中《风》《雅》《颂》三部分的划分，是依据音乐的不同，也是诗经作品分类的主要依据。《诗经》的作者的成分很复杂，产生的地域也很广。除了周王朝乐官制作的乐歌，公卿、列士进献的乐歌，还有许多原来流传于民间的歌谣。《风》包括了十五个地方的民歌，包括今天山西、陕西、河南、河北、山东一些地方（齐、韩、赵、魏、秦），大部分是黄河流域的民间乐歌，多半是经过润色后的民间歌谣叫"十五国风"，有160篇，是《诗经》中的核心内容。"风"的意思是土风、风谣。十五国风包括周南、召南、邶、鄘、卫、王、郑、齐、魏、唐、秦、陈、邻、曹、豳。

周代崇尚礼制，思想有所束缚，然而《诗经》中的民歌用朴实的语

---

① ［法］拉法格：《宗教和资本》，王子野译，生活·读书·新知三联书店1963年版，第2页。

② 徐国征：《解读弹歌》，《光明日报》2013年4月15日，第15版。

言抒发真实的情感，饥者歌食，劳者歌事，对大人君子作无情的嘲讽，对男女爱情作坦率的表白。经过筛选润色的《诗经》尚有真实感，可以想见未能入选的诗歌更是实话实说。

"邶、鄘、卫者，商纣畿内方千里之地。……周武王伐纣……以其京师封纣子武庚为殷后。庶殷顽民被纣化日久，未可以建诸侯，乃三分其地，置三监，使管叔、蔡叔、霍叔尹而教之。自纣城而北谓之邶，南谓之鄘，东谓之卫。"①班固陈述了邶、鄘、卫三国的缘起及其变迁，从而得出三国之《诗》同风的结论。前人学者对三国的地域疆界也有不少研究，普遍认为：卫风或者说邶风中的诗歌体现了河北的地域特色。虽然我们在《诗经》十五国风中，看不到产生于现在石家庄地域的单独著述，但是考虑到文学特色在地域上的整体性，石家庄文学作为河北文学的一个组成部分，也必然受河北文学的整体特色的影响，在特点上具有一致性。所以我们也不妨研究一下先秦时期《诗经》中，《邶风》《鄘风》《卫风》反映的古燕赵南部地区的民歌特色，从而让我们对石家庄文学有一个大致认识。邶、鄘、卫三地风诗形象地向我们展示了邶、鄘、卫三地独特的地域文化，涉及当时的婚恋习俗、宗教信仰习俗及审美风尚，表现出其受殷商文化影响的独特之处，凸显了其地域文化的特点。《邶风》诗歌共19首，其产生年代大约在西周末年至东周初年，这些诗歌多采用直抒胸臆的手法，表达先民的喜怒爱憎，其中《邶风·静女》《鄘风·桑中》《卫风·木瓜》等诗都是《诗经》中有名的恋歌，情真意切、细腻传神。写青年男女或幽期密约，或互赠爱情信物，感情自由奔放，气氛欢快甜蜜。

《邶风·静女》写道：

> 静女其姝，俟我于城隅。爱而不见，搔首踟蹰。
> 静女其娈，贻我彤管。彤管有炜，说怿女美。
> 自牧归荑，洵美且异。匪女之为美，美人之贻。

这是《诗经》中最纯真的情歌之一。少男少女相约幽会，开个天真

---

① 孔颖达：《毛诗正义》，中华书局1980年版，第295页。

无邪的玩笑,献上一束真情的野花,把个少年不识愁滋味的天真烂漫勾画得栩栩如生。青春年少,充满活力,生气勃勃,这本身就是一种不可言喻、动人心魄的美。两心相许,两情相悦,相看不厌,物因人美,爱人及物,天空也呈现出一片纯净透明碧蓝如洗。

这篇作品的成功是对人物性格的刻画,虽则只是男主人公自言自语的几句话,可是把他的憨厚诚实表现得淋漓尽致。在刻画男子的同时,女主人公精灵古怪的形象也便呼之欲出了。作品本身虽然简约,但是为读者留下了无数的想象空间,我们甚至可以根据人物的性格复原当时的场景,而这一场景又是这样富有戏剧性和生活气息。诗的第一章是即时的场景:有一位娴雅而又美丽的姑娘,与小伙子约好在城墙角落会面,他早早赶到约会地点,急不可耐地张望着,心爱的姑娘悄悄藏了起来,他却被树木房舍之类东西挡住了视线,看不到姑娘,于是急得抓耳挠腮,一筹莫展,徘徊原地。"爱而不见,搔首踟蹰"虽描写的是人物外在的动作,却极具特征性,很好地刻画了人物的内在心理,栩栩如生地塑造出一位恋慕至深、如痴如醉的有情人形象。小伙子的机智调皮、姑娘的娇羞可爱、爱情的圣洁美好,在诗人笔下一一展现出来。第二、第三章,从辞意的递进来看,应当是那位痴情的小伙子在城隅等候他的心上人时的回忆,也就是说,"贻我彤管""自牧归荑"之事是倒叙的。作者由静女而彤管,由荑而静女之情,把人、物、情巧妙地融合起来,表现了男青年热烈而纯朴的恋情,男青年的形象活灵活现,他的恋情也真实感人。此外,诗歌采用重章复唱,巧妙选用细节,风格朴实,也增添了艺术魅力。

再如《鄘风·桑中》:

> 爰采唐矣?沬之乡矣。云谁之思?美孟姜矣。期我乎桑中,要我乎上宫,送我乎淇之上矣。
>
> 爰采麦矣?沬之北矣。云谁之思?美孟弋矣。期我乎桑中,要我乎上宫,送我乎淇之上矣。
>
> 爰采葑矣?沬之东矣。云谁之思?美孟庸矣。期我乎桑中,要我乎上宫,送我乎淇之上矣。

《桑中》是描写男女幽会桑中的情诗。从现代美学角度来看，以采摘植物起兴爱情等题材，在审美上和爱情上也有一定的同构同形关系，因为炽热的情欲与绿意葱茏的草木都可给人带来生机勃然的欣悦。所以，以"采唐""采麦""采葑"起兴，在含蓄中有深情，形象中有蕴意。《桑中》是一首写重温旧梦的爱情诗。它描述一对青年男女多次约会谈恋爱的情景。它以男主人公的甜蜜回忆，再现女友的主动约请见面乃至依依不舍地送别的过程，体现出当时恋爱自由的风气和浪漫的色彩。"期我乎桑中，要我乎上宫，送我乎淇之上矣。"都是过去约会见面和送别的情景。男主人公的甜蜜回忆，使他沉浸在幸福之中，而昔日的幽会情景似乎又出现在他眼前。男女主人公以"采唐""采麦""采葑"为借口出去与心上人约会，他们等待于桑林中，约会于上宫，话别于淇水，诗情画意，动人心弦。

《卫风·木瓜》：

> 投我以木瓜，报之以琼琚。匪报也，永以为好也！
> 投我以木桃，报之以琼瑶。匪报也，永以为好也！
> 投我以木李，报之以琼玖。匪报也，永以为好也！

这是一首男女相互赠答之作。在艺术上，全诗语句具有极高的重叠复沓程度，具有很强的音乐性，而句式的参差又造成跌宕有致的韵味，取得声情并茂的效果。《木瓜》一诗，从章句结构上看，很有特色。首先，其中没有《诗经》中最典型的句式——四字句。这不是没法用四字句，而是作者有意无意地用这种句式造成一种跌宕有致的韵味，在歌唱时易于取得声情并茂的效果。其次，语句具有极高的重叠复沓程度。不要说每章的后两句一模一样，就是前两句也仅一字之差，并且"琼琚""琼瑶""琼玖"语虽略异义实全同，而"木瓜""木桃""木李"据李时珍《本草纲目》考证也是同一属的植物。其间的差异大致也就像橘、柑、橙之间的差异那样并不大。这样，三章基本重复，而如此高的重复程度在整部《诗经》中也并不很多，格式看起来就像唐代王维诗谱写的《阳关三叠》乐歌似的，当然这也是《诗经》的音乐与文学双重性决定的。"你"赠给我木瓜，"我"回赠你美玉，这体现的是情感上的心心相印，是精神上的相契合。"投我以木瓜、木桃、木李，报之以琼琚、琼瑶、琼玖"，表现的是对他人情意的珍视，正是"匪报也"。淳朴、率真的感情倾泻于字里行间。

还有一些诗歌反映了当时的风俗和审美风尚，如《邶风·简兮》：

> 简兮简兮，方将万舞。日之方中，在前上处。
> 硕人俣俣，公庭万舞。有力如虎，执辔如组。
> 左手执龠，右手秉翟。赫如渥赭，公言锡爵。
> 山有榛，隰有苓。云谁之思？西方美人。彼美人兮，西方之人兮。

"硕人俣俣，公庭万舞。有力如虎，执辔如组。左手执龠，右手秉翟。赫如渥赭，公言锡爵。"描写的是一位"万舞"舞师诗中的男子身材高大健壮，力如猛虎，肤色红润，是力与美的象征。殷人靠野蛮和血腥征服四方，具有崇武尚力的精神，因而从殷人的审美观来看高大、勇猛、有力的就是美的。《邶风·简兮》中对舞师发自内心的赞美显然是受了殷商审美观念的影响。

《鄘风·君子偕老》则描绘了一幅美人图：

> 君子偕老，副笄六珈。委委佗佗，如山如河。象服是宜。子之不淑，云如之何？
> 玼兮玼兮，其之翟也。鬒发如云，不屑髢也。玉之瑱也，象之揥也。
> 扬且之皙也。胡然而天也！胡然而帝也！
> 瑳兮瑳兮，其之展也，蒙彼绉𫄨，是绁袢也。子之清扬，扬且之颜也，展如之人兮，邦之媛也！

"副笄六珈。委委佗佗，如山如河。象服是宜"四句造语奇特，叙服饰与叙仪容相交叉，辞藻工美，极力渲染宣姜来嫁时服饰的鲜艳绚丽，仪容的雍容华贵。"玼兮玼兮"六句与末章起始"瑳兮瑳兮"四句复说服饰之盛，次章"扬且之皙也"三句与末章"子之清扬"四句是复说容貌之美。"胡然而天也！胡然而帝也！"二句神光离合，仿佛天仙帝女降临尘寰。这里写她的精美图案的漂亮衣服、如乌云般浓密的鬓发、华丽的耳饰、光彩照人的玉搔首以及白皙的皮肤和清秀的面容。"展如之人兮，邦之媛也！"二句巧于措辞，深意愈出，余音袅袅，意味无穷。整首诗为我们描绘出一幅"美人图"，由此可以看出殷商人追求容貌衣饰美的文化心理对邶、鄘、卫三地风诗的影响。

春秋战国时期社会出现大动荡、大变革、大改组的形势，文学普遍具有实用性，或为具体社会问题而发，如《诗经》民歌"饥者歌其食，劳者歌其事"；或总结历史的经验教训，判断历史人物的是非曲直，为现实社会提供借鉴，如史传散文的定是非，决嫌疑；或旨在揭示和解决实际社会问题，如诸子百家为拯救社会而各陈己见。

二 先秦时期石家庄地区的诗歌的价值

先秦文学是中国文学史上光辉灿烂的第一页，文学伴随着原始社会人们的劳动、祭祀、婚姻等日常生活而产生，并伴随着社会的发展而发展，至周代而蔚为大观。诗歌、散文、辞赋等文学形式一应俱全，散文中史传散文、诸子散文和应用散文已有明确的分界。史传散文的记言记事由分离到融合，产生了文诰、编年、国别、谱牒等多种体例。诸子散文由简短的语录体发展为论辩文，进而形成专题论文，完成了论说文的体制。应用文中包括典、谟、训、诰、誓、命以及书信、盟誓、祝文、祝词、箴、诔、铭文等各种文体。先秦诸子多元化的思想各成体系，彼此渗透，形成中国古代思想史以百家争鸣为开端的特点，并辐射其他各种文体形式之中。先秦散文的记言、叙事、写人以及议论、抒情等，由自然到自觉，手法逐渐成熟。诗歌开中国抒情诗之端，《诗经》和《楚辞》分别开创了中国文学的现实主义和浪漫主义两大主要流派，产生了极其深远的影响。从经学角度来说，先秦时代是出产"元典"的时代，儒、道及其他各种思想流派的原始经典都出自这一时代；从文学艺术的起源、文学体裁的产生、思想体系的形成、艺术手法的探索、文学流派的开创等各个方面来看，先秦文学都具有创始性的意义。这种创始性充分体现了先秦时代的作家所特有的开拓精神和丰富的想象力，注重独立思考，勇于标新立异，恰与后世辗转模拟、东施效颦的风气形成强烈的对比。

第四节　先秦时期石家庄地区的散文

一　我国先秦的散文文学

中国散文文学形成的历史，从没有文字到有文字，从片言只语到成段成章，再到中心明确、结构严谨的篇章，经历了一个漫长的发展过程。

中国散文的最早源头，可以追溯到甲骨卜辞。殷代是一个神权统治的时代，统治者借用神的力量来加强他们对奴隶及臣民的控制。当时的文化，基本上是神权统治的工具，被巫祝所垄断。殷代甲骨文，基本上都是殷代王室占卜的记录。他们把卜问的时间及祭祀、天时、年成、田猎、征战、商王的起居、疾病等内容刻在龟甲或兽骨上，以便日后检验。这些卜辞，一般包括序辞（占卜的时间和占卜者的名字）、命辞（占卜的问题）、占辞（对卜兆的解说）、验辞（事实与预卜是否符合）等部分。也有少量非卜辞的记载，上面记录了狩猎与战争的史实以及有关甲骨整治、收藏等情况。这些记事，只是为了备忘，加上刻写的困难，所以力求简单概括，大多是些零散的句子，较长的记事刻辞如"小臣墙刻辞"，补足其残文，估计原文字数超过150字。其中能够完整明白地表达意思的已属上乘，能够略具篇章规模的更为少见，所以它还只是记事散文的萌芽。

商周盛行在青铜器上铸刻铭文的风气。铜器铭文，也称金文，已发现有铭文的商周青铜器估计近万件。商代铜器铭文很简单，一般仅用一至五六个字记作器者之名、所纪念的先人庙号等。商代晚期出现了较长的铭文，但也没有超过50字的，内容多数是因接受赏赐而作纪念先人的祭器以示荣宠的记录，在表现技巧上，与同时的商代甲骨文相似。到西周，铜器铭文达到全盛，篇幅加长，二三百字的颇为多见，西周晚期的毛公鼎则长达498字；内容也大为丰富，除了较常见的记载周王的任命、赏赐及记功表德外，还有记诉讼、土地交易、勘定田界等较特殊的记事铭文，正如《墨子·鲁问》中说的："书之于竹帛，镂之于金石，以为铭于钟鼎，传遗世子孙。"许多周代的铜器铭文是有韵的，且喜欢用整齐的四字句，有的铭文还具有比较浓厚的文学气息。但因铜器铭文的篇幅受限制，内容也有很大的局限性，所以叙事部分大都直陈其事，很少修饰，又有不少颂扬求福的套语，因此其文学价值一般不如流传下来的同时代的其他形式的文学作品。

二 先秦时期历史散文的发展历程

先秦时代文史哲不分离，诗乐舞相融合。文学是泛指包括政治、哲学、历史、文学等在内的一切学术。《论语·先进》说孔门弟子子游和子夏长于文学，"文学"便是泛指古代文献。先秦文献中，史传散文记史解经，却不乏哲理思辨，故事情节曲折，人物形象生动；诸子散文传经布道，客观上反映了当时的历史，议论说理多具象化，采用寓言、比喻、白描、夸张、铺排等多种文学手法；《诗经》和《楚辞》本是文学创作，却具有一定程度的史料价值和思辨色彩。这些文献对于研究先秦时代的政治、军事、经济、文化和文学等都具有同样重要的价值。作为后代史传体文学和小说、戏剧滥觞的历史散文已经是一种比较成熟的散文文体。历史散文是史官文化传统的基础上渐进产生并成熟起来的。历史散文的发展大体上可分为三个阶段：

第一阶段以《尚书》和《春秋》为代表。《尚书》是我国最早的一部历史文献汇编，在中国古代散文史上具有奠基的意义。孔子编著的《春秋》是我国第一部编年体断代史，是编年体史书之祖，其体例和"笔法"对后世散文都产生了经典式的影响。

第二阶段以《左传》和《国语》为代表。《左传》是我国第一部记事详备的编年体史书，也是先秦历史散文中思想性和艺术性最为突出的著作。《国语》是我国最早的一部国别体史书，是由各国的史料汇集而成。

第三阶段以《战国策》为代表。《战国策》也是一部国别体史书，主要记叙的是战国时期谋臣策士们的言行。

《春秋》《左传》《战国策》等史传性的历史散文，虽然不是古中山人所作，但对研究石家庄地区先秦时期的历史状态具有非常重要的现实价值。

关于鲜虞中山国的源起和族姓等问题，我们都可以从这些纪实性的散文中找到线索。关于鲜虞的族姓，古人就有争议，基本上有三种观点：

一是姬姓说，二是子姓说，三是姞姓说。关于鲜虞最初的活动地，学术界也有不同的看法。《春秋·襄公十八年》所载"白狄始来"，是先秦典籍中关于白狄东出太行山的最早记载，《左传·襄公二十八年》所记："白狄朝于晋。"这是该书最后一次述及白狄，从此年起，到《左传·昭公十二年》（公元前550年）"晋伐鲜虞"，鲜虞之名首见于《左传》。从《左传》等早期史籍看，春秋时期鲜虞活动的地区主要在今石家庄地区一带，又据《国语》所谓周王室"北有卫、燕、狄、鲜虞、潞、洛、泉、徐、蒲"一语，可知至少西周晚期鲜虞已经迁徙到今石家庄一带的滹沱河流域。《春秋·昭公十二年》记载："晋伐鲜虞。"《左传》同年条记载这次晋军的具体行动则是："夏六月，晋荀吴伪会齐师者，假道鲜虞，遂入昔阳。秋八月壬午，灭肥，以肥子绵皋归。"《春秋·昭公十五年》又载："晋荀吴帅师伐鲜虞。"《左传》同年条记载晋军的具体行动则是详述晋军灭亡鼓国的经过。由此可见，《春秋》所谓的鲜虞，是将肥国、鼓国包括在内的。把鲜虞、肥国和鼓国作为一个整体来看待。中人之战晋灭肥国，是晋对鲜虞战争的第一步。据《春秋·昭公十二年》和《左传·昭公十二年》，在灭肥之后的两个月，晋军就向鲜虞发动了进攻，所谓"晋伐鲜虞，因肥之役也"。《左传·昭公十三年》称："鲜虞闻晋军之悉起也，而不警边，且不修备。晋荀吴自著雍以上军侵鲜虞，及中人，驱卫竞，大获而归。"所谓"晋荀吴自著雍以上军侵鲜虞"。据《春秋·定公四年》载，"晋士鞅、卫孔圉帅师伐鲜虞"；《左传·定公五年》："晋士鞅围鲜虞，报观虎之败也"。公元前506年，晋、卫联军"伐鲜虞"应是战争的第一阶段；公元前505年，晋军"围鲜虞"应是战争的第二阶段。这场战争至少持续了两年。中山国号出现于平中之战的次年，《左传·定公四年》有这样一段话："春三月，刘文公合诸侯于召陵，谋伐楚也。荀寅求货于蔡侯弗得，言于范献子曰：'国家方危，诸侯方贰，将以袭敌，不亦难乎？水潦方降，疾疟方起，中山不服。弃盟取怨，无损于楚，而失中山。不如辞蔡侯。'"这是中山作为国号首次出现于《左传》一书。《左传·哀公元年》："伐晋，取棘蒲"，棘蒲（今赵县）从此纳入鲜虞版图。《吕氏春秋·权勋》所载较详，称："中山之国有公岙者，智伯（即智氏）欲伐之而无道也。为铸大钟、方车二轨以遗之。厹䌛之君将斩岸堙溪以迎钟。赤章蔓枝谏曰：'智伯之为人贪而无信，必欲伐我而无道也,故为铸大钟、方车二轨以遗君,君斩岸堙溪以迎钟,师必随之'。弗听,赤章蔓枝断毂而行,至卫七日而仇繇亡"。根据"中山之国有仇繇者",可知仇繇为鲜虞中山的属国。《国语·晋语九·赵襄子使新稚穆子伐狄》记此事说:"赵襄子使新稚穆子伐狄,胜左人,中人。"中人、左人均在今唐县西北境,都是中山国属邑,如《史记正义》引《括地志》称中人城"在定州唐县东北四十一里,春秋时鲜虞国之中人邑也"①。这次左人、中人之败是否导致了中山国的灭亡可以不论,而鲜虞中山国遭到了空前的打击应无疑问。这大概就是先秦文献中找不到这一时期有关鲜虞中山国记载的原因。《战国策·中山策·中山君飨都士》有云:"中山君飨都士,大夫司马子期在焉。羊羹不遍,司马子期怒而走于楚,说楚王伐中山,中山君亡。有二人挈戈而其后者……中山君喟然而仰叹曰:'吾以一杯羹亡国,以一壶飧得士。'"《吕氏春秋·先识》载有太史屠黍与周威公的对话,威公问哪国最先灭亡,屠黍回答说晋国。接着"威公又见屠黍而问焉,曰:'孰次之?'对曰:'中山次之'。威公问其故,对曰:'天生民而令有别,有别,人之义也,所异于禽兽麋鹿也,君臣上下之所以立也。中山之俗,以昼为夜,以夜继日,男女切倚,固无休息,康乐歌谣好悲,其主不知恶,此亡国之风也。臣固曰中山次之",这段记录反映了中山亡国的原因。

三 先秦时期石家庄地区散文文体

在先秦时期的石家庄地区,即鲜虞中山之地存在一些古老艰涩的占卜文体。从中山玉卜辞中可以看出,中山国所运用的占卜记录文体与商代占卜文体非常相似,用字古老而怪异,简略生涩,意义非常难懂,显然是一种遗自古代的占卜专用文体。中山三器铭文是中山国生动形象的叙事文体。这种叙事文体大量引用了当时流行文献中的话,如中山王鼎中的"与其溺于人施,宁溺于渊",李学勤指出此句出于《大戴礼记·武王践阼》,《御览》中引用此语,称这是随武子,即春秋中叶晋臣士会的盘铭。显然中山鼎铭中是引用习语。中山三器铭文中还大量套用《诗经》《左传》《周书》《礼记》中的语言,使整个文章语言生动形象,铿

---

① 《史记》卷四十三《赵世家》,第1799页。

锵有力，朗朗上口。文中还大量运用排比句式，如中山方壶铭："辞礼敬则贤人至，陟爱深则贤人亲，作敛中则庶民附。"文中还有一些语气词、感叹词，如中山王鼎铭中"于乎""哉""夫"等，都使得行文多变，更接近于口语，易于为人接受。这与同时期战国中原的文体用语非常相似。

中山之地还存在一些简明扼要的命诰碑记文体。命诰文体以《兆域图》中的王命最具代表性。该文首先开门见山称"王命赒"，表明命令发布者的权威性和命令的执行者，下面则直接讲述命令的内容，违命的惩罚，最后说明记录王命的铜版保存情况。文字精练，表意准确，语气威严，显示了法律用语的严密精确性。其他如中山侯钺铭文、河光石铭都具有同样的行文特点。

中山之地的生产领域还存在一种物勒工名式文体。这种文体有中山各生产部门约定俗成的格式，文字内容是固定的，先后顺序都是规定设计好的，一般都包括制器时间、单位、负责人职务和名字、制器工匠部门和名字、器重等，另外，有的另加有制作"省器"的内容，有的加有左或右"锴者"，应是器物的保管者。但是在实际运用中，这些规定的文字多有被省略者，最简单的铭文只有"左使库工某"，甚至"左工某"，说明直接负有制器责任的工匠单位和姓名。中山物勒工名文体的内容与三晋有明显不同，在纪年、制器单位、单位负责人官称等方面都具有自己的特色。

中山之地还存在一些吉祥祝词。中山玉器上的墨书文字中有一些属吉祥祝词，如虎形玉上书写的"吉之玉麻不畏"，玉璜上书写"下豊之"之语。这种在玉器上书写的简短的吉祥语仅见于中山王墓中，应该是一种并不流行的文体。

总之，中山国内因用途不同而形成了各种形式的文体，其中有古老艰涩的占卜文体、生动形象的叙事文体、简单规范的在生产中使用的物勒工名文体、简明扼要的命诰碑记文体以及少量简单的吉祥祝语等。其中占卜文体近似于商代甲骨卜辞文体，叙事文体与中原华夏国家的文体相差无几，而生产中使用的物勒工名文体则与三晋具有鲜明的区别。这些文体的存在表明中山国的语言文化在受到中原文化强烈的同化过程中，在生产领域的用语中却还保存着一些本国的特色，并且在宗教信仰方面的占卜文体中残存着商地遗风的影响。

春秋战国之时，中山国盛行散文，散文从内容到形式都出现了明显的变化。从内容上来看，一方面，中山国内以儒、墨两家为代表的各思想派别斗争激烈，为广泛宣传其思想观点，写出了很多政论性的散文，如中山三器铭文就是其代表；另一方面，出现了新的寓言传说性散文。从形式上来看，一改西周时期金文的艰涩典雅之风，出现了用"也、乎、焉"等语助词的新文体，引经据典，语言丰富，绘声绘色，描写生动，语气灵活，极具说服力和感染力。

中山国王墓出土了著名的中山三器，三器上的长篇铭文的内容和形式都属于政论性文章。三器所刻铭文的中心内容，包括赞扬先王的功绩和美德，告诫后世如何行政，才能笼络贤能，亲附百姓，巩固中山国的政权和统治，并阐明燕国不告天子和诸侯，擅自君臣易位，子之反臣为主，因而造成了邦亡身死的严重后果，告诫后世吸取教训。《礼记·祭统》记载："铭者，论撰其先祖之有德善、功烈、勋劳、庆赏、声名，列于天下而酌之祭器，自成其名焉，以祀其先祖者也。显扬先祖，所以崇孝也；身比焉，顺也；明示后世，教也。"文献记载与中山三器铭文相对照，显示中山三器铭文无论从内容还是形式上都是战国时期典型的散文。

历史上的中山国是一个有着传奇色彩的国度，古代寓言和传说中有中山地名的也较多。中山国留下了许多神异色彩的传说故事，如妇孺皆知的《中山狼传》，今有人断定《中山狼传》"其实寓意深远，隐含着中山国灭亡的原因"，并结合历史，认为"中山人对晋文公重耳及赵盾父子可算是恩重如山。但正是这个晋文公本人及其后人灭了中山国的属国肥国、鼓国和仇犹国，并多次攻打鲜虞中山国；也正是这个赵盾的后人灭了中山国"[1]。此语有一定的道理，故事出现的赵简子，"从哀公六年（前489）到哀公十七年（前478），发动了一系列的对外战争，先后对卫、齐、鲁、鲜虞等国进行征讨"[2]。但小说毕竟不同于历史，当有更深刻的内涵。再如，《战国策·中山策》记载了中山君以一杯羹亡国，以一壶饴得士二人的故事。这种传说具有明显的传奇色彩。此外，《说苑·辨物》记载赵简子与翟封荼的对话中，谈到中山之地发生了很多奇异之事，

---

[1]　《光明观察》，guancha.gmw.cn，2006年8月28日。
[2]　张海瀛：《赵简子家族与早期晋阳文化》，《山西社会主义学院学报》2004年第3期。

如"雨谷三日""雨血三日""马生牛,牛生马"。中山的奇异之事在其他书中也有记载,如《孔从子·执节》记载,魏王问子顺曰:"往中山之地无故有谷,非人所为,云天雨之,反亡国,何故也?"一些文学作品中也流传着许多脍炙人口的中山传奇故事。《魏都赋》和晋干宝的《搜神记》中传说中山人狄希善造酒,饮罢千日不醒,名曰"千日之酒",后以"中山"作为美酒的代称。唐代古文大家韩愈,在其著名的寓言《毛颖传》中起笔即言:"毛颖者,中山人也。"[①] 明初的刘基,在《郁离子》中有既食鼠也吃鸡的中山之猫,还讽刺过以窃糟谓中山之酒的鲁人。

第五节　先秦时期石家庄地区韵文性的赋体文

春秋战国时期,诸子散文是在先秦理性精神觉醒的背景下和百家争鸣的学术氛围中形成并繁荣起来的。由于诸侯争霸的混乱局面,更由于戎狄游牧文化与中原农耕文化的接触影响,剽悍任侠的民风逐渐形成,慷慨悲歌的燕赵风格随着《易水歌》的唱响,成为河北文学的基调。河北独特的文化特征深刻影响了本地的韵文和散文的创作,而典范作家就是战国时期百科全书式的人物荀子。

荀子,名况,时人尊而号为"卿",又称荀卿,战国时期赵国人,著有《荀子》32篇。《荀子》一书多为荀子自作,其思想体系博大精深,是儒学的进一步发展。其文章多为结构严谨、论说周详的专题性论文,标志着先秦说理散文进入了完全成熟的阶段。他不仅是先秦时期的儒家思想家,对古代朴素唯物主义思想有积极的推动和发展,也是一位集诸子之大成的思想家。

战国时期时代纷争给广大人民带来深重灾难,也为广大士人提供了实现政治理想的广阔天地,他们奔走游说,叱咤于各国的政治舞台,而以儒家仁义相标榜,主张礼义治国的荀况,同样奔走于各国之间,与孔、孟相比,荀子的思想则具有更多的现实主义倾向。他在重视礼义道德教育的同时,也强调了政法制度的惩罚作用。他的宇宙观具有唯物主义因

---

① (唐)韩愈:《韩愈全集》,钟仲联、马茂元校点,上海古籍出版社1997年版,第315页。

素，反对天命和迷信，肯定"天行有常（规律），不为尧存，不为桀亡"，即肯定自然界的运行法则是不以人的意志为转移的客观存在，并提出了"制天命而用之"的人定胜天的思想。政治上，他主张礼治法治并用。一方面仍很重视"王道"，提倡"礼义"；同时主张"法后王"，同意武力兼并天下，用法禁、刑赏治理国家。所以他的一些思想又为法家所汲取。在人性问题上，他针对孟子"性善论"提出"性恶论"，认为人性本来是恶的，"其善者伪也"，即经过后天改造才变善。这本身仍是唯心主义的。但他特别强调后天学习的重要性，反对"生而知之"的先验论是具有进步意义的。他认为人的知识、品德不是天赋的，是后天经过礼义教化、学习改造获得的。他写《劝学》就是为了勉励人们努力学习，"积善成德"，成为有知识有修养的人。

荀子的文学思想是注重实用，提倡质朴。他的文章说理透辟，结构严谨，气势浑厚，多用排比和比喻。已由语录体发展为标题论文，标志我国古代说理文趋向成熟。荀子是第一个使用赋的名称和用问答体写赋的人，同屈原一起被称为辞赋之祖。今存《礼》《知》《云》《蚕》《箴》五首小赋。荀子的《赋》篇是当时一种开创性的文体，是一种骈散相间的赋，通过借物寓意的手法，表达了他的政治理想和道德观念。

赋，是一种古文的韵文文体，这些抒情、言志的韵文文体，有别于叙事或议论的散文文体。区别主要不在于内容，而在于形式，在于散文体不在乎韵律，虽然也有骈散对仗的讲究，韵文体的作者则必须极其关注句式、用词及其平仄、韵律。所以，不讲究韵律就不能称之为诗、词、歌、赋的韵文。词不搭调，就不是韵文。晋代文学家陆机在《文赋》篇，曾说："诗缘情而绮靡，赋体物而浏亮。"赋，作为一种韵文文体，是用以赞颂某特定事物的颂词，赋的语言必须得流畅亮丽。荀况撰文多以议论、叙事的散文文体为主，在其《荀子》凡三十二篇中，仅有"赋第二十六"是唯一一篇用赋的文体写就，显然荀子明知韵文体并非他自己的擅长，此篇乃是荀子仅有的赋文"小试牛刀"之作。

"赋"是古代诗、辞、歌、赋韵文体其中与辞类似的一类，其远不如诗与词的格式、韵律、平仄要求的那么固定、那么严格、那么拘泥，所以很难找到"赋"的定义式的确切格律要求，但又明显区别于毫无格式、韵律要求的散文体，因为其毕竟存在有未可言明的格律存在，这是读者切实的感觉，却又难用语言表述清楚。这就是读与学"赋"和"辞"的难处。所谓"熟读唐诗三百首，不会写诗也会诌"，言其诗、词，可以照葫芦画瓢似的模仿，甚至可以模仿得像模像样，就因为诗、词的规矩是明确的。模仿"赋"和"辞"就难上加难了，难就难在其规矩"说不清，道不明"，却又是确实有规矩的。

赋

荀况

爰有大物，非丝非帛，文理成章。非日非月，为天下明。生者以寿，死者以葬，城郭以固，三军以强。粹而王，驳而伯，无一焉而亡。臣愚不识，敢请之王。王曰：此夫文而不采者与？简然易知而致有理者与？君子所敬而小人所不者与？性不得则若禽兽，性得之则甚雅似者与？匹夫隆之则为圣人，诸侯隆之则一四海者与！致明而约，甚顺而体，请归之礼。礼。

皇天隆物，以示下民，或厚或薄，常不齐均。桀、纣以乱，汤、武以贤。涽涽淑淑，皇皇穆穆，周流四海，曾不崇日。君子以修，跖以穿室。大参乎天，精微而无形。行义以正，事业以成。可以禁暴足穷，百姓待之而后宁泰。臣愚不识，愿问其名。曰：此夫安宽平而危险隘者邪？修洁之为亲而杂污之为狄者邪？甚深藏而外胜敌者邪？法禹、舜而能弇迹者邪？行为动静，待之而后适者邪？血气之精也，志意之荣也，百姓待之而后宁也，天下待之而后平也，明达纯粹而无疵也：夫是之谓君子之知。知。

有物于此，居则周静致下，动则綦高以钜。圆者中规，方者中矩。大参天地，德厚尧、禹。精微乎毫毛，而充盈乎大宇。忽兮其极之远也，攭兮其相逐而反也，卬卬兮天下之咸蹇也。德厚而不捐，五采备而成文。往来惛惫，通于大神，出入甚极，莫知其门。天下失之则灭，得之则存。弟子不敏，此之愿陈，君子设辞，请测意之？曰：此夫大而不塞者与？充盈大宇而不窕，入隙穴而不逼者与？行远疾速而不可托讯者与？往来惛惫而不可为固塞者与？暴至杀死而不亿忌者与？功被天下而不私置者与？托地而游宇，友风而子雨。冬日作寒，夏人作暑。广大精神，请归之云。云。

有物于此，兮其状，屡化如神，功被天下，为万世文。礼乐以成，贵贱以分。养老长幼，待之而后存。名号不美，与暴为邻。功立而身废，事成而家败，弃其耆老，收其后世。人属所利，飞鸟所害。臣愚而不识，请占之五泰。五泰占之曰：此夫身女好而头马首者与？屡化而不寿者与？善壮而拙老者与？有父母而无牝牡者与？冬伏而夏游，食桑而吐丝，前乱而后治，夏生而恶暑，喜湿而恶雨。蛹以为母，蛾以为父。三俯三起，事乃大已。夫是之谓蚕理。蚕。

有物于此，生于山阜，处于室堂。无知无巧，善治衣裳。不盗不窃，穿窬而行。日夜合离，以成文章。以能合从，又善连衡。下覆百姓，上饰帝王。功业甚博，不见贤良。时用则存，不用则亡。臣愚不识，敢请之王。王曰：此夫始生钜，其成功小者邪？长其尾而锐其剽者邪？头銛达而尾赵缭者邪？一往一来，结尾以为事。无羽无翼，反复甚极。尾生而事起，尾遒而事已。簪以为父，管以为母。既以逢表，又以连里。夫是之谓箴理。箴。

天下不治，请陈佹；天地易位，四时易乡。列星殒坠，旦暮晦盲。幽暗登昭，日月下藏。公正无私，反见纵横；志爱公利，重楼疏堂；无私罪人，僇革贰兵。道德纯备，谗口将将。仁人绌约，敖暴擅强，天下幽险，恐失世英。螭龙为蝘蜓，鸱枭为凤凰。比干见刳，孔子拘匡。昭昭乎其知之明也。郁郁乎其遇时之不祥也，拂乎其欲礼义之大行也，暗乎天下之晦盲也。皓天不复，忧无疆也。千岁必反，古之常也。弟子勉学，天不忘也。圣人共手，时几将矣。与愚以疑，愿闻反辞。

其小歌曰：念彼远方，何其塞矣。仁人绌约，暴人衍矣。忠臣危殆，谗人服矣。琁玉、瑶珠，不知佩也。杂布与锦，不知异也。闾娵、子奢，莫之媒也。嫫母、力父，是之喜也。以盲为明，以聋为聪，以危为安，以吉为凶。呜呼上天，曷维其同！

这组赋，采取了类乎猜谜语的形式，一问一答，一设一置。问者、设者，概略说出所赞颂之物的性状；答者、置者，进一步深化说出所赞颂之物的性状，最终点明谜底。本篇计有：礼之赋、智之赋、云之赋、蚕之赋、箴（古之针曾多为竹制，故作箴）之赋、黯世之赋，凡六篇的一组赋文，虽各自独立成章，但从内涵又多有内在的意境联系，耐人寻味。

第四章

先秦时期石家庄地区的生活文化

第一节 平山水帘洞遗址生活文化

一 旧石器时代平山水帘洞生活习俗

（一）居住生活

水帘洞人生活在滹沱河支流险溢河边水帘洞中，利用天然洞穴来保暖驱寒，防止野兽进攻。目前发现的水帘洞洞口并非当年人们使用的进出口，现在保存文化遗物的洞穴也不是水帘洞的主洞，而是支洞之一。从古人对生存环境的选择考虑，平山汈汈水水帘洞洞穴遗址几乎具备了人类生活居住所有的要求，甚至达到了非常完美的程度，其背风、向阳、面水、藏风纳气，堪称风水宝地。

除利用天然洞穴外，平山水帘洞人还会搭简易房屋。冬秋时节，天气干燥、寒冷、凉爽，洞穴利于居住；春夏之际，天气炎热、多雨，洞内潮湿，不利于人类居住。这时掌握了搭建简易房屋的水帘洞人会选择地势较高、干燥面水的台地修建房屋，作为季节性临时营地而使用。在旧石器时代晚期，古人类建造房屋的技术日臻成熟，已经掌握搭建几座简易房子的技术。在世界各地，因气候环境和建造资源的不同，人们搭建的房子不仅形状各异，材质也有很大区别。在西伯利亚冻土地带，人们喜欢搭建圆形房屋，以树枝为筋制作穹窿顶，下部用大型动物猛犸象或披毛犀骨骼堆积墙壁，上部再用兽皮遮挡而成。在较为温暖的地带，人们建造的房屋有时方形，有时圆形，用树木枝干搭建类似窝棚的尖顶房屋，墙壁用树枝、茅草、兽皮等充当。水帘洞人搭建的房屋当属后者。

(二) 饮食生活

依据遗址内发现的文化遗物、动植物资源及附近生态环境进行探讨。我们从遗址地层内的孢粉分析结果和现在遗址附近植物种类两个方面入手，发现植物中板栗、胡桃、榆树和荨麻很多，板栗、胡桃营养较高；榆钱在娇嫩时期也非常香甜可口；荨麻则被先民们用来获得天然纤维，缝补衣服或捆绑东西。

水帘洞一带还出产瓜果梨桃等多种水果和植物根茎，这些也应当是水帘洞人按季节采摘的食物。遗址周围还生长着其他多种植物，这些植物种子成熟之后，也是他们经常采集的食物资源。

水帘洞人较为重要的食物还是肉类，此时古人类狩猎的技术和能力，比旧石器时代早期、中期要好得多。综观水帘洞遗址发现的数万件动物遗骨，发现以羊和鹿类最为丰富，说明他们的狩猎行为非常成熟，专门猎取羊和鹿类为食。可以断定，水帘洞人的狩猎已专门化，因此羊和鹿是他们日常生活中的主要食物，另外还有鼠、獾、牛等，其中野牛体形硕大，人们猎杀它有一定的难度，因此所占比例较小。

(三) 服饰

水帘洞人的穿着如何，一般考古资料难以提供直接证据，因为所有的衣物都已腐烂，所以只能根据国内外人类学、考古学研究成果及生活复原图的理解，对水帘洞人的穿着进行推测。

从现有资料看，人类进化到早期智人阶段开始穿着兽皮，披戴植物叶片或树皮是肯定的。这一时期遗址中常常见到尖状器、石钻甚至骨锥状物，这些工具与人们穿衣有关。到旧石器时代中晚期，人类几乎适应了现代人类能适应的所有生态环境，穿着问题一定不再是什么大问题，甚至冬装、夏装都有。在这一时期的遗址内，真正的骨锥开始出现，甚至人们都掌握了钻孔技术，制作出更加得心应手的骨针。由于有了针鼻可以穿线，缝制衣服的效率不会像以往那样低下。

水帘洞人穿兽皮是没有问题的，皮裙、皮裤、皮披肩已经成型。另外，地层内分析出的孢粉中有不少荨麻，或许水帘洞人已经懂得了如何从荨麻皮中得到天然纤维，并用其做绳索缝补衣物或做其他使用。而且水帘洞人的穿衣打扮是随季节而改变的。

（四）工具

生活在两三万年前的水帘洞人，受限于十分简易的生产工具，社会生产水平仍然处于原始、低下阶段，生产资料也比较缺乏。

从遗址中出土的文化遗物分析，水帘洞人用于生产生活的工具主要还是石头，加工制造石器依然使用延续几百万年的石头碰石头的最原始的打制石器技术，即锤击技术和砸击技术，制造尖状器、刮削器、砍砸器和雕刻器等石制工具，砍砸器主要体现斧子的功能，可用来砍伐树木，砸击骨头；刮削器则具备刀子的功能，主要用来剥皮、割肉、刮骨，是上好的餐具；尖状器具有锥钻的功能，既可以刮骨剔肉，又可以缝补衣服。总之，石制工具是水帘洞人使用最普遍、最实用的工具。水帘洞人在生产生活中，使用的大宗工具应该还有木器无疑。

水帘洞人使用的工具主要是石制品，早期人类使用的石材往往是就地取材。平山汈汈水水帘洞遗址的石材原料种类较少，石器百分之八九十都是由石英打制，还有石英砂岩、火山岩和水晶等。对于水帘洞人的石器原料，考古队就此进行专题调查，最终险溢河下游的塔崖村发现了水帘洞人打制石器的原料产地。塔崖村位于险溢河东南岸的台地上，村北有处高耸的塔式岩体，在河谷观看非常醒目。在塔式岩体之下，他们发现了石英。塔崖村相距水帘洞遗址约五公里，水帘洞人是在五公里以外拣选石料，并将其搬运回家而加工石器的。

二　水帘洞遗址的考古学意义

水帘洞是一处地层清楚、文化遗迹和遗物非常丰富的旧石器时代晚期洞穴遗址，它的发现结束了河北省太行山东麓没有旧石器时代洞穴遗址的历史，重要的地理位置和丰富的文化内涵显示出其重要的科学意义和突出的文化价值。

首先，水帘洞遗址的发现填补了河北境内太行山东麓没有洞穴遗址的空白，填补了石家庄市没有旧石器时代晚期文化遗存的空白。一个地区文化底蕴是否深厚，文化根系是否久远，文化脉络是否清晰，旧石器时代文化遗存的丰富和重要程度是衡量的唯一标尺，水帘洞遗址的发现与研究，对于石家庄市域远古文化脉络的追溯有着十分重要的意义，它将为这一地区旧石器时代早期文化与新石器时代文化之间构架起一座桥梁，展现出一条这里古文化发生、发展及演变得越来越清晰的线路。

其次，水帘洞遗址的发现为石家庄市增添了含金量较高的文化名片。石家庄市文化底蕴深厚，源远流长，建城历史并不亚于河北任何一个城市或地区。水帘洞遗址的发现，为更深入研究和追溯该区域文化的历史，理清文化发展的脉络，必将留下非常浓重的一笔，成为又一个重要的历史文化名片。

最后，水帘洞遗址的发现也为我国南北旧石器文化的研究提供了新资料。在旧石器时代，中国南方以硕大的砾石石器为主，中国北方以小石器文化为代表，双方并非毫无来往，文化之间的交流广泛存在。沿太行山东麓向南，小石器文化不断地南迁，自长江而北，砾石石器逐步北移，如此，这里就形成了南北文化交流的双向通道。水帘洞遗址的发现，无疑会为此课题的研究提供重要资料。

水帘洞遗址是河北罕见的旧石器时代晚期洞穴遗址，水帘洞文化也是我们先民们创造的非常重要文化遗产。因此，加强对水帘洞遗址的研究、保护和利用是我们共同的责任，给予这一文化遗产应有的尊严，让广大民众热爱文化遗产、享受文化遗产是我们应尽的义务。

第二节 藁城台西商代人的生活文化[①]

一 藁城台西地区商代人的生活和生产方式

（一）居住生活

1. 房屋建筑与设施

藁城台西遗址共发掘房址 14 座，分为早、晚两期，虽然有时间的差距，但是房屋的建筑平面、建筑技术和居室设施是没有显著区别的。

就房屋的建筑平面而言，房屋大多是长方形，分为半地穴式和地面式建筑两种类型，地面式建筑又分为硬山顶式房屋、平顶式房子、斜坡顶式厦子三种。（图4—1）

---

① 此节作者：黑龙江大学2016级民俗学专业硕士研究生刘露露。

图 4—1　藁城台西遗址房屋复原图①

　　就房屋的建筑技术而言，房屋的墙壁都是下部分夯土，上面的部分用土坯垒砌，在2号房子中解剖北室房屋时发现一个曾经使用的夯锤，重2.5公斤，与夯窝核对正好吻合，说明这个夯锤就是建2号房时使用过的。② 其次，房屋在建筑之前会精心规划，在2号房子和12号房子都发现墙基有用云母粉划的线。③ 第三，房屋以柱子为支撑，在藁城台西遗址的房址中，发现许多的房屋都有柱子使用过的痕迹，不过由于当时的水平有限，当时人们用的是没有加工的木头，或直接用树做支柱。在5号房子的室内发现一个漏斗形状的柱洞，学者猜测当时柱子的下端没有细致加工，仍然是树根的原始形状，在距此洞不远处，有一小柱洞，推测是戗柱，两根柱子一起承担屋顶。④

　　就房屋的居室设施而言，突出特点是注重采光，在4号房址中，发现墙壁上距地面1.35米处有一略呈三角形的"风窗"，解决了白天的采光问题。⑤ 其次，屋内的装饰品具有功利性，在2号房址中发现4个人头骨，这些人头骨分布在墙壁不远处，很有可能是放在屋内，是一种荣誉、权力或地位的象征；第三，在室内还发现居室内有灶膛，设计烟囱出屋外。由于藁城台西商代遗址资料缺乏，无法判断当时的人们对火的信仰。

---

① 河北省文物研究所编：《藁城台西商代遗址》，第32页。
② 同上书，第19页。
③ 同上书，第25页。
④ 同上书，第22页。
⑤ 同上书，第20页。

藁城台西遗址的房址中，不同地位的人居住的房屋面积、使用的建筑材料和居室内的设施也不一样，有严格的等级性。

2. 房屋建筑仪式

建筑营造仪式，指人们在营建城郭、居室或墓葬等建筑实施的前后过程中进行的一些仪式，是人们固有信仰观念与生活行为规则结合的产物。① 商代时期，上层统治者认为人神共存，所以他们敬鬼事神，鬼神在生活中起着重要的作用。由于当时阶级对立和权力的集中，人畜祭祀现象在建筑仪式中普遍存在，仪式贯穿于房屋建筑的整个过程中。在2号房址西墙南北两端对称埋置水牛角各一个，两点间直线方向约北偏东14度，接近太阳南北纬度的方向，从埋置的位置看，是"正其位"，从物类形态看，有"镇物安宅"的意义。此外，在墙基沟槽处有云母粉画的线条，是经过精准设计的。房屋的前方有4个祭祀坑，分别是牛、羊、猪和3具成年男性尸体，类似属于落成仪式。在2号房子的建筑过程中，至少有正位、奠基、安宅、落成等4套仪式，这套仪式贯穿于房屋建筑的前后。②

（二）饮食生活

1. 藁城台西商代人的日常食俗

（1）饮食品种

从地理位置来看，台西商代遗址当时土地肥沃，紧靠滹沱河，可以推断当时藁城台西的农业生产水平已经为当地饮食提供了物质基础。饮食品种多样，饮食食材包含粮食作物、肉类产品、果类产品以及果酒。

第一，藁城台西遗址曾出土石铲、石镰等生产工具，另外在藁城台西的遗址中发现几个窖穴，从侧面证明当时的台西地区是种植粮食的。由于年代的久远以及资料的稀缺性，藁城台西遗址种植的农作物目前只是发现炭化黍以及麻两种，其他的便不得而知。但是麻并不是作为食品而被发现，是作为纤维植物的成分被发现，所以当时台西人的主食中黍作为粮食作物出现在饮食中。当然，黍作为奢侈粮食作物不可能在台西各个阶层普及，推测黍是贵族阶层餐桌上的主食。

---

① 宋镇豪：《中国风俗通史·夏商卷》，第88页。
② 同上书，第98页。

第二，当时的台西人对肉类的需求也非常大。黍在商代属于奢侈品，受气候、种植技术、生产水平等限制，黍并不是高产农作物。相对来说，肉类食品简单易得，生活在大自然中，人人可得，更重要的是在祭祀中以牛、羊、猪为主牲的祭品需求量大。台西商代时期肉类食品来源于两个方面：一是野生飞禽走兽；二是家禽。狩猎是获取肉食的重要方式。在台西遗址中曾出土兽骨，经过裴文中、李有恒鉴定，有斑鹿（梅花鹿）、麋鹿（四不象鹿）、圣水牛、麂等。① 另外台西遗址中有17座随葬祭食，其中M102中还有三牲的遗骨，有水牛角1对，羊肩胛1对，猪腿骨4只。② 这些挖掘的材料中，兽的数量不在少数，所以当时台西人的生活中，狩猎大自然中的肉食产品成为生活内容；家畜养殖种类基本上延续的是史前时期，有鸡、鸭、鹅等。在台西遗址中的一座平民墓内发现盛鸡骨头的陶豆。③ 在平民墓内发现说明在当时的台西人生活中养鸡成为很普遍的事情，而且对鸡的孵化等规律已经探索出来，并很有可能成为家庭的副业。不过更加值得关注的是，当时的台西人也有可能是为了鸡蛋的获取，而不仅仅是食肉。

第三，1974年在台西遗址中发掘了一所作坊，在作坊内有大小不同的盛器，里面分别装着数量不等的李核、桃仁、枣核等酿酒原料。李树、桃树、枣树都是原产于我国，广泛种植于冀中平原，有悠久的栽培历史。④ 根据发掘的资料，在商代时台西地区已经开始种植枣、李、桃等树木或开始利用野生果树资源，并将其作为食物的补充。

第四，酒是商朝时期重要的饮料品。民间的"族食、族燕之礼"要"为酒以合三族"⑤，在祭祀场合"既载清酤，赉我思成"。⑥ 在上层统治者宴飨宾客时也要以酒为礼。所以在商朝的时候贵族阶层酒的需求量

---

① 裴文中、李有恒：《藁城台西商代遗址中之兽骨》，《藁城台西商代遗址》附录一，第181—185页。
② 河北省文物研究所编：《藁城台西商代遗址》，第111页。
③ 同上。
④ 同上书，第30页。
⑤ 伏胜撰、郑玄注：《尚书大传》卷二，商务印书馆1985年版，第81页。
⑥ 成俊英译：《诗·商颂·烈祖》，上海古籍出版社2004年版，第562页。

很高，出现在生活中的方方面面。我国也很早就掌握了酿酒的技术。在藁城台西遗址发掘的第14号房子，经过学者对里面出土物品的分析，是一座酿酒作坊（图4—2）。这座酿酒作坊位于一座贵族庭院的北部，建筑在高出地面的台基上，总的占地面积达到1400多平方米，酿酒作坊是两座建筑物，面积50多平方米。在屋内出土了46件陶器，有尊、壶、豆、大口罐、瓮等，以大口罐和瓮的出土数量最多。[①] 在出土的瓮内发现有白色的沉淀物——酒曲8.5斤，经过科学家的鉴定属于人工培植的酵母。[②] 这说明在三千年以前台西遗址部落的人们就已经开始熟练地使用酒曲酿酒。根据台西遗址出土的陶器性质判断，这些器具都与酿酒有关。大口罐是用来盛放酿制酒的原料的器具，瓮是用来发酵酒曲盛放的器具，尊、豆、壶等是用来盛酒或者品酒所用的器具。[③] 由出土的作坊可知当时台西地区的酿酒业已经专业化，酿制酒的技术也已经达到先进水平。

图4—2　第十四号房子复原图[④]

台西遗址的酿酒品种为果酒和药酒。在酿酒作坊曾出土4个大口罐，里面盛放着桃核、枣核、李核等酿酒原料，所以推测当时台西部落酿制的酒的品种是果酒，桃酒、枣酒，在当时的台西部落是作为酒饮用；另外，在作坊的大口罐内还有大麻籽和草木樨的制酒原料，大麻籽有祛风、

---

① 河北省文物研究所编：《藁城台西商代遗址》，第30—31页。
② 《藁城台西商代遗址六个"世界之最"》，《中共石家庄市委党校学报》2012年第7期。
③ 河北省文物研究所编：《藁城台西商代遗址》，第175—176页。
④ 同上书，第31页。

通肠润便的作用,草木樨能够清热解毒。① 大麻籽和草木樨酿制的酒味苦,并且有量的限制,因此推断这类作物酿制的酒是药酒。

商朝时期,台西人已经懂得利用当地的原料酿酒,并且已经掌握了酒曲酿制的技术,懂得利用酒曲会让酒的出产量增多。除了酒曲技术的掌握以外,制造了各种酿制酒所需要的器具。虽然这个时期酿制的酒大部分是为台西部落的贵族阶层食用,但至少酒已经作为人们日常饮食的一部分出现在餐桌上。

(2)食品的储藏

在河北藁城台西商代——诸侯邑落遗址发现的第132号灰坑是一个窖穴,该窖口部呈椭圆形,直径1.9—2.5米,深5.4米。结构是从坑口下向外扩张,至3米深处又向内部收缩,形成一个小平台。台中间还有一个圆角长方形筒状坑,坑长1.1米,宽0.8米,呈导致的"凸"字;坑壁光滑、底部平坦,是经过细致加工的。而且在坑的底部斜铺着十根木头防潮防霉防湿。坑角有四个凹槽用来立柱,可能坑口原来还有盖子,加盖后与柱吻合。在坑内还出土一些较完整的陶制品,比如陶鼎、陶盆、陶罐等。② 该窖穴很有可能具有多种功能,不仅能储存粮食作物,还储存其他的诸如水果、酒等食品。

藁城台西地区的这个窖穴在当时不仅能够储存粮食作物,还可以保藏酒肉类食品以及水果蔬菜等食品,功能多样。但是从该窖穴所处的具体位置——河北藁城台西商代一诸侯邑落遗址判断,该窖穴的服务对象可能是藁城台西部落的贵族阶层,一般的平民没有权利使用。

(3)饮食器具

在商代,陶器作为日常生活的主要器具普遍存在,上至贵族阶层下至一般平民,在台西遗址中普及。制陶技术相比夏朝时期更加成熟,器物的种类也变得丰富,分类更加细致。在台西出土的陶器中,有饮器斝、爵、觚、杯;盛器豆、壶、簋、盆、瓮、大口尊、罐、漏斗等;炊器一

---

① 耿鉴庭、刘亮:《藁城台西商代遗址中出土的植物》,《藁城台西商代遗址》附录三,第193—196页。

② 河北省文物研究所编:《藁城台西商代遗址》,第162页。

类的鼎、鬲、甑等。

但在当时藁城台西饮食器具的使用是具有等级性的。一般平民与贵族阶层饮食器具的使用呈现极端化的发展。一般平民所使用的是普通的豆、簋、瓮、罐等制作简单的饮食器具,比如在藁城台西的一座平民墓内曾发现的盛有鸡骨的陶豆,并没有什么图案,烧制粗糙。而贵族阶层所使用的饮食器具制作精良、质地坚硬、图案精美。在台西遗址曾出土白陶,制作相当精细,白陶表面还有弦纹,制作工艺也有很大的提高。一般平民与贵族阶层的饮食器具的使用虽然在形制上基本相同,但是在烧制工艺、纹饰图案、种类方面不能相提并论。

当时的商朝人还采用餐具将食物或者饮料直接送到口中。在台西遗址曾出土一件青铜枛,在同时期的考古发掘文物中很少见。这件青铜枛如同长方形薄板,后端略有弧度,轻微向内凹,在柄的部分还有饕餮面装饰,这种形制类似于礼书中所记载的"铏羹"之枛。① 在柄上装饰的饕餮纹说明当时台西人的审美是庄重而又神秘的,充分反映了在神权统治下的"尊神重鬼"的观念。因此,有可能这个有饕餮纹的青铜枛是专门祭祀神灵祖先时抉取酒醴使用的。其次,在台西遗址还出土一件羊首柄铜匕,匕身呈长勺形,两边各有一个半圆形纽,纽上各系一环,制作精巧、玲珑。羊手柄铜匕的图案从侧面反映了商代时期台西地区和周边地区的畜牧业状况以及狩猎生活。

2. 藁城台西商代人的饮食礼俗

(1)祭祀食俗

商代时期的文化氛围是尊神敬祖,从上层统治者到下层权贵,皆相信鬼神的存在,他们认为存在超自然力能主宰人类的生活。所以当时的人们会定期举行祭祀活动。在藁城台西遗址发掘的第 50 号和第 131 号祭祀的灰坑,里面分别有狗架、完整的圣水牛骨架、陶瓮。② 这说明商代时期台西地区存在祭祀活动,而关于祭祀活动的具体食俗不得而知。笔者从藁城台西遗址台西出土的遗物作出推测:

当时的台西人在祭祀的过程中,由巫师主持,用牲畜祭祀,根据

---

① 宋镇豪:《中国风俗通史·夏商卷》,第 210 页。
② 河北省文物研究所:《藁城台西商代遗址》,第 38 页。

台西出土的带有饕餮纹图案的瓿、爵、青铜枓等遗物可以推测祭祀活动中是有酒存在的，青铜枓用来抉取酒糟，青铜爵和青铜瓿用来盛酒。

（2）"崇饮"之风

商代时期，酒的酿制技术相比夏朝时期相对熟练，酒的产量提高，酒的种类变得丰富，崇饮之风远胜夏代。在台西遗址出土的 112 座墓中，共有 10 座墓出土酒器，出土的有瓿、爵、斝、盉四种用于品酒的礼器，瓿、爵以及斝是青铜礼器，盉是陶礼器，占总数的 8.9%。① 说明当时的藁城台西地区的"崇饮"之风已经开始盛行。《尚书·酒诰》也有记载商人"庶群自酒，腥闻在上"。② 由于酿酒技术只有少数人掌握，所以大都是为贵族阶级服务，"崇饮"之风也主要盛行于当地的贵族阶层。

（3）合族聚食

从藁城台西遗址出土的饮食器具上的兽面纹图案推测当时会举办带有宗教性质的合族聚食活动（图4—3）。统治者合族聚食不仅是将族人聚

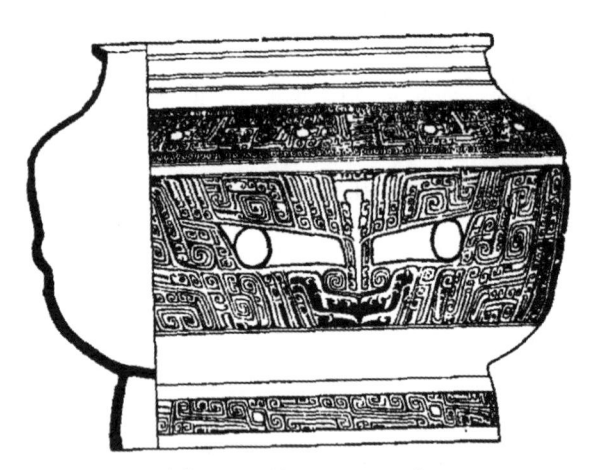

图4—3 兽面纹饰铜瓿③

---

① 宋镇豪：《中国风俗通史·夏商卷》，第 270 页。
② 李学勤主编：《十三经注疏·尚书正义》，北京大学出版社 1999 年版，第 380 页。
③ 河北省文物管理处台西考古队：《河北藁城台西村商代遗址发掘简报》，《文物》1979 年第 6 期。

在一起，联络感情，更重要的是通过这一食俗，增强同一宗族的认同感。《礼记》载"合族以食，序以昭缪。别之以礼义，人道竭矣"。①

3. 藁城台西商代人的饮食卫生保健

商代相对史前时期、夏朝，生活的各个方面都有了很大的提升，一代代的经验积累使人类对饮食的宜忌熟悉的掌握，对各种食材的功效虽然没有理论化，但是已经有了规律性的认识。

(1) 饮食卫生

商代的藁城台西人已经意识到水质对人类健康的重要性，并开始采取措施改善水质。在藁城台西遗址发现两口水井，它们都位于房子附近，井口呈圆形，井底呈正方形，在井壁上涂有草泥，为防止草泥脱落，还打入许多的小木橛加固。在井底发现了取水用的木桶以及陶罐。② 从所处位置推断，这两口水井是作为院落的生活配套设施，供人们的日常用水。井壁上用小木橛加固防止水泥脱落说明当时台西部落的人很在意水质的干净程度。从水井的发掘说明藁城台西村落的人商代时期已经意识到饮食卫生的重要性。尽管当时的藁城台西村落临近滹沱河，但是人们还是选择水井用于饮食、洗菜等生活事项。说明当时的台西村落的人们克服了自然条件的不足，为保障饮用水源的干净、饮食的卫生学习或开创新技术。

(2) 饮食保健

河北藁城台西遗址曾出土过许多植物果实，有枣、李、桃、核桃、郁李仁、大麻籽以及草木樨等。关于桃仁，《神农本草经》中说，"主瘀血、血闭、瘕邪、杀小虫"。元朝危亦林编著的《世医得效方》中有"五仁圆"的记载，也就是由桃仁、杏仁、郁李仁、柏子仁、松子仁五种合在一起，能够润肠通便。在台西遗址发掘的桃仁、郁李仁是"五仁圆"的主要成分，说明商代时期台西部落的人就懂得利用多种植物合成药剂，医治疾病。除了采用果实原料进行医疗保健以外，在上文饮食品种中提到用大麻籽、草木樨等酿制药酒，大麻籽的酒可以祛风、通筋活络，草木樨酿制的酒具有清热解毒的功效。不论台西人是将植物果实直

---

① （清）孙希旦撰，沈啸寰、王星贤点校：《礼记集解》，中华书局1989年版，第905页。
② 河北省文物研究所编：《藁城台西商代遗址》，第31页。

接作为药物还是将其加工制成酒类食用，都印证了历史上"医食同源"的说法。

（三）生产活动

1. 农业生产

商代时期，藁城台西地区的人们就已经开始粮食的种植、培育和储存。

（1）农业种植

卫星图像显示，藁城台西地区是由滹沱河冲积而成，土壤肥沃，水资源丰富。在藁城台西遗址的挖掘过程中发现了炭化黍，这说明当时的藁城台西地区的人们已经开始种植农作物；其次，在藁城台西遗址发现很多生产工具，数目和种类繁多，以石头、骨头和木头居多。如发现挖土、松土的工具骨铲、蚌铲、石铲等132件、收割工具石镰336件，生产工具的数量从侧面反映了当时农业的生产规模。第三，台西遗址中的窖穴应该也有储藏剩余粮食的功能，说明当时的农业规模已经能够供给当地的贵族食用，并初具规模。

（2）生产灌溉

引水灌溉是农业生产必不可少的条件之一。在台西遗址中曾发现两眼水井，井盘内出土的陶罐比较多，有的颈部有绳子的痕迹。① 通过井中发现的物品推断，当时的灌溉技术还处于原始水平，需要人力，可能是直接用手提取然后灌溉。

（3）食物储存

商代时期，食物的储存时间很短，保留食物的方法是窖穴或酿酒。在11号房子西室的西南角紧靠墙角有一个马蹄形灰坑，窖口和窖底同样大小，周边的墙壁笔直，地步平整，里面有一些陶器、石器等容器，是储藏用的窖穴。② 其次，在藁城台西遗址中发现一处酿酒的作坊，里面有酿酒的容器，在容器中发现一些桃仁、李仁、枣等植物的果实，还有酒曲。李子、枣等属于时令产品，在当地，这些食品很可能是存在剩余的，人们为了更好地保存这些食品，将其酿成果酒，既可以饮用也可以治病。

---

① 河北省文物研究所编：《藁城台西商代遗址》，第34页。

② 同上书，第15页。

2. 手工业生产

（1）纺织

台西遗址中曾发现一卷麻布，经过上海纺院的鉴定，属于平纹的大麻纤维。从台西遗址出土的麻布看，经纱是两根纱合股，"S"向交加拈而成。① 在藁城台西遗址中曾出土纺织用的工具陶纺轮，说明当时藁城台西地区的人就已掌握了纺织的技术；另外，在台西遗址发掘的青铜容器上发现有黏附的丝织品，经上海纺院的鉴定，是蚕丝织成，说明当时我国已经开始养蚕织造衣物，藁城台西地区很有可能已经开始养蚕。

（2）铸造

商代，又称青铜器时代。虽在藁城台西遗址虽然没有发现冶炼的作坊，但是在遗址中陶器、石器和青铜器在墓葬、房址、窖穴、酿酒作坊等地方普遍存在，不仅是祭祀和陪葬的产品，也是人们生活中实用的工具。在藁城台西遗址的挖掘中出土了大量的陶器（图4—4）。虽然陶器的形制相同，但陶器的制作以及纹饰各不相同。在藁城台西遗址的一个墓

图4—4 台西村商代遗址陶器拓片②

---

① 河北省文物研究所编：《藁城台西商代遗址》，第173—174页。
② 河北省文物管理处台西考古队：《河北藁城台西村商代遗址发掘简报》，《文物》1979年第6期。

葬中曾挖掘出一个白陶，表面光滑，制作精美，是上层社会墓葬中的陪葬品。但白陶出土的数量少，可能是外地进贡或上级赏赐，应该不是本地出产，根据出土的其他陶器和青铜器可以判断当时台西地区已经可以铸造和烧制日常使用的器具。

二　商代时期藁城台西地区的生活特点

1. "神本位"的宗教思想①

商代的文化氛围是尊神重鬼，这种观念体现在生活中各个方面，影响到衣食住行各个方面。在藁城台西遗址中发现许多灰坑是人们祭祀使用过的，房子的建造用人牲祭祀；在饮食生活中，藁城台西遗址出土的青铜枱、瓠、爵等饮食器具上都有由云雷纹组成的饕餮图案，饕餮是上古时期的野兽，是天神或者太阳神的儿子，通常在青铜器上装饰代表神秘和权力，是当时"尊神重鬼"观念下的产物，由此出现在人们的饮食生活中；受到尊神重鬼观念的影响，人们会定期举行祭祀活动，并将人类认为最好的食材以最神秘的方式献给鬼神，由此出现一系列祭祀食俗；在商代，人们无事不卜，尤其是上层统治者以及贵族阶层，通过巫师的占卜明确神的旨意。在台西遗址有很多占卜的龟甲，虽然无从知晓当时的占卜问题，但可以判断的是占卜的结果对统治者以及上层贵族有重要的作用，是人与神沟通的媒介。

殷商时期的人们迷信天命，普遍存在对"帝"或者说"上帝"的信仰，其宗教仍带有原始宗教的色彩。商族把天看作"帝"或"上帝"，殷商时期的人们认为，帝是整个宇宙和人生的最高主宰，它是日月山川众神灵的统领，决定着宇宙和人世间的一切事务。《诗经·商颂·长发》云："有娀方将，帝立子生商。"《商颂·玄鸟》云："天命玄鸟，降而生商，宅殷土芒芒。"《商颂·殷武》云："天命降监，下民有严。不僭不滥，不敢怠遑，命于下国，封建厥福。"这说明商族既认为自己乃上天所赐，又认为自己是"帝"的子孙，把"帝"视为自己的祖先神。因此，"帝"在商代具有至上神和祖先神的双重意义，商族对"帝"的崇拜，同时也是对其祖先的崇拜。商族认为"帝"的力量无穷大，有主宰宇宙万

---

① 此部分作者：石家庄学院文学与传媒学院教授李巧兰。

物的能力，因此把"帝"视为本族的保护神，他们事无巨细，都要通过"卜筮"的办法向"帝"寻求帮助。卜即龟卜或兽卜，它的起源很早，最晚在父系氏族公社时代就已经产生了。殷商时期，龟卜盛行，殷墟出土的大量甲骨卜辞就是明证。殷商时期也出现了筮占。卜和筮是两种不同的占卜方法。《仪礼·士丧礼》贾公彦疏曰："龟重，威仪多，筮轻，威仪少"①，卜和筮两种占卜方法在殷商时期都被广泛使用，殷墟卜辞中有许多关于筮占的记录。东汉王充所著《论衡·卜筮》有云："俗信卜筮，谓卜者问天，筮者问地，蓍神龟灵，兆数报应，故舍人议而就卜筮，违可否而信吉凶。……子路问孔子曰：'猪肩羊膊可以得兆，雚苇藁芼，可以得数，何必以蓍、龟？'孔子曰：'不然！盖取其名也。夫蓍之为言耆也，龟之为言旧也，明狐疑之事当问耆旧也。'"② 可见，卜是用灼龟甲以得其兆的办法卜问天，筮是用蓍草以得其数的办法来问地神。卜、筮的实质是为了趋吉避凶，让生活中少些灾难，而卜问于帝及由帝统领的神灵。殷商的神事显然主要是采用甲骨来占卜，依据被占的甲骨之兆来判断吉凶，从殷商晚期河南安阳殷墟所出土的大量甲骨卜辞，即可清晰地理解到这一点。从卜辞看，商王问卜的范围相当具体而广泛，几乎日日占卜、事事占卜。风、雨、水、天象、农事、年成、征伐、田游、疾病、生育、筑城、官员任免等都是殷人占卜的对象。殷人的占卜习俗对后世产生了很大的影响，据《春秋史》统计，《春秋》和《左传》中记载的晋、楚、秦、鲁、齐、卫、郑、吴等国的卜筮之事有三十多次。如鲁国穆姜搬家，先要用《周易》占筮，《左传·襄公九年》："穆姜薨于东宫。始往而筮之……"③ 叔孙穆子刚出生，也用《周易》卜筮，《左传·昭公五年》："初，穆子之生也，庄叔以周易筮之……"④ 成季尚未出生，鲁桓公既用龟甲卜，又蓍草筮，《左传·襄公十年》："成季之将生也，桓公使卜楚丘卜之，曰：'男也，其名曰友，在公之后，间于两社，为公室辅……又筮之……"⑤ 而且听信多年以前的童谣，用这童谣来断定鲁国政

---

① （唐）孔颖达：《十三经注疏·仪礼注疏》，中华书局1980年版，第1143页。
② （汉）王充：《论衡》，四库笔记小说丛书，上海人民出版社1974年版，第283页。
③ （唐）孔颖达：《春秋左传正义》，中华书局1980年版，第1942页。
④ 《春秋左传正义》，第1787页。
⑤ 同上书，第1749页。

治前途。如《左传·桓公六年》载："九月丁卯，子同生。以太子之礼举之，接以太牢，卜士负之，士妻食之，公与文姜、宗妇命之。"① 这里记载了子同出生后要占士人之吉者抱他，还要对士之妻，大夫之妾进行占卜。

"殷人尊神，率民以事神，先鬼而后礼。"② 从殷墟出土的大量甲骨卜辞中也可以看出，商王祭祀和问卜都极频繁，而这类宗教活动主要是由被认为是沟通人神的使者的巫来执行。巫以歌舞娱神，故商代歌舞特别发达，而且这种歌舞不可避免地带有比较浓厚的、神秘的迷信色彩。

《邶风·简兮》："简兮简兮，方将万舞。日之方中，在前上处。硕人俣俣，公庭万舞。有力如虎，执辔如组。左手执龠，右手秉翟。赫如渥赭，公言锡爵。山有榛，隰有苓。云谁之思？西方美人。彼美人兮，西方之人兮。"全诗写一名舞师表演万舞的情况以及一个女子对舞师的爱慕之情。万舞分为武舞和文舞两部分，武舞在前，文舞在后。武舞用干（盾牌）戚（板斧），模拟战术；文舞用翟（野鸡毛）龠（短笙）模拟野鸡的求情。因此相传万舞是一种极具诱惑性质的舞蹈。《左传·庄公二十八年》载："楚令尹子元欲蛊文夫人，为馆于其宫侧而振万焉。"③ 文夫人即楚文王夫人息妫，新寡，子元企图以万舞诱惑她，可见万舞有媚人的作用。除此之外，殷人属东夷族，从万舞中模拟野鸡的情形可以判断，这是一种具有图腾崇拜性质的巫舞。这种具有巫术性质的舞蹈还往往被用来娱神，以达到沟通神灵，企求神灵降福和保佑的目的。巫师在商代社会起着沟通人神的作用，巫舞则是巫师上通天神的一种重要形式。

2. 严格的等级观念

《诗经》中"天命玄鸟，降而生商"，记载了商族是与天结合而生，统治者是由上天指定的，不可撼动，民众需景仰并服务于上层统治者。商代社会地位最高的是商王，他把土地和奴隶分给下面的各级贵族，并

---

① 《春秋左传正义》，第1947页。
② 《十三经注疏·礼记正义》，第1642页。
③ 《春秋左传正义》，第2135页。

通过他们征收赋税和贡品，形成金字塔式的等级阶梯。在商代，贵族生前的生活奢侈，死后墓葬宏伟并且有大量的随葬品。而平民和奴隶是生活在社会底层的人群，他们将生产所得上贡到上层社会，奴隶没有人身自由权，有的甚至要为死去的贵族或某个祭祀活动陪葬。在藁城台西遗址的墓葬中，平民墓的陪葬品只有一些简单的陶器。贵族阶层的墓葬中不仅有精美的陪葬品，如发现的唯一一件白陶，甚至墓中还有陪葬的奴隶以及动物，颇为讲究。

3. 文化的交流

藁城坐落在今河北省石家庄市的东面，春秋时期其地北邻幽燕，南接卫郑，西通晋秦，东达齐鲁，自古就是东西南北交通的重要枢纽，汇聚来自各个地方的文化荟萃。在商代，藁城位于国家的北边，从滹沱河向西便可到达晋中青铜器早期诸文化的中心分布地区；向北穿过拒马河，就可以到达燕山南北青铜器早期诸文化分布的南边边缘地带。[①] 因此台西遗址的饮食文化形成除了内部因素外，还受到外来文化的影响。在台西出土的饮食餐具羊首柄铜匕就是文化交流的突出体现。羊首柄铜匕多出现在晋中地区，冀中平原地区几乎没有考古发现，说明在当时晋中地区已经开始与冀中地区文化交流。不过在当时会受到交通运输条件的限制，文化交流对藁城台西饮食文化的影响力度是小而缓慢的。

第三节　战国中山国人的生活文化

一　衣食住行

(一) 衣饰

中山国服饰的研究资料主要来源于中山国墓葬出土器物造型和纹饰。中山国的服饰中既存在披发左衽的戎狄服饰，又出现了华夏传统的深衣服饰。中山服饰习俗的二重性既表现了鲜虞的民族特点，又反映了中山之地华夏化的进程。

1. 服装原料和种类

麻、丝和皮革是中山之地主要的服饰原料，并且根据各种需要制成

---

① 河北省文物研究所编：《藁城台西商代遗址》，第 1 页。

不同粗细的线、绳、带、片、布等服饰制品,服饰制品的品种、花色都很丰富。麻是中山当时主要的植物性服装原料。中山王墓中残存着大量的麻布残迹,有麻线、麻绳、麻布等多种多样的麻制品,被用于包裹和覆盖器物。皮革应是中山之人较主要的动物性衣服原料。中山王墓 M1 中出土了许多皮革制品有各式各样的革带、皮甲和皮革片,可制成衣物。丝是中山之地衣服原料的大宗。中山王墓 M1 所出 3 号车盖弓范围内有红绿彩饰和丝织物痕,盖板器表附有 4 层丝织物;4 号车舆有用丝带纺织的菱形网络及车上的帷幔。中山国的丝织物有丝线、丝绳、丝带、丝绸以及用丝绳和丝带结成的网络等各类品种,花色品种繁多,色彩缤纷,有精美的方格纹、卷云纹等纹饰。此外,中山之地尚有用矿物铁、玉等为原料制成的具有特殊用途的衣物。比如《吕氏春秋·贵卒》载中山之战士衣铁甲而战。中山王墓 M1 西侧建筑遗迹中出土 1 件铁甲片,应是铁甲的实证。中山王墓 M1 中出土玉手指盖和盖帘玉片,可见中山王的葬衣以玉制成。

2. 饰品的原料和种类

中山国考古发掘中所出的人体装饰品,质料亦是无所不包,有铜、铁、玉石(玛瑙、水晶)、骨、贝、金银、木、陶、琉璃等。中山国人无论男女贵贱,都喜欢佩戴装饰品。中山国装饰品的数量和质量在一定程度上可以反映出中山国内社会各阶层的划分情况。中山王所用的装饰品的种类和质料在中山国内属最高档次,品种数量也最多;中山王的侍妾墓和各级贵族墓中所出的装饰品数量和种类明显减少;平民墓中所出装饰品则更少,寥寥无几。但同一阶层墓葬出土装饰品的质料和多寡并不能反映墓主的社会地位和经济状况的差异。

中山王墓中所出装饰品以玉石饰品为大宗,造型多样,装饰部位全面;铜铁质饰品次之,主要种类为带钩和随身携带的削、剑之类;骨饰品也很多,多为骨管、骨珠等颈饰,金、银饰品也不少,如带钩、泡饰等,且金银多用为其他饰物上的花纹装饰。装饰品的种类大体可概括为佩饰(璧、璜、环等)、发饰(笄)、颈饰(各种串珠)、腰饰(带钩、削、镜)和缀与佩饰(泡饰)四种,其中以各种佩饰为大宗(图4—5、图4—6)。

图4—5 镂雕双兽双蛇灰玉板①

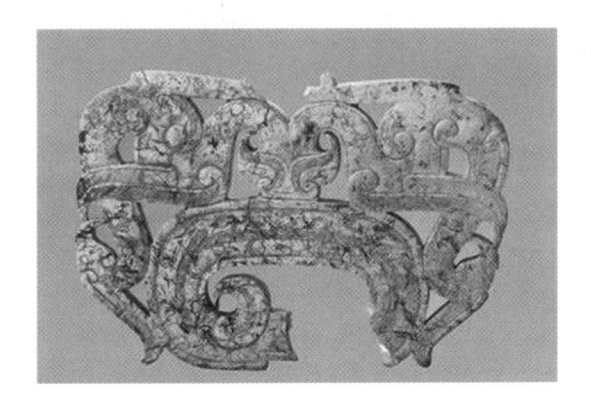

图4—6 中山国龙玉佩②

中山王族高级贵族墓、诸陪葬墓中所出装饰品，都以玉石质为主，有各种耳饰、组佩和串饰等；铜铁质者次之，多为带钩、镜、环和璜形饰。但王室贵族墓出土装饰品数量明显较多，质料和种类也较为丰富。各陪葬墓中一般只出少量的小件装饰品。随葬装饰品数量、种类和质料上的差异，显示出中山国王室贵族生前的地位和财富要高于陪葬墓主，他们应属于不同的社会阶层。

春秋战国时期中山之地存在大量中小型平民墓，面积一般在20平方米以下，按时间可以分为春秋中、晚期，战国早期和战国中、晚期三个阶段。春秋至战国早期，中山之地的装饰品质料以金、铜为

---

① 图片由平山县战国中山国王陵文物陈列馆提供。
② 同上。

主，崇尚金质，种类稀少且富有民族宗教特点，多为螺旋形耳饰和包金铜缀饰；铜质装饰品种类主要为带钩、剑和削，实用性极强；玉石质装饰品只是一些玛瑙和绿松石组成的串珠，并不占有主要地位。战国早期的中山装饰品开始有一定程度的变化，质料以玉石质为主，玉质装饰品的种类有所增加，新出现了玉佩、玉璧等型，但尚保留环和串饰；金铜等质料的装饰品退居次要地位，各种北方民族风格的金、铜质的装饰品如金耳环虽然尚存，但已出现铜桥形饰这一新装饰品。战国早期铜器墓中所出装饰品开始与装饰品墓中所出有了区别，反映了男女装饰习俗的初步分化，应是魏国装饰习俗的影响所致。战国中、晚期，中山平民墓出土的装饰品种类和数量明显减少，质料和种类构成发生了变化，装饰品以玉石质为主要质料，种类以环、串珠为主；铜质的装饰品主要是实用性的带钩。这种情况与同期其他阶层装饰品的风格一致。此外战国中、晚期各期墓葬中出土装饰品本身有了性别的划分。总之，春秋至战国晚期，中山之地平民的装饰品在数量上呈现出由多到寡的发展趋势，在装饰品风格、品种和质料上则存在两大分期，即春秋至战国早期具有较多的北方民族装饰特色，战国中、晚期则逐渐华夏化。

3. 服饰式样

根据考古出土铜器人物造型有铜胡服俑器足、银首人俑灯、玉人、石板人形俑，各期墓葬中出土装饰品，战国早期中山鲜虞贵族墓中出土的祭祀狩猎刻纹铜鉴和狩猎宴乐纹铜盖豆的装饰图案等。这里主要就中山的武士、上层人物及其侍从、一般平民、中山女性、儿童的服饰情况进行探讨。中山武士、上层人物及其侍从服务人员一般是男性，这些不同阶层的中山人的服饰体现了中山男性服饰的阶层性和功能性特点。中山女性的服饰没有明显的阶层分化，体现了民族服饰与华夏服饰互相融合的特点。中山儿童服饰与成人服饰基本相似。

（1）中山武士之服饰

中山武士之服饰习俗，可见于战国时期铜胡服俑器足、访驾庄村北春秋墓M8004、战国墓葬M8003和M8012。中山武士基本装束为披发，穿左衽长袍，衣服的胸部和其他部位饰闪闪发光的泡饰，胸部衣襟用小带勾即襟钩装饰连接，腰系宽带，宽带上或有带钩或无，一般在腰部还佩戴一些实用性的装饰品如武器、削刀、镜子等。窄袖长袍，衣长不过膝，腿部和脚赤裸，整个装束呈现出阳刚之气，具有典型的北方民族特点，非常适合作战需要。

(2) 中山上层人物及其侍从的服饰

中山国内上层社会流行的服饰应是结髻、玉饰、带钩和深衣。据中山土墓 M6 所出银首人俑灯头发后梳，拢于脑后为大髻，以缥韬为蝶结的服饰，灵寿城址石器作坊遗址出土刻有发髻、眉眼的石板人形俑，可知春秋战国之时鲜虞中山之男性发式中有髻这一种类，且较普遍，结髻所用饰物有头巾和笄。据人俑头顶戴一瑱玉，腰部系带钩，联系中山王 M1 所出的大量玉石质装饰品，可以说战国时期中山国上层社会的男性装饰品应是以玉质为主，中山王及中山贵族可佩戴玉组佩，其他为上层统治者服务者也可以佩戴少量的玉饰品。人俑身穿深衣广袖，华丽多彩的深衣，反映了中山王喜欢穿的也是深衣，可以推测中山的贵族、官员和部分上层平民也应穿深衣。

(3) 中山平民与奴仆的服饰

中山平民和奴仆的总体着装特点，是衣饰为适于劳动需要而非常短小简单，并存在许多奇特的冠饰。中山国内普通平民或奴仆的夏季日常服饰极其简单，短发，上身赤裸，下身着短裙式下衣，腰系宽带，有带钩连接。如中山王墓 M1 所出十五连盏铜灯器座上的两个喂猴之人。战国狩猎宴乐纹铜盖豆图中猎人大多数为半裸体男性。据中山出土战国祭祀狩猎纹铜鉴纹饰，可知中山平民还有另一种挽髻戴帻，上身穿紧身窄袖之衣，下着长不及膝的短裙或裤的紧身装束，推测应是中山平民或奴仆的秋冬季着装。据祭祀狩猎刻纹铜鉴和狩猎宴乐纹铜盖豆的装饰图案，可知中山国的男性冠饰多种多样，有羽毛饰冠、山字形冠、飘带饰冠。

(4) 中山女性及儿童的服饰特色

中山女性的服饰特点非常鲜明，既具有本民族传统服饰，又深受华夏服饰的影响。中山女性的服装式样较简单，主要有民族传统服装——各种方格纹的长袍和华夏化的深衣两种式样。中山女性的发型则多种多样，有民族传统发式牛角髻，华夏地区最普遍的头顶单髻，还有长发辫、前高后低的双髻等形式。中山女性的冠饰与男性有一定的相似性，在狩猎时可佩戴与男性同样的多支羽毛装饰的冠，平时劳作时也可使用脑后有飘带的帻。中山女性的装饰品式样繁多,头饰有笄,耳饰有瑱,颈饰有各种串珠,还有从颈部一直悬挂垂至腹部以下的各种玉组佩以及一些小件玉佩饰,胸腰部是装饰中心,有各种带钩、襟钩、铜璜组佩和各种环饰,手上有玉鲽、串珠组成的手链等装饰物。中山女性尚保留着方格纹长袍、牛角髻、羽毛冠、襟钩和铜璜组佩等极具民族特点的服饰,但其他如深衣、单髻、帻、玉组佩等服饰则明显与华夏传统服饰相类,因此中山女性服饰无论在服装式样还是在装饰品方面都呈现出本民族传统服饰与华夏服饰相结合的特点,是本民族传统与华夏习俗相融合的产物。

中山儿童的服饰是成年人服饰的缩影。中山王墓 M3 中小玉人有儿童形象,身穿窄袖方格束腰长袍,头梳一圆形髻,可能是一男童。此外,狩猎宴乐纹铜盖豆采桑图有一女性手牵一儿童,儿童身着深衣,头上梳角髻,或者是总角,可能是一女童形象。总之,中山国武士之服饰短小精悍,披发左衽,深具北方民族之风。上层统治者及其身边侍从服务人员的服饰华丽,深衣广袖,大有华夏风范。中山之地平民和奴仆等普通劳动者的服饰呈现出因陋就简,便于劳动的着装特点,并且冠饰具有鲜明的民族特色。

(二) 饮食

依据墓葬和遗址中出土的饮食器具分析,中山国的饮食礼俗经历了一个复杂的发展过程。中山之地的饮食习俗在春秋和战国早期偏重肉食,战国中晚期则粮食和肉食并重。中山之地尚存在嗜酒之风。中山之地不同阶级的饮食习俗也有差异。

1. 饮食结构和食品加工、储藏及制作方法

中山国地处北方,本身为白狄别种鲜虞族所建,战国早期之前受到以狩猎、畜牧为主的北方游牧民族生产方式影响,饮食结构中偏重肉食。战国中晚期中山国开始形成农业、畜牧业、渔猎业并重的生产格局,主食与黄河流域地区相差不大,肉食与粮食并重,辅之以水果、饮料等,应属中原地区的北方饮食系统。中山国的饮食结构中主要包括四类:第一类是粮食,有高粱、粟、稻和黍等;第二类是肉禽蛋类,家畜、家禽是重要的肉食来源,家畜包括马、牛、羊、狗、猪等,家禽包括鸡、鸭、鹅及其所产蛋等,各种陆生和水生的野生动物也是中山国饮食结构中的重要组成部分;第三类有桃、柿等各种水果;第四类是汤、浆、酒等各

种饮料。中山国对食物的加工方式有多种，如用石碾、石磨或陶磨、石臼加工粮食，用风干法加工肉食以利于储藏。食物的储藏方式一般是利用窖穴和大型陶器如陶瓮、陶罐等储藏。食物的制作方式主要有蒸、煮两种，此外还有烤炙和结合煮、烤、煎多道工序进行烹饪等多种食物制作方式。其他制作方法制成的食物有风干的麨（肉干），用不同食物煮成的各种臛、羹等食物。

2. 饮食器具

中山国不同时期的饮食器具具有不同的特点，折射了中山国饮食习俗的阶级性和礼制化过程。春秋至战国早期的中山饮食器具的质料铜、陶质都有，但铜质饮食器具较多，并开始反映出一定的贫富分化，较为富有的贵族和平民主要使用铜质饮食器具，并开始出现鼎、豆、壶、匜的器物组合，仅有少量陶器。而社会下层多使用陶器。战国早期出现的镂具有北方民族文化特色，是鲜虞为白狄别种的佐证。战国中、晚期的饮食器具已经具有了鲜明的阶级性。中山王、贵族及其服务人员按身份等级使用不同数量的铜器，身份越高，使用的铜器数量和种类越多，其中中山王的饮食器具中，铜鼎和铜壶的使用情况已经与华夏礼制相类，并大量使用华美的漆器。中山社会中层，包括各级贵族及其服务人员所用的饮食器具中有铜、漆、陶质。一般平民已经很少使用铜质或漆质的饮食器具，而主要使用各种陶器。

3. 中山社会各阶层饮食习俗

中山国社会各阶层的饮食习俗不同。中山王的饮食规模已经形成定制，比文献中记载的华夏国家国君的饮食礼制有过之而无不及，奢侈铺张，列鼎张乐而食，并经常赐食臣下，举行规模盛大的祭祀宴会活动。中山国贵族的饮食规模虽不可与中山王相比，但基本上也是肉食美酒，陈乐设宴，即使是下级贵族基本上也是饮食无忧。中山国下层平民的饮食以粮食作物为主，但因为畜牧和狩猎的兴盛，也可食用一些猎获物、家畜、家禽、鱼、蛋等。一般来说，中山下层平民生活贫困，经常忍饥挨饿。

4. 中山国普遍存在嗜酒之风

中山王墓 M1 和 M6 中出土铜酒器就有 20 余件，壶中尚保存千年的美酒等，充分证明了中山王嗜酒的饮食习惯。中山国的贵族阶层也喜爱饮酒,如狩猎宴乐铜盖豆纹饰有中山贵族饮酒的场景。中山国的下层也喜爱饮酒,如1973年平山刘杨村战国小墓中出土1件套杯,五杯套合在一起,平齐合盖为一体,便于游动携带。这些精心设计制造的套杯显然是战国时期中山之人的饮酒器具,反映出中山平民有饮酒习俗。《魏都赋》和晋代干宝的《搜神记》中都记载了中山之地狄希善酿酒,饮之醉可千日的传说,也是中山嗜酒习俗的旁证。中山国的嗜酒习俗应是受民族传统和地域的影响。《左传·宣公十五年》等文献记载狄人嗜酒,中山国可能继承并保存了这一传统饮食习俗。另外中山所处之地为殷商旧地,遗留了许多商人的旧俗,商人在历史上也以好酒著称,因此中山好酒之风也应是受到商人遗俗的影响。

（三）住所

春秋时期的中山之地早已出现了城市,战国时期的中山国灵寿城址及其附近墓葬的发掘,为探究中山国居住与建筑礼俗提供了大量的考古资料,亦使对中山国居住与建筑礼俗的研究成为可能。中山国居住与建筑礼俗已经具备了战国时期的基本特点,但在某些建筑习俗上又具有明显的滞后性。

1. 住宅与其他建筑类型

中山灵寿城址内已知的住宅大致可分为三种。第一,城市普通住宅,包括半地穴式和一面坡式地上房屋建筑。战国早期,中山平民住房还存在半地穴式房屋,至战国中、晚期则已经拥有共同的特点,即都是一面坡式地上房屋,只用高低不同的夯土墙来承重,屋顶一般用筒瓦和板瓦铺就,屋内一般有灶、窖穴和陶质的生活用品,并且用空心砖作为坐卧之具。这些房屋的居住者显然是因为财力有限,所以,房屋建筑的面积都不大,屋内也不用柱子支撑。第二,贵族住宅,包括大型住宅、院落、四阿式出檐和斜坡顶挑檐两种式样楼阁等。中山贵族住宅的形制,见于战国早期鲜虞中山之墓所出的祭祀狩猎刻纹铜鉴和凸铸宴乐狩猎纹铜盖豆上。两幅图上显示了两种不同的中山国楼阁式样,主要区别在屋顶的形状上,一种为四阿式出檐屋顶,一种为斜坡顶,挑檐。但两者在建筑上都采取了立柱、斗栱的支撑技术,都有台阶从外部直通楼阁的上层殿堂,屋顶上都有瓦片和瓦脊饰,这说明中山国的两种楼阁式样,在建筑技术、基本建材以至基本面貌上,差异性是次要的,共性则是主要的。

第三，王宫（包括众多大型呈中轴线排列的宫殿、台榭楼阁建筑）。中山王宫建筑在规模宏大方面承袭了中原风格，宫室面积广袤，建筑精美，是中山国建筑水平最高的居住场所。根据中山国灵寿城址中宫殿区的考古勘察，宫殿区大致分布在东城东北的三号和东城南部的七、八、十一号夯土建筑遗址。三号遗址位于现蒲北村西的高地上，其他遗址的地势也较高。可以看出，中山王宫在选址时有意识地选择了地势较高的地点。这三大建筑类型，基本上与中山社会各阶层的身份和财富相适应。

中山国的其他建筑类型主要包括三种，有以灵寿城为代表的各类城市建筑、王陵建筑、长城等。中山国都城灵寿城址规模宏大，布局严谨。城内一般分为大城、小城两部分，大城是官吏、地主、平民的居住区；小城即宫城，是国君的居地。国都内还有市和大量的官营手工业作坊。灵寿城址东西宽约4公里，南北长约4.5公里，面积约18平方公里。城墙的修筑依自然地形，利用东西两条河沟为护城河，城墙筑于河沟内侧的断崖上，均为夯筑，整个城址的平面呈不规则的桃形。城墙上有几处与城基相连，有外凸或内凸的大型夯筑附属建筑，用于防御和瞭望。中山国的王陵建筑发现多处，可以中山王墓M1、M6为代表。中山王墓M1的全室可分椁室、东库、东北库、西库四个部分，椁室放置尸体棺椁，东库内主要放置生活用具，西库内主要放置铜、陶礼器、乐器、玉器等。M6的椁室两侧也各有一个库室，东、西库分别放置中山王的礼器和生活用具。中山王墓M6的主室壁上有柱洞，洞内用土坯垒砌，外表抹有草泥做成的假柱，象征地下宫殿；南北墓道有上、下两层壁柱，象征前后楼阁；南北墓道两壁分为两级，下一级各保存1—3个壁柱，层高内端3米，外端约在地表，好像一个登上楼阁之类的坡道。室内东西两壁（包括两端）各有6个壁柱，南北两壁各有4个壁柱，构成面阔进深为5间的大殿。中山王墓上亦建有享堂（或寝）一类的建筑。中山国的长城在保定地区长约89公里，在石家庄地区长约250公里，总长约339公里。在选址原则上体现了两个基本特点：因河为固和因边山险，如保定地区的中山长城基本即是沿唐河修筑，顺平和唐县交界处修建的长城均砌筑在大小相连的山冈上，西坡陡而东坡缓。中山长城是以主干城墙为主体，在险要关口筑城扼守，附近建筑城址或聚落驻兵屯戍，即主要由城墙、关隘、屯戍点三部分构成。

2. 建筑和装饰风格

中山国的建筑和装饰风格总体呈现出较为朴素简陋的特征。中山建筑的基本形式是夯土建筑，也存在少量土坯和石块垒砌的建筑。中山大中型建筑总体布局呈现出中轴线对称、较为规范的特点。中山建筑物以木构梁架为主，也有一些陶质、铜质的建筑构件，多用瓦件盖顶。与燕国相较，中山国的瓦件及其纹饰有少量与燕国相似，但总体上差别较大，中山瓦件纹饰风格较为朴素简单。中山建筑的墙壁装饰方法主要是涂泥和白粉，地面装饰中已经出现了以砖铺地的现象，并出现了以特制的空心砖铺地现象，其他地面装饰还有红烧土面、白灰面、礓石末与黄土混合面和黄土面。中山建筑中还存在若干便宜生活的设施，如铺设陶排水管，按实际需要装设宽窄不同的门，房屋多为坐北朝南，有的房屋设置窗户以方便日间采光，有的房屋内设灶以方便夜间采光等。

3. 室内陈设

中山国室内陈设体现了鲜明的等级性。中山王宫中陈设物品多种多样，应有尽有，并且陈设器物设计精巧，装饰华丽。中山贵族住宅内部陈设物品种类和数量也较丰富，但物品的装饰设计明显简陋。至于中山一般平民，住房内部则只有必备的坐卧之具、炊具和贮物窖穴等最基本的生活必需品，毫无装饰性可言。

通过以上对中山居住与建筑礼俗的研究和探讨可以发现，中山国居住与建筑习俗既在总体上具备战国时期居住与建筑礼俗的时代特征，如灵寿城址的布局区划原则、各等级分划极为明显的住宅类型、战国时期通行的建筑方式和建筑材料等。但是在某些具体方面又有自身的特点，如建筑式样中高台建筑的稀少、建筑材料朴素无华的风格等，这些应该是文献记载中关于狄族的风俗习惯的表现。

（四）行旅

1. 道路交通

中山国国内存在三条主干道：南北干道是连接燕赵的重要商业、军事通道；东西干道连接太行山两侧地区，是经中山通往齐国的捷径；西北干道是连接中山之地与西北代地的军事要道。中山国都灵寿城址是三大干道的交汇点，兼具交通枢纽、经济中心、政治中心三大功能。中山国内也存在以灵寿城址为中心，连接40余个大小城邑的道路交通网中山国灵寿城址内的主干道一般为宽8—11米的三轨或四轨车道，可能经过一定的修建规划，其他道路均为自然形成，宽窄不一。中山国的河流上应设有桥梁建筑，其中应有舟桥这一形式。

2. 车行

乘车出行是陆路旅行的重要方式。中山国社会各阶层基本上都采用乘车出行这一方式。中山国王出行时备有车队，根据出行的性质不同而使用不同的车辆。中山国较高级的贵族墓葬均附葬车马坑，表明墓主生前都拥有不同数量的车马，以备出行。中山国较低级贵族、富裕的平民上层墓葬也经常出土车马器，说明墓主生前也拥有车马，出行时也可使用车辆。马车不仅是交通工具，而且是战争和狩猎的必备用具。战国早期，中山国的车辆形制非常古老，表现在存在三马车、无座的銮铃、较特别的贯缰方法等方面。战国中后期中山国的车辆又具有地域特色，表现在车轮低、车身长、轴较短等方面，是为了适应中山国地处山区，道路狭窄的地理环境而形成的地域性特征。

3. 舟行

中山国虽然是典型的北方国家，但也存在着可进行水上交通的河道和湖泊，并出土了舟船，这些都说明中山国应存在水上交通方式。中山国东南部有面积广大的薄洛津，亦称宁晋泽。中山国内河流纵横，且方向多是从西部流向东部，从南到北有滦河、槐河、汶河、沽河、冶河（古绵曼水）、卫水、滹沱河、滋河、沙河、溏河、猪龙河、唐河、祁河及其支流等数十条河流流经中山大部分的国土。这些河流及其众多支流形成的各种湖泊、河道提供了可以通行舟船的航道。中山国大大小小的城邑多是依傍这些河流而建，其中中山国灵寿城址即是建于滹沱河边。中山国的考古发掘中还发现了战国中山国的船只实物。战国中山王墓M1发现了葬船坑。坑位于墓丘之外的低下处，可能象征着船行于低下的河道中。坑由南北两室构成，平面呈狭长的"凸"字形。北室北部东侧挖有一条长度超过36米的长沟，象征着此处有河道。南室东西并列三只大船，南北各有一只小船，有的船上有桨。这些船和桨的遗迹再现了战国时期中山国水上交通工具的形象，让我们清楚地认识到中山国确实存在着乘舟出行的方式。

4. 步行

中山国内多山区，乘车不便，因此山地居民出行时还是主要采用步行的方式。《左传·昭公二十二年》记载春秋时期晋国进攻鲜虞鼓国,采用了袭击的方式,让众多士兵将盔甲藏在口袋中,伪装成身背粮食口袋的商人在鼓都昔阳城外休息,趁其不备,一举占领该城。这种情况反映出当时鲜虞之地商贾往来时多是身背货物,徒步出行。战国早期中山之墓 M8101 中出土祭祀狩猎纹铜鉴,其纹饰中既有身担猎物的徒步运送者形象,也有徒步行走在山林中的狩猎者。同出的铜盖豆采桑图上亦有中山女子一手提篮筐,一手牵着孩子出行的形象。以上纹饰中再现了中山国平民身背、肩挑、手提着物品徒步出行的情景,反映出中山国的普通平民在进行生产劳动、运送物品或货物买卖时一般都采用徒步出行方式。

5. 行旅条件

中山国各阶层经济条件的差异导致不同阶层的旅行生活条件也相差悬殊。中山王出行时已经具备了一定的出行礼制。中山王及各级贵族的旅行生活一般比较舒适,中山下层平民限于经济条件,旅行生活非常艰苦。

中山国内的上层社会人物在出行时已经形成了一定的礼制。比如,中山国国王乘车出行时有一定的礼俗。中山王及贵族乘车时的位置也有尊卑礼制规定。一般是尊者在中,左右有御者和参乘陪伴。《战国策·中山策》载:"中山君出,司马憙御,公孙弘参乘。"① 中山贵族出行时一般都有相当规模的车队跟随,车队中的前后次序也遵循一定的礼制。如中山王墓 M1 二号车马坑中的四辆车子就南北排列为一纵队,第一辆车为前导车,第二辆车为中山王乘车,第三、第四辆车应为侍者所乘,体现了中山贵族出行时以尊者为中心,侍从前呼后拥的出行礼俗。为了保证行车秩序,车队都设有专门的"将行"管理。《韩非子·内储说上》记载中山相出使齐国之时,就选拔门客中有智能的为将行,管理车队。这些情况都反映出中山王出行时遵循一定的礼制规定,带有车队和仪仗,专人驾驶,车队设置专职人员按一定的制度管理车辆的行进。

中山国王及贵族的旅行生活十分舒适。中山王及贵族出行时一般都乘车,甚至带领一支由众多侍从组成的车队,装载许多旅行器具和食物。中山王墓 M1 和 M6 中都出土了中山王行猎时的各种器具,反映了中山王

---

① 范祥雍笺证,范邦瑾协校:《战国策笺证》,第 1864 页。

及贵族舒适的出行情况。中山国王墓中所出的车子一般都配备车盖，有的还有帷帐，可以遮风挡雨。车子上铺有席子，车前后左右有栏杆可以扶持。发掘者推测中山王墓 M1 一号车马坑中可能还有带车篷的辒辌车。中山王和其他贵族出行时一般都在车中备有饮食，以备路途中食用。如《战国策·中山策》载中山王在出行途中遇到一个路边的饿人，曾"下壶餐饵之"。① 这反映出中山君外出时车上应携带用壶装的食物和饮料，以备不时之需。中山王墓出土的提链罐、扁壶、圆壶等应是用来装食物的器具。中山王墓 M1 和 M6 中都出土了便于出行时携带的帐篷、取暖用具和炊具等野外生活用品，这些反映出中山贵族出行时必然携带大量生活用品的出行习俗。中山王和贵族出行时，带领大批随从，有专人驾驶和保卫，白天可乘坐或躺卧在车上，并且车上有盖、篷或帷幕遮阳挡雨，夜晚住宿时既有帐篷遮风挡雨，又可用专门制造的用具生火取暖，随车携带大量饮食，并且还可以用小型炊具烹调猎得的野味。这种饮食无忧、不惧风雨寒暑的旅行生活可谓非常舒适。

至于一般徒步出行的平民，应是携带自备粮食。如《吕氏春秋·先识》等战国时期文献中记载中山国"行者无粮"，② 从侧面反映出中山国平民在出行时生活很艰苦，有时可以携带一点粮食以备饥渴，有时则因生活贫困，出行途中只能忍饥挨饿。下层平民在出行时既无车马代步，又必须肩负手提各种物品，还要忍受风霜雨雪、疾病饥饿的折磨，可想而知，他们的旅行生活必然十分劳苦。

二 婚姻家庭

春秋战国时期中山国已经形成了多种多样的婚姻礼俗，因地域、婚姻对象的经济条件、身份地位等因素的不同，婚姻主体所遵循的礼俗亦有所不同。有关中山国婚俗方面的文献和考古资料相当稀缺，仅能在某些方面作些简略的探讨。春秋战国时期，中山国社会上层存在以一夫多妻妾制为主的婚俗，社会下层则形成了一夫一妻制的个体小家庭。这种婚姻礼俗一方面是当时战国各国鼓励生育政策的结果；另一方面也是因

---

① 范祥雍笺证，范邦瑾协校：《战国策笺证》，第 1875 页。
② 吕不韦著，陈奇猷校注：《吕氏春秋新校释》，上海古籍出版社 2002 年版，第 957 页。

为当时频繁战争导致成年男子大量死亡，造成了男女人口比例失调的严重后果。

（一）中山之地上层社会的一夫多妻妾制

春秋战国时期中山上层社会一直存在着一夫多妻妾制。首先，中山之地早在春秋时期可能就存在一夫多妻妾的习俗。春秋战国之时社会上盛行一夫多妻妾制，即使普通平民也拥有少量婢妾，主人死后还经常以之殉葬。中山灵寿城址附近访驾庄北的墓葬群中也发现了春秋时期殉人墓。墓葬发掘者陈应祺先生指出，中山此时期的墓葬分两种情况，一种为数量较多的小型积石墓，一种为墓室面积较大的殉人墓。积石墓墓主的身份应是鲜虞平民，两种墓葬共存于一片墓地之中，具有共同风格的葬制、随葬品，这反映出殉人墓与积石小墓的主人生前族属应相同，均属于鲜虞族，有殉人者应为鲜虞族中的上层。春秋时期灵寿城址附近的殉人墓发现多例，有具体材料的如春秋中晚期M8002和M8515。这两座墓的共同特点是墓室面积较大，都属中型墓；为木质棺椁或石椁木棺；都残存数百枚的贝（海贝、石贝、骨贝），可能是当时的货币。从以上情况可以看出，春秋时期殉人墓的墓主生前应该非常富有。两墓中都有殉人，均位于椁口上部四周夯筑的二层台上，殉人均有棺。两墓的殉人数量不同，M8002殉人三，均为女性，有两人为20岁左右的年轻女性，一人年龄不详，南台殉人颈部有一玛瑙环，骨架为仰身直肢葬。M8515有殉人五，女性殉人三，其中两人为年轻女性，男性殉人二，东北角一年轻女性殉人头及胸部有水晶环一枚、玛瑙环两枚、骨笄一支，玉串饰一枚。据陈应祺先生介绍，中山之地春秋时期中型墓普遍存在着殉人现象，并且殉人位置都在椁与墓圹之间的二层台上；殉人都有棺，而且多为年轻女性，随葬少量装饰器物，人数从一至五不等。殉人出土时的位置不同，有的在墓主的脚下，有的在墓主的两侧，但无一处于墓主的头部，这种位置安排表明殉人都是从属于墓主，但殉人之间的身份应该有所区别。这些殉人葬式表明其生前的地位低下，殉者的身份大致为奴仆婢妾之属。这些墓中殉人多为年轻女性，殉葬女性生前身份应是墓主的侍妾。这些情况表明，春秋时期鲜虞族中的上层应实行一夫多妻妾制，并且死后还要以侍妾殉葬。此外，战国早期中山墓葬中有一座殉人墓M7515，南二层台上有殉人一，无棺；战国中期墓葬中也有一例殉人墓M8721，有捆绑痕迹，为活殉。这说明殉人习俗在战国中山之地依然残存，这些殉人身份不明，有可能也是奴仆婢妾之属。

其次，各中山王墓的墓葬形式反映出中山国王生前实行多妻制。这种情况在中山诸位国君的墓葬中有充分的显示。中山桓公时开始以灵寿为都城，因此桓公为第一个埋葬在灵寿的中山国君。桓公墓之东并列有夫人或后墓一座，西北部有排列整齐的陪葬墓六座。这说明早在灵寿城初建时期，中山国君主的墓地就形成了中山君主与配偶以夫妻并穴合葬形式居中，周围环绕各侍妾墓葬的墓葬形式。中山王墓M6（成公墓）破坏较大，仅在王墓北部东、西两侧发现陪葬墓三座，发掘者认为墓中人可能是王的妻妾之属。因此中山王墓M6（成王墓）亦是王与众妻妾按一定的礼制合葬的形式。中山王墓M1为王之墓，是中山国灵寿城址的最后一个王墓，墓东有与之并列的哀后墓，据《兆域图》所示，应该还有其他未葬的中山王的配偶夫人之墓。实际发掘情况是中山王墓与哀后墓并列居中，后墓之东有未及修建的夫人墓穴地，其他各侍妾陪葬墓按等级环绕周围。由此可以看出，中山之地以国君为首的上层社会实行一夫多妻妾制，各妻妾之间的身份地位有等级划分。

中山王众妻妾之间存在着严格的等级划分，这种等级划分在中山王墓M1的规划中显示得颇为清楚。如中山王墓M1中所出的《兆域图》显示，中山王有不止一位王后，并且王后之下划分为夫人、美人（姬）、侍妾诸等级。"后"是中山王的正妻，在中山王后宫众多的姬妾中居首位。《兆域图》中规定的王堂、哀后堂与王后堂面积都是"方二百尺"，这反映出王与王后所享用的礼制基本一致。中山王墓M1的实际埋葬形制也显示，中山哀后墓与中山王墓并列东西，形成并穴合葬的形式。哀后墓也有着自己的陪葬墓。这些情况都表明中山王后享用的葬制规格相当高，几乎与中山王相同；也反映出王后生前也应享有同中山王基本相同的礼仪和权力。《兆域图》中有"哀后"和"王后"两种称号，"哀后"是指早逝的王后，"王后"当是第一任王后"哀后"去世之后继任的王后。《战国策·中山策》中也记载中山王的江姬与阴姬曾经竞争王后这一位置。这进一步说明中山国王的婚姻是一夫多妻妾制，其中正妻即"后"只有一位，王后之下，中山王还拥有了众多的各等级妻妾，当王后之位空缺时，其他等级较低的姬妾就可以升任接替。但是，华夏国家早在春秋中期各国国君就已经约定"毋以妾为妻"的婚姻定制，战国时期这种礼制更普及到各等级的多妻制家庭中。但是战国中山国王的姬妾可以上升为王后，这说明中山王并未遵循华夏礼制中不以妾为妻的婚姻约定，同时也反映出中山国内的婚姻礼俗尚不存在绝对的妻妾之间的等级划分，中山国这种婚姻礼俗显然有别于华夏国家的婚姻礼俗，具有本国特色。

后之下，中山王还设有各级侍妾，其称号有夫人、美人（姬）等，这些侍妾的地位低于王后。《兆域图》铭文规定夫人的葬制"夫人堂方百五十尺，裨棺、中棺视哀后，其题凑长三尺"。可以看出，夫人堂的面积小于王后堂，因此其葬制规格明显应低于王后。但是夫人能享有自己的堂，并且享有与王后相当的裨棺和中棺，这些都说明夫人的身份应是仅次于王后，在中山王众多的侍妾中地位也是较显赫的。除此之外，中山王墓 M1 和 M6 都有陪葬墓，发掘者认为应该是中山王的侍妾之墓。从中山王妻妾葬制的等级划分可以推断中山王生前必然有众多的配偶侍妾，并且为管理后宫中众多的妻妾而设立了一个有着鲜明等级划分的后宫妻妾制度。

此外，中山王室贵族墓 M3、M4 也有陪葬墓，墓主生前可能是贵族的婢妾。两座陪葬墓均经严重盗扰，M4 的陪葬墓仅剩墓圹。M3 的陪葬墓位于主墓北 40 米处，方向 99 度，面积为 31 平方米，墓葬形制为土圹竖穴墓，一椁一棺。有熟土二层台，椁内北部放置陶礼器，此外还有铜镜残片、漆器上的铜纽、玉器残片等。M4 的陪葬墓位于主墓北 22 米处，面积约为 7.7 平方米，仅剩墓圹。墓葬形制为土圹竖穴，直壁，墓向 356 度。从 M3 的陪葬墓中残余之物也可看出，该陪葬墓墓主生前也应有一定的财富和地位。陪葬墓的墓向均朝向主墓，表明陪葬墓墓主对主墓墓主的从属关系。中山王墓的陪葬墓墓主身份均为中山王的侍妾，以此推测，中山王室贵族墓的陪葬墓墓主生前也应是婢妾之属。因此，中山王室贵族也应是实行一夫多妻妾制的。

总之，中山王和各级贵族应该都实行一夫多妻妾制。春秋时期中山之地贵族以这些婢妾殉葬，战国时期中山王和各级贵族一般是以婢妾陪葬墓主，以标明其生前与墓主较为亲近的关系。

（二）中山之地中下层社会的一夫一妻制

战国时期中山平民和一般贵族的婚姻形态是以一夫一妻制为主。从墓葬材料来看，中山国平民婚姻和家庭形态也应是以一夫一妻组成的小家庭为主，家庭成员主要包括夫妻双方及其子女后代。平民家庭内夫妻分工合作，共同生产劳动，女子也拥有一定的权力和财产，父亲对子女具有一定的权威。

中山一夫一妻制的婚姻形态在春秋战国各时期中山国的墓葬中均可得到证明。春秋时期中山之地的墓葬形制基本可以分为两种类型，其中少量的殉人墓是贵族墓，应该实行一夫多妻妾制。但大量存在的积石小墓则都是单人墓，这些墓主的性别虽然不知，但是必定一个墓区内既有男性墓，也有女性墓。春秋积石小墓中的墓葬形制、随葬品均未有明显的性别差异，这反映出墓主无论男女，其生前地位和拥有财产都应相差无几。也就是说，中山国一般平民男女应该是组成一夫一妻制的小家庭，男女的地位较平等，死后分别葬在同一墓地中。

战国早期中山之地墓葬的墓主性别也不清楚，但是战国早期中山墓葬中出现了一种较为特别的现象，即这些墓葬中有三处墓葬是在同一地非常相近的地方发现两座墓葬，如唐县北城子 M1 和 M2、河北新乐中同村 M1 和 M2、战国早期灵寿城址 M8101 和 M8102。这种现象在战国中后期的墓葬中也存在，如平山黄泥村出土的两座墓葬。这些两两出现的墓葬的形制、墓向、时代以及随葬品种类风格都非常接近，反映出彼此间有比较密切的亲缘关系。战国早期的墓葬中均随葬有武器或车马器，这正与中山战国早期墓葬出土器物纹饰中中山女子同男子一样，也经常使用剑、箭镞、戈、矛等武器的情况相符。因此，虽然墓主的性别不明，但据战国时期山西长治分水岭墓地中此种两两并列的墓葬多为夫妻并穴合葬墓，可以认为中山之地发现的这些两两并列的墓葬应是夫妻并穴合葬墓。中山战国早期墓葬中不再出现殉人现象，而出现了这些两两并列的墓葬，这些情况反映出战国时期中山之地普遍流行一夫一妻制，因此在埋葬制度上出现了一些夫妻异穴合葬的形式。

战国中后期中山之地的平民和一般贵族也实行一夫一妻制。比如战国中期，中山灵寿城址岗北村东墓区墓葬 M8702 中出现了一墓两尸的现象。此墓处于岗北村东墓区，与 M8701 东西并列，墓葬为当时普遍流行的土坑竖穴墓，墓向 335 度，面积约为 5 平方米，墓内无棺椁，墓曾经被盗扰，随葬品仅存石圭 1 件，墓内北端有两具并列的墓主人骨架，头向南。从以上资料来看，此墓无棺无椁，明显是平民家族墓中的一个。但这是战国中晚期墓葬中发现的唯一一例二人合葬墓。战国时期已经出现了夫妻合葬的现象，中山之地此墓葬有可能即是夫妻合葬墓。此时期中山之地的一般贵族可能也实行一夫一妻制。如考古资料显示战国中山国王陵墓区东北区位于中山王墓 M1 东北约 500 米处，此墓区内多为面积较大的墓葬，且处于中山王陵区内，应为中山贵族墓葬，其中中型墓葬多南北向，两两并列，可能为夫妻异穴合葬墓。中山之地的中型墓一般是贵族或平民上层墓，因此可以认为中山一般的小贵族或平民上层也应该采用一夫一妻制。以上春秋战国时期中山墓葬的情况显示出中山之地一般贵族和平民应实行一夫一妻制。

(三) 以中山王为首的中山上层社会父权制大家庭

战国之时中山之地的社会上层一般为父权制大家庭。以中山王的大家庭为例，中山王的家庭成员数量很多，包括中山王、王的兄弟姐妹、中山王各等级的后妃侍妾以及她们所生的儿女。在这个大家庭中，中山王享有绝对的权力。中山王有权选择配偶，并决定众多配偶的地位高低，如《战国策·中山策》中记载中山王曾在两位妃子中选择一位"阴姬"立为后。这反映出中山王对自己的后妃享有绝对的控制权。中山王对自己的兄弟子女享有生杀予夺的权力，如《韩非子·内储说下》中记载中山王曾诛杀了一位贱公子。战国时期"公子"是对国王的兄弟和儿子的通称。中山这位"贱公子"也应当是王的兄弟或儿子，以上文献记载表明中山王享有对家庭成员的生死处置权。中山王还控制着家庭的财权，如上述《韩非子·内储说下》记载，中山王身边之人曾向中山王请求增加中山贱公子的马料，但遭到中山王的拒绝。这充分说明中山王掌握着家庭内部的财政大权。总之，在中山王的大家庭中，中山王掌握着绝对的权力，中山王的配偶、子女、兄弟等家庭其他成员的地位、财产甚至生死都由中山王操纵决定，中山王是这个父权制大家庭中的绝对权威。由此可以推测，中山国其他社会上层的家庭也应是父权制大家庭。

中山国王的后宫实行等级制，这造成了中山王不同等级的妻妾及其所生子女之间地位权力的显著差别。从上述墓葬材料和《兆域图》可以看出，中山王不同等级的妻妾享有不同的礼制，等级越高，礼制越崇，中山王后享有的葬制等同于中山王，这表明她们生前也应享有与王不相上下的礼制。中山王地位较高的姬妾还享有一定的权力，如文献记载："司马憙三相中山，阴简难之。"① 阴简是中山王的妃子，一个妃子可以干涉朝政，为难身为中山国三朝元老、位极人臣的相邦司马憙，这反映出中山王妃子必定拥有一定的权力。中山国诸公子的待遇和权力相差悬殊，地位较高的公子享有一定的参政权力。中山的"贱公子"地位低下，生活贫困，只有弊车瘦马，而且生命也没有保障，非常容易成为政治斗争的牺牲品。但地位较高的中山公子则不然。《韩非子·说林上》载鲁丹本是一受到中山君赏识的游说之士，中山一公子在中山君面前诬陷他是赵国的间谍，中山君听信公子之言，就追捕鲁丹并治罪。这则材料反映出地位较高的中山公子，受到中山君主的信任和宠爱，可以随侍在中山君左右，甚至干涉中山君的政事和用人，显然应拥有一定的权力。

（四）以共同劳动为基础的平民家庭生活

春秋战国时期中山国存在许多个体平民家庭，在平民家庭中男女共同劳动，地位比较平等。战国中山之地墓葬中出现了因男女性别不同而墓葬随葬品各异的现象。有的墓葬中只出土了武器，有的墓葬中则仅出土了少量装饰品。如上述战国早中期出现的装饰品墓和武器墓的划分；再如战国中晚期墓葬 M8003 的墓主就是一个男性，墓葬中随葬品大多为武器剑、戈、箭镞等，装饰品只有一件带钩。因此，可以确定战国中晚期多随葬武器的墓葬墓主应为男性。那么仅出土少量装饰品如串珠而不出土武器的墓葬应该是女性墓葬。因此战国时期中山墓葬中显然出现了男女随葬品明显分化的现象。这种现象反映出中山家庭中男女之间的分工应该有所不同。而且战国中晚期中山墓葬已经呈现出家族墓地的特征，各墓葬按时间早晚排列。中山男女墓葬共同按一定规律埋在同一家族墓区中，男女各有自己的墓葬，女性墓并不附属于男性墓，这本身就说明中山男女生前的地位是较平等的。中山男女墓葬中随葬品的差异反映出当时中山国家庭内男女的分工已经很明显了。

战国时期中山国男女在家庭中的分工也在器物纹饰中表现出来。中山女子在家庭中负责饲养家禽、采桑并抚养子女。战国早期中山墓葬 M8101 出土祭祀狩猎纹铜鉴纹饰显示，图上的堂屋下面饲养着一只家禽，

---

① 范祥雍笺证，范邦瑾协校：《战国策笺证》，第 1866 页。

正在吃食。同墓所出宴乐狩猎纹铜豆画面上，用三条平躺在地的鱼表示女子所处之地有一条溪流，四只大大小小的鸭子正在争先恐后地从溪边向庄园内一个女子奔去，显然是这个女子正在喂养鸭子。中山王墓 M1 一座陪葬墓所出鸭形尊形象逼真生动，也说明中山国内鸭是人们习见之物。河北平山县黄泥村战国墓出土了内置家禽骨骼的鼎和盖豆，还有鹅首铜带钩。这些情况都说明当时中山国普遍饲养着鸭、鹅等家禽。此外，战国早期中山墓葬 M8101 所出的铜盖豆柄座上的采集狩猎图显示，六个身穿长裙的中山女子正在采桑，有一人将篮筐吊在树枝上，自己攀在树上采摘，另有三人在树下采摘，还有两人似为母女，成年女子一手提着篮筐，一手拉着另一较小的女子正在离去。这幅图画显然是中山平民女子日常采桑劳作的再现。中山王墓 M1 中出土大量的麻布、麻线遗迹，墓西侧的建筑遗迹中出土了陶纺轮，战国中期晚段 M8754 中出土了许多装饰品，如水晶环一枚，玛瑙环两枚，琵琶形铜带钩两个，水晶串珠六颗，并随葬陶纺轮。推知此墓主应为女性，可知中山女子也种麻，并用陶纺轮纺麻线。结合上述铜器纹饰和考古资料，可知中山女子平日的劳动是采桑养蚕、种麻织麻布、喂养家禽、抚育幼儿等。

中山平民男子主要从事畜牧、狩猎等生产活动。中山国多为山区，据有关学者研究，中山国的北部和西部山区丘陵地带的经济正是以畜牧牛马为主。《说苑·辨物》中称狄地，即中山，曾出现了牛生马、马生牛的奇异现象，这其实正是中山国山区牛马杂牧于野外时出现的正常现象。战国时期中山盖豆柄座上男子狩猎图显示了一个男子手持短剑，正在向一群牛马样的动物逼近的场面。这群动物中有两只小一些的动物正在旁边嬉戏打闹，远处有一只较大的动物正低头站立观望，而男子正在持剑逼近的一只动物跪卧在地，头长长角，头向狩猎者。同一器物上的另一幅图则是十几个男子集体狩猎的场景，画上动物四处逃窜，猎人或头戴兽首样的冠饰，或身着有尾饰的伪装服，一般为半裸体男性，他们手持长矛、戈、短剑、棍棒、弓箭等武器，正在与野兽肉搏；有两个猎人头戴鸟形饰、身穿羽毛衣伪装成动物形状，射猎奔逃的动物，所射之矢已中兽颈；一个化装成牛首人身者位于画面中央，似正在指挥捕猎活动。画面中的人和动物组成一场大规模的狩猎活动。有的学者将这两幅图画都定名为狩猎图。但是将两幅图画对照，一幅图上是激烈的人兽搏斗的狩猎场面，另外一幅图画上则充满平静的气氛，显然有着极大的不同。因此将第一幅图画名为狩猎图是不符合实际情况的，这应是一个男子在宰杀自己蓄养牛马的图画。图画上显示中山男子的日常生产活动是以畜牧、狩猎为主。春秋战国时期中山墓葬中多出现武器如剑、戈、箭镞等，正是中山男子狩猎的工具。

中山国家庭中男女分工合作，女子也占有一定的财产，男女地位较平等。中山战国早期 M8101 所出铜豆豆柄座上的三幅图，其实是中山平民家庭中男女日常劳动分工的写照。中山女子一般从事采桑养蚕、种植纺织、养殖家禽等生产，男子则从事畜牧和狩猎生产。男子畜牧狩猎，女子采桑养蚕、纺织布帛、饲养家禽，这正是中山国山区丘陵地带平民家庭的主要生产方式。司马迁在《史记·货殖列传》中记载"燕代田畜而事蚕"。① 中山国与燕、代为邻，其北部正处于此经济圈边缘，图画所显示的男子田畜、女子桑蚕的经济生产方式正可与文献所载相互印证。由此可知，中山女子应是家庭生产中不可缺少的劳动力，在生产中也起着不可忽视的作用，是家庭经济主要来源之一。这种男牧女织的生产方式决定了中山女子在家庭生活中应享有一定的权力和地位。中山地区墓葬的出土文物也证实了这一点。如历年来出土的中山国境内鲜虞族墓葬中一般都出土有项饰、金耳环、包金虎形饰等各种金饰、泡饰等饰物，这说明中山平民无论男女都喜装饰。装饰品本身就是一种财产，贵金属制作的装饰尤其如此。因此中山女子必然占有相当的财富，这意味着中山女子在家庭中应有一定的经济支配权。

中山平民家庭中父亲对子女也享有一定的权威，如《战国策·中山策》载中山国两名战士的父亲曾得到中山王的施舍而免于饿死，为了报恩，临死之时嘱咐自己的儿子"中山有事，汝必死之"。② 这两名战士因而遵从父命，冒死保卫战败逃亡的中山国君。这两名战士显然出自中山之地平民家庭，可见中山平民家庭中父亲对儿子享有充分的权威。

总之，春秋战国时期，中山国平民的婚姻以一夫一妻制为主。战国时期中山平民的小家庭中，男女共同生产劳动，女子主要从事桑蚕、饲

---

① 《史记》卷一百二十九《货殖列传》，第 3270 页。
② 范祥雍著，范邦瑾协校：《战国策笺证》，第 1875 页。

养家禽、抚养子女的工作，男子则从事狩猎野兽、放牧家畜、农耕等生产。战国时期，中山平民不论男女，死后都按一定顺序埋葬在族墓地中，而且中山墓葬中不仅存在夫妻并穴合葬的形式，到战国中后期还出现了少量的夫妻合葬的现象。这些情况都表明男女在家庭中的地位比较平等，中山女子墓葬中随葬的金饰品表明其生前也拥有一定的财产，这是中山女子享有较多自由的经济基础。中山平民家庭中，父亲对子女具有一定的权威。

（五）春秋战国时期的生育崇拜习俗①

原始的生育崇拜风俗，我们从考古遗迹中很难找到翔实的答案，但是我们可以根据史料和当今存留的生育习俗，反观我们生育观念的变化。

在原始信仰中，把天地视为人类的来源。南方流行的盘古神话，就发源于天地。汉族传说大禹就是从石头中生出来的。《淮南子·修务训》："禹生于石。"其妻涂山氏化为石，又生启。《汉书·武帝纪》颜师古注引《淮南子》："禹跳石，误中鼓，涂山氏往，见禹方作熊，惭而去。至嵩高山下，化为石，方生启。禹曰：'归我子！'石破北方面生启"，这是一个古老的石头生人神话。

自然生人或自然物生人，是人类把自然界视为人类之根，认为是某种自然物生育了人类，它可能是把人类的起源信仰和生育信仰结合在一起了。在这里，人在生育中的作用还不明确，即使知母，也是模糊的，不确定的。物生人是对自然的神化，也是对自然的人化，应该说是自然崇拜的产物，是生育信仰的滥觞，当然，这种物生人，自然生人，仅仅是从民族传说和原始宗教信仰资料推测的；人类在崇拜自然的过程中，发现某些自然物与自己有一种特别亲切的关系，或者对自己威胁很大，带来灾难，于是对这些自然物加以特殊崇拜，即把某种动植物或无生物视为人类的另一种源头，即生殖感生物，国外称为图腾，中国习惯称为族徽和族标，"当时一方面崇拜图腾，另一方面崇拜妇女，而且只有两者结合才能生育后代。男子的作用是排斥在外的。这就是母系氏族社会的生育观。因此当时普遍流行图腾和女神信仰"②。在这个历史阶段，由于

---

① 此部分作者系石家庄学院文学与传媒学院教授李巧兰。
② 宋兆麟：《原始的生育信仰——兼论图腾和石祖崇拜》，《史前研究》1983年第1期。

妇女感生，在生育信仰上有明显特点：一是对女性祖先格外崇拜，如女娲、西王母等，都是这一时代的产物，考古发现的女神是上述信仰的铁证。

无论是对"生"的崇敬还是对"死"的恐惧，都源于先民对孕育知识和生命知识的无知，因而他们运用原始思维的主要方法——类比和联想，往往把他们认为拥有超自然力量的"神圣之物"作为生命的来源之一，这样，对自然"神圣之物"的崇拜与对氏族祖先的敬畏融会结合，便产生了图腾崇拜。

图腾与图腾崇拜是每一个古老民族都曾有过的原始宗教意识，图腾和图腾崇拜又是图腾诗产生的根源所在。《诗经》保存了大量的图腾诗，存留了上古图腾崇拜观念。《诗经》中表现出来原始先民将生殖崇拜和图腾崇拜相结合的性图腾崇拜现象。《诗经》中典型的性图腾崇拜是鸟和鱼。闻一多先生最先注意到《诗经》中屡屡出现的"求鱼"现象。

在母系制下，图腾信仰是很流行的，现在随着母系制的瓦解，附着在其上的女神、感生信仰也退出了历史舞台，代之而起的是男女两性结合而育的生育观念。生殖崇拜和图腾崇拜有密切相关之处，中国的龙和凤分别具有男性和女性图腾的意义，但是"它们不是原生的性别图腾，而是由其他图腾演化来的"①。

《诗经·召南·野有死麕》这首诗其实就是一首典型地保留了性别图腾观念的诗歌。

> 野有死麕，白茅包之；有女怀春，吉士诱之。
> 林有朴樕，野有死鹿；白茅纯束，有女如玉。
> 舒而脱脱兮，无感我帨兮，无使尨也吠。

这首诗通常被解释为吉士以白茅草包裹死麕以赠女子，从而引诱她。但是，由"野有死麕"直接跳到"有女怀春"确实令人生疑，死麕和白茅，吉士和怀春之女，四者之间到底存在怎样的关系呢？这是解读此诗的一个关键。白茅一词，见于《易经》。大过卦初六："借用白茅，无

---

① 王友三主编：《中国宗教史》（上），齐鲁书社1991年版。

咎。"象曰："借用白茅，柔在下也。"白茅象征女性，死麕象征男性。《小雅·白华》亦可看到白茅作为女性图腾的应用。"白华菅兮，白茅束兮。之子之远，俾我独兮"。作为一首弃妇诗，女主人公以白茅自比。追溯渊源，当是白茅的女性图腾身份。《左传·禧公四年》记载齐桓公伐楚的理由："尔贡包茅不入，王祭不共，无以缩酒。"如果我们认为齐桓公向楚国索要的是滤酒的茅草，未免太过天真。齐桓公显然是另有所指，茅的隐含意指女人，这在先秦，当是不言自明的。

图腾观念盛行的上古时代，崇拜生殖，鼓励生育，仪式正是基于生殖崇拜与图腾崇拜观念的结合而产生。《诗经》中有些图腾诗从侧面反映了这种图腾繁殖仪式。如《周南·螽斯》：

> 螽斯羽，诜诜兮。宜尔子孙，振振兮。
> 螽斯羽，薨薨兮。宜尔子孙，绳绳兮。
> 螽斯羽，揖揖兮。宜尔子孙，蛰蛰兮。

这首诗歌反映的内容，很明显以螽为图腾的部族在图腾繁殖仪式上模仿螽的形态、载歌载舞，是为了祈祷部族人员能像螽那样生殖力旺盛，繁衍众多。再如《唐风·椒聊》一诗：

> 椒聊之实，蕃衍盈升。彼其之子，硕大无朋。
> 椒聊且！远条且！
> 椒聊之实，蕃衍盈匊。彼其之子，硕大且笃。
> 椒聊且！远条且！

这是一首赞美妇女多子的诗。椒多子，所以汉代之后有椒房之宠的说法，寄托了多子多福的寓意。不难看出此诗包含了浓厚的图腾生殖崇拜的意义。一方面人们不遗余力的赞美花椒，赞美它果实结得多，枝条伸得远；一方面人们也希望部族能够像他们的图腾物花椒那样，繁衍盛大。

三 丧葬礼俗

丧葬礼俗是人们根据现实生活和对鬼神的崇拜观念，对死者在冥间的生活做出的安排，实质上是生者死亡观念的物化表现。不同的时代、区域，不同的氏族、民族，不同的阶层集团或成员，往往会持有不同的丧葬习俗。中山国丰富的墓葬资料揭示中山丧葬礼俗因时代变化呈现出不同的特点。

（一）墓地制度

不同时代的丧葬礼俗总是与一定的社会发展形态相适应。春秋时期，社会基本划分为贵族和平民两大阶层，在墓葬中也就反映为贵族的"公墓"和平民的"邦墓"。战国时期，社会开始变革，产生新的阶级分化，社会基本形成了三大阶层划分：专制王权初现，国王高踞金字塔权力的顶端；下面是地主贵族集团，包括食封贵族地主、军功官僚地主和豪民地主；最下面是平民阶层。同时在墓葬中也相应地出现了三大划分：国王及其配偶享有的单独陵园、地主贵族的墓地和平民的族墓地。战国中山国的墓葬情况在基本遵循这一社会阶层划分的前提下，却呈现了两极分化的自身特点，即中山王族形成了以中山王为核心的专门墓地，一般贵族和平民阶层的墓地却未能划分，依然以族墓地的形式并存。

1. 中山王族的公墓制度

战国中、晚期中山墓葬反映出中山国国君及王族形成了自己的公墓。中山国灵寿城址内西北部存在着公墓。公墓位于城内西北部，有夯土墙围绕，葬有桓、成两代及其家族墓。王墓都建于台地上。两座王陵，一座在东北（桓公墓），一座在西南，西部还有三座中山王的同族近属中型墓与之成东西排列而位置稍北。战国时期灵寿城及中山国王陵分布图中显示，中山国灵寿城内西北的王陵区分为两大部分，都是以一座大墓为主，在其两侧或后部西北侧有排列整齐的若干中型墓和小型墓。这些现象表明灵寿城内西城北部已经形成了专门的王陵区，也就是《周礼·春官》中所称的"公墓"，历代中山国君主及其同族近属死后都葬在这一专门的墓地中。

中山历代君王墓葬的排列次序有自己的特点。《周礼·春官·冢人》载："先王之葬居中，以昭穆为左右，凡诸侯居左右以前，卿大夫士居后，各以其族。……凡有功者居前。"[①] 这种墓葬次序应是中原各国公墓

---

① 郑玄注，贾公彦疏：《周礼注疏》，北京大学出版社1999年版，第567页。

遵循的原则。但是中山国君墓的排列有自己独特的顺序，是先王葬于北，后王葬于南，且墓丘向西偏移。中山王的同族近属应相当于《周礼》中的诸侯，但其墓居于中山王墓 M6 的右侧稍后，其位置虽相似于《周礼》定制，亦有前后不同之差。

战国中山国王族墓地的情况表明，中山王族的墓地是成组的，每一组以一位中山王为主，周围按亲疏远近关系埋葬同辈之亲属、中山王的后妃，并且都有王的侍妾等陪葬在王墓的旁边。下一辈中山王的墓地位置应在上一辈中山王墓地的西南方向。这种墓葬形制体现了中山国已经形成了一定的丧葬礼制，表明中山王族和家庭组织内部存在着鲜明的尊卑等级之分，在墓葬的排列顺序方面具有一定的独特性。

2. 中山王的陵园

战国中、晚期的中山王墓进一步形成独立的陵园形式。战国中、晚期的王及哀后陵地单独位于城西高地上，周围环绕着几座大小不等的陪葬墓、车马坑和葬船坑，再向外还有位于王陵东部按一定次序排列的五座外陪墓，所有环绕的陪葬墓、外陪墓的墓主头向都朝向王墓，形成众星拱月之势。据《兆域图》和河光石铭中对墓地的规划设计可以知道，中山王陵园应为一处苑囿，有三道墙。中山王陵园的东北区、东区、东南区还存在着 59 座排列整齐的战国中、小墓葬。东区、东南区的中型墓群应为显贵的家族墓地，这反映出中山王礜时期虽然开始建造单独的陵园，并用墙垣与其他墓葬相隔，但是在墓葬附近依然存在着其他王族成员的墓地，这无疑是公墓形式的残存。

中山国公墓居于特设的地区，公墓内中山王及其诸配偶的墓葬更用墙垣与其他王族成员墓相隔离，这种中山王陵园的单独出现反映了国君唯我独尊的地位已经巩固，专制权力得到进一步的加强。

3. 中山各时期的"邦墓"——族墓地

中山国也存在着"邦墓"，即平民族墓地。中山国灵寿城址存在许多居住遗址，都有相应的墓地。春秋和战国早期中山灵寿城址未建之前，城址所在之地已经有鲜虞族人居住。在鲜虞族人居住址附近形成了墓地。此时期墓地中墓葬排列并无一定规律，中小型墓处于同一墓地中，应是鲜虞族的公共墓地。

战国中晚期的中山墓葬已经形成了密集而大片的家族墓地。族墓地的墓葬排列方式都遵循一定的礼制，如中山灵寿城址附近的岗北村东墓区内的一组家族墓的排列，是祖墓位于北面，下一代的墓葬则是由北向南，自东往西的排列位于灵寿城址外东北一公里的战国中、晚期中山国小墓群有30余座，为族葬墓地，其排列也是先祖在北，子辈于南偏西置穴。在一般的墓区内，各墓的位置是按家族的形式来埋葬的。因此，经常是在一组家族墓群中，小型墓和中型墓互相掺杂于同一墓地，小墓为一般的平民墓，随葬品很少，葬具以一椁一棺为多，随葬品以火候较低的陶礼器为主，有的只有一两件精美的玉器和一两个玛瑙环和小带钩等。中型墓则有车马饰件、铜礼器和成组的陶礼器，如下三汲村西南的一个家族墓地就是这样。族墓地中，尽管墓葬的规格、随葬品有大小多少的差别，但葬式和葬制却大体一致。《周礼·墓大夫》载："令国民族葬而掌其禁令，正其位，掌其度数，使皆有私地域。"郑玄注："古者万民墓地同处分其地，使各有区域，得以族葬后相容。"中山国族墓地的实际情况显然与《周礼》的记载是相符合的。这种墓葬形式也反映出当时中山国平民聚族而居的生活组织形态。

（二）墓葬形制

此处墓葬形制主要指墓室的具体构造，包括墓室面积，墓坑形制（包括有否积石、二层台、壁龛），棺椁情况和附葬的车马坑、殉人、殉牲等情况。中山国的墓葬形制基本上可分为大型中山君主、中山贵族、平民三大阶层，各阶层又可按时代分为春秋、战国早期、战国中晚期三个阶段，各阶段的墓葬形制都有自身的特点。由于各时期的墓葬情况不同，因此区分墓葬形制的标准也不一样。

1. 大型中山君主墓葬形制

中山大型墓葬主要是指战国中、晚期各中山国君主之墓。自春秋晚期开始，一些贵族墓在地面上筑有坟丘。此时期及以后的诸座中山国王墓M1、M6及其配偶亲属墓情况表明，中山国王在生前便开始为自己营造规模巨大的陵墓，中山王墓M1中所出的兆域图铭文，便是中山王生前命令相邦为自己修建陵墓的诏告。

据《兆域图》及相关考古资料，战国时期中山国王墓地的营造以生者居住模式为蓝本，形成地上和地下相依并存的复杂组合。地面建筑包括：王及其后宫诸后妃的五座堂室、陵园各管理官员居住的宫、宫垣和门、高大的平台和道路、封土。从墓葬附近所出河光石铭文推测，墓前也许仿照生前居室建筑设有苑囿。地下建筑：中山王墓 M1 和 M6 均为中字形双墓道墓。M1 墓室平面呈方形，立体呈斗形，上宽下窄，面积最大达 900 平方米。M6 最大面积达 756 平方米。中山王墓室一般均由椁室和众多库室组成。墓周围有多座车马坑、葬船坑、外葬坑等。地下的石筑的近方形椁室建筑、车马坑、葬船坑、库室应都是仿照生前的居室样式所建，有壁柱支撑墙壁，地面也要铺设席子，墙壁也要装饰粉刷，墓室顶上有木构的顶盖。《吕氏春秋·安死》载，战国时期君主的丘垄"其高大若山，其树之若林，其设阙庭为宫室，造宾阼也若都邑"。① 中山国王墓葬形制正与战国时期的流行墓制相符。中山国的厚葬之风，既是"事死如事生"的中山墓葬风俗的表现，也是中山国上层奢侈之风的反映。

2. 较大型贵族墓葬形制

战国中、晚期中山贵族墓的资料仅限于与中山王墓 M6 并列的三座王室贵族墓。这三座墓应该是中山王的近亲之墓，墓主属王室贵族。经过对墓葬面积、墓坑形制、车马坑和陪葬墓四方面的分析比较，中山王室贵族墓葬方向都是北向，墓葬面积均在 50 平方米以上，都有封土，墓圹内都有积炭并都随葬有车马坑，显示出其墓主都应属于贵族阶层。但三墓及其车马坑的面积、坑内殉葬车马数量有相当大的差异，并且 M3 陪葬墓的面积也比 M4 要大，M5 则没有陪葬墓。其中 M3 在墓葬、陪葬墓、车马坑面积和殉葬车马数量等各方面都是最大、最多，并且墓圹内还多出了积石现象；而 M5 无论在墓葬面积、车马坑面积等方面都与 M3 相差很多，并且没有陪葬墓。这些情况都表明这三座墓葬的墓主虽都是中山王的亲属，但墓主与中山王的血缘关系远近决定了其生前的地位、权力和财富的差异。

3. 中山王墓陪葬墓形制

战国中山国王墓周围的陪葬墓按其形制大小来看，也应属中小型墓，但因其特殊的地位身份，不应视同一般的平民墓，因此此处将中山王墓 M1 的六座陪葬墓和五座外陪墓、中山王墓 M6 的三座陪葬墓分别述之。

---

① 吕不韦著，陈奇猷校释：《吕氏春秋新校释》，第 542 页。

经过对排列方式、墓葬面积、墓坑形制、棺椁形式和殉牲五方面的对比研究，可知中山王墓的陪葬墓和外陪墓都是环绕主墓排列，并且头部都朝向主墓方向，反映出墓主生前从属于中山王的地位。各墓均为一棺一椁，面积基本在 10—50 平方米，墓葬基本形制都是土坑竖穴墓，只有少量的墓中存在积石、积沙现象，这些情况都说明陪葬墓墓主的生前所属的阶层是基本相同的，积石、积沙现象只是战国中、晚期的墓葬防盗、防潮措施。陪葬墓之间，外陪墓与陪葬墓之间，外陪墓之间位置与面积的显著差异，反映了中山王的诸陪葬墓和外陪墓墓主的身份和地位存在明显等级差别。此外，M1 陪葬墓中出现较为普遍的殉牲现象，说明当时此阶层存在一定的殉牲习俗。

4. 中山各时期中小型墓葬形制

中山国的中小型墓葬材料比较丰富，墓葬按年代主要分为春秋、战国早期、战国中晚期三个阶段，各阶段的墓葬形制都有各自不同的特点，但又存在一定的继承性。

春秋时期的中山墓葬按其形制基本可分为中型殉人墓和小型无殉人墓两类。两种墓中都既有土圹竖穴墓，又都存在积石现象，而且两种墓中不但都存在二层台现象，而且都有棺椁并存的现象。这一时期的墓葬形制反映出的墓葬习俗首先是土坑竖穴墓和土坑竖穴积石墓并存，积石葬俗有两种形态，一种为大石块填充棺椁与墓圹之间，一种为石椁形态；其次，春秋时期中山之地存在殉人习俗；再者，中小型墓中多见二层台。

战国早期中山之地墓葬以土坑竖穴墓为主，并存在相当普遍的石构墓和少量积沙墓。可知战国早期中山之地较为广泛地存在积石葬俗，并开始出现了新的积沙葬俗。战国早期，中山石构墓的形式变化多样，除保留了春秋时期已经出现的积石墓和石椁墓外，还出现了新的石板墓、石洞龛墓等形式，与春秋时期墓葬产生了一定的区别。而且积石墓的积石形态中出现了分化，出现在二层台上放置象征性积石的情况，表明积石葬俗的衰退。灵寿城址附近积石墓和土坑竖穴墓共存于同一个墓地，这种积石墓和土穴墓共存于同一地区的现象在冀中西部也存在，如唐县钓鱼台为石椁墓而北城子则是土穴墓。这种情况可能说明在同族中观念的差别或积石葬俗正向土穴葬过渡转化。

战国中、晚期的中山国墓葬形制渐与中原趋同，阶级分化在墓葬中有了明显的表现，中山各等级墓葬的面积都出现了明显的区别。中山灵寿城址附近墓葬中土坑竖穴墓逐渐占据主导地位，积石葬俗在小型平民墓葬中已经消失殆尽，转变为一种大中型墓葬及个别陪葬墓的防盗措施，小型墓葬中只残存着少数石构墓葬俗。战国中、晚期中山的墓坑形制中有积石墓和土圹竖穴墓两种，其中积石墓仅见于战国中期早段，其他各期墓葬中均是土坑竖穴墓。这种情况说明战国中、晚期的墓葬中，积石葬俗逐渐消失，土坑竖穴墓成为当时墓葬坑形制的主流。

战国中、晚期中山墓葬中的棺椁制度主要流行一棺一椁制，同时出现少量单棺和单椁墓，并出现了一例土椁木棺墓。可知，战国中、晚期的墓葬形制比较统一，多数是面积在5—10平方米之间的土圹竖穴墓，墓中葬具以一棺一椁者较多。这种情况表明战国中、晚期中山墓葬已经形成了基本统一并且比较固定的葬俗。其中墓葬的面积大小差别，棺椁的差异以及木棺土椁墓中以土椁代替木椁的现象应该归于墓主生前贫富差别。墓主身份多数应是普通平民。此时期中山之地的葬俗明显受中原地区的影响，被华夏地区平民的葬俗同化了。

秦汉篇

贾丽英等

第 五 章

秦汉恒山郡（国）、常山郡（国）、真定国建置沿革

秦并天下之时实行郡县制，现石家庄地区归属何郡？《汉书·地理志》述赵国时提到"故秦邯郸郡，高帝四年为赵国"①。上至刘宋裴骃、北宋欧阳忞等诸家，下至清儒钱大昕及王国维、谭其骧、辛德勇等先生，以及近年依据秦简研究秦郡的研究者，都将邯郸郡视为秦始并天下之郡，将现石家庄辖区直接归属邯郸郡。②谭其骧先生认为邯郸郡应在秦军攻取赵地后，即秦王政十九年（前228）"尽定赵地为郡"③，恒山郡则是"分邯郸置"④。这一观点在学界影响最大。然也正如谭先生所言"夫考古之事，竭其能事耳。生千百年之后，上究千百年前之典章经制，史文阙略，焉得必无遗漏？"⑤近年来公布的岳麓书院藏秦简中出现"恒山郡"这一郡称，说明恒山郡实为秦郡，且在秦统一天下前已存在。下面结合文献材料以及秦简牍、秦封泥"赵郡""恒山"等郡名字样，对这一时期的石家庄郡级归属及变迁略作考证。

---

① （汉）班固撰：《汉书》卷二十八下《地理志下》，中华书局1962年版，第1630页。
② 参见王国维《秦郡考》，《观堂集林（上）》，河北教育出版社2001年版，第340页。谭其骧《秦郡新考》，《长水集（上）》，人民出版社1987年版，第3页。辛德勇《秦汉政区与边界地理研究》，中华书局2009年版，第60页。张莉《秦郡再议》，《历史地理》（第二十九辑），上海人民出版社2014年版，第94—104页。何慕《秦代政区研究》，复旦大学博士论文，2009年，第58页。
③ 谭其骧：《秦郡新考》，《长水集（上）》，第3页。
④ 同上书，第8页。
⑤ 同上书，第10页。

第一节　秦之赵郡与恒山郡变迁

关于秦置郡的数目及郡名等相关研究，目前史学界分歧较大。现在见到较有代表性的观点有 36 郡、46 郡、48 郡和 54 郡之说。① 36 郡之说，见于《史记》《汉书》等秦汉史料：

《史记》卷五《秦本纪》："秦王政立二十六年，初并天下为三十六郡，号为始皇帝。"②

《史记》卷六《秦始皇本纪》："二十六年……秦初并天下……分天下以为三十六郡，郡置守、尉、监。"③

《汉书》卷二十八下《地理志下》："本秦京师为内史，分天下作三十六郡。"④

从这几则材料看，36 郡为秦始并天下之时即秦王政二十六年（前 221）郡之数目。尽管学界有关秦郡数目争议至今未有定论，但 36 郡的数目应不会错。我们知道行政区划的建置、合并、析分是一个动态的过程，加上秦统一六国之后，还有拓疆扩土的大规模军事行动，领土面积的扩大必然使郡一级行政区数目发生改变。36 郡只是显示了秦王政二十六年（前 221）这一年的史实，司马迁所述必有所据。但 36 郡为何郡？

---

① 36 郡为传统说法，自秦汉史料至刘宋裴骃《史记集解》、唐官修《晋书·地理志》、唐李吉甫《元和郡县图》、北宋欧阳忞《舆地广记》、南宋王应麟《通鉴地理通释》及到清初顾祖禹《读史方舆记要》等均用此说。谭其骧：《秦郡新考》，《长水集（上）》，第 10 页："秦一代建郡之于史有征者四十六郡"，主张 46 郡说。王国维：《秦郡考》，《观堂集林（上）》，第 342 页："共为四十八郡，四十八者，六之八倍也。秦制然也。"周振鹤：《秦一代郡数为四十八说》，《学腊一十九》，山东教育出版社 1999 年版，第 71—72 页。辛德勇：《秦汉政区与边界地理研究》，第 86 页："秦始皇三十三年……为保持以十二以基数的郡制，根据各种不同的实际需要，又对旧有的郡进行调整……即最后调整为如下四十八郡"，主张秦郡最多时为 48 郡。后晓荣：《秦代政区地理》，社会科学文献出版社 2009 年版，第 116 页："终秦一代，置郡数为五十四"，主张 54 郡为秦郡定数。
② （汉）司马迁撰：《史记》卷五《秦本纪》，中华书局 1982 年版，第 220 页。
③ 《史记》卷六《秦始皇本纪》，第 235—239 页。
④ 《汉书》卷二十八下《地理志下》，第 1639 页。

第五章 秦汉恒山郡(国)、常山郡(国)、真定国建置沿革

司马迁未详述。后世对秦始并天下各郡的认识，来源于《汉书·地理志》及各本纪列传。那么现石家庄辖区属于何郡？

如前所述，自古至今很多研究历史地理学学者都将邯郸郡视为秦始并天下之郡，将现石家庄辖区直接归属邯郸郡，尤其以谭其骧先生的观点影响为最大。但仔细爬梳史料，发现原赵地所属，现石家庄市辖区，在秦始并天下的过程中或统一后，从未归属过邯郸郡。其最早归属的郡应该是赵郡。

> 《史记》卷六《秦始皇本纪》："十四年，攻赵军于平阳，取宜安，破之，杀其将军。"①
>
> 《史记》卷八十一《廉颇蔺相如列传》："居三年，秦攻番吾，李牧击破秦军，南距韩、魏。"②
>
> 《史记》卷六《秦始皇本纪》："十九年，王翦、羌瘣尽定取赵地东阳，得赵王。"③
>
> 《史记》卷七十三《王翦列传》："十八年，翦将攻赵。岁余，遂拔赵，赵王降，尽定赵地为郡。"④

从秦王政十四年（前233）、十五年（前232）始，秦军不断攻取赵地，用了四五年的时间，终灭赵，定赵地为郡。不过，郡为何郡？未见说明。《元和郡县图志·河北道三》云："中山之地，方五百里，秦兼天下，今州盖秦赵郡、钜鹿二郡之地。"⑤ 此著为现存最早又较完整的唐代地理学名著，在写作过程中李吉甫广采汉魏六朝各家地志，以及《水经注》《括地志》等，其所据材料可能现在已散佚。而秦封泥"赵郡左

---

① 《史记》卷六《秦始皇本纪》，第232页。宜安，《正义》引《括地志》云："宜安故城在常州藁城县西南二十五里也。"
② 《史记》卷八十一《廉颇蔺相如列传附李牧》，第2451页。番吾，《索隐》曰："县名。"《地理志》在常山。
③ 《史记》卷六《秦始皇本纪》，第233页。
④ 《史记》卷七十三《王翦列传》，第2338页。
⑤ （唐）李吉甫撰、贺次君点校：《元和郡县图志》卷十八《河北道三》，中华书局1983年版，第509页。

田"①（图5—1），证明李吉甫所述"赵郡"确实存在。从上述材料看现石家庄所属秦之宜安（现石家庄藁城区西南）、番吾（现石家庄平山县黄壁庄水库）等都在赵郡统辖范围内。

图5—1 秦封泥"赵郡左田"②

顾名思义，赵郡、邯郸郡均是围绕以原赵国故地邯郸为中心的区域而设置的，此二郡不可能同时存在。《汉志》当中也明确提到邯郸郡为故秦之郡，想来所言非虚。秦封泥有"邯郸之丞""邯郸造工""邯造工丞"③"邯郸驲丞"④。近年来公布的里耶秦简中也有邯郸为郡的字样，都为我们提供了有力的佐证。

> 故邯郸韩审里大男子吴骚，为人黄皙色，隋（椭）面，长七尺三寸☒Ⅰ
> 年至今可六十三、四岁，行到端，毋它疵瑕，不智（知）衣服、死产、在所☒Ⅱ（简8—894）⑤

---

① 周晓陆、路东之：《秦封泥集》，三秦出版社2000年版，第255页。
② 采自周晓陆、路东之《秦封泥集》，三秦出版社2000年版，第255页。
③ 周晓陆、路东之：《秦封泥集》，第256—257页。
④ 参见周晓陆、孙闻博《秦封泥与河北古史研究》，《文物春秋》2005年第5期。
⑤ 陈伟主编：《里耶秦简牍校释》，武汉大学出版社2012年版，第244页。

第五章 秦汉恒山郡(国)、常山郡(国)、真定国建置沿革

《校释》将邯郸释为邯郸郡,甚是。即吴骚原来为邯郸郡韩审里人,后迁徙。既然二者不可能共存,那么邯郸郡应是由赵郡更名而来。周振鹤先生研究汉初郡制时,曾指出高帝时期"凡更名之郡皆因郡境有所变化"①。汉承秦制,尤其是高帝之时更是如此。所以,若赵郡更名邯郸郡,其变迁过程也不会仅仅是郡名的变更,郡境的重新疆理是为必然。

秦封泥中有"恒山侯丞"(图5—2)、"恒山侯印""恒山马丞""恒山武库"(图5—3)②。这里"侯"通"候",为秦汉之武官名。《汉书·百官公卿表》:"中尉,秦官,掌徼循京师,有两丞、候、司马、千人……又式道左右中候、候丞及左右京辅都尉、尉丞兵卒皆属焉。"③师古曰:"候及司马及千人皆官名也。"④ 文献史料中的也见到秦末之常山郡:

图5—2 秦封泥"恒山侯丞"⑤　　**图5—3 秦封泥"恒山武库"⑥**

---

① 周振鹤:《西汉政区地理》,人民出版社1987年版,第120页。
② 参见周晓陆、孙闻博《秦封泥与河北古史研究》,《文物春秋》2005年第5期。
③ 《汉书》卷十九上《百官公卿表上》,第732页。
④ 同上书,第733页注。
⑤ 采自傅嘉仪编著《秦封泥汇考》,上海书店出版社2007年版,第181页。
⑥ 采自周晓陆、陈晓捷等《于京新见秦封泥中的地理内容》,《西北大学学报》2005年第4期。

《史记》卷九十五《樊哙列传》:"(樊哙)击陈豨与曼丘臣军,战襄国,破柏人,先登,降定清河、常山凡二十七县,残东垣。"①

《史记》卷八十一《陈余列传》:"韩广略燕,李良略常山,张黡略上党。"②

《史记》《汉书》所言秦末常山郡,实为恒山郡,因避汉文帝刘恒之违而称之。③从《汉志》对常山郡属县元氏、石邑、灵寿、井陉、封斯、平棘、鄗、南行唐等的描述来看④,现石家庄所辖地区,大部分属秦之恒山郡。《史记·樊哙列传》特别提及的"东垣",为恒山郡治,故址在今石家庄市东古城。⑤因城市发展变迁,课题组在考察东垣故城遗址时颇为费时,辗转三个多小时才从城中村老人口中得知,所谓东垣故城遗址,就是当地人口中的"土疙瘩",现遗留部分很小,位于体育北大街路西(图5—4)。其余遗址部分已被高楼取代,原石家庄市人民政府所立的保护单位石碑,已被拆除堆在一边(图5—5)。

而岳麓书院秦简出现的郡名当中,"清河、河间、恒山"三郡并举:

罪?人而当戍请(清)河、河间、恒山者,尽遣戍□□地。清河、河间当戍者,各戍……(简864)⑥

---

① 《史记》卷九十五《樊哙列传》,第 2657 页。
② 《史记》卷八十一《陈余列传》,第 2576 页。
③ 参见《汉书》卷二十八上《地理志上》,第 1576 页。张晏注:"恒山在西,避文帝讳,故改曰常山。"
④ 参见《汉书》卷二十八上《地理志上》,第 1575—1576 页。"常山郡……县十八:元氏,沮水首受中丘西山穷泉谷,东至堂阳入黄河。莽曰井关亭。石邑,井陉山在西,洨水所出,东北至廮陶入泜。桑中,侯国。灵寿,中山桓公居此。《禹贡》卫水出东北,东入虖池。蒲吾,有铁山。大白渠水首受绵曼水,东南至下曲阳入斯洨。上曲阳,恒山北谷在西北。有祠。并州山。《禹贡》恒水所出,东入滱。莽曰常山亭。九门,莽曰久门。井陉,房子,赞皇山,石济水所出,东至廮陶入泜,莽曰多子。中丘,逢山长谷,渚水所出,东至张邑入浊。莽曰直聚。封斯,侯国。关,平棘,鄗,世祖即位,更名高邑。莽曰禾成亭。乐阳,侯国。莽曰畅苗。平台,侯国。莽曰顺台。都乡,侯国,有铁官。莽曰分乡。南行唐,牛饮山白陆谷,滋水所出,东至新市入虖池。都尉治。莽曰延亿。"
⑤ 参见许跃彬《东垣古城或将省会历史提早 2000 年》,《石家庄日报》2008 年 4 月 24 日,第 3 版。
⑥ 陈松长:《岳麓书院藏秦简中的郡名略考》,《湖南大学学报》2009 年第 2 期。

第五章　秦汉恒山郡(国)、常山郡(国)、真定国建置沿革　　163

图5—4　东垣故城遗址（贾丽英拍摄）

图5—5　东垣故城遗址（贾丽英拍摄）

简文大意是说当至清河、河间、恒山三郡谪戍的人（罪人？），都更遣至某某地。由此可以看出，此时赵地北部由东南向西北大致排列着清河、河间、恒山三郡，三郡同时期相邻存在。如果我们上面所言赵郡更名邯郸郡的过程，应该是郡境重新疆理的过程这一论点成立的话，那么这三郡应当与邯郸郡同时由赵郡析出。

那么，赵郡析分的时间是哪一年？文献材料未见记载。封泥的特殊文物属性不能显示绝对年代。① 秦简牍大多出于湖南、湖北，涉及恒山郡等赵地郡县的材料稀少，而且遗憾的是里耶秦简和岳麓书院藏秦简尚有大部分释文未公布。以现有材料为基础分析，赵郡的析分应不晚于秦王政二十五年（前222）。其理由如下：

其一，赵郡为秦统一赵地后暂定郡名，大约与齐郡、楚郡的设置相似，是在灭六国的过程中以旧国名称暂时总名，后又分置。这一点王蘧常先生曾有论及。② 而以六国国名命名的郡，在秦统一后不见于史。所以赵郡的析置应该在秦王政二十六年（前221）之前。周晓陆"赵郡左田"封泥认为"秦统一后，又分赵地为邯郸、钜鹿等郡，因此，赵郡约为嬴政十八年至二十六年之间置"③。钜鹿郡的情况较为复杂，我们这里不做讨论，但周先生所说赵郡的存续时间大致可信。想来正是由于赵郡设置时间过短，历史影响力小，《史记》《汉书》等汉代最典型的史书才未著其名吧。

其二，中国社会早期先民有山岳崇拜的观念，将山川视为神灵所居之地："山川，所以傧鬼神也"④；"山林、川谷、丘陵能出云，为风雨，见怪物，皆曰神"⑤。秦人也不例外，不仅始皇帝本人遍祭名山，"及秦并天下，令祠官所常奉天地名山大川鬼神可得而序也"⑥。名山中最突出的，就是恒山、衡山、泰山，不仅史书中留有秦始皇帝"上泰山"⑦"之衡山"⑧"过恒山"⑨的巡视记录，而且岳麓书院秦简反映的22个郡名⑩当中，三座山名均为郡一级行政单位名称。《史记·封禅书》述及舜时：

---

① 一般认为目前发现的秦封泥的上限可以达到战国晚期的秦国，大约难以早到吕不韦执政时期；而其下限，可以达到秦二世时期（参见周晓陆、路东之《秦封泥集》，第17页）。
② 参见王蘧常《秦史》，上海古籍出版社2000年版，第118页。
③ 周晓陆、路东之：《秦封泥集》，三秦出版社2000年版，第255页。这里嬴政十八年，应为十九年之误。
④ 《礼记·礼运》，（汉）郑玄注，（唐）孔颖达疏：《礼记正义》，北京大学出版社1999年版，第705页。
⑤ 《礼记·祭法》，（汉）郑玄注，（唐）孔颖达疏：《礼记正义》，第1296页。
⑥ 《史记》卷二十八《封禅书》，第1371页。
⑦ 《史记》卷六《秦始皇本纪》，第242页。
⑧ 同上书，第248页。
⑨ 《史记》卷二十八《封禅书》，第1370页。
⑩ 参见陈松长《岳麓书院藏秦简中的郡名略考》，《湖南大学学报》2009年第2期。22个郡名为：内史、东郡、南阳、南郡、泰原、叁川、颍川、河内、琅邪、九江、上党、河间、苍梧、洞庭、恒山、清河、衡山、泰山、庐江、四川、州陵、江胡。

"岁二月，东巡狩，至于岱宗。岱宗，泰山也……五月，巡狩至南岳。南岳，衡山也。八月，巡狩至西岳。西岳，华山也。十一月，巡狩至北岳。北岳，恒山也。皆如岱宗之礼。中岳，嵩高也。"① 顾颉刚等先生认为四岳或五岳的地理观念在秦时尚未形成②，但从这三郡名称至少可以看出，四岳或五岳中的三岳此时已经明确。进一步推测，如果说三郡的设置是山岳崇拜和四岳五岳理念的产物，那么此三郡当设置在大致同一时期。岳麓书院藏秦简编号为1221的简文："五月甲辰州陵守绾、丞越、史获论令：癸、琐等各赎黥，癸行戍衡山郡，居三岁以当法。"据陈松长先生的研究对比，此"五月甲辰"为秦王政二十五年（前222）五月甲辰。也就是最迟在秦王政二十五年衡山郡已经存在。③ 恒山郡的设置也不会晚于这个时间。

综上，现石家庄辖区在秦时最早归赵郡。赵郡为秦灭赵后于秦王政十九年（前228）在赵地临时设置，因存续时间短，《史记》《汉书》等未见记载。随着秦统一战争的结束，以旧国名命名的诸郡重新疆理、更名，最迟在王政二十五年（前222）赵郡析分为邯郸郡、恒山郡、清河郡等，现石家庄大部分地区属秦恒山郡，东南小部分在钜鹿郡。

第二节　两汉常山郡（国）及真定国沿革

汉代在行政制度上实行郡国并行制，现石家庄辖区不管在时间上，还是空间上，以常山郡（国）及真定国统辖为主。州制在汉代有一个渐变的过程，汉文帝时期作为州制的九州视察区出现，武帝元封三年（前108）和五年（前106）又分设十二州十三部刺史的监察区，平帝时也曾一度改置为十三州。东汉时期，州刺史渐介入属县行政、人事、司法等，直到东汉后期监察区演变为一级行政区。④ 但不管十二州、十三州，抑或

---

① 《史记》卷二十八《封禅书》，第1355—1356页。
② 参见顾颉刚《四岳与五岳》，《史林杂识初编》，中华书局1963年版，第34—45页。另周书灿认为四岳、五岳的地理概念为西汉时期武、宣定制，参见《中国早期四岳、五岳地理观念析疑》，《浙江学刊》2012年第4期。
③ 陈松长：《岳麓书院藏秦简中的郡名略考》，《湖南大学学报》2009年第2期。
④ 参见辛德勇《秦汉政区与边界地理研究》，第177—178页。谭其骧《两汉州部》，《长水集续编》，人民出版社1994年版，第69—75页。

十四州，现石家庄全部地区均在冀州范围内，且也不存在州治问题。因此这里只探讨石家庄地区郡、国沿革。

一 项羽及西汉帝国时期

西汉时期恒山地区的归属较为复杂，不妨分作几个阶段。先来看第一阶段楚汉之争及异姓王时期的恒山地区。

秦帝国灭亡后，项羽大分封，张耳被封为恒山王。《史记·项羽本纪》："赵相张耳素贤，又从入关，故立耳为常山王，王赵地，都襄国。"① 如前所述，常山即恒山，因避汉文帝刘恒之讳而来。现石家庄地区归张氏恒山国管辖。但张耳立足未稳，"陈余悉发三县兵，与齐并力击常山，大破之"②。张耳投奔刘邦，恒山地区纳于赵王歇统治范围。

在楚汉战争中，刘邦在新征服地区置郡，当时任恒山郡太守的为张苍。《史记·张丞相列传》提及张苍任恒山郡守时随韩信攻打赵国，俘获陈余，平定赵地之事。③ 太行山以东地区，韩信军队最先攻取的为赵地，为镇抚燕、齐，韩信"乃遣使报汉，因请立张耳为赵王，以镇抚其国。汉王许之，乃立张耳为赵王"④。原秦恒山郡此时归于张氏赵国。

张耳赵国存续的时间较短，张耳本人在位时间不足一年，"汉五年，张耳薨，谥为景王"⑤。子张敖嗣位，因赵相贯高等欲意刺杀刘邦，事发，于高祖八年（前200）被废为宣平侯。20世纪70年代末，石家庄北郊小沿村曾发掘出一座大型土坑木椁墓，出土铜印一枚，桥纽阴文，上有"长且"二字（图5—6），发掘者认为张、长通用，释为"张耳"。认为这是汉初赵王张耳墓。⑥ 但玺印为印主的凭证和信物，至今为止没有发现将自己的姓氏简写的例证。孙贯文、赵超先生认为"长""张"为战国秦汉时期两个不同的姓氏，"秦汉印章中有张仓印，张耳等大量张姓印章，又有长猎、长长孺，

---

① 《史记》卷七《项羽本纪》，第316页。
② 同上书，第321页。
③ 参见《史记》卷九十六《张丞相列传》，第2675页。
④ 《史记》卷九十二《淮阴侯列传》，第2619页。
⑤ 《史记》卷八十九《张耳陈余列传》，第2582页。
⑥ 参见石家庄市图书馆文物考古小组《河北石家庄市北郊西汉墓发掘简报》，《考古》1980年第1期。

第五章　秦汉恒山郡(国)、常山郡(国)、真定国建置沿革　　167

《玺印姓氏征》中也收有长恁、长猪、长广德等汉代长姓印章"①（图5—7），文章结合墓葬出土战国文物，断定此墓不应为张耳墓。此说近是，今从。

图5—6　石家庄市北郊墓葬铜印文 ②　　　**图5—7　汉印"张耳"** ③

第二阶段，同姓为王时期的恒山归属。

随着异姓王的剪除，高祖九年（前199）戚姬子刘如意封王于赵。可能因宠姬子故，此时的赵国疆域辽阔，据周振鹤先生的研究成果，赵王如意封国之始，甚至原代地三郡也在赵国疆土之中。④后来尽管又几经疆理，但现石家庄主要地区所属之原恒山郡，一直都归属刘氏赵国。《史记·汉兴以来诸侯王表》述及高祖末年几个诸侯国地理位置时说："常山以南，大行左转，度河、济、阿、甄以东薄海，为齐、赵国。"⑤

高后元年（前187）原恒山郡由赵国析出，《汉书·异姓诸侯王表》记曰："常山国复置。"恒山王为孝惠帝所生三个幼子：刘不疑、刘义和刘朝。"四月辛卯，王不疑始……不疑薨，谥曰哀。无子。十月癸丑，王

---

① 孙贯文、赵超：《从出土印章看两处墓葬的墓主等问题》，《考古》1981年第4期。
② 采自石家庄市图书馆文物考古小组《河北石家庄市北郊西汉墓发掘简报》，《考古》1980年第1期。
③ 采自孙贯文、赵超《从出土印章看两处墓葬的墓主等问题》，《考古》1981年第4期。
④ 参见周振鹤《西汉政区地理》，第76页。
⑤ 《史记》卷十七《汉兴以来诸侯王年表》，第802页。

义始,故襄城侯。"高后四年(前184)刘义立为少帝,"五月丙辰,王朝始,故轵侯"①。直到高后八年(前180),在功臣集团诛杀诸吕的政治大动荡中刘朝被杀。张家山汉简《二年律令·秩律》所载高后二年(前186)中央直辖17个郡,270余个县道邑中②,确实未见恒山郡及其城邑,这一点与传世文献所载恒山国相关记录是相吻合的。

汉文帝即位后,常山是否复为郡,史家意见不一。梁勇、梁焱先生认为"汉文帝登基后改为常山郡"③。但我们翻检史料,未能发现设郡记录。最早的一条记载是景帝二年(前155),"赵王遂立二十六年,孝景时,晁错以过削赵常山郡"④。被削去一郡之地,表面上是赵王遂之罪责,实质上是汉政府的削藩之策。诸侯王实力增强,尾大不掉,是汉政府的心腹之患。正如晁错所言:"今削之亦反,不削亦反。削之,其反亟,祸小;不削之,其反迟,祸大。"⑤ 同时期还见有楚国被削东海郡、胶西国被削6县的记载。

早在文帝之时,贾谊曾上疏"欲天下之治安,莫若众建诸侯而少其力。力少则易使以义,国小则亡邪心"⑥。之后直到武帝时期,"众建诸侯而少其力"一直是汉家所秉承的封国与削藩原则。常山郡从赵国析分后不久,景帝三年(前154)再次被析分,于东北地区建中山国。据《汉志》中山国下辖14县,其中深泽(治所在今深泽镇)、毋极(治所在今无极县无极镇西南新城村)、新市(治所在今石家庄正定新区东北新城铺)⑦ 3县在今石家庄辖区。

景帝中元五年(前145),"立皇子舜为常山王"⑧,常山国复置。但此时的常山国疆域较《汉志》所载常山郡要小,大约为16县之地⑨。而刘舜则是汉代历史上在位时间最长的常山王,自被立为王,一直到武帝元鼎

---

① 《汉书》卷十三《异姓诸侯王表》,第380—383页。
② 张家山二四七号汉墓整理小组:《张家山汉墓竹简(二四七号墓)》(释文修订本),文物出版社2006年版,第69—80页。
③ 梁勇主编:《石家庄通史(古代卷)》,河北人民出版社2010年版,第148页。
④ 《汉书》卷三十八《高五王传》,第1990页。
⑤ 《汉书》卷三十五《荆燕吴传》,第1906页。
⑥ 《汉书》卷四十八《贾谊传》,第2237页。
⑦ 今治所据梁勇主编《石家庄通史(古代卷)》,第153页。
⑧ 《汉书》卷五《景帝纪》,第148页。
⑨ 参见周振鹤《西汉政区地理》,第93页。

三年（前114）去世，共为王32年。《史记·五宗世家》和《汉书·景十三王传》记载刘舜为景帝少子，景帝"最亲"，但"骄怠多淫，数犯禁"，而且还"后妾不和，適孽诬争"①。长子棁因非王后所生，不仅平时不被重视，甚至刘舜死后，还不能分得财物。于是在汉使者来常山国时告发："宪王病时，王后、太子不侍；及薨，六日出舍，太子勃私奸，饮酒，博戏，击筑，与女子载驰，环城过市，入牢视囚。"②结果当年汉廷废刘勃，徙房陵，国除。河北文物研究所1991—1994年之间在石家庄鹿泉高庄村西凤凰山下，抢救性发掘一座大型汉墓（图5—8），尽管已被盗，仍发现文物7000余件。据青铜器铭文"常山食官""常食中殷"（图5—9）等字样，以及墓葬规模、出土器物及铭文等方面综合考察，认为这是西汉常山王刘舜之墓。③无疑，高庄汉墓的发掘为我们研究西汉常山国提供了极其珍贵的资料。

图5—8　高庄汉墓全景图④

---

① 《史记》卷五十九《五宗世家》，第2102页。
② 同上书，第2103页。
③ 参见河北省文物研究所、鹿泉市文物保管所编著《高庄汉墓》，科学出版社2006年版，第88页。
④ 采自河北省文物研究所编著《河北考古重要的发现（1949—2009）》，科学出版社2011年版，第168页。

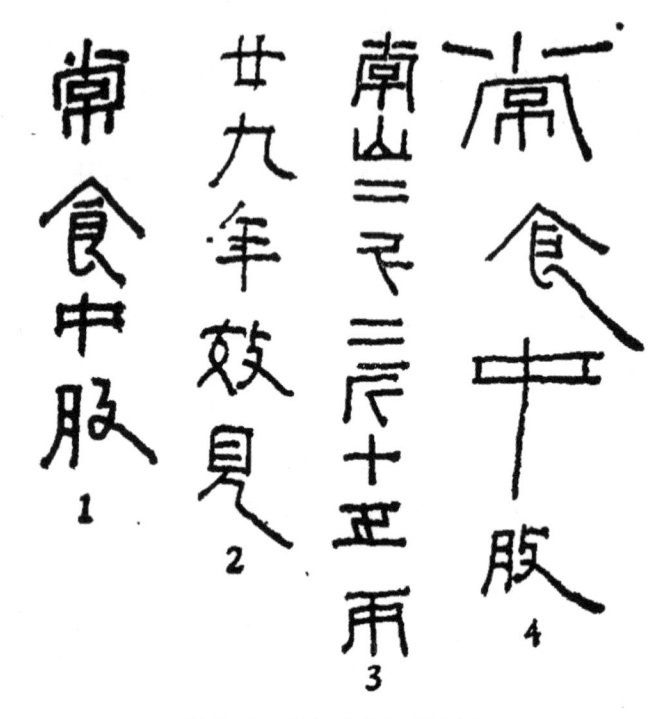

图5—9 高庄"常食中般"①

第三阶段，常山为郡时期。

常山国除后，汉政府把治辖权收归中央，"以常山为郡"（图5—10）。而此时五岳的概念已经成熟，常山国的收回使"五岳皆在天子之郡"②，天子一统四方，具有很强的政治地理上的意义。同时，为续刘舜之祀，武帝于元鼎四年（前113）置真定王国，辖4县。真定（今石家庄市正定区，治所东古城）、稿城（今藁城丘头）、肥纍（今藁城城子村）、绵蔓（今鹿泉北故城）③。自此一直到西汉末，现石家庄大部分地区归属常山郡和真定国，东南辛集、晋州市、赵县的部分地区辖于钜鹿郡，东北无极、深泽、正定的部分地区辖于中山国。很明显，常山郡（国）为石家庄标志性辖地（见表5—1）。

---

① 采自孙启祥《河北获鹿高庄出土西汉常山国文物》，《考古》1994年第4期。
② 《汉书》卷二十五上《郊祀志上》，第1219页。
③ 今治所名据梁勇主编《石家庄通史（古代卷）》，第152页。

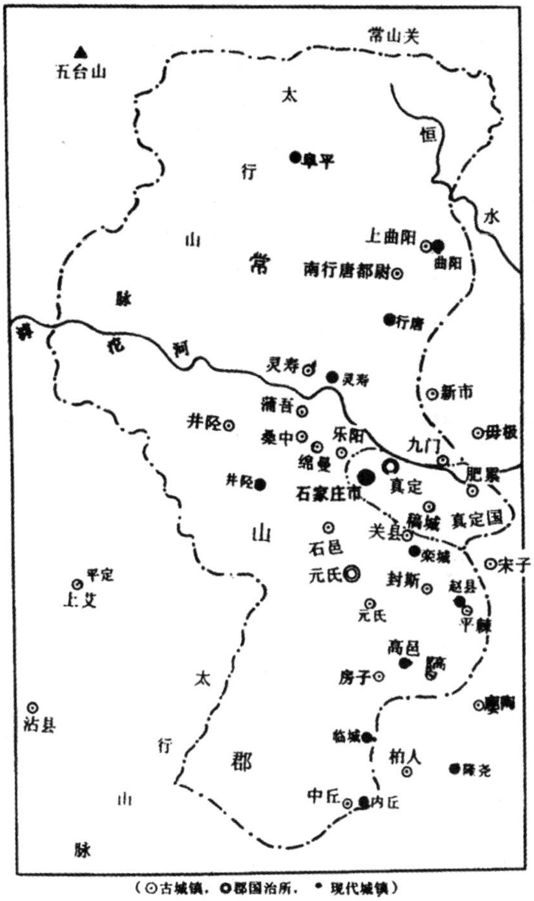

第五章　秦汉恒山郡(国)、常山郡(国)、真定国建置沿革　　171

图 5—10　西汉常山郡疆域示意图①

表 5—1　　　　　　　　　西汉恒（常）山郡（国）沿革表

隶属郡国	建置时间	存续时长	材料	备注
恒山国（张耳）	高祖元年（前206）	6个月	《史记》卷七《项羽本纪》："赵相张耳素贤，又从入关，故立耳为常山王，王赵地，都襄国。"	恒山王张耳，项羽封

---

① 采自韩立森《关于两汉常山的几个问题》，河北省文物研究所编：《河北考古文集》，东方出版社1998年版，第438页。

续表

隶属郡国	建置时间	存续时长	材料	备注
赵国（赵歇）	高祖二年（前205）	1年	《史记》卷八十九《张耳陈余列传》："陈余已败张耳，皆复收赵地，迎赵王于代，复为赵王。"	
恒山郡	高祖三年（前204）	1年	《史记》卷九十六《张丞相列传》："汉乃以张苍为常山守。从淮阴侯击赵，苍得陈余。"	高帝置
赵国（张耳、张敖）	高祖四年（前203）	4年	《史记》卷八《高祖本纪》："其明年……立张耳为赵王。"	张耳死后，张敖嗣
赵国（刘如意、刘友）	高祖九年（前198）	11年	《汉书》卷一下《高帝纪下》："春正月，废赵王敖为宣平侯。徙代王如意为赵王，王赵国。"《史记》卷九《吕太后本纪》："赵王已死。于是乃徙淮阳王友为赵王。"	刘如意、刘友、刘恢，后世称"三赵王"。刘如意与刘友前期的赵国领有常山郡。刘如意，刘邦戚姬子。惠帝元年（前194）被鸩杀。刘友，刘邦诸姬子。高后七年（前181），幽死
恒山国（刘不疑、刘义）	高后元年（前187）	8年	《汉书》卷十三《异姓诸侯王表》："复置常山国。"《汉书》卷三《高后纪》："元年……不疑为恒山王。"	刘不疑，惠帝子，为王数月，薨。其弟襄城侯刘义继立。三年后，刘义为帝。轵侯刘朝立为王。高后八年（前180）被诛
赵国（刘遂）	文帝元年（前179）	24年	《汉书》卷三十五《荆燕吴传》："及前二年，赵王有罪，削其常山郡。"	汉文帝即位后，常山归属不明，仅见到景帝二年（前155）削赵常山郡的记录。初步推定，文帝即位伊始，原恒山国并入赵国

续表

隶属郡国	建置时间	存续时长	材料	备注
常山郡	景帝二年（前155）	10年	《汉书》卷三十五《荆燕吴传》："及前二年，赵王有罪，削其常山郡。"	景帝三年（前154），常山郡东北地区析出中山国，现石家庄深泽、无极、正定部分地区在境内
常山国（刘舜）	景帝中元五年（前145）	31年余	《汉书》卷五《景帝纪》："五年夏，立皇子舜为常山王。"	常山国疆域较前缩小。刘舜在位32年，子刘勃在位仅数月
常山郡	元鼎三年（前114）	约122年	《汉书》卷二十五上《郊祀志上》："常山王有罪，罹，天子封其弟真定，以续先王祀，而以常山为郡。然后五岳皆在天子之郡。"	自元鼎四年（前113）①，真定国析出。刘舜子孙传六王，至王莽时国绝。

二 东汉帝国时期

据《后汉书·郡国志》的记载，现石家庄辖区全部隶属于冀州刺史部，大部分地区系于常山国（图5—11），"常山国，十三城，户九万七千五百，口六十三万一千一百八十四"，属于石家庄的城邑有12个，"元氏、高邑、都乡侯国、南行唐、房子、平棘、栾城、九门、灵寿、蒲吾、井陉、真定"②。隶于钜鹿郡的有下曲阳和鄡③，隶于中山国的有毋极和新市，隶于安平国的南深泽。与西汉时期相同，常山国仍是石家庄标志性汉代辖区。但是，《后汉书·郡国志》反映的是顺帝永和五年（140）前

---

① 《汉书》卷二十八下《地理志下》，第1631页，将此事系于元鼎四年（前113）。《汉书》卷十四《诸侯王表》，第417页，将此事系于元鼎三年（前114）。可能与国君逾岁称元年有关。

② （晋）司马彪撰：《续汉书》志第二十《郡国二》，中华书局1965年版，第3433—3434页。

③ 今晋州鼓城村和辛集东南。参见谭其骧主编《中国历史地图集（第二册）》，中国地图出版社1982年版，第47—48页。梁勇主编《石家庄通史（古代卷）》，第166页。

后的郡国辖区情况①，不能全面反映一个地区的建置沿革。因此，常山郡（国）在东汉的沿革尚需考究。

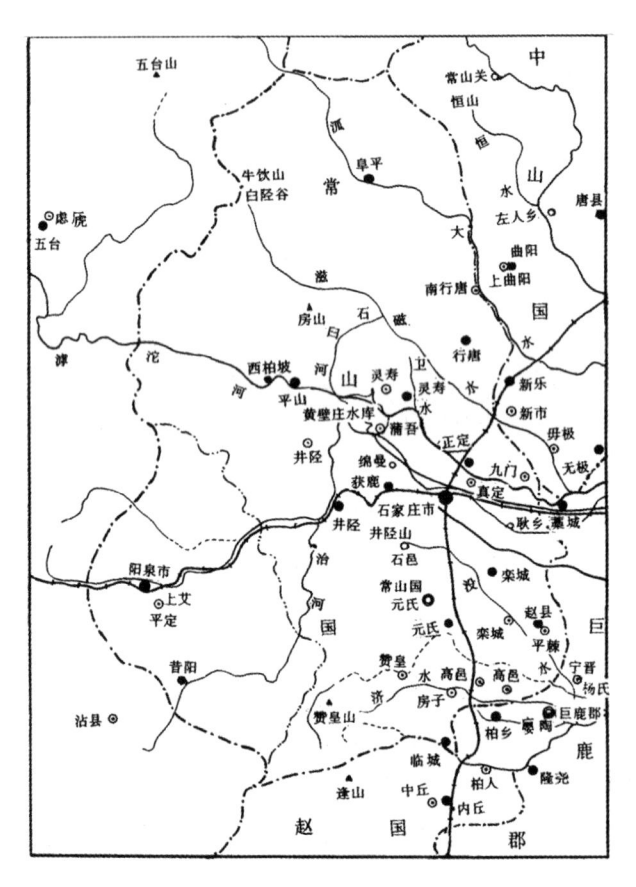

图 5—11　东汉常山国疆域示意图②

1. 东汉初年的常山郡与真定国并存时期

公元 25 年，刘秀于"鄗南千秋亭五成陌"③登基称帝，但时局仍是

---

① 参见李晓杰《东汉政区地理》，山东教育出版社 1999 年版，第 14 页。
② 采自韩立森《关于两汉常山的几个问题》，第 440 页。
③ 这一记载参见（宋）范晔撰《后汉书》卷一上《光武帝纪上》，中华书局 1965 年版，下同，第 22 页。鄗南千秋亭五成陌，非现石家庄市高邑，李贤注"其地在今赵州柏乡县"，据当今秦汉史专家考证当为河北柏乡县城北十五里辅（参见《专家在柏乡考察刘秀登基地》，《当代人》2013 年第 6 期资讯）。

群雄割据、天下未平。刘秀沿用西汉旧制，郡国并行，现石家庄地区置常山郡。同时为取得汉宗室和地方豪族贵族的支持，于建武元年至七年（25—31）间先后封西汉宗室、故王或故王子10人为王，像中山、鲁、城阳、泗水、淄川、真定等。真定国于建武二年（26）封原真定王刘扬子刘得，"封其子，复故国"①。估测其所领县与西汉同，4县，集中在今石家庄市北部新设正定、鹿泉、藁城三区，领域狭小。

真定国在东汉延年较短，"建武十三年省真定国"②，以其县并入常山郡。以往地方史研究者或认为真定国的省并与真定恭王外甥女郭圣通皇后的失宠有关，事实上考察建武年间的时局不难发现，省并真定国实为刘秀清除西汉旧势力的一大举措。建武十二年（36）十一月，最后一支割据力量公孙述被平灭，天下一统。仅过了三个月，建武十三年（37）二月即下诏：

> 长沙王兴、真定王得、河间王邵、中山王茂，皆袭爵为王，不应经义。其以兴为临湘侯，得为真定侯，邵为乐成侯，茂为单父侯。③

所谓"袭爵为王，不应经义"，李贤注曰："以其服属既疏，不当袭爵为王。"④ 免除族属疏远的西汉宗室诸王。同年赵王、太原王、鲁王都被降为公，加上之前薨逝的泗水王、淄川王、城阳王，建武初年分封西京十王全部清除。可见省并真定国实为清除潜在威胁、真正实现天下一统的大势所趋。

2. 东汉中后期常山郡、国更迭

常山郡自东汉初年设郡，直到永平年间，在约47年的时间里，除了建武十七年至二十年（41—44）曾因益封中山王刘辅，短暂归属过中山国外，一直独立为汉郡。直到明帝永平十五年（72）分封诸皇子王，"皇

---

① 《后汉书》卷二十一《耿纯传》，第764页。
② 《后汉书》志第二十《郡国二》，第3433页。
③ 《后汉书》卷一下《光武帝纪下》，第61页。
④ 同上。

子恭为钜鹿王，党为乐成王，衍为下邳王，畅为汝南王，昞为常山王，长为济阴王"①，刘昞被封为常山王，食原常山郡。7年后徙封淮阳。无罪为何徙封？与西汉中期以前的诸侯王相比，西汉后期及东汉的诸侯王没有"掌国治民"的权力，尤其是汉武帝左官、附益、阿党之法施行后，"诸侯惟得衣食税租，不与政事"②。除了个别皇子王因本身或母亲得皇帝亲宠，得以"大封"③，或"国土租入倍于诸国"④ 外，基本不出一郡之地。章帝建初四年（79），甚至"案舆地图，令诸国户口皆等，租入岁各八千万"⑤。为此这一年徙封了3国，"钜鹿王恭为江陵王，汝南王畅为梁王，常山王昞为淮阳王"⑥。刘昞徙封食原淮阳郡，或因户数不足，增益了汝南的新安和西华两县之地。常山国除为郡。

常山国除之后11年，和帝绍封"昞小子侧复为常山王"⑦。绍封，是由绝封者的子孙由皇帝颁诏袭爵的一种承爵方式。绍封的实行绝非仅仅是"章德""显功"，更重要的是东汉中后期面对外戚、宦官交掌政权的政治局面，为了得到皇族、功臣等力量的支持以巩固统治基础。⑧ 后来的116年间，常山国一直为刘昞子孙承袭，即使出现"无子"，也再次以绍封的方式承爵，直到建安十一年（206），黄巾军起，刘暠弃国而逃。

汉代，不管是常山为郡还是为国，其治所都在元氏故城，故址在今河北省元氏县西北10公里处的故城村南，全国重点文物保护单位。民国时的《元氏县志》：

> 旧城在元氏西北二十里，即公子元始封之邑也……西汉初属赵王歇地，高帝三年置恒山郡，治元氏。吕后时又改郡为恒山国，文帝元年改常山郡，寻省，属赵国。景帝五年立皇子舜为常山王，置

---

① 《后汉书》卷二《显宗孝明帝纪》，第119页。
② 《汉书》卷十四《诸侯王表》，第395页。
③ 《后汉书》卷四十二《光武十王列传》，第1423页。
④ 《后汉书》卷五十《孝明八王列传》，1675页。
⑤ 同上书，第1667页。
⑥ 《后汉书》卷三《肃宗孝章帝纪》，第137页。
⑦ 《后汉书》卷五十《孝明八王列传》，第1678页。
⑧ 参见尤佳《汉晋绍封制度论考》，《中华文化史论丛》2014年第3期。沈刚《东汉分封诸侯王问题探讨》，《咸阳师范学院学报》2011年第5期。

常山国。武帝元鼎三年复改常山为郡,仍治元氏。王莽时改为井关亭。东汉属冀州部。建武十三年并正定,置常山国,仍治元氏。兴平十一年除常山国。①

民国县志尽管关于恒山郡的设置、常山国的国除时间有一些错记,但所述元氏故城为汉代治所则是确切的。可以说,元氏故城为两汉四百年间石家庄地区政治、经济、文化中心,是当时最大的地区中心城市。

表 5—2　　　　　　　　东汉常山郡(国)沿革表

隶属郡国	建置时间	存续时长	材料	备注
常山郡	建武元年(25)	16 年	《后汉书》卷一下《光武帝纪下》:"省并西京十三国:广平属巨鹿,真定属常山……"②《续汉书》志二十《郡国二》:"建武十三年省真定国,以其县属。"	建武十三年(37),真定国国除,并入常山郡
中山国(刘辅)	建武十七年(41)	3 年	《后汉书》卷十上《皇后纪上》:"十七年,遂废为中山王太后,进后中子右翊公辅为中山王,以常山郡益中山国。"	建武二十年(44),刘辅徙封沛王,中山国除,常山郡重归汉廷
常山郡	建武二十年(44)	28 年	《后汉书》卷一下《光武帝纪下》:"二十年春……乙未,徙中山王辅为沛王。"	
常山国(刘昞)	永平十五年(72)	7 年	《后汉书》卷二《显宗孝明帝纪》:"皇子恭为钜鹿王,党为乐成王,衍为下邳王,畅为汝南王,昞为常山王,长为济阴王。"	章帝建初四年(79),刘昞徙封淮阳王,常山国除为郡

---

① 《中国地方志集成·河北府县志集⑨》,上海书店、巴蜀书社、江苏古籍出版社 2006 年版,第 280 页。
② 《后汉书》卷一下《光武帝下》,第 61 页。李贤注:"'十三',误也。"

续表

隶属郡国	建置时间	存续时长	材料	备注
常山郡	建初四年（79）	11年	《后汉书》卷三《肃宗孝章帝纪》："己丑，徙钜鹿王恭为江陵王，汝南王畅为梁王，常山王昞为淮阳王。辛卯，封皇子伉为千乘王，全为平春王。"	章帝建初四年（79），刘昞徙封淮阳王，常山国除为郡
常山国（刘昞子孙）	永元二年（90）	116年	《后汉书》卷五十《孝明八王列传》："永元二年，和帝立昞小子侧复为常山王，奉昞后，是为殇王。立十三年薨……侧无子，其月立兄防子侯章为常山王……立二十五年薨，是为靖王……子顷王仪嗣……仪立十七年薨，子节王豹嗣……豹立八年薨，子暠嗣。三十二年，遭黄巾贼，弃国走，建安十一年国除。"	明帝子刘昞一支，在常山建国凡123年，史上最长 建安十一年（206）常山国除为郡。建安二十五年（220）入魏

比较表5—1和表5—2两汉四百年间常山郡（国）的沿革归属，可以发现这样一个有意思的现象，即西汉，尤其是中期之前多次归属于赵国。西汉中期以后至东汉，则大多独立成郡或诸侯王国。这一点也造成文化现象上汉代常山文化前后期的不同。战国时常山为故中山之地，辖于故赵国，地缘上属于赵地。西汉曾在四个时间段内约40年的时间归于赵国统辖。当然，这也造成了文化风俗上常山文化与赵文化的共通之处。以致《汉书·地理志》这样记述"赵、中山地薄人众，犹有沙丘纣淫乱余民"[①]，将赵、中山风俗并提。而西汉中期以后的时间段内，常山作为一个独立地域、地望逐渐突出出来。像赫赫有名的三国名将赵云，在戏

---

① 《汉书》卷二十八下《地理志下》，第1655页。

剧、小说、评书当中就多次被称为"常山赵云""常山赵子龙"① 等。也有见当代人论及中国性格时提到:"什么是中国?中国是诗书礼易、唐诗宋词、高宗孝武、仓颉玄奘、解县关云长、常山赵子龙。"② 足见常山地域文化在历史文化中的惊鸿一瞥。

第三节 东垣、真定、东古城的变迁与赵云故里③

赵云故里何在?《三国志·赵云传》有明确的记载:"赵云,字子龙,常山真定人也。"一千七百余年来没有争论。然而到 21 世纪初,临城县以民间传说、光绪戊戌年(1898)赵云故里碑等为证据,宣称临城是赵云故里,要建赵云文化公园;正定奋起迎战,保卫赵云故里的地位,要建设赵云故居。由此引发了一轮赵云故里之争。笔者收集资料,追根溯源,原始察终,对赵云故里、故居稍作辩证分析,以请教于大家。

一 东垣、真定、东古城的变迁

赵云的故里,《三国志·赵云传》明确记载:"常山真定人也。"而赵云故居则可能在所有赵云生活过的地方存在,在今山东平原、河北临漳邺城、湖北江陵、湖南郴县、四川成都、陕西箕谷等地都可能有。④ 既是赵云故里,又是赵云故居,则只会在一地存在。但"常山真定",只记述

---

① 方璇:《当阳雄风》,当阳市地方志编纂委员会《当阳县志》附录《文献辑存》,中国城市出版社 1992 年版,第 872 页,"至今长坂坡前路,胆落常山赵子龙"。王季思主编:《全元戏剧》第一卷《刘玄德独赴襄阳会》,人民文学出版社 1990 年版,第 595 页,"则我是真定常山赵子龙"。第六卷《两军师隔江斗智》第 452 页,"则我是真定常山赵子龙。某姓赵名云,字子龙,乃真定常山人也"。在《三国志通俗演义》中,不完全统计"常山赵子龙"出现二十余次。《三国演义》中出现了 15 次。
② 冯晓虎:《中国性格》,载《青年博览》2009 年第 10 期。
③ 本节节选自秦进才先生《赵云故里、故居辩证》,原载《石家庄学院学报》2014 年第 5 期和 2015 年第 1 期,收录时有删减。
④ 这是根据《三国志·赵云传》记载的赵云生平事迹来说的。有的地方有赵云故居遗迹,如民国《华阳县志》卷二十八《古迹二》载:"赵顺平侯宅,在治城中子龙塘街。宅旁有池,相传侯洗马处也,因名洗马池。蜀人称池为塘,故又名子龙塘,其后遂以名街。自建骆文忠公祠后,街又改呼骆公祠矣。"(《中国地方志集成·四川府县志辑》第 3 册,巴蜀书社 1992 年版,第 371 页)

了郡国与县名，并没有提供，也不可能提供更为具体详细的乡里名称。因此只能以郡国而言，赵云是"常山人"①"常山赵云"②等，也就是戏剧、小说、评书中提到的"常山赵子龙""真定常山人"。具体到县，只能说赵云是"真定人"，或夹注上汉代真定县治所今河北石家庄市长安区东古城，或夹注上治今河北正定县南，在没有发现新的考古资料出土之前只能这样说。

《三国志·赵云传》记载的"常山真定"县的治所，即今河北石家庄市长安区东古城，这是探讨赵云故里的基点所在。

东垣古城，地处燕南赵北，西拥太行山，控扼晋冀东西往来的咽喉，又当太行山东麓南北交通要道，东、南面临辽阔的平原，滹沱河从北边穿过，是古代水陆交通枢纽，因而平时是政治、经济中心，改朝换代时的兵家必争之地，草原游牧民族南下时的必经之处。现存比较早的文献记载，是赵武灵王二十一年（前305），赵国出兵攻中山国，"王军取鄗、石邑、封龙、东垣。中山献四邑请和，王许之罢兵"③。东垣邑转属于赵国。由此可知，在赵武灵王二十一年之前东垣邑已经建立，至于何时、何国所创建，尚待考古新资料的发现。

秦统一六国，改东垣邑为县，作为恒山郡的治所，是燕南赵北的政治中心。

汉高祖八年（前199）冬，"高祖东击韩王信余反寇于东垣"④。不仅《史记》《汉书》有记载，而且阜阳汉简中亦有记载。⑤

汉高祖十一年（前196）八月，代相陈豨发动叛乱，兵分两路进攻汉朝。汉军也兵分两路迎击叛乱军，汉高祖统率灌婴、郦商等将领从邯郸北上攻打东垣，太尉周勃等将领，从晋阳向北进击。同时，令梁王彭越

---

① 嘉靖《四川总志》卷二《全蜀名宦志》作："赵云，字子龙，常山人。"（《北京图书馆古籍珍本丛刊》第42册，书目文献出版社1998年版，第43页）

② 司马光编著：《资治通鉴》卷六十孝献皇帝初平二年载："常山赵云为本郡将吏兵诣公孙瓒。"中华书局1956年版，第1927页。

③ 《史记》卷四十三《赵世家》，第1181页。

④ 《史记》卷八《高祖本纪》，第385页。

⑤ 胡平生：《阜阳汉简〈年表〉整理札记》载：阜阳汉简《大事记》有"八年，发材官诣东垣"（《文物研究》第7辑，黄山书社1991年版，第402页），可与《史记》卷八《高祖本纪》记载相互印证。

第五章 秦汉恒山郡(国)、常山郡(国)、真定国建置沿革

部将会兵东垣,齐国相国曹参出兵攻打聊城叛军,河间守张相如出兵力战,上党守任敖坚守城池,燕赵之地成了鏖战的疆场。汉高祖军至东垣,陈"豨将赵利守东垣,高祖攻之不下。月余,卒骂高祖,高祖怒。城降令出骂者斩之,不骂者原之"。① 又说:"十二月,上自击东垣,东垣不下,卒骂上。东垣降,卒骂者斩之,不骂者黥之。更命东垣为真定。"② 又记载,"真定,故东垣,高帝十一年更名"③。刘邦改东垣为真定,寓意"真正安定"之意。由此东垣变称真定,仍属恒山郡。汉文帝元年(前179),改恒山为常山郡以避皇帝名讳。

元鼎四年(前113),汉武帝以四县封刘平为真定王。真定县城变为王国都城,而常山国变为常山郡,治所在今元氏县殷村镇故城村西。

更始二年(24),刘秀与真定王刘扬外甥女郭圣通结婚,刘扬与刘秀合兵攻打王郎,后因谋叛被诛杀。建武二年(26)五月庚辰,汉光武帝封刘扬子刘得为真定王。建武十三年(37)二月丙辰,下诏降真定王刘得为侯隶属于常山郡。永平十五年(72)四月庚子,汉明帝封皇子刘昞为常山王,真定隶属于常山国。东汉常山国历传六代,建安十一年(206)废常山国④为常山郡。

曹魏高贵乡公正元元年(254),封楚王曹彪世子嘉为常山真定王。"景元元年,增邑,并前二千五百户。"⑤

西晋时,元氏"改属赵国,其常山郡移理于真定县"⑥。真定县城成为常山郡治所所在地。

---

① 《史记》卷八《高祖本纪》,第388—389页。
② 《史记》卷九十三《韩王信卢绾列传》,第2641页。
③ 《汉书》卷二十八下《地理志下》,第1632页。
④ 《后汉书》卷五十《孝明八王列传·淮阳顷王昞》,第1678页。
⑤ 《三国志》卷二十《武文世王公传·楚王彪》,中华书局1982年版,第587页。
⑥ (宋)乐史撰:《太平寰宇记》卷六十一《河北道十·镇州·元氏》引《晋书地道记》(中华书局2007年版,第1257页)。李吉甫撰:《元和郡县图志》卷十七《河北道二》载:"两汉恒山太守皆理于元氏,晋理于真定,即今常山故城是也。"(中华书局1983年版,第477页)根据上述资料,检阅《三国志》找不到三国移常山郡治所于真定的直接资料,故不取清代前仪吉著《三国会要》卷三五《舆地二·魏州郡上》所云:"常山郡,汉旧国,治元氏,建安十一年除为郡,魏治真定"(上海古籍出版社1991年版,第693页)之说。

北魏时，常山郡治所迁移到九门县常山城（今正定县正定镇），真定县治所仍然在今石家庄市长安区东古城。唐朝贞观元年（627）后，真定县治所迁移到今正定县正定镇。中国古代是行政权力支配的社会，城市多是政治、军事中心，真定城失去了国都、郡县治所的地位，丢掉了郡县等名号，也就逐渐衰落下来。唐朝称为"常山城"①，又称"常山故城"②等。元明称"真定古城"，明朝又称"古城村"③。清代亦称"东垣故城"④"真定故城"⑤等。民国三十年（1941）3月8日，东、西古城等村划归石门市（今石家庄市）管辖。⑥ 现代东古城先后隶属于石家庄市郊区、长安区，今东垣古城遗址已是第七批全国重点文物保护单位。

从上述可看到，两千多年来，从东垣到真定，逐步从邑、县治所到国都、郡治，成为燕南赵北的政治、军事中心。随着真定县治所迁往常山城，汉真定县城逐渐变为东、西古城村，城池也就逐渐变成了东垣古城遗址。但无论时代如何变迁，行政区划如何变化，也不管是繁华的政治中心，还是偏僻的普通乡村，东垣地名易而地址未变，真定名称移而

---

① 中国文物研究所、河北省文物研究所编：《新中国出土墓志·河北壹》下册《唐故成德军节度使宅务专当官赵府君（公亮）墓志铭》载"中和五年三月六日，迁神于镇府真定县南常山城西约一里中山乡。"（文物出版社2004年版，第105页）由此可知，中和五年（885）时，东垣古城称"常山城"。

② 《元和郡县图志》卷二十一《河北道二》载："晋理于真定，即今常山故城是也。"（第477页）可证唐代仍然有人称为"常山故城"。

③ 万历《真定县志校注》卷三《田赋》附《乡村》载："古城村"，夹注："东西有二"（山西人民出版社1992年版，第31页）。说明当是古城村已经分为东西两村。《石家庄市地名志》载："在雍正十年十一月十七日一张地契（现存东古城吕和尚家）上则写为'东古城'。这说明，从清雍正年间开始改称今名东古城。"（河北人民出版社1986年版，第365—366页）与明万历年间相比已经晚了一百多年。

④ 雍正《畿辅通志》卷二十五《城池》载："汉东垣故城，在正定南八里。"（《景印文渊阁四库全书》第504册，台湾商务印书馆1986年版，第565页）民国《河北通志稿·地理志·古迹·古城废署》卷一载："东垣故城，在正定县南八里。"（燕山出版社1993年版，第593页）

⑤ （清）许鸿磐纂：《方舆考证》卷一《总部·汉十三州部·冀州刺史部》载："真定故城，在真定府南八里。"清济宁潘氏华鉴阁本民国二十一年（1932），第22页B面。

⑥ 河北省正定县地方志编纂委员会编：《正定县志》第一编《建置·境域变迁》载："民国三十年（1941）3月8日，将县境南部的西古城、东古城、柳辛庄、义棠、桃园、庄窠、八家庄、小沿村、小谈村、陈章、西董家庄等11村划归石门市。"中国城市出版社1992年版，第82页。

第五章　秦汉恒山郡(国)、常山郡(国)、真定国建置沿革　　183

原地未动,这就给我们探讨赵云故里提供了可靠的基点。20 世纪 80 年代以来,学者们立足于以今石家庄市东古城来说赵云故里者,大致可以分为三种类型。

一是着眼于东古城村是汉代真定县的治所(夹注说明)。一般来说,历史人物故里的关键在于村、里,那是黎民百姓生产生活的场所,是国家政权的细胞。"常山",指常山国,国都在今元氏县殷村镇故城村。真定,指真定县,治所在今石家庄市长安区东古城村。东汉常山国统辖十三城范围大而不具体,真定县治所就成了赵云故里的关键。赵云故里应当在东汉真定县治所东古城周围寻找,有些学者就是这样认为的。如说:"历史上的赵云,字子龙,常山真定(治今石家庄市郊区东古城)人。"[1]又说:"赵云(?—229 年),字子龙,东汉常山国真定县(治今石家庄市郊区东古城)人。"[2] 其三说:"赵云(?—229 年),字子龙,东汉常山国真定县(治今石家庄市东古城)人"[3],等等。上述对于赵云故里的说法,虽然表述并不完全一致,夹注今地名也不整齐划一,但有一个共同特点,就是基于《三国志·赵云传》的记载,指出了汉代真定县治所在今石家庄市东古城,将历史记载与现实情况结合在一起,把赵云故里与东汉真定县治所东古城联系起来,也就是在东汉常山国真定县辖区内寻找赵云故里,而不是到与东汉常山国真定县辖区以外的地方去寻找,思路是可取的,说法是稳妥的。

二是有些学者认为赵云是东古城人。如说:"赵云(?—229 年)字子龙,常山真定(今石家庄市郊东故城)人。"[4] 再如言:"赵云(?—229 年)字子龙,三国时蜀将,常山真定(今石家庄郊区东古城)人。"[5] 其三曰:"赵云(公元 154 年—公元 229 年),字子龙,常山真定(今石

---

[1]　石家庄政协文史资料研究委员会编:《石家庄风物志》五《历史人物·三国名将赵云》,1995 年,第 93 页。
[2]　政协石家庄市委员会编:《石家庄历史名人》,中国对外翻译出版公司 2000 年版,第 19 页。
[3]　赵明信:《历史上的石家庄》,方志出版社 2004 年版,第 89 页。
[4]　河北省地方志编纂委员会编:《河北市县概况》,1986 年版,第 16 页。
[5]　政协石家庄市委员会编著:《石家庄历史文化精华》,中国对外翻译出版公司 1997 年版,第 259 页。

家庄市东古城）人。"① 其四"赵云（？—公元229年），男，常山真定（今石家庄长安区东古城村）人"②，等等。这四种说法，出生年代说法不同，隶属关系不同，共同特点是说赵云是东古城人。这种说法似乎比夹注东汉真定县治所为东古城更为具体，实际上亦有不确切的嫌疑。因为东古城从秦汉到北朝，曾经是真定国都、常山郡治所，也是东垣县、真定县的治所。治所在东古城，并不等于真定县只有一个东古城，全县人都居住在城里。实际上，东汉真定县人，有居住在县城者，多数居住在乡村里，赵云家有可能居住在东古城里，也有可能居住在东古城周围的乡村。因此，该说难以作为定论，关键是汉代真定县辖区内有东古城，而真定县与东古城两者不能够画等号。

三是立足于东古城隶属于石家庄市，夹注石家庄市。如说："赵子龙：即赵云，常山真定（今河北省石家庄市）人，三国蜀汉大将。"③ 这种说法，从大范围理解赵云是石家庄人没有错，今东古城等隶属于石家庄市，今正定县也隶属于石家庄市。但缺陷在于范围大而不具体，把汉代常山真定县与今石家庄市画等号，扩大了其范围。再如言："赵云（？—229年），三国常山真定（今河北石家庄市东）人。"④ 其三曰："赵云，字子龙，常山真定（今河北石家庄东北）人。"⑤ 这里虽然没有说赵云是东古城人，实际上含有此意，因为汉代真定县治所东古城地处今石家庄市区东北，至于说今河北石家庄市东，与东古城实际位置有所偏差。这种说法，有其合理性，但具体性比较差。比这范围更大的是，"赵云是刘备麾下的猛将，常山真定（今河北）人"⑥。在中国讲，范围不会错，但在河北讲不能说明任何问题，大而无当。

赵云去世一千七百余年过去，社会发生了翻天覆地的巨变，东垣故

---

① 赵新月：《开国第一城：石家庄》，中国青年出版社2009年版，第241页。
② 石家庄市长安区志编纂委员会编：《石家庄市长安区志（1991—2005）》，新华出版社2010年版，第626页。
③ 郦道元注：《水经注》卷二十七《浊水》，吉林出版集团有限责任公司2010年版，第115页。
④ 夏征农、陈至立主编：《辞海》第六版彩图本，上海辞书出版社2009年版，第2898页。
⑤ 张兵主编：《从天下第十八福地到千古一秀·长坂雄风，赵云英气（当阳长坂坡）》，远方出版社2010年版，第130页。
⑥ 李玉洁编著：《儒学与中国政治》，科学出版社2010年版，第128页。

城经历了多次战乱动荡，天灾人祸，很多实物、文献资料早已经散佚，因而无法准确地讲赵云是何乡何村人，是很正常的事情，不知道赵云故里的故居何在，也不必难为情。因此，现在我们只能够说到赵云是常山真定（治今石家庄市东古城）人为止，如果还要更详细的证明，只能等待机缘成熟有新资料出现了。

二 真定、正定的由来与赵云故里

正定城，"控太行之险，绝河北之要，西顾则太原动摇，北出则范阳震慑"①。地理位置很重要。真定县治所从滹沱河南迁移到滹沱河北时，不是白地起城，而是在原来城市发展的基础上继续发展，仍然叫真定。雍正元年（1723）为避清世宗胤禛讳改为正定。那么，正定县城起源于何时？真定县治所是何时迁往正定县城的？此类问题需要回答。

（一）真定县治从滹沱河南迁到滹沱河北的时间

现在有着几种不同的说法。

一是唐朝人李吉甫《元和郡县图志》说："后魏道武帝登恒山郡城，北望安乐垒，嘉其美名，遂移郡理之，即今州理是也。"②认为安乐垒是唐代恒州治所真定的前身，恒山郡治所迁往安乐垒的时间是魏道武帝时期，这种说法为《旧唐书·地理志》《太平寰宇记》等书籍直至现在很多学者所认同，梁勇认为隋代真定徙治今正定城。③看法有其合理性。但正定城就是安乐垒的说法，无法解释《魏书·地形志上》记载的九门县"有常山城、九门城，有安乐垒"问题。因按照纪传体正史惯例来看，地理志、地形志等所记载的州郡第一个县是附郭县，是州郡治所所在地，那常山城当是设立在北魏九门县境内的常山郡城。④按李吉甫等人说法，魏道武帝把常山郡治所迁往安乐垒后，安乐垒就是常山郡城，常山郡城、

---

① （清）顾祖禹撰：《读史方舆纪要》卷十四《北直五·真定府》，中华书局2005年版，第589页。
② （唐）李吉甫撰：《元和郡县图志》卷二十一《河北道二·恒州》，第477页。
③ 梁勇、杨俊科：《石家庄史志论稿·安乐垒地望及真定县徙治年代考辨》，河北教育出版社1988年版，第285—289页。
④ 常山郡治所所在地都可以叫常山城、常山郡城，现在元氏县有常山郡城，东垣故城又称汉常山城、常山故城等。正定县把常山古郡作为自己的名片，以此类推，《魏书·地形志上》的常山城，即是常山郡城。

安乐垒二者实为一体，只是时间先后不同，先有安乐垒，后有常山郡城，不应出现常山城与安乐垒并列的情况。

二是清顾祖禹认为："隋开皇十六年，分真定置常山县，即故安乐垒也。大业初，复省入真定县。或曰即汉常山郡城也，隋因旧城置县。刘昫曰：后魏太武登常山郡城，望安乐垒而美之，遂移郡治安乐，即今镇州城。误也。魏收《志》安乐垒在九门县。""唐初移县于今治。"① 认为《旧唐书·地理志》所说魏道武帝迁徙常山郡治所于安乐垒，即镇州（治今正定县正定镇）有误。其说法的合理性，在于把常山县城与安乐垒相联系，又把安乐垒与镇州城（今正定县正定镇）相区别，分列安乐垒②，符合了《魏书·地形志上》的常山城与安乐垒并存的记载，契合了《新唐书·地理志》真定县徙治的时间，并为乾隆《大清一统志》、民国《河北通志稿》、现代《中国历史地名大辞典》等诸多书籍所认可。其说法也存在矛盾因素，安乐垒、常山郡城与正定县城分为三处，至今安乐垒地望，难以落实；常山城在明代真定府西南十八里处③，难以寻找。

三是现代人王仲荦《北周地理志》认为恒州、常山郡、常山县治所在安乐垒，安乐垒在今河北石家庄市东北，真定，在今河北正定县城关④。还有施和金《北齐地理志》在王仲荦研究成果基础上，认为：常山郡，治安乐垒。恒山县，今河北藁城县西北。真定县，今河北正定县。⑤ 既汲取了《魏书·地形志》《元和郡县图志》《读史方舆纪要》的成果，又增加了唐代墓志等新资料，将安乐垒与正定城区别开来，并分别认为

---

① 《读史方舆纪要》卷十四《北直五·真定府》，第592页。

② 《读史方舆纪要》卷十四《北直五·真定府·藁城县》载："安乐垒，在县西北。魏收《志》九门县有安乐垒。盖慕容隽攻冉闵时筑垒于此，后燕亦为戍守处。"（第606页）民国《河北通志稿·地理志·古迹》亦载："安乐故垒，在正定县西南十八里。"（第630页）在安乐垒与正定城有区别这一点上，与顾祖禹相同，在具体地望上又与顾祖禹不同。

③ "常山城，府西南十八里"，并不是顾祖禹的创造，天顺《明一统志》卷三《真定府》载："恒山郡城，在府城西南一十五里，即汉郡故址，北魏道武尝登此望安乐垒"（《景印文渊阁四库全书》第472册，第83页）；万历《真定县志校注》卷一《舆地·古迹》亦载："恒山郡城，在县西南十五里，即汉郡故址，北魏道武帝尝登此望安乐垒。"（第18页）虽然有"常山城""恒山郡城"的不同，方向在府城西南是相同的，但有十五里与十八里的区别。

④ 王仲荦撰：《北周地理志》卷十《河北下·恒州》，中华书局1980年版，第991—992页。

⑤ 施和金撰：《北齐地理志》卷一《河北地区上》，中华书局2008年版，第47—49页。

北齐、北周时真定县治在今正定县城关。但也有矛盾，既然安乐垒作为恒州、常山郡治所近二百年，为何现代消失得无影无踪，只标注大致方向在石家庄市东北，而无具体地点来证实。

综上关于真定县治所迁移到今正定城的时间，有施和金的北齐说、王仲荦的北周说，有梁勇的隋朝说，还有历史久远、人数众多的唐初说，这四种说法都持之有故，但理由不充分。笔者认为王仲荦的北周说、施和金的北齐说，所提供的资料，证明滹沱河北存在着恒州、常山郡、常山县治所是可信的，以此补充《隋书·地理志》的记载是个贡献，证明真定县确实存在事实充分，证明真定县治所北齐、北周时代在今正定县城关则有些不足。梁勇说隋代恒州治所在今正定城是可信的，传世文献与碑刻可以证明，但说真定县在隋代也已经徙治到今正定县正定镇则说服力不强，因为恒州、常山郡治所经常迁移，并非是与真定县治所捆绑在一起迁徙，这可从两汉常山郡治所从元氏迁往真定县城和北魏、北齐、北周恒州、常山郡治所在今正定县正定镇得以证明。既然北齐、北周、隋代恒州、常山郡与恒山县或常山县治所在一起，真定治所就不一定非要迁过去。何况北齐、北周、隋与唐初，恒山县或常山县置废频繁①，无直接资料证明真定县治所先后四次迁入和三次迁出今正定县正定镇。因此，笔者根据《新唐书·地理志三》"武德六年析置恒山县，贞观元年省"的记载，推断当是在贞观元年（627）省恒山县并入真定县后，真定县治所迁入了今正定县正定镇，笼统地说是"唐初移县于今治"。由此带来了正定城的大发展，一直到清朝，正定城都是燕南赵北的政治、军事、文化中心。

（二）正定县城不会有赵云故居

如果说对于正定县城的起源有不同的说法，对于真定县治所何时迁入滹沱河北的今正定城有四种不同的看法，但对于《魏书·地形志上》所记载的常山城、安乐垒属于九门县和真定县治所在今石家庄市长安区

---

① 王仲荦、施和金著述证明了北齐、北周恒山县、常山县的存在与省废。《隋书》卷三十《地理志中》载：开皇"十六年分置常山县。大业初置恒山郡，省常山入"真定县（第856页）。《新唐书》卷三十九《地理志三》载："武德六年析置恒山县，贞观元年省。"（中华书局1975年版，第1015页）从北齐武平四年（573）前，到贞观元年（627），五六十年的时间中，恒山县或常山县至少设立、省废了四次，其治所当在今正定城，那真定县治所如果也在正定城那就得先后迁入四次、搬出了三次，现在找不到直接的资料证明。

东古城则没有不同意见。因为北魏时常山郡治所迁移到了滹沱河北的九门县，真定县治所仍在滹沱河南的今石家庄市长安区东古城。因此说在秦汉以后直至北魏前真定县治所一直在今东古城的东垣古城遗址，从现代的《中国历史地图集》等著述看，虽然不能确切地说明秦汉、魏晋时真定县所辖乡里的名称、位置，但真定县辖区在滹沱河以南，则是可以相信的。这是我们讨论正定县城与赵云故居问题的基础。

据报道，"2010年4月1日，河北省赵子龙文化研究会与中华赵族恩亲协会共同签署了《赵云故居遗址认定书》，双方公开确定赵云故居遗址的具体位置为'正定县南门里广惠西路以北，与华塔隔路相望'"①（图5—12）。

图5—12 赵云故里（田建恩拍摄）

从报道所言看，场合隆重，程序规范，还共同签署了《赵云故居遗址认定书》，言之凿凿，但根据何在？

一是人所共知赵云生活在东汉末年、三国初期，卒于建兴七年

---

① 《赵云故居遗址确在正定城内》，《河北日报》2010年4月13日。

第五章　秦汉恒山郡(国)、常山郡(国)、真定国建置沿革　189

(229)，是"常山真定人"。汉代真定县城在今石家庄市长安区东古城东垣古城遗址，在滹沱河南。西晋时，常山郡治所迁移到今东古城，北魏时迁移到滹沱河北，暂且按通常说法在皇始三年(398)，这仅仅是常山郡治所迁徙到今正定新区正定镇最早的年代，距离赵云之死已经一百七十年过去了。东汉滹沱河南真定县人赵云的故居，建立在滹沱河北九门县的土地上，岂不是咄咄怪事。如果真是那样，那里既是赵云故里，又有赵云故居，那赵云岂不成了九门人，与常山真定没有任何关系了，那就应当说《三国志·赵云传》"常山真定人"的记载有误。由此可知今正定县城有赵云故居不可信。

二是清代王复礼为撰修《赵顺平侯志》，曾"致书真定县佐王允吉，令其访觅故乡遗迹，了不可得。惟郡治南门月城有三义庙，门外有汉顺平侯故里一碑而已，余无知者"①。这是康熙四十一年(1702)前的情况。② 过了三百多年，到了21世纪初年，反而知道了赵云故居所在，有何新的重大文物发现来证明呢？从《正定文物》一书（河北人民出版社1990年版）看，从20世纪以来还没有从今正定城出土两汉三国文物的记载。1992年版《正定县志》也没有记载在正定城里出土两汉三国文物的事情。实际上，正定位处河北平原，河北平原属于冲积平原，西面是黄土高原，滹沱河等流经县域，滹沱河洪水暴发携带泥土而下，随着时间的推移，由于洪水等诸多因素的作用，使得正定城的地面在逐渐增高，唐代王武俊巨碑，元代就"埋土中，止露碑首，长及丈五"③，地面淤积

---

① 王复礼纂辑《季汉五志》卷十二《赵顺平侯祠记》，《四库全书存目丛书》第42册，齐鲁书社1996年版，第331—332页。

② 之所以康熙四十一年(1702)为标志，是因为王复礼纂辑的《季汉五志》，在康熙四十一年由杭城尊行斋刊刻问世，成书当在此年之前。

③ （元）纳新撰：《河朔访古记》卷上《常山郡部》载："真定路城中开元寺后绣女局内，复有巨碑埋土中，止露碑首，长及丈五，题曰：王武俊碑，贞观五年（当为贞元五年，作者注）立。文字皆不可考。《类要》云：王武俊碑，去真定府治东门二十步，即此碑也。"（《景印文渊阁四库全书》第593册，第27页）可见土淤积之深。其实，不仅元代真定城的唐碑被积土所壅，而且立在获鹿县马村东南的元代史天泽神道碑，"高丈余，日久为积土所壅，今只有四五尺许"（光绪《获鹿县志》卷三《建置·邱墓》，《中国地方志集成·河北府县志辑》第4册，第103页）。此处未必是史天泽墓地，但所记载的碑刻被积土所壅现象当是可靠的。石家庄市新华区"后太保史天泽家族墓群那样久已在地表消失得不留丝毫痕迹"（孟繁峰《谈新发现的史氏残谱及史氏元代墓群》，《文物春秋》1999年第1期）。两者互证可知其所说的可靠性。

之深可想而知。现代考古发现唐代的地面约在当今地面下的三米处①，那么早于唐朝几百年的东汉地面理当更深，应当不是一般人随便就能看到的。现在地面上有汉代三国的建筑等实物资料证明"正定县南门里广惠西路以北，与华塔隔路相望"是赵云故居吗？恐怕不会有。

三是如果说以《古常山郡新志》（1984年版）的"县人仰其典范武德，于南门里故址建赵将军庙，香火鼎盛"为根据。② 那需要搞清楚现代人编著的《古常山郡新志》能够证明何事，记述作者亲身谋划主持的事情，如果有关人员已经去世，具有不可替代的史料价值；记述他参与的事情，还有其他相关记载者，具有参考的价值；记述当时流传的民间故事，具有反映其时代民间观念的作用；抄录前人者，没有太大价值；以讹传讹者，则没有任何价值。至于说赵将军庙是否是"故址"，则当另当别论。因为正定县城南门里的确建有赵将军庙，乾隆二十七年（1761）记载："赵将军庙，在南关，祀汉顺平侯赵云。"③ 光绪元年（1875）记载："赵将军庙，祀汉顺平侯云。旧在南关滹沱河北岸。移建于城东北隅草场。道光六年。移建于关帝庙东。同治四年。与关帝庙一并重修。春秋二仲与关帝同日祭。"④ 清代正定府县志书对于赵将军庙的修建迁移说得很清楚，都没有说到"故址"问题。"故址"，就是旧址、遗址。具体这个"故址"，是赵云庙的"故址"，还是赵云家的"故址"？如果说是正定城赵云庙的"故址"，查之有故，比较可信。但天南海北，赵云庙各处都可以建立，"故址"肯定很多，总不能说凡是有赵云庙"故址"的地方，都是赵云故居。如果说是赵云家的故址，以20世纪80年代出版的书籍来说"故址"，是有出土实物作证据，还是有档案根据，还是依据流传有序的民间传说，有何确切真实的根据呢？如果没有的话，实在不足为据。

---

① 贡俊录：《敦煌壁画〈五台山图〉中正定古建筑相关问题刍议》载："1994年11月3日，正定县政府新建办公楼前西侧在安装供水装置时，于地下约3米处发现用模印方形莲纹灰砖铺墁的地面。"（《文物春秋》2005年第6期）可证唐代地面在今正定县政府地面之下三米。

② 任利：《河北正定与临城争夺赵云故里两地大兴土木》，《河北青年报》2010年3月18日。

③ 乾隆《正定府志》卷八《坛庙》，《中国地方志集成·河北府县志辑》第1册，上海书店出版社2006年版，第193页。

④ 光绪《正定县志》卷十《坛庙》，河北人民出版社2008年版，第435页。

（三）与正定县相联系的赵云故里说法

真定县治所从滹沱河南的今石家庄市长安区东古城迁移到滹沱河北今正定新区正定镇之后，真定县，不仅合并了常山县，而且以后还合并了新市县（治今河北正定新区新城铺镇新城铺），扩大了真定县的辖区。真定县名称内涵经常变化，不仅名同实异，而且名同世异。都是真定县，两汉与唐代、清代等辖区不同，这是名同实异；都叫真定县，秦汉魏晋北朝治所在滹沱河南，唐宋元明清治所在滹沱河北，这可称为名同世异。不妨举几个例子，供大家参考。

一是赵陵铺。《史记·南越列传》记载："南越王尉佗者，真定人也。"汉文帝因赵"佗亲冢在真定，置守邑，岁时奉祀"。这就是后人所说的赵佗先人冢（图5—13），其地后称赵陵村、赵陵铺，汉代无疑属于真定县。现代在赵陵铺发现了北齐"天保十年闰四月八日，真定人张承年卅六死，铭记名迹□"的墓志①，证明北齐天保十年（559）这里属于真定县。还出土了唐代"开元卅三年岁次□□□□□八日壬申□真定

图5—13　赵佗先人冢（贾丽英拍摄）

---

① 河北省文物管理委员会：《河北石家庄市赵陵铺镇古墓清理简报》，《考古》1959年第7期。

□□□□人刘开圆□□□□□□□宅之丁地□立□志□□□"的砖墓志①，虽然残缺很多，模糊不清楚，可能释读有误，还能说明唐代开元年间这里属于真定。出土于柏林庄的唐陇西李公故夫人琅琊王氏墓志铭载：元和十二年（817）十月二日，王氏"终于恒府真定县尚德里之私第"。"至十一月六日，自其家发引，达于府南二十里赵陵村之原，□朝而堋，礼也。"② 这说明唐朝已经有了"赵陵村"的称谓，并且属于恒州府真定县辖区。明代嘉靖年间，赵陵铺已经成了获鹿县的"赵陵铺集，在城正东三十里，五、十日"有集③；在获鹿八景中有"赵陵烟树"一景，"烟树苍茫锁赵陵"，④ 吸引着很多文人墨客挥笔写诗。赵陵铺从汉代隶属于真定县变为明代获鹿县的辖区，1941年3月8日，划归石门市（今石家庄市）⑤，今又隶属于石家庄市新华区赵陵铺镇。

二是陈村。传说汉光武帝刘秀经营河北时曾经在此处避难，后来有难民落户此地，逐渐形成村落，命名叫"成村"。陈村壁画墓砖雕碑记载："真定府真定卫左所城西三十里，地名城村乡，今于大明弘治陆年四月十九日营工修砌闲堂一所，住墓人刘福通，妻李氏、继妻武氏，子五人，营匠吴荣、张福才、吴泰。"⑥ 可知城村明代属于真定县，又称"陈

---

① 《河北石家庄市赵陵铺镇古墓清理简报》，《考古》1959年第7期。"开元卅三年"，当是因墓志墨书模糊不清而释别有误。

② 《新中国出土墓志·河北壹》下册《成德军节度使马军左厢兵马使兼南先锋马步副兵马使押牙夫人琅琊王氏墓志铭》，第74页。

③ 嘉靖《获鹿县志》卷二《地里·集市》，《天一阁藏明代方志选刊续编》第1册（上海书店1990年版，第534页）。光绪《获鹿县志》卷二《地理下》载：赵陵铺，"市集，每月逢五、十日为期"（《中国地方志集成·河北府县志辑》第4册，第78页）。集市日期，沿袭明朝而没有变化。万历《真定县志》卷三《田赋》附《乡村》和光绪《正定县志》卷三《疆域·村庄》均无"赵陵铺"之名，因此，可证明《石家庄市地名志》所言：赵陵铺"清代属于获鹿县"（第352页），有些晚了；也说明河北省正定县地方志编纂委员会编《正定县志》第一编《建置》所言："清代后期，将县境西南部的赵陵铺""等八村划归获鹿县"（第81页），不准确。

④ 嘉靖《获鹿县志》卷二《地里·八景》，《天一阁藏明代方志选刊续编》，第1册第547页。

⑤ 参见《石家庄市地名志》（第352页）和鹿泉市史志编纂委员会编《获鹿县志》（中国档案出版社1998年版，第58页）。

⑥ 石家庄市文物保管所：《石家庄市郊陈村明代壁画墓清理简报》，《考古》1983年第10期。

村屯"①。清朝称"陈村",属于正定县西关。② 民国三十六年(1947)11月,正定县将西南部的陈村等十七个村庄划归获鹿县。③ 1960年2月26日划归石家庄市郊区,今属石家庄市新华区杜北乡。

把诸如此类的村庄隶属关系的变化搞清楚,把历代真定县或正定县疆域变化弄明白,明清还有些资料,秦汉资料很难找,现在已很难准确地说清楚。但真定县历代徙置省废不一,辖区合并分割并存,则是确切的事实。现代正定辖区,不仅与两汉真定县不同,而且与清代辖区相异,民国与清代也不同,民国与现在也不相同④,可以说是毫无疑问的事实。具体到赵云故里,民国三十年(1941)3月8日把东、西古城等村庄划归石门市(今石家庄市),使东汉真定县城从正定县中划分出去,从而使人们对于赵云故里的看法逐步发生了变化,体现在正定县与赵云籍贯问题上的看法,可以大致分为三种。

一是沿袭前人看法,说赵云是今正定人。如说:"赵云(?—229年),字子龙,三国时蜀国将领。常山真定(今正定)人。"⑤ 再如笔者

---

① 万历《真定县志校注》卷三《田赋》附《乡村》(第33页)。弘治元年《重修圣佛寺碑记》为"城村"。《重修上京毗卢寺碑记》,弘治十二年(1499)为"陈村",嘉靖十四年(1535)为"城村屯",万历四十八年(1620)以后为"陈村"(参见《石家庄市地名志》,第349页)。

② 光绪《正定县志》卷三《疆域·村庄》,第171页。

③ 河北省正定县地方志编纂委员会编《正定县志》第一编《建置》,第82页。

④ 据河北省正定县地方志编纂委员会《正定县志》第一编《建置》第二节"境域变迁"(第82页)统计,从民国三十年(1941)3月8日到1965年1月5日有确切年份的境域变迁计算,六十七个村庄划归石门市或石家庄市,十八个村庄划归获鹿县,两个村庄划归新乐县,一个村庄划归栾城县,共计划出八十八个村庄。划归正定县的有石家庄市的四十八个村庄,新乐县的两个村庄,共计划入五十个村庄,净减少三十八个村庄。据2001年1月22日《国务院关于同意河北省调整石家庄市市辖区行政区划的批复》将正定县的留村乡、二十里铺镇划归裕华区管辖,将正定县的西兆通镇、南村镇划归长安区管辖(《国务院公报》2001年第7期)。根据2001年9月13日河北省民政厅《关于石家庄市长安区等区(县)行政区划变更的批复》载:保留西兆通镇,辖十里铺等11个行政村。保留南村镇,辖董家庄等14个行政村。撤销二十里铺镇,设立宋村镇,辖东仰陵等10个行政村。保留留村乡,辖赵村等9个行政村(石家庄市民政局编《石家庄市行政区划》第九章"2001年市区行政区划调整",中国社会出版社2001年版,第104、112、113页)。如果这四个乡镇所辖行政村都是原来隶属于正定县的话,共计划出了四十五个村庄。加上原来净划出的三十八个村庄,共有八十三个村庄划出。相当于光绪《正定县志》卷三卷三《疆域·村庄》所载四关二百一十三个村庄的三分之一左右。因此,现在的正定县辖区与清朝相异。再则,划出的多是正定县南部、西南部的村庄,这一带与汉代真定县辖区有着直接的联系。

⑤ 河北省正定县地方志编纂委员会编:《正定县志》,第846页。

也说过,"赵云(?—229年),字子龙,常山真定(今正定县)人"①。其三言:"赵子龙(?—229年)三国蜀汉名将赵云,字子龙。常山真定(今河北正定)人。"② "赵云(157—229年),字子龙,东汉常山真定(今河北正定)人。"③ 其四说:"赵云是东汉末和三国时的著名将领,字子龙,常山真定(今河北石家庄正定市)人"④,等等。这里夹注的今正定、今正定县、今河北正定、今河北石家庄正定市等,字数多少不同,县市称谓有异,其共同点是都认为常山真定人赵云是今河北正定县人。实际上,一个村庄、一个城池遗址等,也就是具体的一个点,也许古今位置相同或大致相同,变化几率比较小;作为一个县、一个州等,辖区比较大的一个面,古今位置完全或基本相同的可能性几率很小。因此,从准确性来讲,古代州县等面积比较大的行政区划单位夹注今某省某县很不可取,因为两者并不完全相等。

二是考虑到汉代真定县治地望因素,说赵云是今正定南人。如说:"赵云,字子龙,常山真定(今河北正定南)人。"⑤ 再如说:"赵云,字子龙,常山真定(今河北正定县南)人。"⑥ 其三说:"赵云字子龙,常山真定(今河北省正定县南)人。"⑦ 这种说法源远流长,源自于唐代张守节《史记正义》所说战国东垣城在唐代"恒州真定县南八里,故常山城是也"⑧。即今东垣故城遗址。方位准确,距离明确,沿革清楚,为古今代学人广泛引用。至于说:"赵云:字子龙,常山真定(今河北正定西

---

① 河北省政协文史资料委员会编:《河北历史名人传》古代卷上册《蜀汉两虎将张飞和赵云》,河北人民出版社1997年版,第165页。
② 盛巽昌编著:《毛泽东与三国演义》,广西人民出版社1997年版,第46页。
③ 孙万勇主编:《石家庄历史名人·古代卷》,河北人民出版社2008年版,第14页。
④ 古山月编著:《读古人学做事·赵子龙勇气过人独退曹兵》,中国书籍出版社2010年版,第17页。
⑤ 仓阳卿、张企荣:《三国人物故事·一身是胆》,浙江教育出版社1984年版,第134页。
⑥ 韩盼山、李远杰:《河北名人小传·"一身是胆"的赵云》,河北人民出版社1984年版,第45页。
⑦ [日]狩野直祯:《三国智慧的启示》,杨耀禄、李星译,兰州大学出版社1990年版,第46页。
⑧ 《史记》卷六十九《苏秦列传》(第2244页)。《史记》卷九《吕太后本纪》《正义》引《括地志》注"常山"曰:"常山故城在恒州真定县南八里,本汉东垣邑也。"(第402页)两者所言基本相同。

南）人。"① 地理方位由"正定南"变成了"正定西南"，其本意当与正定南相同，故归为同一类型。

三是立足于汉代真定县治所，说赵云是今正定县人，治今石家庄市东古城或说治今正定县南。如说："赵云（？—229 年），东汉时期常山郡真定（今正定县，治所在今石家庄市东古城）人。"② 标明今正定县，又夹注治所在今石家庄东古城，也比较准确，与直接夹注汉代真定县治所而不说正定县也有所区别。再如说："赵云，字子龙，常山真定（治今河北正定县南）人。"③ "赵云（？—229 年），字子龙，三国常山国真定（治今河北正定南）人。"④ 具体地望也是指东垣故城遗址而言。这种说法，与现在有些学者夹注的"常山真定（治今石家庄市长安区东古城）人"异曲同工，有助于赵云故里说法的准确性。两者区别在于观察的基准点不同，一是正定县城，一是东古城，与夹注正定县南有相似之处，而标明治所比前两种说法更准确。

历史是凝固的现实，现实是活动着的历史。当陈寿把"赵云，字子龙，常山真定人也"写进《三国志》，就成了凝固性的记载，成了后人说明赵云故里的依据。但应当清楚，陈寿不可能了解真定县治所的迁移，无法想象真定之名因雍正皇帝名讳改为正定，更无法预测1941 年 3 月 8 日东、西古城等村庄会从正定县划归为石门市，更不会知道20 世纪80 年代以后正定县所辖的村镇越来越多地划归石家庄市区，而这些都是已经发生的客观事实。作为后来人不能熟视无睹行政区划的变迁，讲究唐朝人的说法，重复清朝人的言论，可以说是持之有故，但未必言之成理，因为辖区已经变化，前人说法与古代情况吻合，今人言论与现代事实不符，古人那样说是正确的，今人再重复是错误的，因为说法的前提已经

---

① 张建业主编：《李贽全集注》第四册《藏书注一》，社会科学文献出版社 2010 年版，第 273 页。

② 孙万勇主编：《石家庄市民文明礼仪读本·石家庄名人》，河北科学技术出版社 2008 年版，第 17 页。

③ 赵聪惠主编：《赵文化论丛》程裕祯《赵氏的起源和流迁》，河北人民出版社 2006 年版，第 503 页。

④ 周文夫、周振国主编：《影响中国历史进程的河北名人·赫赫有名的虎威将军赵云》，河北大学出版社 2006 年版，第 123 页。

发生了变化。章学诚讲"志笔不能越境而书"①，已经成为中国志书恪守的传统准则，研究地方史应当借鉴这种思路，应当根据当前县境实际情况作出新的解释。在叙述历史人物籍贯时，使用历史上的郡县地名，夹注治所现在的地名，以尊重历史，以反映现实，这正在逐渐成为约定俗成的方法。按照这种思路来考虑，赵云故里应当表述为：赵云，常山真定（治今河北正定新区正定镇南）人，或是：赵云，常山真定（治今石家庄市长安区东古城）人。

---

① （清）章学诚著，叶锳校注：《文史通义校注》卷七《永清县志政略序例》（中华书局1985年版，第754页）。乾隆《正定府志·凡例》载："常山置郡肇于汉初，武帝始以正定名国。宋为正定府，明因之，领州五县二十七。国朝定鼎以来，州邑分合不常，今则定为一州十三县矣。凡天时人事地理不在今封域者，概不登载。"（《中国地方志集成·河北府县志辑》，上海书店出版社2006年版，第1册第22页）知与行并不相等，有了认识，列为凡例的条文，即使做不到，也是一个进步，终归会有一天会把思路变成实践的。

第 六 章

主流社会思潮与国家祭祀

　　黄老之学与儒家经学是汉代社会的主流社会思潮,这一点学界多有所论。① 之所以说是主流思潮,主要原因是其学术思想被汉中央政府吸取并确立为国家统治思想。以往学界比较注重儒、道二家相黜相争,多引用司马迁"世之学老子者则绌儒学,儒学亦绌老子。'道不同不相为谋',岂谓是邪?"② 然而,文化学术的发展不是孤立存在的,都是为适应社会现实的需求而进行的思考和探索。因此也正如司马迁本人《太史公自序》中提到的儒、道二家与其他阴阳、名、法、墨等学派一样,"一致而百虑,同归而殊途"③。所以,不管黄老也好,经学也好,这两种流传于汉代的主流社会思潮都不是割裂开的,而是吸收、融合其他思想的基础上的新构建。徐复观所说"西汉政治思想的大势,由陆贾,贾谊,《淮南子》中的刘安及其宾客,董仲舒的《春秋繁露》,《盐铁论》中的贤良文学,以及扬雄,都是儒道两家思想的结合",只不过是"分量轻重的不同"④ 罢了。甚是。

　　汉时常山地区主要社会思想与国家主流思潮的发展大体一致,前期以黄老为主,其代表人物是田叔和田仁父子。武帝时儒家经学渐被尊崇,西汉以常山太傅韩婴、都尉龚奋为代表,东汉则以常山太守伏恭的影响

---

① 金春峰:《汉代思想史》,中国社会科学出版社1987年版,第18—20页。任继愈主编:《中国哲学发展史(秦汉)》,人民出版社1985年版,第2—3页。
② 《史记》卷六十三《老子列传》,第2143页。
③ 《史记》卷一百三十《太史公自序》,第3288页。
④ 徐复观:《两汉思想史(第二卷)》,华东师范大学出版社2004年版,第64页。类似的观点还可参见周桂钿《秦汉思想史》,河北人民出版社2000年版,第4—5页。刘玉民《汉初儒、道融合与互黜新探》,《安庆师范学院学报》2005年第3期。

最大。

第一节 常山黄老之学的流传

汉初天下初定，时人思考总结秦亡原因。《汉书·陆贾传》记述了陆贾与汉高帝关于"马上得天下"与"马上治天下"的争论：

> 贾曰："马上得之，宁可以马上治乎？且汤武逆取而以顺守之，文武并用，长久之术也……乡使秦以并天下，行仁义，法先圣，陛下安得而有之？"高帝不怿，有惭色，谓贾曰："试为我著秦所以失天下，吾所以得之者，及古成败之国。"贾凡著十二篇。每奏一篇，高帝未尝不称善，左右呼万岁，称其书曰《新语》。①

陆贾将儒家的仁义与道家的无为相结合，谈治国之术，解决现实问题。《新语·无为》第一句话"道莫大于无为，行莫大于谨敬"，前半句来源于《老子》，后半句来源于《论语》，二者的巧妙融合，让刘邦感到新奇，这也可能是《新语》命名的原因吧。关于陆贾，《汉书·艺文志》及《四库全书》将其列入儒家，现当代学者各执其词。有言道家者②，有言儒家者③。其实，不论是道亦或是儒，至少"无为"之教，是符合长期战乱后的汉代社会的。"左右呼万岁"，与其说是群臣对刘邦的认同，不如说"清净无为"为当时朝臣共识，引起了共鸣。之后，汉初政治中所出现的"与民休息""文景之治"都与此密切相关。

清初姜宸英《湛园未定稿·黄老论》曾对汉初黄老无为进行过高度概括：

> 汉自曹参为齐相，奉盖公治道，贵清静而民自定。其后相汉，

---

① 《汉书》卷四十三《陆贾传》，第2113—2114页。
② 熊铁基：《秦汉新道家》，第十章"陆贾是汉初新道家的突出代表"，上海人民出版社2001年版，第270—301页。
③ 李禹阶：《陆贾"新无为"论探析——论汉初新儒家的援道入儒思想》，《中华文化史论坛》2003年第1期。

遂遵其术，以治天下，一时上下化之。及于再世，文帝为天子，窦太后为天下母，一切所以为治，无不本于黄、老，极其效，至于移风易俗，民气素朴，海内刑措，而石奋、汲黯、直不疑、司马谈、田叔、王生、乐钜公、刘辟疆父子之徒，所以修身齐家、治官莅民者，非黄、老无法也。①

"无不本于黄老""非黄老无法"，从儒法融合的角度来看不免有夸大之嫌，但姜宸英先生对黄老之术与清静无为的肯定是很典型的。在上述引文梳理的黄老代表性人物中，与常山地区直接相关的有田叔，间接相关的有文帝与窦太后。

一 民间黄老思潮

先来看赵地、常山地区民间流行的黄老思潮对文帝与窦太后产生的影响。

文帝以"好刑名"闻名，同时也好黄老之学：

> 孝文即位，有司议欲定仪礼，孝文好道家之学，以为繁礼饰貌，无益于治，躬化谓何耳，故罢去之。②

道家之学，这里即是黄老之意。熊铁基先生曾考证"在司马迁的《史记》当中，老子、道家、道德、黄老这些词，常常是同一意义"③。东汉人的著述中，就直接用黄老来表述了：

> 然文帝本修黄、老之言，不甚好儒术，其治尚清净无为，以故礼乐庠序未修，民俗未能大化，苟温饱完结，所谓治安之国也。④

---

① （汉）应劭撰，王利器校注：《风俗通义校注》，中华书局2001年版，第100页注［一一］。
② 《史记》卷二十三《礼书》，第1160页。
③ 熊铁基：《秦汉新道家》，第5页。
④ （汉）应劭撰，王利器校注：《风俗通义校注》，第96页。

窦太后，更是一位以黄老之术的实施及维护者而闻名，历史这样记载影响两代帝王治国政策的贵族女性：

《史记》卷四十九《外戚世家》："窦太后好黄帝、老子言，帝及太子、诸窦不得不读《黄帝》、《老子》，尊其术。"①

《史记》卷一百二十一《儒林列传》："然孝文帝本好刑名之言。及至孝景，不任儒者，而窦太后又好黄老之术，故诸博士具官待问，未有进者。"②

《汉书》卷二十二《礼乐志》："至武帝即位，进用英俊，议立明堂，制礼服，以兴太平。会窦太后好黄老言，不说儒术，其事又废。"③

《汉书》卷五十二《田蚡传》："太后好黄老言，而婴、蚡、赵绾等务隆推儒术，贬道家言，是以窦太后滋不说……乃罢逐赵绾、王臧，而免丞相婴、太尉蚡。"④

文帝刘恒，高帝子。高祖十一年（前196）"乃分赵山北，立子恒以为代王"⑤。山，即恒山，因避刘恒之讳，改曰常山。也就是文帝的封国在故赵地。窦太后，"赵之清河观津人也"⑥，如前文所述，清河郡与恒山郡都是由赵郡析出，也为赵之故地。而赵地，在先秦之时曾是黄老之学的主要流行之地。据孙少华的研究："先秦黄老之学的流行与传播区域，主要在战争比较激烈的韩、赵、魏三地，其次是齐、楚之境"⑦，韩有申不害、赵有慎到、魏有陈平，均曾修黄老道德之学。当然，关于黄老之学的发源地，学界认识不一，尤其是1973年马王堆三号汉墓《老子》乙

---

① 《史记》卷四十九《外戚世家》，第1975页。
② 《史记》卷一百二十一《儒林列传》，第3117页。
③ 《汉书》卷二十二《礼乐志》，第1031页。
④ 《汉书》卷五十二《田蚡传》，第2379页。
⑤ 《史记》卷八《高帝本纪》，第389页。
⑥ 《史记》卷四十九《外戚世家》，第1972页。
⑦ 孙少华：《汉代黄老思想的学术生态及对儒学的影响》，《诸子学刊》2012年第2期。

本卷前古佚书的出土，更是颇多争论。① 但无论如何稷下黄老对黄老道学的推动与发展是不容置疑的，而赵地与齐地毗邻，赵地在稷下修黄老之学的学者活跃于齐赵，所以，说赵地为黄老之学的主要流行地应该还是中肯的。文帝、窦太后所习黄老，并无明显师承，反倒是少时在藩国或居住地所受赵地流传黄老之学的影响不容忽视。

黄老之学在被汉政府立为治国之术前，已在民间广泛流传。《史记·儒林外传》提到"窦太后好《老子》书，召辕固生问《老子》书"，辕固曰："此是家人言耳。"② 什么是家人？颜师古注：

《汉书》卷八十八《儒林传》："此家人言矣。"颜注曰："家人，言僮隶之属。"③

《汉书》卷二《惠帝纪》："春正月癸酉，有两龙见兰陵家人井中。"颜注曰："家人，言庶人之家。"④

《汉书》卷三十七《栾布传》："彭越为家人时，尝与布游。"颜注曰"家人，犹言编户之人也。"⑤

可见，家人在当时应是普通人，社会分层中比较下层的人。既然黄老之学是普通人都知晓的，也正反映了它的流传之广。窦太后在民间深受黄老影响，也在情理之中。

事实上，黄老道学在赵地一直到东汉都很流行。史载黄巾农民军领袖钜鹿人张角自称"大贤良师""奉事黄老道，畜养弟子"⑥。常山郡，

---

① 李学勤：《简帛佚籍与学术史》，江西教育出版社2001年版，第20页："汉初风行一时的黄老道家，过去的学者多以为源于齐学，有人认为与齐稷下一些学者有关。现在由于马王堆帛书的发现，知道齐的道家并非这一流派的主流，黄老道家的渊源实在楚地。"丁原明：《黄老道学论纲》，山东大学出版社1997年版，第72页："战国黄老学大概产生于南方楚地，而后发展于齐地，从而形成两个发源中心，并各以其独特的风格推动着整个黄老学的演进，使其成为当时有影响的学派。"
② 《史记》卷一百二十一《儒林列传》，第3123页。
③ 《汉书》卷八十八《儒林传》，第3613页。
④ 《汉书》卷二《惠帝纪》，第89页。
⑤ 《汉书》卷三十七《栾布传》，第1980页。
⑥ 《后汉书》卷七十一《皇甫嵩列传》，第2299页。

毗邻钜鹿，黄老道同样盛行。最著名的是黑山军，史书上这样描述"贼帅常山人张燕，轻勇矫捷，故军中号曰飞燕。善得士卒心，乃与中山、常山、赵郡、上党、河内诸山谷寇贼更相交通"①，响应黄巾军，攻占河北诸郡。尽管西汉初年的黄老学与东汉末的黄老道不同，后者更侧重养生修仙、神化黄帝和老子，但毕竟二者是密切相关的。② 由此也可反映黄老学在赵地、常山流传之广、流传之长。

二 田叔的黄老之术

汉初常山黄老学的代表性人物田叔。《史记》卷一百零四《田叔列传》（图6—1）：

> 田叔者，赵陉城人也。其先，齐田氏苗裔也。叔喜剑，学黄老术于乐巨公所。叔为人刻廉自喜，喜游诸公。③

赵之陉城，《汉志》无载。唐人《史记索隐》曰："陉，音刑。县名，属中山。"④ 正是由于汉代材料的模糊记录，《井陉县志》将田叔列为井陉名人，《无极县志》将其视为无极名人，《保定人物志》则将其定为今保定蠡县人⑤，三者都属故赵之地，那么，田叔到底应是哪里人？

检索《史记》《汉书》赵地带有"陉"字的有二地，一是常山井陉，二是中山苦陉。据《史记·建元已来王子侯者年表》记载，"陉城"在汉武帝时为一侯国名，曾封给中山靖王之子⑥，如果仅从地名沿革的角度，司马贞的解释是有道理的，陉城，应为中山陉城，即汉初之中山苦陉。

---

① 《后汉书》卷七十一《朱儁传》，第 2311 页。
② 参见熊铁基《秦汉新道家》，第 192 页。
③ 《史记》卷一百零四《田叔列传》，第 2775 页。
④ 《史记》卷一百零四《田叔列传》，第 2775 页注。
⑤ 孙进柱主编：《保定人物志》，中央文献出版社 2011 年版，第 18 页。
⑥ 《史记》卷二十一《建元已来王子侯者年表》两次提到陉城侯国，第 1083 页记载陉城封中山靖王子刘贞，第 1094 页记载陉城封中山靖王子刘义，不知孰是。

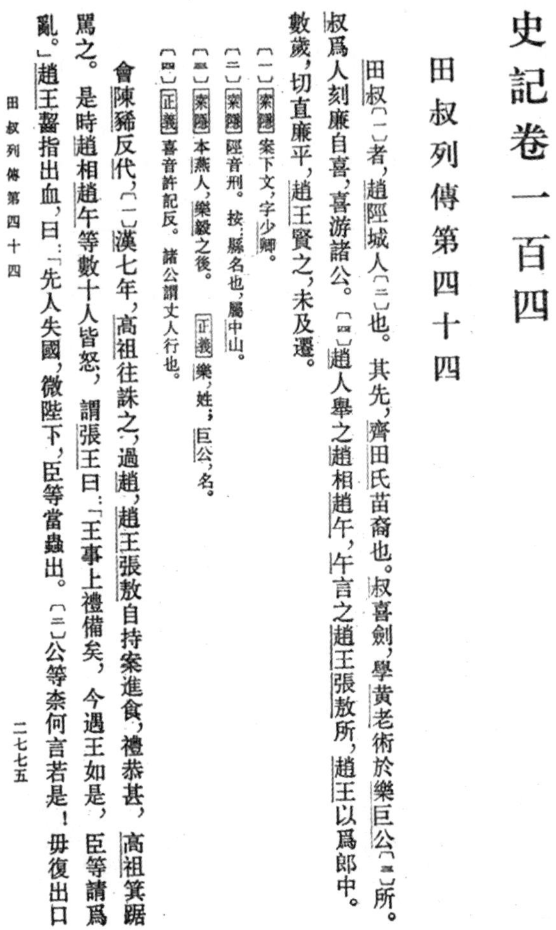

第六章 主流社会思潮与国家祭祀　203

史記卷一百四

田叔列傳第四十四

田叔〔一〕者，趙陘城人〔二〕也。其先，齊田氏苗裔也。叔喜劍，學黃老術於樂巨公〔三〕所。叔爲人刻廉自喜，喜游諸公。〔四〕趙人舉之趙相趙午，午言之趙王張敖所，趙王以爲郎中。數歲，切直廉平，趙王賢之，未及遷。

會陳豨反代，〔一〕漢七年，高祖往誅之，過趙，趙王張敖自持案進食，禮恭甚，高祖箕踞罵之。是時趙相趙午等數十人皆怒，謂張王曰：「王事上禮備矣，今遇王如是，臣等請爲亂。」趙王齧指出血，曰：「先人失國，微陛下，臣等當蟲出。〔二〕公等柰何言若是！毋復出口。」

〔一〕索隱案下文，字少卿。
〔二〕索隱陘音刑。
〔三〕索隱本燕人，樂毅之後。
〔四〕正義本喜許配反。諸公謂丈人行也。

〔一〕正義樂，姓，巨公，名。
〔二〕漢書云樂臣公也。

田叔列傳第四十四　　二七七五

图 6—1　《史记·田叔列传》①

据民国时期《无极县志》，苦陉"故城在今无极县东北"②。因此，田叔应为今石家庄无极县人。《河北地名文化志·千年古县》将田叔归入无极③，甚是。

---

①　《史记》，中华书局 1982 年版，第 2775 页。
②　耿之光、王桂照修，王重民纂：《无极县志》，成文出版社有限公司印行 1936 年铅印本，第 20 页。钱穆：《史记地名考（上）》，《钱宾四先生全集》，（台湾）联经出版事业股份有限公司 1998 年版，第 814 页案："苦陉……今无极县东北。"
③　参见程鸿飞主编《河北地名文化志·千年古县》，当代中国出版社 2007 年版，第 67 页。

田叔修黄老之术，师承乐巨公①。乐巨公，在《史记》只出现过一次，但司马迁在"太史公曰"中曾提到过乐毅的后人乐臣公：

> 太史公曰：始齐之蒯通及主父偃读乐毅之报燕王书，未尝不废书而泣也。乐臣公学黄帝、老子，其本师号曰河上丈人，不知其所出。河上丈人教安期生，安期生教毛翕公，毛翕公教乐瑕公，乐瑕公教乐臣公，乐臣公教盖公。盖公教于齐高密、胶西，为曹相国师。②

《索隐》注"乐臣公"曰"本亦作'巨公'"，认为二者是同一人。前人多持此观点。③ 也有认为从生活时代来看田叔略晚于曹参，乐臣公与乐巨公应是不同时代的两个人④。尽管田叔生卒年不详，不好断定谁早谁晚，但这个推论还是值得重视的。这里仅从秦汉简"臣"与"巨"的字形来补充一个佐证。以笔者目前所见到的秦汉简，所有的"巨"字，都是上下二横与中间的竖组成"工"型，左侧露头；而所有的"臣"字则呈"匚"型，不露头，二者混淆的可能性不大。仅以睡虎地秦简、龙岗秦简、马王堆汉简采字如图（图6—2、图6—3）。所以，如果排除误抄的可

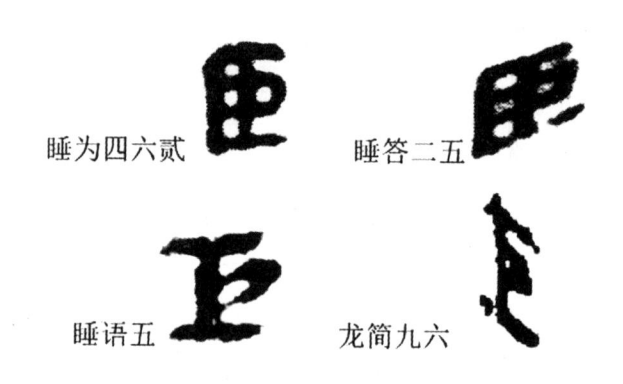

睡为四六贰　　睡答二五

睡语五　　龙简九六

图6—2　秦简"臣"与"巨"⑤

---

① 《汉书》中作"乐钜公"，参见《汉书》卷三十七《田叔传》，第1981页。
② 《史记》卷八十《乐毅列传》，第2436页。
③ 参见王叔岷撰《史记斠证》，中华书局2007年版，第2885页。
④ 参见孙少华《汉代黄老思想的学术生态及对儒学的影响》，《诸子学刊》2012年第2期。
⑤ 采自方勇编著《秦简牍文字编》，福建人民出版社2012年版，第85、134页。

第六章 主流社会思潮与国家祭祀　205

```
战一三二        经〇〇八

相〇〇二        战二三八
```

图6—3　汉简"臣"与"臣"①

能性,乐臣公与乐巨公应是两个人,两人与乐瑕公一样都是乐氏后人,以黄老之学闻名。乐巨公在赵,是田叔的老师;乐臣公在齐,是盖公的老师。

　　史载田叔"刻廉自喜,喜游诸公"②,其典型的事例是为赵王张敖郎中时,张敖被高帝诏捕,"唯孟舒、田叔等十余人赭衣自髡钳,称王家奴,随赵王敖至长安",此举得到汉廷的赞赏,张敖事平后田叔被任命为汉中太守。景帝时田叔任鲁相,刚上任就有人来上告鲁相取民财物。田叔不是直接调查鲁王,而是让人抓捕带头的二十人,每人打五十大板,并怒斥曰:"王非若主邪?何自敢言若主!"鲁王听后深感惭愧,让田叔将财物偿还给百姓,田叔为成全鲁王名声,主动避让,于是"王乃尽偿之"。鲁王好田猎,田叔则常跟随鲁王至苑中。王让他在馆舍休息,他却露天坐在苑外等待。鲁王多次让人请他回去,田叔始终不回,说:"我王暴露苑中,我独何为就舍!"于是,鲁王不再大举出猎。田叔的所作所为以及正直廉平的品德、以柔克刚的进谏策略,得到了帝王的赞赏,"赵王贤之",文帝赞为"长者""景帝大贤之"等。由此也可看出早年黄老之学对其为官之道的影响。

　　田叔黄老之学的造诣在当时应该很高,甚至名声超过了他的老师乐

---

　　① 采自陈松长编著《马王堆简帛文字编》,文物出版社2001年版,第121、191页。
　　② 本段引用和陈述来自《史记》卷一百零四《田叔列传》和《汉书》卷三十七《田叔传》。

钜公，以至后来的学者将田叔列于乐钜公之前①，但可惜的是田叔未见有著作流传于世。

田叔的儿子田仁，武帝时官至丞相司直，因放纵太子刘据出城，被诛。不详其学。

三　韩婴的黄老思想

除了田氏，常山太傅韩婴的黄老思想也很值得注意。

韩婴，其生卒籍贯参看后文《韩婴与韩氏学派》。汉景帝时任常山宪王刘舜的太傅，有著作流传于世。《汉书·儒林传》："婴推诗人之意，而作《内》《外传》数万言，其语颇与齐、鲁间殊，然归一也。"②《内传》大约于两宋间亡佚，只有《韩诗外传》存留，今存十卷本。体例大致承自先秦，与《荀子》《韩非子》《吕氏春秋》相类，是以故事为主的著作体裁，先讲故事，然后引《诗》以证。这种体裁与后世的汇书不同，"乃是加强思想在现实上的功用性与通俗性，尤其是想加强对统治集团的说服力"③，是中国思想表达的另一种方式。刘向的《新序》《说苑》《列女传》与此一脉相承。

尽管韩婴的思想基本不脱离儒家，但如同这一时代陆贾、贾谊等思想家一样，其思想也是儒道相结合，黄老道学是不可缺少的部分。有学者对《韩诗外传》中引《老子》篇章进行过分析，他认为《外传》"在引《诗》时，又同引《老子》，使儒道二家经同存于一章之中"④，而且所引《老子》与《诗》，在同章中又都是针对与同一人事或道义而发出的。比如《韩诗外传》卷三第二十一章"公仪休相鲁"：

> 公仪休相鲁而嗜鱼，一国人献鱼而不受。其弟谏曰："嗜鱼不受，何也？"曰："夫欲嗜鱼，故不受也。受鱼而免于相，则不能自给鱼；无受而不免于相，长自给于鱼。"此明于为己者也。故《老

---

① 本段引用和陈述来自《史记》卷一百零四《田叔列传》和《汉书》卷三十七《田叔传》。
② 《汉书》卷八十八《儒林传》，第3613页。
③ 徐复观：《两汉思想史（第三卷）》，第4页。
④ 李知恕：《论〈韩诗外传〉的黄老思想》，《社会科学研究》2002年第2期。

子》曰:"后其身而身先,外其身而身存。非以其无私乎?故能成其私。"《诗》曰:"思无邪。"此之谓也。①

此为《老子》第七章,还有见引第三十六章:

> 昔者司城子罕相宋,谓宋君曰:"夫国家之安危,百姓之治乱,在君之行赏罚。夫爵禄赏赐与,人之所好也,君自行之。杀戮刑罚,民之所恶也,臣请当之。"君曰:"善。寡人当其美,子受其恶,寡人自知不为诸侯笑矣。"国人知杀戮之刑专在子罕也,大臣亲之,百姓畏之,居不期年,子罕遂劫宋君而专其政。故《老子》曰:"鱼不可脱于渊,国之利器不可以示人。"《诗》曰:"胡为我作,不即我谋。"②

其他有引《老子》第四十四章、第四十五章、第四十六章、第四十七章等,不再举证。

无为,是黄老学的核心思想。从韩婴的著述中大体能体现这样几点无为思想:

其一,处世之道的"无为"。韩婴主张在为人处世之道上要随天地自然,无爱虚名,不求富贵名禄。《韩诗外传》卷一"喜名者必多怨,好与者必多辱,唯灭迹于人,能随天地自然,为能胜理而无爱名……夫利为害本,而福为祸先,唯不求利者为无害,不求福者为无祸"③。利与害相依,福与祸相伏。而真正的多福,在于"无为"。"福生于无为,而患生于多欲。知足,然后富从之。"④

其二,为君之道的"无为"。《韩诗外传》卷二提到为君者如执辔的驭人之术,"夫霜雪雨露,杀生万物者也,天无事焉,犹之贵天也。执法厌文,治官治民者,有司也,君无事焉,犹之尊君也"。天道君道同体,天虽

---

① 韩婴撰、许维遹校释:《韩诗外传集释》,中华书局1980年版,第105页。
② 同上书,第251—252页。
③ 同上书,第14页。
④ 同上书,第194页。

无为无事，但能杀生万物；官府有司各司其职，君主虽无为而治，亦能尊贵无比。当然，无为不是什么事也不做，而是把握"能"与"用能"之间的平衡关系，"故有道以御之，身虽无能也，必使能者为己用也；无道以御之，彼虽多能，犹将无益于存亡矣"①。君主本身不需"多能"，只要使"能者"为己所用，掌握"御"人之道，即可使国家长治久安。

韩婴反对为君者对民众严刑苛法，他说："水浊则鱼喁，令苛见民乱，城削则崩，岸削则陂。故吴起削刑而车裂，商鞅峻法而支解。"想来，韩婴所处的时代去秦未远，秦人法律繁苛为汉人共识。吸取秦亡教训，省事轻刑不仅仅是韩婴本人，更是这个时代的要求。"有声之声，不过百里，无声之声，延及四海。"正反映了汉初社会百姓渴望清静安宁的愿望。所以，"惟其无为"才能"长生久视，而无累于物矣"。②

"治气养性"是韩婴黄老思想的另一个表现。《韩诗外传》有这样的记载，引证几条：

> 卷一第六章："君子有辩善之度，以治气养性，则身后彭祖。"③
>
> 卷二第三十章："凡治气养心之术，莫径由礼，莫优得师，莫慎一好。"④
>
> 卷二第三十四章："原天命，治心术，理好恶，适情性，而治道毕矣。"⑤
>
> 卷三第二十章："饮食适乎藏，滋味适乎气，劳佚适乎筋骨，寒暖适乎肌肤；然后气藏平，心术治，思虑得，喜怒时，起居而游乐，事时而用足。夫是之谓能自养者也。"⑥

韩婴所说的治气养性，实际上也可以说是治气养生。以气保养形体，端正心术，注重身心健康，无疑与黄老学的养生思想相一致的。"原天

---

① 韩婴撰、许维遹校释：《韩诗外传集释》，第 42 页。
② 同上书，第 24 页。
③ 同上书，第 7 页。
④ 同上书，第 75 页。
⑤ 同上书，第 77 页。
⑥ 同上书，第 103 页。

命，治心术"一段甚至与《文子》中的《九守》不差一字。事实上，自养只是养生的最低层次，《韩诗外传》卷三"能制天下，必能养其民也；能养其民者，为自养也"。自养—养民—养天奉地，是层层递进的，是韩婴政治思想结构中的一部分。丁原明先生认为《韩诗外传》张扬如此浓重的养生意识，并非简单地抄袭黄老学，而是表明他与当时流行的黄老学怀有相同的思想志趣。① 甚是。其实如果从一个更长的时段来看的话，韩婴的养生之说只是整个汉代养生学的一小部分。比如董仲舒也是注重养生的，《春秋繁露·循天之道篇》："循天之道以养其身，谓之道""故养生之大者，乃在爱气"② 等。道也好，儒也好，事实上汉代养生学本身就是一股不容忽视的社会思潮，从汉初就已开始。正如有的学者所言，养生学是汉代学术发展的一个重要倾向，"在汉代之蔚为大流，影响到道教的形成，实不能不注意此一脉络"③。

第二节 常山儒家经学的传播

经学是对儒家经典诠释的学问，二者密不可分。

传统上一般认为汉帝国重大的思想转折发生在汉武帝时期。金春峰先生说："第一次转折是在武帝初年实现的，黄老思想被从政治指导的地位拉下来，经过'罢黜百家，独尊儒术'，确立了董仲舒为代表的儒家思想对政治和学术的政治和指导地位。"④ 冯友兰先生充分肯定了董仲舒儒学的划时代作用，把董仲舒以后的时代称作"经学时代"，"董仲舒之主张行，而子学时代终；董仲舒之学说立，而经学时代始"⑤。

从宏观的哲学史视角来看，经学于武帝时立于学官，先有五经、唐代时为九经，至宋代十三经形成。冯友兰先生的观点非常有见地，不仅

---

① 参见丁原明《黄老学论纲》，山东大学出版社1997年版，第259页。
② 苏兴撰、钟哲点校：《春秋繁露义证》，中华书局2002年版，第444、452页。
③ 参见龚鹏程《汉代思潮》，商务印书馆2008年版，第192页。
④ 金春峰：《汉代思想史》，第304页。任继愈将汉代思想史划分为三个阶段，"第一阶段是为统一封建帝国探索、准备统治思想的时期……第二阶段，从西汉武帝独尊儒术到东汉白虎观会议……第三阶段为东汉末年的批判思想"［参见任继愈主编《中国哲学发展史（秦汉）》，第2—3页］。
⑤ 参见冯友兰《中国哲学史》，华东师范大学出版社2011年版，第20页。

给汉代哲学，更给中国哲学作了定位。

然而，学术史的发展并不是整齐划一的，每一个学派从源流、形成，至成熟，再至消亡，都是错综复杂的。就经学而言，至少《庄子·天运》就提到了完整的六经之名："丘治《诗》、《书》、《礼》、《乐》、《易》、《春秋》六经，自以为久矣，孰知其故矣。"① 战国中晚期楚墓出土的郭店楚简，《六德》云："观诸《诗》、《书》，则亦在矣。观诸（简24）《礼》、《乐》，则亦在矣。观诸《易》、《春秋》，则亦在矣。（简25）"② 也将六经的名字一一罗列，而且与《庄子·天运》顺序相同。

梳理汉代常山经学流传材料，发现自汉初第一位常山太守，至汉末，常山地区经学流传从未间断。

一　常山经学流传概况

文学家的地理分布，表现为两种状态。一种是"静态分布"，即本籍分布；一种是"动态分布"，即迁徙、流动之地的分布。③ 相对来说，静态分布对研究文学地理更为重要，因为"籍贯与生长地往往是二而一，所以从人物的籍贯分布又可以窥见环境对于人的影响"④。本籍文化是一个人生长的文化母体，因此研究文学地理的研究者最常用的方法就是采用文人籍贯来划分⑤。但就常山地区而言，区域范围过小，笔者未能搜集到出生于本籍的秦汉这一时期的著名文学家、经学家、思想家。所以，只能退而求其次，来看一下在常山郡或常山国流动的这一群体的活动概况，毕竟文人或思想家的流动对客籍文化的影响也是不容忽视的，尤其是处于守、相、太傅等重要职位上的代表性人物。

下面是从电子检索系统搜集到的两汉守、相、傅、都尉、长史、关长等任职材料，已知学术传承的列于表中，未知的以"不详"统之。

---

① （清）王先谦撰：《庄子集解》，中华书局2012年版，第130页。
② 刘剑：《郭店楚简校释》，福建人民出版社2005年版，第108—109页。原著简文中的异体字、生僻字，引用时直接替换为了通用字。
③ 参见曾大兴《文学地理学研究》，商务印书馆2012年版，第17页。
④ 周振鹤等：《中国历史文化区域研究》，复旦大学出版社1997年版，第8页。
⑤ 参见梅新林《中国古代文学地理形态与演变》，复旦大学出版社2006年版；刘跃进《秦汉文学地理与文人分布》，中国社会科学出版社2012年版；等等。

表 6—1　　　　　两汉常山守相等任职及学术传承表

时期	姓名	职务	主要传承	材料出处
高祖	张苍	常山太守	《左氏春秋》①、律历	《史记》卷九十六《张丞相列传》："张丞相苍者，阳武人也。好书律历……汉乃以张苍为常山守……明习天下图书计籍。" 《隋书》卷三十二《经籍志》："《左氏》，汉初出于张苍之家，本无传者。"
高后	徐厉	常山丞相	不详	《汉书》卷十六《高惠高后文功臣表》："以舍人从沛，以郎中入汉，还，得雍王邯家属，用常山丞相侯。"
文帝	蔡兼	常山丞相	不详	《汉书》卷十六《高惠高后文功臣表》："以睢阳令高祖初从阿，以韩家子还定北地，用常山相侯。"
文帝	韩婴	常山太傅	《诗》《易》	《汉书》卷八十八《儒林传》："韩婴，燕人也。孝文时为博士，景帝时至常山太傅……燕赵间言《诗》者由韩生。韩生亦以《易》授人，推《易》意而为之传。"
武帝	刘福	常山太守	不详	《汉书》卷十五上《王子侯表上》："（安檀侯福）坐为常山太守祝诅上，讯未竟，病死。"
昭帝	龚奋	常山都尉	《论语》	《汉书》卷三十《艺文志》："传《鲁论语》者，常山都尉龚奋、长信少府夏侯胜、丞相韦贤、鲁扶卿、前将军萧望之、安昌侯张禹，皆名家。张氏最后而行于世。"
宣帝	贾光	常山太守	不详	《后汉书》卷三十六《贾逵列传》："贾逵……曾祖父光，为常山太守，宣帝时以吏二千石自洛阳徙焉。父徽，从刘歆受《左氏春秋》，兼习《国语》、《周官》……作《左氏条例》二十一篇。"
成帝	温顺	常山太守	不详	《汉书》卷十九下《百官公卿表下》："常山太守温顺子教为右扶风，一年迁。"
成帝	赵增寿	常山都尉	不详	《汉书》卷十九下《百官公卿表下》："左冯翊赵增寿为廷尉，五年贬为常山都尉。"

---

① 刘跃进：《秦汉文学地理与文人分布》，第 261 页，据《隋书·经籍志》推论"由此而知，张苍为汉初传授《左氏春秋》第一人"。

续表

时期	姓名	职务	主要传承	材料出处
成帝哀帝	毛莫如①	常山太守	《易》	《汉书》卷八十八《儒林传》："（施）雠为童子，从田王孙受《易》……雠授张禹、琅邪鲁伯……鲁伯授太山毛莫如少路、琅邪邴丹曼容，著清名。莫如至常山守。"
更始	邓晨	常山太守	《易》	《后汉纪》卷一《光武皇帝纪》："新野人邓晨，字伟卿，家富于财。晨少受易，好节义。" 《后汉书》卷十五《邓晨列传》："更始北都洛阳，以晨为常山太守。"
光武	张况	常山关长	不详	《后汉书》卷四十四《张禹列传》："张禹字伯达，赵国襄国人也。祖父况……况为郡吏，谒见光武……因与俱北，到高邑，以为元氏令。迁涿郡太守。后为常山关长。会赤眉攻关城，况战殁。"
光武	伏恭	常山太守	《齐诗》	《后汉书》卷七十九下《儒林列传下》："伏恭字叔齐，琅邪东武人，司徒湛之兄子也。湛弟黯，字稚文，以明《齐诗》，改定章句，作《解说》九篇，位至光禄勋，无子，以恭为后。恭性孝，事所继母甚谨，少传黯学……太常试经第一，拜博士，迁常山太守。敦修学校，教授不辍，由是北州多伏氏学。"
明帝	郭宇	常山太守	儒经	《后汉书》卷二十七《郭丹列传》："常为都讲，诸儒咸敬重之……长子宇，官至常山太守。"
顺帝	杨统	常山长史	不详	《隶释 隶续》卷七《沛相杨统碑》："会孝顺皇帝西巡，以掾史召见。帝嘉其忠臣之苗，器其玙璠之质，诏拜郎中，迁常山长史。"②

---

① 《风俗通义·佚文》作"屯莫如"，原文"屯氏，汉有常山太守屯莫如"。据（汉）应劭撰，王利器校注《风俗通义校注》，中华书局2001年版，第512页，王利器的考证："《沟洫志》云：'自塞宜房后，河复北决于馆陶，分为屯氏河。'颜师古注：'屯音大门反。而隋室分析州县，误以为毛氏河，乃置毛州，失之甚矣。'以此语之，则屯、毛之相混久矣。"

② （宋）洪适撰：《隶释 隶续》，中华书局1986年版，第87页上栏。

续表

时期	姓名	职务	主要传承	材料出处
桓帝	祝睦	常山相	不详	《隶释　隶续》卷七《山阳太守祝睦后碑》："迁常山相山阳太守，齐和五品，崇化以宽，昭德塞违……"①
	刘矩	常山相	儒经	《后汉书》卷七十六《循吏列传》："太尉胡广举矩贤良方正，四迁为尚书令。矩性亮直，不能谐附贵势，以是失大将军梁冀意，出为常山相，以疾去官……矩再为上公，所辟召皆名儒宿德。"
灵帝	杨震子杨让	常山相	《尚书》②	《隶释　隶续》卷十二《太尉杨震碑》"除二子郎中，长子牧富波侯相，次让赵常山相……"③
	冯巡	常山相	不详	《隶释　隶续》卷三《无极山碑》："去年五月，常山相巡，遣吏王勋三□弘褒诣三公山请雨。"④
	刘洪	常山长史	律历	《续汉志·律历中》"常山长史刘洪上作《七曜术》。"
献帝	宋泓	常山太守	不详	《后汉书》卷七十二《董卓列传》李贤注："宋贵人名都，常山太守泓之女也。"
	孙瑾	常山相	不详	《三国志》卷八《魏书·公孙瓒列传》裴松之注："《英雄记》曰：虞之见杀，故常山相孙瑾，掾张逸、张瓒等忠义奋发，相与就虞，骂瓒极口，然后同死。"

表6—1共举出22位常山任职者，当然，这个数字会远远小于实际在常山守相等任职的数目。限于材料，只能搜寻到这些。而且，因正史材料多帝王将相，地方官吏往往不见于史，即使出现也是一笔带过，像宣帝时太守贾光、光武时关长张况、献帝时太守宋泓3位，都是在述及他

---

① 《隶释　隶续》，第84页上栏。
② 杨震家学为《欧阳尚书》。《后汉书》卷五十四《杨震列传》："父宝，习《欧阳尚书》。哀、平之世，隐居教授……震少好学，受《欧阳尚书》于太常桓郁，明经博览，无不穷究。"本传提及其子其孙时皆曰"少传父业""少传家学"。
③ 《隶释　隶续》，第136页下栏。
④ 同上书，第45页上栏。

们有成就的子孙时,作为父祖先人而追述,甚至有的只提名姓,学术传承均未提及。也有的是从《表》中辑录,只有姓名、任职、迁官等最基本的信息,像高后时徐厉、文帝时蔡兼,只提到"用常山相侯",其他无载,这样的共5位。还有4位,来源于歌功颂德的碑刻,治学不详。只有10位,史书或多或少记录了他们的学术传承,其中9位,都有治经的记录,由此也可见经学的传播在两汉时期的盛行。

在9位治经者中,影响最大的有3位,他们在常山的文化传播,不仅促进了常山本地经学发展,也对两汉经学传承甚至后世都产生了重要的影响。

第一位是常山太傅韩婴。韩婴,《汉书·儒林传》专有传记录其生平事迹,为汉代《韩诗》学宗师,时人对其学术成进行了高度评价:

> 汉兴,言《易》自淄川田生;言《书》自济南伏生;言《诗》,于鲁则申培公,于齐则辕固生,燕则韩太傅;言《礼》,则鲁高堂生;言《春秋》,于齐则胡毋生,于赵则董仲舒。①

马国翰《玉函山房辑佚书》辑录有《韩诗故》二卷、《韩诗内传》《韩诗说》《薛君韩氏章句》二卷等。《隋书·经籍志》收有《韩诗》二十二卷。今存《韩诗外传》十卷。除了诗,韩婴《易》学造诣也很深,《汉书·艺文志》著有《易》十三家,其中《韩氏》二篇,佚。下文对韩婴诗学及易学会专门论及,此不赘言。

第二位是常山都尉龚奋。龚奋以传《鲁论语》而闻名,《汉书·艺文志》这样述及他的学术传承:

> 传《鲁论语》者,常山都尉龚奋、长信少府夏侯胜、丞相韦贤、鲁扶卿、前将军萧望之、安昌侯张禹,皆名家。张氏最后而行于世。②

---

① 《汉书》卷八十八《儒林传》,第3593页。
② 《汉书》卷三十《艺文志》,第1717页。

龚奋，无传，具体生平不详。但从"张氏最后而行于世"来看，这几位著名的《鲁论语》传习者，是按时代顺序陈述的。夏侯胜为长信少府见于本始元年（前73），韦贤为相为本始三年（前70）。以前将军称的萧望之约为元帝初年、张禹为成帝时期相。以此推算，龚奋为常山都尉，应在昭帝或宣帝本始年间。

第二位是常山太守伏恭。伏恭东汉初年琅邪东武人，过继给光禄勋伏黯为子。传伏黯《齐诗》，改定章句。因家世渊源，伏恭一生仕途顺利：

> 少传黯学，以任为郎。建武四年，除剧令。视事十三年，以惠政公廉闻。青州举为尤异，太常试经第一，拜博士，迁常山太守。敦修学校，教授不辍，由是北州多伏氏学。永平二年，代梁松为太仆。四年，帝临辟雍，于行礼中拜恭为司空，儒者以为荣。①

伏恭在任常山太守期间，"敦修学校，教授不辍"，无疑对当时常山郡的教育发展和经学传播都有着积极的意义。

二 以韩婴为代表的常山易学传播

《易》为群经之首。秦焚书，《易》幸得不焚，因此汉初易学传承就保持着良好的发展势头，传承不绝。

就常山国和常山郡的情况来看，9位治经者，有3位治《易》。常山太傅韩婴、太守毛莫如、邓晨。因汉代学术传承多能博采众家，真正传习易学的或比我们已知的要多。像汉末杨震家族，家传《欧阳尚书》，但其子孙也兼治其他，像中子杨秉"少传父业，兼明《京氏易》，博通书传"②。杨秉兄常山相杨让因史无载，是否治《易》不详。

韩氏易学，为汉初流传的主要易学学派之一。《汉书·儒林传》提到：

---

① 《后汉书》卷七十九下《儒林列传下》，第2571页。
② 《后汉书》卷五十四《杨震列传》，第1769页。

> 韩生亦以《易》授人，推《易》意而为之传。燕赵间好《诗》，故其《易》微，唯韩氏自传之。①

韩婴之《易》必有师承，但《汉书·儒林传》仅寥寥数语，未有提及。学界对此也众说纷纭，不可一是。20世纪70年代马王堆三号汉墓出土帛书《易传》，为汉文帝初年抄本。刘光胜从文本内容、卦序和解易方法三个角度来比对，认为韩婴《易》学与帛书《易传》存在着渊源关系。② 其说可从。因为从时间上来看韩氏易与帛书易基本上是同时期的，且韩氏易略晚；从风格上来看"其语颇与齐、鲁间殊"，也说是与北方易学系统是有明显差别的。那么，韩氏易学受南方楚地易学影响也在情理之中。

不过，《汉书·艺文志》所录的《韩氏》易学二篇已亡佚，要探寻韩婴易学，只能从传于世的《韩诗外传》入手。正如李学勤先生所说的《韩诗外传》是一种采杂说之书，书中各章之末大多引《诗》，也有引其他经籍的，"其目的在于'推诗人之意'，事实上是发挥作者的思想观点"③。《韩诗外传》引《易》或与《易》相关的内容，据日本学者内野熊一郎的统计约有10条。④ 用《易》的方式，有的以"传曰"或"《易》曰"的方式直接引用，有的将《易》缀于文末，有的引用《系辞》而未言明。下面试引几处来论述：

第一，《易》曰："谦亨，君子有终吉。"

《韩诗外传》卷三第三十一章："……成王封伯禽于鲁，周公诫

---

① 《汉书》卷八十八《儒林传》，第3613页。
② 刘光胜：《汉初易学传流管窥》，《甘肃理论学刊》2009年第1期。
③ 李学勤：《周易溯源》第二章第五节《韩婴〈易学〉探微》，巴蜀书社2006年版，第149页。
④ [日]内野熊一郎：《汉初经学书的研究》，清水书店1942年版。转引自李学勤《周易溯源》，第150页。另，蒙传铭统计为7条："《韩诗外传》全书，引《易》者凡七见。"[参见蒙传铭《周易成书年代考》，黄寿祺、张善文编：《周易研究论文集（第一集）》，北京师范大学出版社1987年版，第379页。] 徐复观统计为8条："《韩诗传》中大约有八次引用到《易》。"[参见徐复观《两汉思想史（第三卷）》，第12页。] 不同的人统计的不同，估计与《韩诗外传》的用《易》方式有关。

之曰：'往矣！子其无以鲁国骄士。吾文王之子，武王之弟，成王之叔父也，又相天子，吾于天下亦不轻矣。然一沐三握发，一饭三吐哺，犹恐失天下之士。吾闻德行宽裕，守之以恭者，荣。土地广大，守之以俭者，安。禄位尊盛，守之以卑者，贵。人众兵强，守之以畏者，胜。聪明睿智，守之以愚者，哲。博闻强记，守之以浅者，智。夫此六者，皆谦德也。夫贵为天子，富有四海，由此德也。不谦而失天下亡其身者，桀纣是也，可不慎欤！故《易》有一道，大足以守天下，中足以守其国家，小足以守其身，谦之谓也。夫天道亏盈而益谦，地道变盈而流谦，鬼神害盈而福谦，人道恶盈而好谦。是以衣成则必缺衽，宫成则必缺隅，屋成则必加拙，示不成者，天道然也。《易》曰：'谦亨，君子有终吉。'《诗》曰：'汤降不迟，圣敬日跻。'诚之哉！子其无以鲁国骄士也。"①

《韩诗外传》卷八第三十一章："孔子曰：'《易》先《同人》，后《大有》，承之以谦，不亦可乎？'……五帝既没，三王既衰，能行谦德者，其惟周公乎……《易》曰：'谦亨君子有终吉。'……"②

《周易》重视人的主体精神和道德内求，认为"谦"是最根本、最高层次的修为。"谦亨，君子有终吉"，正是今本《周易》中《谦》的卦辞（多一"吉"字）。韩婴以史证《易》，认为五帝、三王、周公都是能行谦德者。"恭""俭""卑""畏""愚""浅"六种品德都是谦德，坚持六种品德会引发六种好的结果"荣""安""贵""胜""哲""智"。在此基础上韩婴还进一步阐发，认为个人修养的谦恭退让是"谦"的最低要求，"守其身""守其国家""守天下"层层递进，最终实现平国治天下的政治理想。

第二，《易》曰："不恒其德，或承之羞。"

《韩诗外传》卷八第四章："……君子闻之，曰：'荆蒯芮可谓守节死义矣，仆夫则无为死也，犹饮食而遇毒也。'《诗》曰：'夙夜匪

---

① 韩婴撰、许维遹校释：《韩诗外传集释》，第117—118页。
② 同上书，第301—302页。

懈，以事一人。'荆先生之谓也。《易》曰：'不恒其德，或承之羞。'仆夫之谓也。"①

这里所引为《恒》卦九三。此篇是说春秋时期齐崔杼杀死了庄公，恰逢荆蒯芮出使晋国而返，听闻此事，要以死报君。为他驾车的仆夫说："君之无道也，四邻诸侯莫不闻也。以夫子而死之，不亦难乎？"荆蒯芮回答："食其食，死其事，吾既食乱君之食，又安得治君而死之？"终驱车入死。仆夫感叹，也自刎于车上。韩婴认为荆蒯芮能够保守节操、誓死效忠于国君一人，是值得称道的；而仆夫不能持德以恒，他的死是"无为死"，就如同饮食中了毒一样。这就是《易》所说的"不恒其德，或承之羞"。

第三，《易》曰："困于石，据于蒺藜，入于其宫，不见其妻，凶。"

《韩诗外传》卷六第十三章："《易》曰：'困于石，据于蒺藜，入于其宫，不见其妻，凶。'此言困而不见据贤人者也。昔者秦缪公困于殽，疾据五羖大夫、蹇叔、公孙友而小霸。晋文困于骊氏，疾据咎犯、赵衰、介子推而遂为君。越王勾践困于会稽，疾据范蠡、大夫种而霸南国。齐桓公困于长勺，疾据管仲、宁戚、隰朋而匡天下。此皆困而知疾据贤人者也。夫困而不知疾据贤人而不亡者，未尝有之也。《诗》曰：'人之云亡，邦国殄瘁。'无善人之谓也。"②

此为《困》卦六三经文，也是以春秋史事来论《易》。"困于石""据于蒺藜""入于其宫，不见其妻"，这些都是困境，是不吉利的。如果在困境中不依靠贤人，是不可取的。而秦缪公、晋文公、越王勾践和齐桓公都是在危难时刻任用贤人的明君，终成就了霸业。此章表达了韩婴尚贤、养贤的政治主张。全篇终句结于《诗》，但细细品味，却不是论《诗》，而是说《易》，是以《诗》来印证《易》文。由此，也可看出韩婴对于《易》的造诣之深。

---

① 韩婴撰、许维遹校释：《韩诗外传集释》，第275页。
② 同上书，第217页。

第四,传曰"易简而天下之理得矣。"

《韩诗外传》卷三第一章:传曰:昔者、舜甑盆无膻,而下不以余获罪。饭乎土簋,啜乎土型,而农不以力获罪。麑衣而鞪领,而女不以侈获罪。法下易由,事寡易为,而民不以政获罪。故大道多容,大德多下,圣人寡为,故用物常壮也。传曰:易简而天下之理得矣。忠易为礼,诚易为辞,贤人易为民,工巧易为材。《诗》曰:"岐有夷之行,子孙保之。"①

第一个"传曰",是《韩诗外传》的惯有文例,第二个"传曰"则是引《易》的《系辞》。② 关于"易简"的解释自汉以来多有纷争,有认为是"简易"者,有认为"易主要体现时间维度,指乾的健而动和变化不居的势用,简主要表现于空间维度,指坤的顺而静和贞固赋形的势用"③。仅从此篇所提及的"法下易由""事寡易为",以及"圣人寡为"来看,韩婴这里所提倡的还是道学无为思想。法令简,人民易遵从;事情少,人民易达成,这正是《易传》"易简而天下之理得"义理的运用。只有"多容""多下""寡为"才能达到"大道"和"大德"的理想社会状态。

《韩诗外传》中的易学思想很丰富,因论题关系,暂不再多举。

韩氏《易》亡佚,但从《汉书》所记录的盖宽饶上书事,得到一条佚文:

又引《韩氏易传》言:"五帝官天下,三王家天下,家以传子,官以传贤,若四时之运,功成者去,不得其人则不居其位。"④

此句主要体现的禅让天下、天下为公的理念。徐复观先生由此条得

---

① 韩婴撰、许维遹校释:《韩诗外传集释》,第79—80页。
② 参见李学勤《周易溯源》,第153页。
③ 参见胡家祥《〈易传〉中的"易简"新释——兼谈"易简天下之理得"》,《周易研究》2007年第5期。
④ 《汉书》卷七十七《盖宽饶传》,第3247页。

出"其《易传》所以传习者少的真正原因在此"①。事实上,禅让理天下,先秦社会就是儒家的政治理想,影响很大。除了传世文献,新出战国竹书《唐虞之道》《子羔》《容成氏》也都在阐述儒家禅让之说。②韩婴此说并非独创。之所以传习少,未被立为官学,想来与这一学派的主要传承者犀利的性格以及不合时宜的政治言论有关。从《汉书·儒林传》来看,韩婴当时在传《诗》的同时,亦以《易》授人。但"燕赵间好《诗》,故其《易》微,唯韩氏自传之"③。其孙韩商得其家学。至宣帝时韩婴后人涿郡韩生的《易》闻名于世,征诏殿中时说:"所受《易》即先太傅所传也。尝受《韩诗》,不如韩氏《易》深,太傅故专传之。"④盖宽饶所受《易》,正是师承于涿郡韩生,这是见于记载的韩氏易学走出家学传于异姓弟子的最早记载。盖宽饶任司隶校尉,是时宣帝信任宦者,重刑尚法,盖宽饶奏事上谏,指责皇帝"圣道浸废,儒术不行,以刑余为周召,以法律为《诗》《书》",还引用《韩氏易传》禅让理天下的理念"功成者去,不得其人则不居其位"⑤。最终宣帝以宽饶心怀怨谤,大逆不道,下吏治罪。盖宽饶自杀。试想修韩氏《易》者如此言辞激烈,韩氏《易》又怎么会被立于官学?张涛先生说这件事"或许也是韩婴《易传》后来亡佚的原因之一"⑥,是有道理的。

在常山传《易》的除了韩婴,还有成哀时期的常山太守毛莫如(图6—4、图6—5)。《汉书·儒林传》记载了毛莫如的师承:

> 施雠字长卿,沛人也。沛与砀相近,雠为童子,从田王孙受《易》……甘露中与《五经》诸儒杂论同异于石渠阁。雠授张禹、琅邪鲁伯。伯为会稽太守,禹至丞相。禹授淮阳彭宣、沛戴崇子平。崇为九卿,宣大司空……鲁伯授太山毛莫如少路、琅邪邴丹曼容,

---

① 徐复观:《两汉思想史(第三卷)》,第12页。
② 参见彭裕商《禅让说源流及学派兴衰——以竹书〈唐虞之道〉、〈子羔〉、〈容成氏〉为中心》,《历史研究》2009年第3期。
③ 《汉书》卷八十八《儒林传》,第3613页。
④ 同上书,第3614页。
⑤ 《汉书》卷七十七《盖宽饶传》,第3247页。
⑥ 张涛:《汉初易学的发展》,《文史哲》1998年第2期。

著清名。莫如至常山守。①

图 6—4　讲经画像砖②

图 6—5　讲经画像砖③

---

① 《汉书》卷八十八《儒林传》，第 3598 页。
② 魏学峰主编：《四川汉画像砖》，俞伟超、信立祥主编：《中国画像砖全集》，四川美术出版社 2006 年版，第 102 页。
③ 同上书，第 103 页。

为了一目了然，将上段文字图示如下（图6—6）：

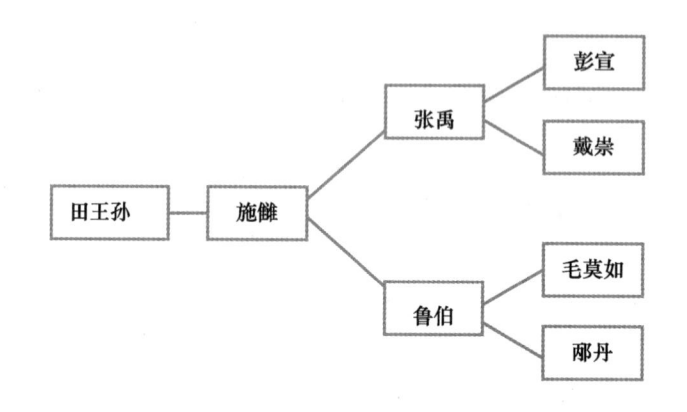

```
田王孙 ── 施雠 ┬─ 张禹 ┬─ 彭宣
              │       └─ 戴崇
              └─ 鲁伯 ┬─ 毛莫如
                      └─ 邴丹
```

图6—6　毛莫如的师承

西汉宣帝及以后被立于学官的《易》有施、孟、梁丘、京氏之学，可见毛莫如所传为官方《易》学系统。

两汉之际常山太守邓晨，是光武帝刘秀的姐夫，也是《易》学的传习者。史载"晨少受《易》，好节义"①，师承不详。

第三节　从元氏汉碑看东汉的国家祭祀②

元氏县旧为冀州地，战国初属中山，后并于赵国，始封公子元于此，因称元氏至今。这里曾是今石家庄地区的文化、政治中心。汉代常山国治元氏（在今河北元氏县殷村乡故城村），辖13县。元氏县境内有六大名山：无极山、三公山、封龙山、灵山、白石山、石溜山，均为秦汉三国时期的北方名山（图6—7）。元氏东汉碑刻七通，从汉安帝元初四年（117）至灵帝光和六年（183），历时66年。杜香文先生编著有《元氏封龙山汉碑群体研究》一书，对元氏汉碑群体作了系统的历史考察和叙述，

---

① （东晋）袁宏撰、张烈点校：《后汉纪》卷一《光武皇帝纪》，中华书局2002年版，第2页。
② 此节《从元氏汉碑看东汉的国家祭祀》为王文涛先生所著，原载《石家庄学院学报》2014年第4期，收入时有少许改动。

着重介绍和论述它们在中国文化史和书法史上的深远影响及重要地位，对于所论问题虽然也有所涉及，但论述不够集中和深入，笔者的工作希望能通过对元氏汉碑和汉代文献的解读，丰富与元氏汉碑相关的祷山求雨弥灾观念和行为的认识。下面先按时间顺序叙述七通元氏汉碑祷山求雨的内容。

图6—7　封龙山"北岳之英"（贾丽英拍摄）

一　元氏七通汉碑所见祷山求雨

1. 祀三公山碑。全称《汉常山相冯君祀三公山碑》，俗名《大三公山碑》。东汉安帝元初四年（117）常山国相冯君立。杜香文认为，三公山不是今河北元氏县仙翁寨山，而是元氏县西部高、中、低一组三座山的统称。① 三公，意为三阶、三台。这一带是汉代常山郡祭祀、祈雨的重要场所。

元初四年（117），陇西郡人冯君就任常山国相，"到官承饥衰之后"。在此之前的元初元年（114），"郡国十五地震"，水、旱、风、雹灾、山崩等相继发生。元初二年（115）"郡国十九蝗"。冯君听当地人说，元氏境内的三公山神和御语山神十分灵验，以前官吏和百姓祈祷祭祀，常常

---

① 杜香文：《元氏封龙山汉碑群体研究》，文物出版社2002年版，第50页。

乌云兴起不过肤寸，就能普遍降雨。近几年遭受羌乱影响，加之蝗灾和旱灾屡有发生，百姓流亡，道路荒芜，祭祀稀少，因此，祥和瑞气不至。于是，常山国相冯君命人占卜选择风水吉地，在县城西北建立祠堂神坛，"荐牲纳礼"，让三公山神享用。"神熹其位，甘雨屡降，报如景响。国界大丰，谷斗三钱，民无疾苦，永保其年。"① 图6—8 为《祀三公山碑》在"汉碑堂"的今日之貌。

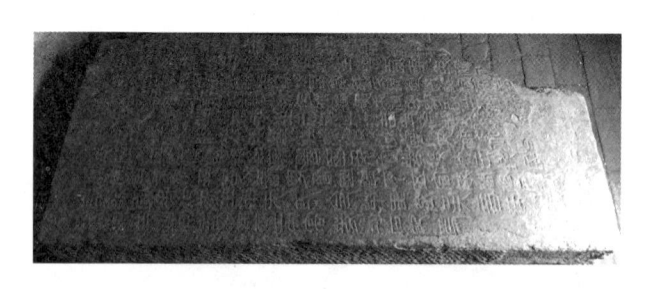

图6—8　《祀三公山碑》今貌（贾丽英拍摄）

2. 三公御语山神碑。又名《三公山神道碑》《三公山神碑》，与《无极山碑》常混为一谈。建于质帝本初元年（146）。沈涛《常山贞石志》首录其文，并详加叙述和考证，遂为世人所知。沈氏认为此碑是"因求法食，兼记开道之绩"。"法食"，祭祀用的食物。

本初元年（146）旱灾严重，"自春涉夏，大旱炎赫"。五月甲午，质帝下忧旱诏："祷祈明祀，冀蒙润泽。前虽得雨，而宿麦颇伤，比日阴云，还复开霁。……郡国有名山大泽能兴云雨者，二千石长吏各洁斋请祷，竭诚尽礼。……遣使者案行，若无家属，及贫无资者，随宜赐恤，以慰孤魂。"

碑文内容是常山国元氏县吏民承奉朝廷诏旨，祷山请雨获应，于本初元年二月上书尚书台，为三公山神和御语山神求法食。此碑漫漶严重，缺失太多，几不可读。碑文第十四行："遣廷掾□□具酒脯，诣山请雨，计得雨。"②

---

① 高文：《汉碑集释》（修订本），河南大学出版社1985年版，第33—34页。
② 参见陆增祥《八琼室金石补正》卷三《三公山神碑并阴》，文物出版社1985年版，第14页。

《三公御语山神碑》中还有"山道""通道往来""通利故道""王家经钱给直"等文字。修祠庙祭山神求雨和"通利故道"都是大工程，元氏县的财政难以负担，由常山国相奏请朝廷，用"王家经钱给直"协助解决。事毕，勒石刻铭，以颂功德。

3. 封龙山碑。又名《封龙山颂》，全称《元氏封龙山之颂》。汉桓帝延熹七年（164）十月常山国相汝南人蔡儵立。此碑最早被南宋郑樵收录在《通志·金石略》中。

碑文中说：封龙山是北岳诸山中的精华。山势雄伟高大，"与天同耀。能烝云兴雨，与三公、灵山协德齐勋。国旧秩而祭之，以为三望。遭亡新之际，去其典祀。"桓帝延熹七年（164）正月，常山国相蔡儵、长史沐乘敬奉山神的美德，请求举办隆重的祭祀。认为山神广施恩惠于百姓，理应受到敬献圭璧和七牲的盛大供奉。桓帝下诏批准，命官员郎巽等人，"与义民修缮故祠"。神灵享受祭供，感谢百姓的信奉，雨泽施布，粮食丰收，"粟至三钱"。于是常山国相蔡儵建碑立铭，刻纪封龙山神的功德。"惠此邦域，以绥四方。国富年丰，稽民用章。"①

4. 三公山碑。又名《小三公碑》。汉灵帝光和四年（181）四月元氏左尉上郡人樊子义立。此碑最早收录于北宋欧阳修《集古录》中，北宋赵明诚《金石录》中也有收录。

三公山神明的降福和保佑是在暗中，表面看不到行迹。② 在它的神力作用下，"触石出云，不崇而雨"。还能"除民氛疠，莫不祯祉"。三公山神"德配五岳，王公所绪"，一年四季享受圭璧奉祭，每月有酒和干肉祭祀。"飓雨时降，和其寒暑。年丰岁稔……仓府既盈"，百姓都得到了赡养。于是感恩食德，立铭勒石。乃作颂曰：

兴云致雨，除民患兮，长吏肃恭。……四时奉祀，黍稷陈兮。……百姓家给，国富殷兮。仁爱下下，民附亲兮。遐迩携负，来若云兮。……民移俗改，恭肃神祇，敬而不息。皇灵□佑，风雨时节。农夫执耟，或耘或耔。童妾壶馌，敬而宾之。稼穑穰穰，榖至

---

① 高文：《汉碑集释·封龙山颂》，第243—244页。
② 王充：《论衡·明雩》："况雨无形兆，深藏高山，人君雩祭，安得耐之。"

两钱。①

5. 无极山碑。汉灵帝光和四年（181）八月常山人盖高、上党人范迁借神使传言请命，由常山相南阳人冯巡立。欧阳修《集古录》最早收录（当时欧阳修未能辨认出名字，称为《北岳碑》），赵明诚在《金石录》中予以更正，此后再无踪迹可寻，亦无拓片传世。南宋洪适在《隶释》中收录了完整的碑文。碑文对事件过程的记载颇为详细，首先是主管宗庙礼仪的太常陈耽和太常丞敏给皇帝的奏书："男子常山盖高、上党范迁，诣太常言为元氏三公神山。本初元年二月癸酉，光和二年二月戊子诏书，出其县钱，给四时祠具。"盖高、范迁曾经为三公山向太常索法食，请求将祭祀三公山纳入国家祀典，因此，常山国相冯巡"复使高与迁及县吏和卞令俱诣大常（即太常），为无极山神索法食"。尚书代表朝廷询问核实，可见朝廷对于地方神祇进入国家祀典持谨慎态度。碑文说，光和三年五月，常山国相冯巡派官吏王勋等到三公山求雨，山神让盖高等人传言：把封龙、三公、灵山、无极山的山神聚焦在一起祭祀，可以得到好雨。遵照山神之意祭祀之后，"三公山即与龙、灵山、无极山共兴云交雨"。常山国相冯巡和元氏县令王翊分别举行赛神庙会，报答山神的恩惠。山神又令盖高、范迁与县吏和，尽快晋见太常，"为无极山神索法食，比三公山"。

太常陈耽怀疑"高、迁言不实"，将文书移送常山国，令常山相核查落实。常山相回文说，常山国部督邮书掾成喜与县令王翊"参讯实问"。元氏县界有名山，"其三公、封龙、灵山皆得法食。每长吏祈福，吏民祷告如言，有验乞今。无极山比三公、封龙、灵山祠□，七牲出用王家钱。小费蒙大福，尊神以珪璧为信"。太常陈耽认为常山国相冯巡所言属实，"为民来福，以祠祀为本。请少府给珪璧，本市祠具，如癸酉（指本初元年）、戊子（指光和四年）诏书故事报"。汉灵帝批准，尚书台秉承旨意办理。尚书令忠将实施意见奏报雒阳宫。光和四年（181）八月十七日，尚书令忠下发皇帝的诏书给太常陈耽。太常陈耽和太常丞敏又将诏书下发给常山相。常山国向下传达执行。诏书中说：

---

① 参见（宋）洪适《隶释 隶续》，第43—44页。

昔在礼典，国有名山，能异材用，兴云出雨，为民来福除央，则祀。元氏县有先时三公、封龙、灵山，已得法食，而独未。光和四年二月，房子大男盖高、上党范迁，奏祀大常。大常下郡国相南阳冯府君，咨之前志，□问耆叟，佥以为实神且明。每国、县水旱，及民疾病，祷祈辄应时有报。……在礼秩祀，有功必报。今时无极山应法食，诚其宜耳。于是言大常，奏可。其年八月丁丑，诏书听其九月更造神庙，恢拓祠官，置吏牺牲册制。月醮时祠，礼与三山同，乃立碑铭德，颂山之神。①

6. 八都神庙碑。杜香文考证，元氏《八都神坛庙碑》为汉灵帝光和年间常山国相冯巡立。该碑在武则天垂拱元年（685）被磨砻，碑石改刻为《大唐八都神君之实录碑》。地方志中，有《八都神坛庙碑》之名而无其实。② 因八座神山——封龙山、三公山、无极山、灵山、长山、石溜山、白石山、黄山（即珍珠山，上有北岳神祠）相距较远，祭祀不便，所以在常山城（今河北故城）西门外建八都神坛庙，祭祀八座神山，立有汉碑《八都神坛庙碑》。元代纳新《河朔访古记》云："八都神坛，在县西故城西门外。"遗憾的是，此碑没有保存下来，也没有拓片和文字资料流传。

东汉中后期，常山国、元氏县的官吏民众每遇干旱，即向八位山神求雨。在求雨过程中，不断建庙立碑，形成了八都神坛，就是共祭八座山神的神坛。《大唐八都神君之实录碑》："八都坛者，都望八山之始坛也。此地名山封龙之类有八，因坛立庙，遂为号焉。""昔汉光和，州将冯氏，敬而不怠，谷至两钱，感恩立铭。"

7. 白石神君碑。俗称《白石山碑》。汉灵帝光和六年（183）常山国相冯巡、元氏县令王翊立。碑阳云：

---

① （宋）洪适：《隶释 隶续》，第44—46页。
② 杜香文：《元氏封龙山汉碑群体研究》，第128—130页。

礼有五经，莫重于祭。① 祭有二义，或祈或报。报以章德，祁以弭害。

古先哲王，类帝禋宗。望于山川，遍于群神。建立兆域，修设坛屏。所以昭孝息民，辑宁上下也。

白石神君居九山之数……体连封龙，气通北岳。幽赞天地。长育万物。触石而出，肤寸而合。不终朝日，而澍雨沾洽。前后国县，屡有祈请。指日刻期，应时有验。……

县界有六名山，三公、封龙、灵山，先得法食。

去光和四年，三公守民盖高等，始为无极山诣太常求法食。相、县以白石神君道德灼然，乃具载本末，上尚书求依无极为比，即见听许。

遂开拓旧兆，改立殿堂。营宇既定，礼秩有常。县出经用，备其牺牲。奉其珪璧，絜其粢盛。旨酒欣欣，燔炙芬芬。敬恭明祀，降福孔殷。故天无伏阴，地无鲜阳。水无沉气，火无灾燀。时无逆数，物无害生。用能光远宣朗，显融昭明。年谷岁熟，百姓丰盈。粟升五钱，国界安宁。

尔乃陟景山，登峥嵘，采玄石，勒功名。其辞曰：

唯山降神，髦士挺生。济济俊乂，朝野充盈。灾害不起，五谷熟成。……四时禋祀。不愆不忘。……牺牲玉帛，粢稷稻粮。神降嘉祉，万寿无疆。子子孙孙，永永番昌。②

根据《无极山碑》和该碑的记述，光和四年（181）二月，常山国房子县巫师盖高和上党郡人范迁，呈文太常，为无极山神求法食。当年八月，得到批准。常山国相冯巡和元氏县令王翊具文说明事情的原委，向尚书台请求，"求依无极为比"，希望白石山也能像无极山神那样得到法食供奉，很快得到批准。这是当时常山国和元氏县的一件大事，收到批文后，扩大旧庙边界，改建殿堂，举行隆重的祭祀。感动了山神，因此

---

① 礼有五经，莫重于祭。语出《礼记·祭统》。郑玄注："礼有五经，谓吉祀礼、凶礼、宾礼、军礼、嘉礼也。"祭礼也称吉礼，为五经之首，所以最为重要。

② （宋）洪适：《隶释 隶续》，第46—48页。

"年谷岁熟,百姓丰盈。粟升五钱,国界安宁"。于是建立此碑,歌颂白石神君的功德。

二 元氏汉碑所见常山国官祀经费的筹措管理

汉代国家祀典中的祭祀活动有皇帝祭祀和地方官祀两个等级。皇帝主持的国家大祭的费用由朝廷财政负担,地方官祀的经费主要由郡县地方财政承担。① 元氏汉碑中的记述,有助于我们认识这一问题。

祠祀活动要耗费大量人力物力,地方官祀经费不足,国家财政予以补助。例如,《隶释·樊毅复华下民租田口算碑》载:"县当孔道,加奉尊岳,一岁四祠,养牲百日,常当充,用谷藁三千余斛,或有请雨斋祷,役费兼倍。"② 多数情况下,地方官员发动本地居民出资助祀。如《封龙山之颂》云:"允勑大吏郎巽等,兴义民修缮故祠,遂采嘉石,造立观阙。"③ 这些义民不是普通的编户,应为当地的豪强大族。

《三公御语山神碑》载:"荐圭璧□牲,四时祠□……万□□,以王家经钱给值。"④ 前引《隶释·无极山神碑》载:"出其县钱给四时祠具。……乞合无极山比三公、封龙、灵山,祠□七牲,出用王家钱。"《隶释·白石神君碑》载:"相、县以白石神君道德灼然,乃具载本末,上尚书求依无极为比。即见听许……县出经用。"

这三通碑记载了常山相、元氏县令及民众请求为境内的三公山、无极山和白石山神确立官祀资格的经过。碑中有三个涉及祭祀费用的关键词语:"王家经钱""王家钱"和"县出经钱"。有学者认为:"'王家'指的是常山王国,'经钱'指的是财政的经费。'王家经钱'、'王家钱'都应是王国财政经费,而绝非是诸侯王的'私奉养'。因为这三山之祠属地方官祀,不是诸侯王私祠。"⑤ 此说不妥。"王家"之意有二:一是犹王室,王朝,朝廷。《书·武成》:"至于大王,肇基王迹,王季其勤王家。"孔颖达疏:"王季修古公之道,诸侯顺之,是能缵统大王之业,勤

---

① 王柏中:《汉代祭祀财物管理问题试探》,《鞍山师范学院学报》1999年第1期。
② (宋)洪适:《隶释 隶续》,第28页。
③ 高文:《汉碑集释》,第244页。
④ 陆增祥:《八琼室金石补正》卷三《三公山神碑并阴》,第14页。
⑤ 王柏中:《汉代祭祀财物管理问题试探》,《鞍山师范学院学报》1999年第1期。

立王家之基本也。"二是王侯之家。后面有详细的例证作具体论析。东汉的诸侯王国是同郡一样的行政区划，归朝廷直接管辖，诸侯王"衣食租税而不治民"。所以，碑文中的"王家经钱""王家钱"不能理解为常山王国的财政经费。因为，如果这样解读，碑文中的"王家"就应指常山王之家，"王家钱"就是常山王的私钱了。当然，我们也可以将"王家钱"强解为常山王国的经费，但与事实不符，实际情况是常山王国因经费困难向朝廷申请资助以供祭祀山神，所以才有"出其县钱"和"出用王家钱"的区别。检索汉代的"王家"一词的用例，没有发现"与郡同级的王国"的含义。限于篇幅，重点说东汉。

（一）《后汉书》中"王家"指王室、王朝、朝廷的用例

《张衡列传》："咎单、巫咸实守王家。"李贤注："咎单、巫咸，并殷贤臣也。"《尚书》曰："咎单作《明居》。"又曰"巫咸保乂王家"也。

《光武郭皇后纪》："自古虽主幼时艰，王家多衅，必委成冢宰，简求忠贤，未有专任妇人，断割重器。"

《梁冀列传》：东汉外戚梁冀"多拓林苑，禁同王家，西至弘农，东界荥阳，南极鲁阳，北达河、淇……殆将千里"。

（二）《后汉书》中"王家"指诸侯王之家的用例

《灵帝纪》："甘陵王定薨。试太学生年六十以上百余人，除郎中、太子舍人至王家郎、郡国文学吏。"李贤注引《汉官仪》曰："太子舍人、王家郎中并秩二百石，无员。"

《光武郭皇后纪》："郭主（真定恭王女。恭王名普，景帝七代孙）虽王家女，而好礼节俭，有母仪之德。"

《光武十王列传·沛献王辅》：孝王广"有固疾。安帝诏广祖母周领王家事"。

《光武十王列传·东平宪王苍》："以骠骑长史为东平太傅，掾为中大夫，令史为王家郎。"李贤注引《汉官仪》："将军掾属二十九

人，中大夫无员，令史四十一人。"……"初，苍归国，骠骑时吏丁牧、周栩以苍敬贤下士，不忍去之，遂为王家大夫，数十年事祖及孙。"

《光武十王列传·中山简王焉》："永平二年冬，诸王来会辟雍，事毕归蕃，诏焉与俱就国，从以虎贲官骑。"李贤注引《汉官仪》："骆骑，王家名官骑。"

《章帝八王列传·河间孝王开》：平原王硕嗜酒，"多过失，帝令马贵人领王家事"。

《续汉书》志三十《舆服志下》刘昭注引《东观书》："中外官尚书令、御史中丞、治书侍御史、公将军长史、中二千石丞、正、平、诸司马、中宫王家仆、雒阳令秩皆千石。"

根据以上的史例，可以认为元氏汉碑中的"王家"是指朝廷，"王家钱"和"王家经钱"是中央财政经费，而不是常山国的经费。从元氏汉碑的内容看，祭祀元氏诸山神的费用主要出自郡县的地方财政，地方财政困难，可申请朝廷财政资助，而不是诸侯王"私府"之费。地方官祀资格的取得，有一套完整的程序，必须经由太常直至皇帝本人批准，足以说明汉代朝廷对地方官祀经费有严格的管理审批制度。这类祠祀活动反映出地方长吏权力日增、地方宗族势力开始向精神信仰领域伸张、中央对地方控制渐趋削弱的东汉地方社会政治生态。①

与祭祀经费的管理和使用相关，地方官府还负责官祀用牲的费用，还要派专人负责牺牲的饲养管理。如《白石神君碑》说："县出经用，备其牺牲。"元氏汉碑中，多有祭祀用玉的记载。关于少府对祭玉的保藏和供给，《无极山神碑》说："为民来福，以祠祀为本，请少府给王圭璧。"

三 汉代山岳祭祀中的求雨弥灾观

汉代祷山求雨弥灾的观念源自远古时代的原始巫术。祭祀山川，是因为"山林川谷丘陵能出云，为风雨，见怪物，皆曰神"（《礼记·祭法》）。祈求山神降雨，改善气候条件，减少水、旱、风、雹灾害的发生

---

① 沈刚：《东汉碑刻所见地方官员的祠祀活动》，《社会科学战线》2012年第7期。

是祭祀的主题。《礼记·传》曰:"山川之神,则水旱疠疫之灾,于是乎禜之;日月星辰之神,则雪霜风雨之不时,于是乎禜之。"禜是禳灾之祭。山川崇拜与国家制度、政治思想相结合,表现了突出的政治化倾向。与之相适应的是山川神灵的自然属性弱化,社会属性增强。[1]

古人祭祀有很严格的等级制度。天子祭天下名山大川,五岳祭以三公之礼,四渎祭以诸侯之礼。诸侯只能祭其邦域内的名山大川。大夫祭门、户、井、灶、室中之神,士庶人等祭祖先而已。《礼记·祭法》说:"功施于民则祀之,以死勤事则祀之,以劳定国则祀之,能御大灾则祀之。"又说:"日月星辰,民所以瞻仰也;山林川谷丘陵,民所以取材用也。非此族也,不在祀典。"这里规定了祭祀的对象和说明祭祀的目的。"礼有五经,莫重于祭。"《礼记·王制》曰:"山川神祇有不举者,为不敬。"祭祀是先民社会生活中的一件大事。

汉代的山岳崇拜继承于先秦。刻于桓帝延熹八年(165)的《西岳华山庙碑》中有很好的概括:

《春秋传》曰:"山岳则配天。"乾坤定位,山泽通气,云行雨施,既成万物。《易》之义也。《祀典》曰:"日月星辰,所昭卬也。地理山衍,所生殖也。功加于民,祀以报之。"《礼记》曰:"天子祭天地及山衍,岁遍焉。"自三五迭兴,其奉山川,或在天子,或在诸侯。……高祖初兴,改秦淫祀,大宗承循,各诏有司,其山川在诸侯者,以时祠之。[2]

汉代帝王从维护其统治地位出发,大力提倡崇拜祭祀山川神灵。汉王二年刘邦下"重祠诏":"吾甚重祠而敬祭。今上帝之祭,及山川诸神当祠者,各以其时礼祠之如故。"[3] 随着儒家思想占据统治地位,对国家祭祀活动的影响与渗透逐步加深,对山岳的祭祀就越来越为国家统治者所重视。建元元年(前140)五月,汉武帝诏曰:"河海润千里,其令祠

---

[1] 张怀通:《先秦时期的山川崇拜》,《河北师院学报》(社会科学版)1997年第2期。
[2] (宋)洪适:《隶释 隶续》,第25页。
[3] 《汉书》卷二十五上《郊祀志上》,第1210页。

官修山川之祠，为岁事，曲加礼。"此诏将国家对山岳与河流的祭祀纳入祭礼，使其成为国家祭祀活动的一部分。

《封龙山碑》中提到"亡新之际，去其典祀"，"亡新"指王莽建立的新朝，因其改制激化社会矛盾，天下大乱，有些正常的祭祀活动被迫停止。

东汉时期，祭祀山岳仍然是国家祭礼的重要内容，并且规定更为明确。建武之元，事举其中，礼从其省，永平十八年（75）四月，明帝下祷雨诏："自春以来，时雨不降，宿麦伤旱，秋种未下。……二千石分祷五岳四渎。郡界有名山大川能兴云致雨者，长吏洁斋祷请，冀蒙嘉澍。"①诏书将国家祭祀的山岳分作两类：一是五岳名山；二是郡国辖区内的名山。建初五年（80）二月，章帝下"祷雨诏"："令二千石理冤狱，录轻系，祷五岳四渎，及名山能兴云致雨者，冀蒙不崇朝遍雨天下之报。务加肃敬焉。"元和二年（85）二月，章帝下"增修群祀诏"："今恐山川百神应典礼者尚未咸秩，其议增修群祀宜享祀者，以祈丰年，以致嘉福，以蕃兆民。"②阳嘉元年（132）二月庚申，顺帝"敕郡国二千石各祷名山岳渎，遣大夫、谒者诣嵩高、首阳山，并祠河、洛，请雨"。甲戌，诏命"侍中王辅等，持节分诣岱山、东海、荥阳、河、洛，尽心祈焉"。③正所谓"分祷祈请，靡神不禜。靡神不举"。

元氏汉碑中祭祀山神的文字正是东汉帝诏的反映。碑文中反映的饥荒、战乱、疾病、旱灾、"沉气""灾㷍"，都是危害人民的祸害和灾殃。碑文中说"为民求富，除殃则祀"，"每国县水旱及民疾病，祷祀辄应时有报"。其他汉碑中也多有类似的词语。蔡邕作《伯夷叔齐碑》曰："熹平五年，天下大旱，祷请名山，求获答应。……天子开三府请雨使者，与郡县户曹掾吏登山升祠。手书要曰：'君况我圣主以洪泽之福。'天寻兴云，即降甘雨。"④《西岳佛山庙碑》："其有风旱，祷请祈求，靡不报应。"⑤"有报"还是无报，难以考证是可以想见的，"兴云致雨"肯定与

---

① 《后汉书》卷二《明帝纪》，第123页。
② 《后汉书》卷三《章帝纪》，第139、149页。
③ 《后汉书》卷六《顺帝纪》，第253页。
④ 《续汉书》志十三《五行志一》刘昭注引。
⑤ （宋）洪适：《隶释 隶续》，第25页。

神灵的作用无关，但反映了汉代民众强烈的生存意识和对美好生活的渴望与追求。东汉初年，佛教刚刚传入中国，道教形成于东汉后期。原始宗教中的山岳崇拜在东汉时代依然盛行，长期统治人们的思想意识。人们相信山川之神有超乎寻常的神力，能降雨弥灾。所以对山神恭敬有加，"荐牲纳礼"，"令德不忘"，还要"纪功刻勒"，垂之后世。

元氏汉碑都是为祭祀山神所立，故称为神碑。碑文在讲述天旱祈雨、神明佑助、普降甘霖、农业丰收和谷价低廉的过程中，张扬为民求福的旗号和招牌，以含蓄的笔法，颂扬地方官员常山国相冯巡、元氏县令王翊和其他吏员、豪强的功绩。地方官吏祠祀境内名山的活动是其职责所在，直接目的是祈盼农业丰收，如果灾害不息，地方官员是要承担责任的。"皇天感物，不为伪动，灾变应人，要在责己。"①《后汉书·独行列传·谅辅传》记载，东汉人谅辅任郡从事，遇上夏季枯旱，"太守自出祈祷山川，连日而无所降"。谅辅在庭院中曝晒求雨，发誓说："如果到了中午还不下雨，我就自焚。"到了中午，大雨降临。"世以此称其至诚。"

东汉时期，尽管也有人置疑祈祷山川求雨的灵验，"若令雨可请降，水可攘止，则岁无隔并，太平可待"②。但是，由于生产力和抵御自然灾害的力量低下，无法科学解释灾害不息的原因，在天灾人祸面前，祈求神灵佑护观念依然非常盛行。祭祀名山求雨与雩祭结合，体现出国家统治者渴望降雨的迫切愿望。③ 东汉中央和地方政府为求雨而举行的祭祀名山活动是一种不可忽视的灾害救助方式。

---

① 《后汉书》卷三十下《襄楷列传》，第1085页。
② 《后汉书》卷三十下《郎𫖮列传》，第1074页。
③ 张鹤泉：《汉碑中所见东汉时期的山岳祭祀》，《河北学刊》2011年第1期。

第七章

文学与艺术成就①

第一节 文学成就

秦汉时期文学最具代表性的就是《诗》学。《诗》学在这一时期广泛流传于今天的石家庄地区，名师辈出，广授生徒，影响深远。

两汉时期石家庄地区《诗》学蓬勃发展，先后出现了两位具有里程碑意义的人物——韩婴与伏恭。正是他们的出现推动了石家庄地区文化和教育的发展，对后世影响深远。

一 韩婴与韩诗学派②

韩婴（约前200—约前130年），字子夏③，又称韩生，燕（都蓟，今北京西南）人④。汉文帝时，为《诗经》博士，推断《诗经》作者的立意，而作《韩诗内传》和《韩诗外传》等数万言，研究《诗经》的人信奉韩婴学说者不少，学习韩诗的徒众甚盛，形成了两汉时代的韩诗

---

① 此章为庞鸿志编著。
② 《韩婴与韩诗学派》，原为秦进才先生所著，载崔勇、秦进才等主编《燕文化研究》，河北大学出版社2013年版，第303—315页。收录时有删减。
③ （宋）李昉等撰《文苑英华》卷七百六十六司马贞《孝经老子注易传议》曰："王俭《七志》引刘向《七略》云：'《易传》，子夏，韩氏婴也。'"（《景印文渊阁四库全书》，台湾商务印书馆1986年版，第1340册第469页）据此记载，可知韩婴，字子夏。（清）臧庸《拜经日记》卷五《子夏易传》曰："婴，为幼孩，故名为婴。字子夏，夏，大也。"（《续修四库全书》，上海古籍出版社2002年版，第1158册第92页）名与字的含义相反相成，符合古人的"名以正体，字以表德"的习惯。
④ 韩婴籍贯，参阅秦进才《常山太傅韩婴籍贯初探》，《石家庄学院学报》2016年第1期。

学派。

汉景帝时,韩婴出任常山宪王刘舜的太傅。汉武帝时,韩婴曾经在朝廷上、皇帝面前,与大儒董仲舒辩论诘难。诗经博士、常山太傅,既是韩婴在仕途上的升迁、等级、地位的体现,又是反映其人生历程的标志,也因此由诗经博士而成为与鲁诗、齐诗鼎足而立的韩诗学派的开创者。

(一)韩诗学派的特色

《诗》三百篇,是中国保存至今的最早的一部诗歌总集或者叫选本,也是传世的重要典籍。内容丰富,记载了古往今来的社会变迁,反映了丰富多彩的社会生活,记述了天文地理诸多方面的情况等。包括了风、雅、颂三部分。

"以一国之事,系一人之本,谓之风。"① 也就是"风"代表地方,反映诸侯之政的得失,行风化于一国,分为周南、召南、邶、卫、曹、豳等十五国风,是反映各地风土民情的诗歌。

"言天下之事,形四方之风,谓之雅。雅者,正也。言王政之所由废兴也。政有小大,故有小雅焉,有大雅焉。"② 王者政教有小大,诗人所述亦有小大,故有小雅、大雅之分。大雅、小雅,是在宫廷和京畿地区演唱的诗歌。

"颂者,美盛德之形容,以其成功,告于神明者也。"③ 颂分周颂、鲁颂、商颂,是在宗庙祭祀时所演唱的诗歌。

总之,"侯国为风,王朝为雅,宗庙祭祀为颂"。④ 这些诗歌既具有很高的文学价值,也反映了当时的社会生活、风俗习惯、精神风貌等情况,有些是史诗,具有很高的学术价值,是属于华夏民族的经典文献。

春秋时代,孔子整理《诗》,作为教育学生的课本,认为"《诗》三百,一言以蔽之,曰:'思无邪。'"⑤ 强调《诗》的道德伦理和政治作

---

① (汉)郑氏笺,(唐)孔颖达撰:《毛诗正义》卷一《周南·关雎》,《十三经注疏》,中华书局1980年版,第272页。
② 《毛诗正义》卷一《周南·关雎》,《十三经注疏》,第272页。
③ 同上。
④ 《诗序补义》卷十四《小雅》,《文津阁四库全书》,第84册第172页。
⑤ 《论语正义》卷二《为政》,第39页。

用，把《诗》作为体现仁义礼制原则的载体，看成指导人们修身、从政的读本，这样，天长日久就把《诗》伦理化、政治化了。孔子弟子中，如子夏（卜商）接受了孔子的诗说，并对《诗》继续研究，据说他写成了《诗序》，后人认为子夏的《诗序》，在韩诗中传播。① 孔子弟子、再传弟子等推崇《诗》、传授《诗》者不断。

战国末年，荀子称《诗》隆礼重法，并在其著述中广泛引用《诗》，以证实自己的论述。荀子之后辗转传授，传授给浮丘伯、毛亨、申培、韩婴、毛苌等人。

西汉初年，毛亨、毛苌所传的是古文诗，人称毛诗。申培所传的是今文诗，人称鲁诗。韩婴所传的也是今文诗，人称韩诗。再加上辕固所传的今文诗，人称齐诗。是为汉代今文三家诗。"《诗》。经二十八卷，鲁、齐、韩三家。"② 即是说今文经三家诗经文相同，都为二十八卷。清人皮锡瑞说："《史记》载三家申培、辕固、韩婴为初祖，而三家传自何人，授受已不能详。三家所以各成一家，异同亦无可考。"③ 又说："以《史记》之说推之，可见鲁齐韩三家诗，大同小异，惟其小异，故须分立三家，若全无异，则立一家已足，而不必分立矣；惟其大同，故可并立三家，若全不同，则如毛诗大异而不可并立矣。"④ 鲁、齐、韩三家再加上毛诗，即两汉《诗经》四大家。四家同源而异流，以政治教化说诗，以颂美讽刺言诗，将《诗经》解释与道德上的彰善瘅恶联系起来，则多有相通之处。

韩婴以善长《诗经》的解说而被立为博士，开门授徒，师徒相传，徒众日益兴盛，逐渐就形成了韩诗学派，韩婴也就理所当然地成为韩诗学派的开山祖师。

---

① 齐、鲁、韩、毛四家诗原本都有序。韩诗序，《新唐书》卷五十七《艺文志一》称："《韩诗》，卜商序，韩婴注。"（中华书局1975年版，第1429页）三家序已经失传，只有《毛诗序》流传至今。但卜商序韩诗的说法并不可靠，春秋战国时代的子夏怎么会为西汉的韩婴诗说写序呢？

② 《汉书》卷三十《艺文志》，第1707页。句读标点，用张舜徽《汉书艺文志通释》二《六艺略》（华中师范大学出版社2004年版，第198—199页）的说法。

③ （清）皮锡瑞：《经学通论》二《诗经·论诗有正义有旁义即古义亦未尽可信》，中华书局1954年版，第3页。

④ 《经学通论》二《诗经·论三家诗大同小异史记儒林列传可证》，第24页。

韩婴推断《诗经》作者的本旨、立意，而作《韩诗内传》和《韩诗外传》数万言，其解释《诗经》的说法，与毛诗相比，韩诗注重探讨《诗经》的微言大义，被称为"义学"①，这样更有教化作用，不像毛诗那样仅有全面、系统而简明的训诂，这是韩诗比毛诗更受西汉统治者重视的地方。"茧丝卵雏之喻，董仲舒取之为《繁露》；君群王往之训，班固取之为《白虎通》。精理名言，往往而有，不必尽以训诂绳也。"② 与齐诗、鲁诗相比，韩诗多引古事古书古语，并不仅仅是逐字逐句地解释字面的含义，解说更为具体、详细，注重讲道理，思想性较强。多引古代历史记载，因此使很多历史故事、人物生平，得以流传至今。多引古书古语，由此使很多散佚古书的只言片语，得以传播后世。韩诗虽然在对《诗经》的解释、解说方面，与鲁、齐、毛诗有些差异、分歧，方法有些不同，"太傅本燕人，说殊齐鲁教。推意传万言，往往成独造"③。但其宗旨却是和鲁、齐、毛诗是一样的，那就是适应维护汉家皇权统治的需要而说教。同时，韩诗在诗序、篇名、章句、文字、注释方法等方面也自有其特点。

在诗序方面。《孔子诗论》言："《荡荡》，小人。《有兔》，不逢时。……《小明》，不忠。《邶·柏舟》，闷。《谷风》，鄙。《蓼莪》，有孝志。《隰有苌楚》，得而悔之也。"④ 用简洁的语言说明诗篇的宗旨，以便于读者理解。《礼记》曰："《驺虞》者，乐官备也。《狸首》者，乐会

---

① 《后汉书》卷七十九下《儒林列传·召驯》载：召"驯少习韩诗，博通书传，以志义闻，乡里号之曰'德行恂恂召伯春'。……拜左中郎将，入授诸王。帝嘉其义学，恩宠甚崇"（第2573页）。此文中的"志义"，指探讨韩诗的意义；"义学"，指经义之学。《后汉书》卷七十九下《儒林列传·杨仁》又载：杨仁"拜什邡令。宽惠为政，劝课掾史弟子，悉令就学。其有通明经术者，显之右署，或贡之朝，由是义学大兴。"（第2574页）此文的"悉令就学"的"学"，是指为培养什邡县掾史弟子的官学，与后来利用公款或私资为孤贫子弟而设立的具有慈善性质的义学是不同的。《后汉书·儒林列传》中所记载的两处"义学"，均与治韩诗的学者有关。文中的"义学"，有的与学校没联系，如召驯；有的与学校有联系，如杨仁，而非学校本身，而两处"义学"，当是指讲求经义之学的"义学"。

② （清）永瑢等撰：《四库全书总目》卷十六《经部·诗类二·韩诗外传》，中华书局1965年版，第136页。

③ （清）朱筠撰：《笥河诗集》卷七《韩婴墓》，《续修四库全书》，第1439册第556页。

④ 周凤五：《〈孔子诗论〉新释文及注解》，《上博馆藏战国楚竹书研究》，上海古籍出版社2002年版，第155页。

时也。《采蘋》者，乐循法也。《采蘩》者，乐不失职也。"① 两者"率以一语括其旨"②的方式是一致的，受这种解说《诗》方式的影响，后来形成了《诗序》。韩诗与毛诗一样，有所谓子夏所作的序（有人认为是由多人相继做的），或称为叙，以概括说明每篇诗的背景、目的、题旨与性质，文字精练，起到了画龙点睛的作用，有利于人们对诗的理解。《韩诗序》早已经散佚了，所幸在古诗文注释中，还保存了吉光片羽，宋代以来学者们进行了辑录，为后人研究提供了线索。③如："《韩诗序》曰：《汉广》，悦人也。"④ 体现了"《韩诗序》亦括以一语"⑤的特色。"《韩诗序》曰：'《蟋蟀》，刺奔女也。蟋蟀在东，莫之敢指。诗人言蟋蟀在东者，邪色乘阳，人君淫佚之征。臣子为君父隐讳，故言莫之敢指。'"⑥ 既有"《蟋蟀》，刺奔女也"的概括，又有后人的补充、发挥。《韩诗序》与《毛诗序》相比较，两者有同有异，不可一概而论。如《毛诗序》曰："《抑》，卫武公刺厉王，亦以自警。"治韩诗的侯包亦云："卫武公刺王室，亦以自戒。"⑦ 由此可见《毛诗序》与韩诗亦有相近之处。下面《夫栘》《采苢》两条，虽然引文没有标明是韩诗序，从格式上来说是《韩诗序》是没有问题的。"《夫栘》，燕兄弟也。闵管、蔡之失道。"⑧ "《常棣》，燕兄弟也。闵管、蔡之失道，故作《常棣》焉。"⑨ 韩诗曰《夫栘》，毛诗曰《常棣》，篇名相异，而诗序大同小异。"韩诗曰：《采苢》，伤夫有恶疾也。"⑩ "《芣苢》，后妃之美也。"⑪ 韩诗曰《采苢》，毛诗曰

---

① （清）孙希旦撰：《礼记集解》卷六十《射义》，中华书局1989年版，第1439页。
② 《四库全书总目》卷十五《经部·诗类一·诗集传》，第121页。
③ 如（宋）王应麟撰《诗考》一卷，（清）范家相撰《三家诗拾遗》十卷、宋绵初撰《韩诗内传徵》四卷等书。
④ （梁）萧统编，（唐）李善注：《文选》卷三十四曹子建《七启》，中华书局1977年版，第487页。
⑤ 《四库全书总目》卷十五《诗集传》，第121页。
⑥ 《后汉书》卷五十四《杨震列传·杨赐》，第1781页。
⑦ 《毛诗正义》卷十八《大雅·抑》，《十三经注疏》，第554页。
⑧ （唐）欧阳询撰：《艺文类聚》卷八十九《木部下·夫栘》，上海古籍出版社1982年版，第1546页。
⑨ 《毛诗正义》卷九《小雅·常棣》，《十三经注疏》，第407页。
⑩ 《文选》卷五十四刘孝标《辩命论》，第748页。
⑪ 《毛诗正义》卷一《国风·芣苢》，《十三经注疏》，第281页。

《芣苢》，不仅篇名不同，而且诗序相异，一悲伤丈夫有恶疾，一赞美后妃之美，两者差异较大。

在篇名方面，如毛诗作《常棣》《芣苢》，韩诗作《夫移》《采苢》等。

在章句的划分方面，《载驰》，毛诗分为五章，韩诗却合四、五章为一。《缁衣》，毛诗与鲁诗章句相同，而韩诗无首章。《雨无极》，韩诗首句为"雨无其极，伤我稼穑"。而毛诗无首句，又脱"极"字，遂以《序》的"正大夫刺幽王也"之"正"字属上读，并改篇名为《雨无正》。

在文字方面，《诗经》传至现代已有两千余年。在抄写本时代，书写三遍鲁鱼帝虎之讹，人所常见。在印本时代，校书如秋风扫落叶旋扫旋生，难以避免。时至今日，不仅毛诗各版本之间转写滋异难以枚举，而且韩诗与毛诗之间文字异同更为习见。有鉴于此，从宋代以来学者辑录已经散佚的三家诗佚文，撰写了一些著述，考察诗经异文，事如积薪，后来居上，为研究三家诗提供了方便。对于诗经异文，笔者仅举例说明而已。如《毛诗·周南·汉广》曰："南有乔木，不可休息。"《艺文类聚》卷八十八《木部上·木》、《列女传》卷六《阿谷处女》引文与毛诗同。《毛诗音义》言："休息。并如字，古本皆尔。本或作'休思'，此以意改尔。"① 陆德明指出古本均如此，当包括鲁诗、齐诗，推测本来作"休思"，后人以意改"休息"。《毛诗正义》曰："经'求思'之文在'游女'之下，传解'乔木'之下，先言'思，辞'，然后始言'汉上'，疑经'休息'之字作'休思'也。何则？诗之大体，韵在辞上，疑休、求字为韵，二字俱作'思'，但未见如此之本，不敢辄改耳。"② 孔颖达阐述了其理由，坚持了疏不破注原则。阮元校勘记云："正义之说是也，此为字之误。"③《韩诗外传》引《诗》曰："南有乔木，不可休思。"④

---

① 陆德明撰：《经典释文》卷五《毛诗音义上》，上海古籍出版社2012年版，第84页。
② 《毛诗正义》卷一《国风·汉广》，《十三经注疏》，第282页。
③ 《毛诗正义》卷一《周南·汉广》校勘记，《十三经注疏》，第285页。
④ 屈守元：《韩诗外传笺疏》卷一（巴蜀书社2012年版，第4页）。并指出："'休思'之文，胜于'休息'，孔氏之说，虽不可易；然韩、毛古本，实作'休息'，此不可不明辨者也。"（第10页）此可谓一家之言，有待继续探讨。

韩诗可印证陆德明、孔颖达之说，可纠毛诗之误字。韩、鲁、齐三家诗多用本字，而毛诗多用假借字。

韩诗说诗采用赋比兴的方法，解为兴者，如《采苢》，《韩诗序》云："伤夫有恶疾也。"解为比者，如《鸡鸣》，《韩诗序》云："逸人也。"韩诗与毛诗有些不同，如《芣苢》，韩诗认为是兴，毛诗认为是赋；《鸡鸣》，韩诗认为是比，毛诗认为是赋；《伐檀》，韩诗认为是赋，毛诗认为是兴等。

至于训诂文字、说明典章制度等方面，韩诗与其他三家诗相比也自有特色。

从汉文帝时，韩婴被立为博士，传授《诗经》开始，到北宋《韩诗内传》散佚失传，前后历时千余年，韩诗学派培养了无数学者，撰写了系列的韩诗著述，为许多人敲开了仕途之门，带来了政治经济利益，带来了荣华富贵。虽然，《韩诗内传》失传了，但它研究《诗经》的成果，被吸收到东汉郑玄的《毛诗传笺》、唐朝孔颖达的《毛诗正义》《尚书正义》等书中保留下来，还被佛教学者所汲取，唐朝僧人玄应的《众经音义》、慧琳的《一切经音义》，辽代僧人希麟《续一切经音义》，都吸收了韩诗的注释成果，《艺文类聚》《太平御览》等类书，都收录了韩诗的一些内容，韩诗成为中华民族传统文化的组成部分。而《韩诗外传》则一直流传到现代，韩婴则是这影响深远的韩诗学派的开创者，为中华文明的发展做出了重要贡献。

（二）兴盛的韩诗学派

韩婴不仅撰写了《韩诗内传》和《韩诗外传》等书，以阐明他对《诗经》的看法，以探讨《诗经》的意义，并且以《诗经》博士等身份，传授韩诗。燕赵人喜好《诗经》，跟着韩婴学习《诗经》的人很多。韩婴学问精到，"门徒聚众，招会千里，身虽死亡，学传于后"[①]。影响日益扩大，亦传播到其他地域。

之所以如此，在于西汉"自武帝立五经博士，开弟子员，设科射策，劝以官禄，讫于元始，百有余年，传业者浸盛，支叶蕃滋，一经说至百

[①] 黄晖撰：《论衡校释》卷二十八《书解》，中华书局1990年版，第1151页。

余万言,大师众至千余人,盖禄利之路然也"①。从汉武帝时代开始,表章六经,以经治国,设立五经博士,开置博士弟子员,设科射策,只要考试合格就给以大小不等的官职,把读经与仕宦联系在一起,开辟了以经取士的途径;把教育与选官结合起来,把"学而优则仕""以学干禄"变成了现实,读经做官成为在行政权力支配社会里,要改变自己的命运,要提高自己的社会地位等的正规途径之一。"士病不明经术。经术苟明,其取青紫如俛拾地芥耳。学经不明,不如归耕。"② 因为察举等要考试五经经义,行政、教化、刑罚需要用儒术来粉饰,经书成为打开荣华富贵大门的钥匙,读经成了做官食禄的敲门砖。随之,经学博士太学讲经,民间经师私学传授,蔚然成风。同时,经师政治地位的高低,传授人数的多少,弟子官职的大小,也就成为标志、衡量经学学派是否兴盛的标志之一,我们也从这个角度去看看韩诗学派的人员构成。

1. 韩诗传授者

韩诗的传播,主要依靠一代又一代的传授人,持续不断地传播,越传规模越大,越传地域越广。从传授人的身份看,可以大致可分为两种类型:官方博士传授和民间经师传授。

(1) 官方博士传授

韩婴不仅是朝廷立的诗经博士,是韩诗学派的创始者,而且是身体力行的传授者。不但在社会上传授,也在家中传授,将韩诗传授给了其孙韩商和后人涿郡韩生③,韩商后为博士。韩婴不仅传授韩诗给燕赵人,而且也传授给淮南(治今安徽六安北)贲生和河内(治今河南武陟西南)赵子,使韩诗由燕赵之域走向了中原、江淮大地。

---

① 《汉书》卷八十八《儒林传》(第 3620 页)。《风俗通义校注·佚文》载:"武帝广开献书之路,立五经博士,开弟子员,设科射策,劝以官禄,讫于元始,百有余年,书积如丘山,传业浸众,枝叶繁滋,经说百万言,盖利禄之路然也"(第 596 页),与《汉书》基本相同。

② 《汉书》卷七十五《夏侯胜传》,第 3159 页。

③ 《汉书》卷八十八《儒林传·韩婴》载:"孝宣时,涿郡韩生其后也,以《易》征,待诏殿中,曰:'所受《易》即先太傅所传也。尝受《韩诗》,不如韩氏《易》深,太傅故专传之。'"(第 3613—3614 页)可见韩婴也将韩诗传授给了涿郡韩生。从韩婴来看是传授韩诗,从韩商、涿郡韩生来看则是继承其家学。

赵子传授给河内温县（治今河南温县招贤乡上苑村北）蔡义（蔡谊）①。蔡义以师受《韩诗》，为博士，后为待诏，上书曰："臣山东草莱之人，行能亡所比，容貌不及众，然而不弃人伦者，窃以闻道于先师，自托于经术也。愿赐清闲之燕，得尽精思于前。"②皇帝召见，蔡义说《诗》，甚为喜欢，擢为光禄大夫、给事中，授汉昭帝韩诗。③元平元年（前74年），任丞相，封阳平侯。

蔡义（蔡谊）传授韩诗给河内食子公和琅邪皋虞（治今山东即墨市温泉镇东皋虞村北）王吉。

食子公为博士，传授给泰山（治今山东泰安市岱岳区范镇故县村）栗丰。栗丰为部刺史，传授给山阳（治今山东菏泽市巨野县大谢集镇前昌邑村）孙就。

王吉，少好学兼通五经，为昌邑王中尉，髡为城旦。后起家复为益州刺史，因病去官。复征为博士、谏大夫。王吉传授韩诗给淄川（治今山东寿光县纪台镇纪台村）长孙顺。长孙顺为博士，传授给东海（治今山东郯城北）发福，皆至大官，徒众尤盛。

由此，韩诗有食氏、王氏、长孙氏之学，标志着韩诗新的发展。

---

① 《汉书》卷八十八《儒林传》载："赵子，河内人也。事燕韩生，授同郡蔡谊。谊至丞相，自有传。"（第3614页）《汉书》卷六十《杜周传》载："前将军韩增、御史大夫蔡谊功比颍阴侯灌婴。"（第2665页）《汉书》卷六十六《蔡义传》载："蔡义，河内温人也。以明经给事大将军莫府。"（第2898页）上述河内人赵子"授同郡蔡谊"与"蔡义，河内温人"记载虽详略不同，但郡人与河内是为同一地。从经历看，蔡义与蔡谊经历相同。（清）王先谦撰《汉书补注》卷八十八《儒林传》载：王先慎曰："纪、表、传并作'义'，谊、义字通用。"（上海古籍出版社2008年版，第5448页）由上述可知，蔡谊与蔡义同为一人。（清）唐晏：《两汉三国学案》卷五《诗·韩诗派》列蔡谊、蔡义为两人（中华书局1986年版，第212页），误。

② 《汉书》卷六十六《蔡义传》，第2898页。

③ 《汉书》卷六十六《蔡义传》载："上召见义，说《诗》，甚说之，擢为光禄大夫给事中，进授昭帝。"（第2898页）《汉书》卷七十三《韦贤传》载：韦"贤为人质朴少欲，笃志于学，兼通礼、《尚书》，以诗教授，号称邹鲁大儒。征为博士，给事中，进授昭帝《诗》，稍迁光禄大夫詹事，至大鸿胪。"（第3107页）《汉书》卷八十八《儒林传》载："申公卒以《诗》、《春秋》授，而瑕丘江公尽能传之，徒众最盛。及鲁许生、免中徐公，皆守学教授。韦贤治《诗》，事大江公及许生，又治《礼》，至丞相。"（第3608—3609页）蔡义传授当是韩诗，韦贤传授当是鲁诗，两人均授汉昭帝《诗经》，可见汉昭帝学《诗经》没有局限于所谓的师法、家法之见。由上述可知，严守师法，恪守家法，是经生、经学家的事情，而作为皇帝则是不受其师法、家法限制的。

汉光武帝中兴，尊崇儒学，设立五经十四博士，韩诗名列其中。经学博士"所处，不远万里之路，精庐暂建，赢粮动有千百，其耆名高义开门受徒者，编牒不下万人，皆专相传祖，莫或讹杂"。"所谈者仁义，所传者圣法也。故人识君臣父子之纲，家知违邪归正之路。"① 在这种情况下，东汉韩诗传授进入了一个新阶段。

"薛汉，字公子，淮阳人也。世习《韩诗》，父子以章句著名。汉少传父业，尤善说灾异谶纬，教授常数百人。建武初，为博士，受诏校定图谶。当世言《诗》者，推汉为长。……弟子犍为杜抚、会稽澹台敬伯、巨鹿韩伯高最知名。"② 薛汉是东汉韩诗传授的重要人物。其中"澹台敬伯"，《通志二十略》载："《风俗通》，澹台灭明字子羽，武城人。汉有博士澹台恭。"③ 澹台敬伯与澹台恭应为同一人，名恭，字敬伯，名字含义相呼应。是否为博士则没有直接证据可言。《风俗通义》记载"汉有博士澹台恭"，王国维认为这是"误从古书，以列儒林、文苑之人泛称博士也。"搜集了《风俗通》《高士传》等十三种书中二十人的证据，"核之史传，诸人均未尝为此官"④。所言持之有故，言之成理，可信从。

"山阳张匡，字文通。亦习《韩诗》，作章句。后举有道，博士征，不就。"⑤ 具有了博士资格，但未出任其职。

"郅恽，字君章，汝南西平人也。……及长，理韩诗、严氏春秋，明天文历数。""后令恽授皇太子韩诗，侍讲殿中。"⑥ 在此之前蔡谊曾经给汉昭帝讲韩诗，可见皇家认同韩诗为皇帝、皇太子的学习文献。

"召驯，字伯春，九江寿春人也。……驯少习《韩诗》，博通书传，以志义闻，乡里号之曰'德行恂恂召伯春'。累仕州郡，辟司徒府。建初元年，稍迁骑都尉，侍讲肃宗。拜左中郎将，入授诸王。帝嘉其义学，恩宠甚崇。"⑦ 召驯为皇帝诸王讲学，实为帝王之师。

---

① 《后汉书》卷七十九下《儒林列传》，第2588、2589页。
② 《后汉书》卷七十九下《儒林列传·薛汉》，第2573页。
③ （宋）郑樵撰：《通志二十略·氏族略第五》，中华书局1995年版，第204页。
④ 谢维扬、房鑫亮主编：《王国维全集·观堂集林》卷十七《书绩溪胡氏西京博士考昭文张氏两汉博士考后》，浙江教育出版社、广东教育出版社2010年版，第8卷第550、551页。
⑤ 《后汉书》卷七十九下《儒林列传·张匡》，第2575页。
⑥ 《后汉书》卷二十九《郅恽列传》，第1023页。
⑦ 《后汉书》卷七十九下《儒林列传·召驯》，第2573页。

上述韩诗传授者中，《史记》《汉书》《后汉书》明确记载为博士者，仅有七人：韩婴、韩商、蔡谊、食子公、王吉、长孙顺、薛汉等。其他人是否是博士，尚未有资料证明。但有一点可以肯定，这是笔者目前所知的韩诗博士，两汉韩诗博士绝不仅有上述七人，今后也许会随着新资料的发现而有所增加。

（2）民间经师传授

民间经师传播与官方博士传授有着多方面的联系。他们都是韩诗的传授者，这是两者的共同点，而身份有官方与民间的区别。有些民间经师传授者是官方博士传授人的弟子，有些民间经师推辞了博士之职，有些人先为民间经师后为博士等，两者有着多方面的交集、互动，共同推动了韩诗的传授、传播。

"杨仁，字文义，巴郡阆中人也。建武中，诣师学习韩诗，数年归，静居教授。……举孝廉，除郎。太常上仁经中博士，仁自以年未五十，不应旧科，上府让选。"① 主动推辞了博士之位。汉章帝时，"拜什邡令。宽惠为政，劝课掾史弟子，悉令就学。其有通明经术者，显之右署，或贡之朝，由是义学大兴"。② 在地方推行经学教育。

"杜抚，字叔和，犍为武阳人也。少有高才。受业于薛汉，定《韩诗章句》。后归乡里教授。沈静乐道，举动必以礼。弟子千余人。"③ 杜抚不

---

① 《后汉书》卷七十九下《儒林列传·杨仁》，第2574页。
② 同上。
③ 《后汉书》卷七十九下《儒林列传·杜抚》（第2573页）。《八家后汉书辑注·谢承后汉书》卷五《儒林传》载："杜抚，字叔和，犍为武阳人。"（上海古籍出版社1986年版，第165页）《后汉书》卷七十九下《儒林列传·赵晔》载："到犍为资中，诣杜抚受韩诗，究竟其术，积二十年，绝问不还。"（第2575页）（晋）常璩撰，刘琳校注《华阳国志校注》卷十中《先贤士女总赞中·犍为士女》载："杜抚，字叔和，资中人也。"（巴蜀书社1984年版，第776页）。《汉书》卷二十八上《地理志上》与《后汉书》志二十三《郡国志五》均载犍为郡有武阳、资中县。《后汉书·儒林列传》校勘记针对"犍为武阳人也"指出："《集解》引惠栋说，谓《华阳国志》作'资中人'。按：张森楷《校勘记》谓案下《赵长君传》，言到犍为资中诣杜抚受《韩诗》，疑'资中'为是，'武阳'非也。"（第2591页）所言不无道理。但《后汉书》对于杜抚籍贯在同一卷中有犍为武阳和犍为资中两种不同的记载，又有薛汉"弟子犍为杜抚"（第2573页）笼统的记载，是作者失于审核所致。而《谢承后汉书》和《华阳国志》又各执一词。当是各书根据不同的资料来源而记载的，而作者又失于审核。或是杜抚祖籍犍为武阳，到赵晔求学之时迁居犍为资中，而笼统地说"犍为杜抚"不会错，但失于精确。限于史料，现在还不能作出准确的判断，列于此以待后来者。

仅是韩诗传授者,还是《韩诗章句》等著述的编定者。

"廖扶,字文起,汝南平舆人也。习韩诗、欧阳尚书,教授常数百人。"①

"唐檀,字子产,豫章南昌人也。少游太学,习京氏易、韩诗、颜氏春秋,尤好灾异星占。后还乡里,教授常百余人。"②

"李恂,字叔英,安定临泾人也。少习韩诗,教授诸生常数百人。"③

"夏恭,字敬公,梁国蒙人也。习韩诗、孟氏易,讲授门徒常千余人。"④

上述所谓诸生,指众多有知识学问之士、众多弟子等。门徒,指弟子、徒弟。弟子与门生有别,欧阳修认为:"其亲受业者为弟子,转相传授者为门生。"⑤ 顾炎武认为:"汉人以受学者为弟子,其依附名势者为门生。"⑥ 从细微方面观察来看,两者的确有所区别。在不同时代、不同语境下,同一词语表述含义不尽相同。就上述引文所言,笼统地说诸生、门徒、弟子,都可以泛指学生。诸人教授的规模"常百余人""常数百人""常千余人",在当时看来比较可观。诸生、弟子、门徒等众多,这既是韩诗学派兴盛的基础,也是其兴盛的标志。

武梁"体德忠孝,岐嶷有异,治韩诗经,阙帻传讲,兼通河洛诸子传记,广学甄彻,穷综典□靡不□览。……安衡门之陋,乐朝闻之义"⑦。广泛汲取其他相关知识,深化对于韩诗的研究,又以对韩诗的理解,促进经学的研究,更有利于韩诗的传播。

有些人虽未直接记载是韩诗的传授者,从其行为看,也应当属于韩

---

① 《后汉书》卷八十二上《方术列传上·廖扶》,第2719页。
② 《后汉书》卷八十二下《方术列传下·唐檀》,第2729页。
③ 《后汉书》卷五十一《李恂列传》,第1683页。
④ 《后汉书》卷八十上《文苑列传·夏恭》,第2610页。
⑤ (宋)欧阳修撰:《欧阳修全集》卷一百三十四《集古录跋尾》卷一《后汉孔庙碑阴题名》,中华书局2001年版,第2092页。
⑥ (清)顾炎武撰,黄汝城集解:《日知录集解》卷二十四《门生》,上海古籍出版社2006年版,第1385页。
⑦ (宋)洪适撰:《隶释》卷六《从事武梁碑》,(中华书局1986年版,第74—75页)。徐玉立主编《汉碑全集》三《执金吾丞武荣碑》载:"治鲁诗经韦君章句,阙帻传讲《孝经》、《论语》、《汉书》、《史记》、《左氏》、《国语》,广学甄微,靡不贯综。"(河南美术出版社2006年版,第1145页)武梁、武荣属于同一家族辈分有大小,去世有先后,两碑铭文格式、语言有相同之处。

诗传授者。如郑玄"又从东郡张恭祖受《周官》、《礼记》、《左氏春秋》、韩诗、古文尚书"①。张恭祖应当也是一个韩诗传授者。还有蜀郡人王阜"欲之犍为定生学经"②，犍为定生也应当是一个韩诗的传授者。张纮"又于外黄从濮阳闿受韩诗及《礼记》、《左氏春秋》"③。濮阳闿也是一个韩诗传授者。

两汉时代，无论是官方博士，还是民间经师，他们都是韩诗的传授者，是韩诗学派的中坚力量，是韩诗学派的标志人物。韩诗传授亦有时代特色，在西汉时代，官方博士是传授韩诗的主体，起着重要的主导作用。在东汉时代，主要是靠民间经师来传授的，私学增加，队伍扩大，经师人数更多。正是通过一代又一代韩诗传授者的努力，承前启后，薪火相继，拓展了韩诗学派的社会基础，推动了韩诗研究的深化，扩大了韩诗学派的影响。

2. 治韩诗的学者

上述韩诗的传授者中，有的人同时也是研究韩诗的大家、名家。此外，还有一些学习、研究韩诗的学者，坚持不懈，刻苦追求，深入钻研，他们为两汉韩诗的传授、发展做出了贡献。

"杜乔，字叔荣，河内林虑人也。"李贤注引《续汉书》曰："乔少好学，治韩诗、京氏易、欧阳尚书，以孝称。虽二千石子，常步担求师。"④ 不辞辛劳。

"尹勤治韩诗，事薛汉。"⑤ 尹勤是追随薛汉研究韩诗的学者。

"君讳硕，字季睿，交址都尉之孙，太傅安乐乡侯少子也。……总角入学，治孟氏易、欧阳《尚书》、韩氏诗，博综古文，周览篇籍。言语造次必以经纶，加之行己忠俭，事施顺恕，公体所安，为众共之。"⑥ 胡硕

---

① 《后汉书》卷三十五《郑玄列传》，第1207页。
② （东汉）刘珍等撰，吴树平校注：《东观汉记校注》卷十三《王阜传》，中华书局2008年版，第512页。
③ （晋）陈寿撰：《三国志》卷五十三《吴书·张纮传》，中华书局1982年版，第1243页。
④ 《后汉书》六十三《杜乔列传》，第2091、2092页。
⑤ 《东观汉记校注》卷十六《尹勤传》，第703页。
⑥ 邓安生：《蔡邕集编年校注》卷上《陈留太守胡公碑》，河北教育出版社2002年版，第117页。同书《胡广碑》载："公讳广，字伯始，南郡华容人也。其先自妫姓建国南土，曰胡子，《春秋》书焉，列于诸侯，公其后也。考以德行纯懿，官至交址都尉。""复拜太傅，录尚书事。"（第160、161页）两碑相比较，可知胡硕为胡广之子。

是太傅胡广之少子，入学时间早，治学眼界开阔，研究精神专注。

田君丧母服除后，"乃始游学，治《韩诗》、《孝经》"①。起步较晚。

"广汉属国故都尉丁君讳鲂，字叔河。……耽乐术艺，文雅少畴。治易、韩诗，垂意春秋，兼究秘□，五义率由。"② 碑有残泐，但丁鲂治韩诗是清楚的。

"君讳安，字子仲，南阳湖阳人。……君幼以好学，治韩诗、《论语》、《孝经》，兼通记传古今异义，甘贫乐约，意不回贰。天姿淑慎，禀性有直，秉操不移，不以觊贵。"③ 樊安执着于经典文献研究，安贫乐道，意志坚定。

《隶释》载："君讳绲，字皇卿，幽州君之元子也。少耽学问，习父业，治《春秋》严、韩诗仓氏，兼律大杜，弱冠诏除郎。"④ 《后汉书》载："冯绲，字鸿卿，巴郡宕渠人也。少学《春秋》、《司马兵法》。父焕，安帝时为幽州刺史，疾忌奸恶，数致其罪。"⑤ 两书相对照，表字有"鸿卿"与"皇卿"不同；"幽州君"，因其父冯焕曾为幽州刺史故称；学《春秋》，两书相同，而治韩诗仓氏则不为《后汉书》本传所载，韩诗仓氏学，也仅见于此书。⑥

"何随，字季业，蜀郡郫人也，汉司空武后。世有名德，征聘入官。随治韩诗、欧阳尚书，研精文纬，通星历。"⑦

上述尹勤、杜乔、胡硕、丁鲂、田君、樊安、冯绲、何随等人，他们都是治韩诗的学者，也就是学习、研究韩诗的人，有的"博综古文，周览篇籍"，打破了今古文经的藩篱，扩大了研究范围。有的"兼究秘□，五义率由"，有的"兼通记传古今异义，甘贫乐约，意不回贰"，有的"研精文纬，通星历"等，他们安贫乐道，博览群籍，在研究韩诗上

---

① 《隶续》卷二十《斥彰长田君断碑》，中华书局1986年版，第443页。
② 《隶释》卷十七《广汉属国都尉丁鲂碑》，第173页。
③ 《隶释》卷六《中常侍樊安碑》，第78页。
④ 《隶释》卷七《车骑将军冯绲碑》，第86页。
⑤ 《后汉书》卷三十八《冯绲列传》，第1280页。
⑥ 陈直：《汉书新证·儒林传》载："直按：隶释卷七冯绲碑云：'治春秋严，韩诗食氏。'据此食子公亦有韩诗章句，特不载于艺文志耳。"（天津人民出版社1979年版，第425页）《隶释》卷七《车骑将军冯绲碑》作："韩诗仓氏"（第86页），而非"韩诗食氏"，释文有误。
⑦ 《华阳国志校注》卷十一《后贤志·何随》，第846页。

下功夫，并兼通其他经典文献，有的还涉猎谶纬之学。

元嘉元年（151）为尚书令的梁景，"少习韩诗，为世通儒"。①

田君，"周、秦之际，家于东平阳。君总角修韩诗、京氏易，究洞神变，穷奥极微"②。年纪很小的时候，就开始学习韩诗，日久天长，洞悉其中的奥妙。

"君讳睦，字元德，济阴己氏人也。……君膺恢懿瞳，在约渊澹，潜心耽学，该洞七典，探嘖穷神，无物不辩。"③ 又曰："龀髫入学，修韩诗、严氏《春秋》，七典并立，□综百家，文艳彬彧，渊然深识。"④ 早年打下基础，博综百家，终究成为渊博的学者。

"刘宽，字文饶，弘农华阴人也。"李贤注引《谢承书》曰："宽少学欧阳《尚书》、京氏《易》尤明《韩诗外传》。星官、风角、算历，皆究极师法，称为通儒。未尝与人争势利之事也。"⑤ 博学多才，终成一代通儒。

会稽"陈嚣，字君期，明韩诗，时语曰：'关东说诗陈君期。'"⑥

"君讳江，字元海。济阴乘氏人。……玄然清妙，长有令称，通韩诗经，赞业圣典，左书右琴，明于光上之术，显于君臣之道。"⑦

"平陵朱勃与援同年，能说韩诗。"⑧

上述梁景、田君、祝睦、刘宽、陈嚣、马江、朱勃等人，他们习韩

---

① （唐）释道宣撰：《广弘明集》卷二十三《僧行篇》梁沈约《南齐禅林寺尼净秀行状》，《景印文渊阁四库全书》，第 1048 册第 609 页。

② 《欧阳修全集》卷一百三十五《集古录跋尾》卷二《后汉田君碑》，第 2115 页。

③ 《隶释》卷七《山阳太守祝睦碑》，第 81 页。

④ 《隶释》卷七《山阳太守祝睦后碑》，第 83—84 页。

⑤ 《后汉书》卷二十五《刘宽列传》李贤注引谢承《后汉书》（第 886 页）。《隶释》卷一一《刘宽后碑》载："公以嵩高之门，好谦俭之操，布衣粝食，涉履寒苦，周览五经，氾笃《尚书》。□□□微，潜隐讲海，世之荣利，不滑其守。"（第 125 页）两书文字可以互相补充。

⑥ 《东观汉记校注》卷十九《陈嚣传》，第 884 页。

⑦ 《隶释》卷八《郎中马江碑》，第 95 页。《汉碑集释·尹宙碑》载："治公羊春秋经，博通书传。"（第 437 页）《汉碑全集》三《执金吾丞武荣碑》载："治鲁诗经韦君章句。"（河南美术出版社 2006 年版，第 1145 页）《汉碑全集》六《巴郡太守樊敏碑》载："总角好学，治春秋严氏经，贯究道度，无文不睹。"（第 1898 页）可知，汉代不仅五经称经，立于学官的经典也可以称经。因此，称为韩诗经很正常。

⑧ （东晋）袁宏撰：《后汉纪》卷四《光武帝纪》，张烈校点《两汉纪》（下册），中华书局 2002 年版，第 68 页。

诗、修韩诗、明韩诗、通韩诗、说韩诗的行为,说明他们治韩诗起步比较早,从懵懂的少年时就已经开始了。他们通过听经师讲解韩诗,自己学习韩诗,逐渐了解了韩诗的内容、精神,掌握了研究韩诗的方法,日积月累、博学深思、融会贯通,逐渐达到了明韩诗、通韩诗的境界。他们由学习韩诗到讲解韩诗,传授韩诗,实现了由学习者到传授者的转化。有些人达到了"究洞神变,穷奥极微""文艳彬彧,渊然深识"的境界,取得了"赞业圣典,左书右琴,明于光上之术,显于君臣之道"的成就,由学习者转化成了治韩诗的学者。

"王阜,字世公,蜀郡人。少好经学,年十一,辞父母,欲出精庐。以尚少,不见听。后阜窃书诵尽,日辞,欲之犍为定生学经,取钱二千、布二端去。母追求到武阳北男谒舍家得阜,将还。后岁余,白父升曰:'令我出学仕宦,俛至到今,毋乘跛马车。'升怜其言,听之定所受韩诗,年〔七〕十〔七〕,为食侍谋童子传授业,声闻乡里。"① 王阜历经艰难曲折的求学历程,少年早成,变成了韩诗的传授者,著名于乡里。

"薛汉字公子,淮阳人也。世习韩诗,父子以章句著名,汉少传父业。"既然薛家"世习韩诗,父子以章句著名",那么薛汉之父薛方丘也应当是治韩诗的学者。"郑玄字康成,北海高密人也。……遂造太学受业,师事京兆第五元先,始通《京氏易》、《公羊春秋》、《三统历》、《九章算术》。又从东郡张恭祖受《周官》、《礼记》、《左氏春秋》、韩诗、《古文尚书》。"② 郑玄能者为师,学无常师,博采众长集大成,"括囊大典,网罗众家,删裁繁诬,刊改漏失"③,遍注五经,《韩诗》仅是其治学的一部分。

上述诸治韩诗的学者,他们生活的地域不同,文化的背景不同,治韩诗起始的年龄不同,治韩诗的方法不同,取得成就的大小不同,但所

---

① 《东观汉记校注》卷十三《王阜传》,第512页。《八家后汉书辑注·谢承后汉书》卷五《王阜传》载:"王阜幼好经学,年十一,辞父母欲出就学,父母以阜少,不允。窃书负笈,乘跛马,后安定受韩诗。年十七经业大就,声闻乡里。"(第158页)两书均据《北堂书钞》卷一三九《车部》辑录,文字繁简多不相同,当是依据版本不同而然。《东观汉记校注》翔实具体,但"年七十为食侍谋"文意难明疑有脱误,而《谢承后汉书》的"年十七经业大就",可以证"年七十"当为"年十七"之误。

② 《后汉书》卷三十五《郑玄列传》,第1207页。

③ 同上书,第1213页。

研究的对象有相同之处——韩诗，走过了不同的人生历程，经历了不同的治学过程，殊途同归，他们都成了治韩诗的学者，为韩诗的发展做出了自己独特的贡献。

3. 学习《韩诗》者

不仅有上述薪火相传的韩诗传授者、研究者，而且还有人数众多的韩诗学习者，他们构成了韩诗学派的社会基础。

作为至高无上的皇帝，汉昭帝曾经向蔡谊学习韩诗，向韦贤学习鲁诗，一人学习两家诗，两家诗融合于一人之身。汉灵帝曾听尤明《韩诗外传》的刘宽讲经。

作为皇帝的储君，汉光武帝皇太子曾师从郅恽学习韩诗。

作为母仪天下的皇后，汉顺帝梁皇后，"少善女工，好《史书》，九岁能诵《论语》，治韩诗。大义略举"①。

作为权臣、外戚、大将军梁商"少持韩诗，兼读众书传记，天资聪敏，昭达万情"②。

上述的皇帝、皇太子，他们学习韩诗，并非要成为韩诗的博士、学者，也不是要以此作为仕宦的敲门砖，而是要从中汲取治国理政的思路，丰富自己的知识储备，增加社会历史的经验，增长治国兴邦的本事。有时也把韩诗的理念运用到颁布天下的诏书中，如汉明帝永平八年（65），因十月壬寅晦日食，令诸臣"勉修职事，极言无讳"。阅览群臣的奏章后，下诏称："昔应门失守，《关雎》刺世；飞蓬随风，微子所叹。永览前戒，竦然兢惧。"③ 这里"应门失守，《关雎》刺世"体现的就是韩诗的理念。④ 皇后、外戚学习韩诗，多是在尚未成为皇后、外戚之时，学习韩诗等经典，既是当时社会的潮流趋势，又是提升自己素质的实际需要，

---

① 《后汉书》卷一十下《皇后纪下·顺烈梁皇后》，第438页。
② 《东观汉记校注》卷十五《梁商传》，第613页。
③ 《后汉书》卷二《显宗孝明帝纪》，第111页。
④ 《后汉书》卷二《显宗孝明帝纪》李贤注曰："《春秋说题辞》曰：'人主不正，应门失守，故歌《关雎》以感之。'宋均注曰：'应门，听政之处也。言不以政事为务，则有宣淫之心。《关雎》乐而不淫，思得贤人与之共化，修应门之政者也。'薛君《韩诗章句》曰：'诗人言雎鸠贞洁慎匹，以声相求，隐蔽于无人之处。故人君退朝，入于私宫，后妃御见有度，应门击柝，鼓人上堂，退反宴处，体安志明。今时大人内倾于色，贤人见其萌，故咏《关雎》，说淑女，正容仪，以刺时。'"（第112页）由上述可见汉明帝诏书此句，取义于韩诗当中。

韩诗成为他们知识的构成部分，增强了他们竞争的软实力。同时，这些皇帝皇后、皇戚贵族等人学习韩诗，无疑会增加韩诗的号召力和凝聚力。

韦著"为三辅冠族。著少修节操，持京氏易、韩诗，博通术艺"①。"'持'本当作'治'，李贤避唐讳所改。"②即韦著治京氏易、韩诗之学，并且博通历数、方伎、卜筮之术，体现了东汉的时代特色。

"公沙穆字文义，北海胶东人也。家贫贱。自为儿童不好戏弄，长习韩诗、《公羊春秋》，尤锐思《河》《洛》推步之术。"③韩诗等成为公沙穆的基础知识。

清河东武城人崔琰，"少朴讷，好击剑，尚武事。年二十三，乡移为正，始感激，读《论语》、韩诗"。④崔琰青年时期才开始阅读《论语》、韩诗。

孟孝琚，"十二随官，受韩诗，兼通《孝经》二卷"⑤。孟孝琚幼年即能学习韩诗和《孝经》等汉文经典，说明中原文化已深入传播到云南地区。

"张纮，字子纲，广陵人。"裴松之注引《吴书》曰："纮入太学，事博士韩宗，治京氏易、欧阳尚书。又于外黄从濮阳闿受韩诗及《礼记》、《左氏春秋》。"⑥张纮是在太学学习京氏易等经典后，又从民间经师学习韩诗等经典文献。

上述韦著、公沙穆、崔琰、孟孝琚、张纮等人，治韩诗、习韩诗、读韩诗、受韩诗等行为，说明他们是以韩诗作为知识、学问来学习的，韩诗成为他们知识增长的源泉，提高了他们的知识水平，提升了他们的素质，韩诗转化成他们的知识财富、人生智慧，有时韩诗成为他们进入仕途的敲门砖，敲开了仕途之路的大门，有时韩诗也成为他们安邦治国的装饰。

还有些人，虽未明确记载他们学习韩诗，但实际上他们也是韩诗学

---

① 《后汉书》卷五十三《徐稚列传》李贤注引谢承书，第 1747 页。
② 《八家后汉书辑注·谢承后汉书》卷二《韦彪传》，第 20 页。
③ 《后汉书》卷八十二下《方术列传下·公沙穆》，第 2730 页。
④ 《三国志》卷十二《魏书·崔琰传》，第 367 页。
⑤ 高文：《汉碑集释·孟孝琚碑》，河南大学出版社 1985 年版，第 15 页。
⑥ 《三国志》卷五十三《吴书·张纮传》，第 1243 页。

习者。如南阳人冯良，"遁至犍为，从杜抚学。……积十许年，乃还乡里。志行高整，非礼不动，遇妻子如君臣，乡党以为仪表"。① 杜抚以治韩诗著名，马良从杜抚学所学当为韩诗。又如夏恭，"习韩诗、孟氏易，讲授门徒常千余人"。"子牙，少习家业，著赋、颂、赞、诔凡四十篇。"② 夏恭以娴习韩诗、孟氏易著名，这就是其"家业"，其子夏牙"少习家业"，当亦是学习韩诗、孟氏易。

诸如上述此类学习韩诗的人数众多，只是能够在史册上留下姓名的太少了。

李恂，"少习韩诗，教授诸生常数百人。"③ 唐檀，"习京氏易、韩诗、颜氏春秋，尤好灾异星占。后还乡里，教授常百余人"。④ "夏恭，字敬公，梁国蒙人也。习韩诗、孟氏易，讲授门徒常千余人。"⑤ 笔者目前尚未发现关于李恂、唐檀、夏恭等诸生、门徒们姓名的记载。

廖扶，"习韩诗、欧阳尚书，教授常数百人"⑥。至今笔者仅知道"太守谒焕，先为诸生，从扶学，后临郡，未到，先遣吏修门人之礼，又欲擢扶子弟，固不肯，当时人因号为北郭先生"⑦。由此可知谒焕是廖扶弟子，仅占数百分之一。

杜抚，"后归乡里教授。沈静乐道，举动必以礼。弟子千余人"⑧。南阳冯良，"遁至犍为，从杜抚学"⑨。赵晔，"到犍为资中，诣杜抚受韩诗，究竟其术，积二十年，绝问不还"⑩。由上述可知，冯良、赵晔是杜抚弟子千余人中的两个，在历史文献中留下姓名的仅占千分之一二。

薛汉，"教授常数百人。……弟子犍为杜抚、会稽澹台敬伯、巨鹿韩

---

① 《后汉书》卷五十三《周燮列传·冯良》，第1743页。
② 《后汉书》卷八十上《文苑列传·夏恭》，第2610页。
③ 《后汉书》卷五十一《李恂列传》，第1683页。
④ 《后汉书》卷八十二下《方术列传下·唐檀》，第2729页。
⑤ 《后汉书》卷八十上《文苑列传·夏恭》，第2610页。
⑥ 《后汉书》卷八十二上《方术列传上·廖扶》，第2719页。
⑦ 同上书，第2720页。
⑧ 《后汉书》卷七十九下《儒林列传下·杜抚》，第2573页。
⑨ 《后汉书》卷五十三《周燮列传·冯良》，第1743页。
⑩ 《后汉书》卷七十九下《儒林列传·赵晔》，第2575页。

伯高最知名"①。除上述引文所说的三个最知名弟子外，廉范"诣京师受业，事博士薛汉"②。"尹勤治韩诗，事薛汉。"③ 这是薛汉教授常弟子数百人中，姓名见于记载的五个人，也是东汉时代韩诗传授者中，知名弟子最多的一个。

仅就上述六位韩诗传授者经常教授学习韩诗者计算，就有数千人之多，如果将全部韩诗博士和民间经师所传授的弟子综合计算，当是一个庞大的数字，而今明确知道六位韩诗传授者中的弟子者，仅有八人，所占比例仅为千分之几，即使极力搜集所有见于记载的韩诗学派人员不足百人，大多数人没有记载下来，有幸进入历史记载的是极少数。但我们不能因为见于记载者极其稀少，就认为学习韩诗者甚少，其实从见于记载的六位韩诗传授者资料中，可以知道东汉时代学习韩诗者人员众多。正是这人员众多的学习韩诗者，构成了韩诗兴盛的社会基础。

东汉时代韩诗的兴盛，不仅可以从众多传授韩诗、治韩诗、学韩诗者的数量上体现出来，而且还可以从《两汉三国学案》不完全统计中体现出来，两汉三国时，与鲁诗相关者六十人（按《两汉三国学案》所列名单计算，其他三家均同），西汉四十四人，东汉十六人；与齐诗相关者二十六人，西汉十七人，东汉九人；与毛诗相关者三十八人，西汉六人，东汉三十二人；与韩诗相关者五十四人（除去重复一人）。西汉十一人，东汉四十三人。从上述不完全统计可知，鲁诗在西汉时兴盛，知名者四十四人，韩诗在东汉时兴盛，知名者四十三人。鲁诗、齐诗在东汉时衰落了，在韩诗兴盛的同时，毛诗在逐渐崛起，知名者达三十二人，仅次于韩诗，比鲁诗、齐诗两者的总和还要多。

两汉虽说重家法、习家业、传家学，但也不是没有变化。如前面注释已经说明西汉韦贤传授鲁诗，其子韦玄成，"少好学，修父业"④，韦贤

---

① 《后汉书》卷七十九下《儒林列传·薛汉》（第2573页）。《东观汉记校注》卷一八《薛汉传》载："薛汉，字子公，才高名远，兼通书传，无不昭览，推道术尤精，教授常数百弟子，自远方至者著为录。"（第834—835页）可补充《后汉书》的记载。

② 《后汉书》卷三十一《廉范列传》，第1101页。

③ 《东观汉记校注》卷十六《尹勤传》，第724页。

④ 《汉书》卷七十三《韦贤传·韦玄成》，第3108页。

孙"东海太守弘子赏亦明《诗》"①。两人当亦是治鲁诗。而作为韦贤五世孙、韦玄成四世孙的韦著②,"少修节操,持京氏易、韩诗,博通术艺"③。韦著由家传鲁诗改为治韩诗,由此可见韩诗学派的兴盛。

东汉韩诗学派兴盛的另外一个标志,是传播区域越来越广。西汉时,韩诗起源于燕地,先行于燕赵,逐步传播到中原、江淮等地。东汉时,又传播到齐鲁、关中、巴蜀等地,传播区域逐渐由北向南、向东、向西扩展,越传越广。

从上述可知,韩诗学派的核心力量是韩诗博士,中坚力量是治韩诗的学者,韩诗薪火相传主要靠韩诗传授者,韩诗传授者主要由博士和民间经师组成,数量众多的韩诗学习者,是韩诗学派的社会基础。两汉以经治国和韩诗立于官学,与禄利紧密相连是韩诗学派形成的前提条件。韩诗学派是以韩诗为纽带连接起来的学派,没有严密的组织系统,也没有分明的等级结构,在太学、私学、精舍等场所,围绕着博士、民间经师形成了一个又一个百余人、数百人、千余人的同门等组成的韩诗团队,综合起来形成了人数众多的韩诗学派。韩诗学派的学者,从开创者韩婴开始,就不仅仅只是治韩诗之学,韩婴除了传授韩诗,还传授韩氏易学,其他韩诗名家,也在治韩诗之学的同时,还治易学、《礼记》《尚书》、春秋等,往往还要学《论语》《孝经》,涉猎谶纬等,这些都与当时的社会环境密切相关。因而他们在纪传体史书中,除了韩婴、薛汉、杜抚、杨仁、赵晔等在儒林列传中立有传记外,蔡义、王吉、杜乔、廉范、冯绲等立有专传,廖扶、唐檀等进入了方术传,夏恭等进入了文苑传,冯良等被列入了附传中,也就是说韩诗学派的成员,并非都是经学家,有些人是以政治家、军事家、文学家、方术家等身份名标青史。这既是韩诗

---

① 《汉书》卷七十三《韦贤传·韦玄成》,第 3115 页。
② 《后汉书》卷二十六《韦彪列传》载:"韦彪字孟达,扶风平陵人也。高祖贤,宣帝时为丞相。祖赏,哀帝时为大司马。"(第 917 页)又载韦彪"族子义。义字季节。高祖父玄成,元帝时为丞相。初,彪独徙扶风,故义犹为京兆杜陵人焉"(第 920 页)。韦义"次兄豹,字季明"(第 920 页)。韦"豹子著,字休明。少以经行知名,不应州郡之命"(第 921 页)。据上述史料计算,韦著为韦贤五世孙,韦玄成四世孙。西汉时,韦贤、韦玄成父子为丞相,韦贤孙韦赏为大司马车骑将军,韦赏"宗族至吏二千石者十余人"(《汉书》卷七十三《韦贤传·韦玄成》,第 3015 页),"韦氏为三辅冠族"可信。
③ 《后汉书》卷五十三《徐稚列传》李贤注引谢承书,第 1747 页。

学派学者的特色,也是中国古代是行政权力支配的社会,学术与政治紧密相连、学者与官员身份混合、社会分工不充分等特征的具体体现。

随着朝代的更替,统治思想的变迁,毛诗的日益盛行,朝廷不再设立韩诗博士,韩诗不再与仕途联系在一起,魏晋以后,韩诗就衰落了,韩诗学派不复存在。但民间仍然有些人在传习韩诗,"陈脩,字奉迁。少为郡干,受韩诗、穀梁春秋"①。晋人董景道,"少而好学,千里追师,所在惟昼夜读诵,略不与人交通。明春秋三传、京氏易、马氏《尚书》、韩诗,皆精究大义"②。唐朝初年,"《齐诗》魏代已亡,《鲁诗》亡于西晋,韩诗虽存无传之者,唯《毛诗郑笺》至今独立"③。到北宋靖康之乱后,《韩诗内传》散佚,是两汉时朝廷列于学官,设立博士的鲁、齐、韩三家诗中,最后亡佚的一种。而《韩诗外传》经过隋唐时期人们的编辑加工,一直流传到了现代。

二 伏恭与齐诗学派④

东汉前期,思想文化领域处于今文经衰落,古文经崛起的大调整期,文学也亟待破除僵化繁琐的模式。⑤ 处于这个时期的常山太守伏恭,为官公正廉洁,勤于政务,施惠政于民。更为重要的是他兴教化,"敦修学校,教授不辍"⑥,化繁为简,改造齐诗伏氏之学,这对当时的石家庄地区,乃至整个北方地区都产生了深远的影响。

(一) 伏恭生平及其家世

伏恭,字叔齐,琅邪东武(今山东诸城)人,生于汉哀帝建平元年(前6),卒于汉章帝元和元年(84),东汉经学家。他曾于东汉建武十七

---

① (宋)李昉等撰:《太平御览》卷三百九十三《人事部·卧》引《会稽典录》,中华书局1960年版,第1819页。
② (唐)房玄龄等撰:《晋书》卷九十一《董景道传》,中华书局1974年版,第2355页。
③ (唐)魏徵等撰:《隋书》卷三十二《经籍志一》,中华书局1973年版,第918页。
④ 《伏恭与齐诗学派》,原文为苏丽娇学士学位论文选题,后经庞鸿志修订,重新写作后发表在《石家庄学院学报》2017年第4期。
⑤ 两汉经学嬗变参见张涛《经学与汉代社会》(河北人民出版社2001年版)和陈苏镇《两汉魏晋南北朝史探幽》(北京大学出版社2013年版)。儒学对两汉文学的影响可参见刘厚琴《儒学与汉代社会》(齐鲁书社2002年版)第九章第三节:儒学与汉代文学艺术。
⑥ 《后汉书》卷七十九《儒林列传·伏恭》,第2571页。

年（41）至永平二年（59）任常山太守。

伏恭所在的琅邪伏氏是当时著名的文化世家。其远祖是西汉初年著名经学家伏生（一名胜），早年为秦朝博士官。公元前213年，秦始皇下达焚书令时，伏生将一本《尚书》藏于壁中。这成为汉文帝时唯一的一本《尚书》，伏生也成为当时唯一能讲《尚书》的儒者。

伏生的八世孙、伏恭的祖父伏理，字斿君，"为当世名儒"①。据《汉书·儒林传》记载，伏理并没有继承家学《尚书》，而是受教于当时的齐诗专家匡衡，学习《齐诗》。《齐诗》由辕固生所传，是齐地经学的重要组成部分，也是《诗》学的重要流派之一。② 伏理还曾为汉成帝讲授过《诗经》，官拜高密王太傅。

伏恭的伯父伏湛继承了伏理的家学，曾授徒讲学。《后汉书》记载，"湛性孝友，少传父业，教授数百人"③。即使在更始帝动乱之时，他依然"教授不废"④。而且，作为一方大员他能与百姓"共食粗粝"，并"悉分奉禄以赈乡里"⑤，做到了守土有责。东汉光武帝即位，"知湛名儒旧臣，欲令干任内职，征拜尚书，使典定旧制"⑥。他凭借自身的学识和能力，历任司直、大司徒，爵封阳都侯，后改封不其候。

伏恭的父亲伏黯⑦，字稚文，位至光禄勋。伏黯为了阐明《齐诗》的内涵，改章定句，作《解说》九篇，进一步发展了伏氏之学。

出身于世传家业、累代为官的儒林世家，伏恭所受的教育以及父祖辈为官的经历，极大地影响了其个人的成长。史载，"恭性孝，事所继母甚谨，少传黯学，以任为郎"⑧。光武帝建武四年（28），授剧县（今山东寿光南）令，视事十三年。他为官公正廉洁，施惠政于民，成为儒官的典范，青州也因其惠政公廉而推举他为尤异。建武十七年（41），伏恭

---

① 《后汉书》卷二十六《伏湛列传》，第893页。
② 关于"齐诗"与伏氏家族，参见胡建军《"齐诗"源流考》，《聊城大学学报》2008年第2期；谢模楷《东汉儒学变化对文学的影响》《文艺评论》2012年第6期。
③ 《后汉书》卷二十六《伏湛列传》，第893页。
④ 同上。
⑤ 同上。
⑥ 同上书，第894页。
⑦ 伏黯无子，以其兄之子恭过继为子。伏恭之生父其名已不可考。
⑧ 《后汉书》卷七十九《儒林列传·伏恭》，第2571页。

被召到洛阳，参加太常经试，名列第一，拜经学博士①，迁常山（今河北元氏县西北）太守。伏恭将家学内涵升华为为官准则，并在为官实践中践行着儒家的伦理道德。这些经历都为他进一步发展伏氏之学及其仕途升迁奠定了基础。

正是因为伏恭在常山郡十余年的辛勤治学，汉明帝永平二年（59），伏恭代梁松为太仆，成为九卿之一。两年后，汉明帝临幸辟雍，行礼中，伏恭代冯鲂拜为司空，位居三公。这是汉明帝对伏恭个人的认可，也是对儒者这一群体的认可，更是对像伏恭这样的学者型官僚的认同。伏恭在司空位九年，因病上书辞官。汉章帝建初二年（77）冬行飨礼，又被尊为三老。元和元年（84）伏恭卒，年九十岁，赐葬显节陵。

（二）伏氏《齐诗》的发展

1. 西汉时期伏氏《齐诗》的创立与发展

西汉初年，辕固生将《齐诗》传授给夏侯始昌，后苍求教于夏侯始昌。夏侯始昌精通五经，后苍也精通《诗经》《礼经》，并将《齐诗》传授给翼奉、萧望之、匡衡。匡衡传授给琅邪人师丹、伏理、颍川人满昌。因此，《齐诗》有翼、匡、师、伏之学。② 伏理担任高密太傅时，传授学业，不仅继承了从匡衡处习得的《齐诗》，而且将之发扬光大，开创了《齐诗》伏氏之学，成为齐诗的一个重要流派。

自西汉中期以来，今文经学出现的"援引他经""以次章句"的潮流。伏恭的父亲伏黯为明《齐诗》的内涵，改章定句，作《解说》九篇正顺应了这一潮流。伏黯的这种做法固然有助于解释《齐诗》，但也使得《齐诗》"章句繁多"③，篇幅大量增加。范晔在《后汉书·儒林传论》中指明，西汉后期今文经学家"繁其章条，穿求崖穴，以合一家之说"④。伏黯寻求五经中各家学说的隐秘，改章定句的目的就是弥补伏氏《齐诗》的漏洞，丰富自己的学说。这样吸收各家学说，看似破坏了伏氏《齐诗》家学的纯粹性，但是援引的各家学说都是为突出伏氏《齐诗》特点服务

---

① 关于两汉博士，特别是以伏恭为代表的齐鲁博士对两汉儒学发展所做的贡献，可参见安作璋、刘德增《齐鲁博士与两汉儒学》，《史学月刊》2001 年第 1 期。
② 《汉书》卷八十八《儒林列传·后苍》，第 3613 页。
③ 《后汉书》卷七十九《儒林列传·伏恭》，第 2571 页。
④ 同上书，第 2588 页。

的。"他们并未放弃各自的基本立场和观点，反而使之进一步强化。"①

西汉末年，经学逐渐谶纬化，产生了傍依、比附经义的纬书。用谶纬解经，也就开启了经学神秘化和庸俗化的大门。也正是从西汉末期开始，今文经学受到了古文经学的挑战。在某种程度上，古文经的兴起制止了今文经学把经学神圣化的趋势。今文经学也因繁琐的解经一步步走向僵化，甚至从神学中汲取养分，以延缓自身的衰落。伏氏《齐诗》也或多或少地受到了谶纬的影响，从单纯的文学作品异化为神秘化、庸俗化的教化工具。②

2. 东汉伏恭对伏氏《齐诗》的发展

自新莽以来，特别是进入东汉后，今文经学受到了统治者的影响，并受到古文经学的冲击。王莽为树立古文经学的权威地位，对今文经学进行改造；光武帝晚年曾提出"《五经》章句繁多，议欲减省"③。这些都促使今文经学各家删减章句，改造其学说，以便更好地适应社会的发展和经学传播。伏恭继承家学《齐诗》，并对其父伏黯的《解说》进行删修，"乃省减浮辞，定为二十万言"④。这些从其章句中删去的大量"浮辞"，不只是烦琐重出的文字，还包含那些曾令各家尖锐对立、争论不休的内容。⑤

经过删修的今文经学各家典籍不仅达到了"正经义"的目的，而且也开始弥合各家的分歧。由是，其本身的立场与观点也开始逐渐淡化，并趋于和同。东汉末年到三国时期《齐诗》的消亡也能反证《齐诗》与《诗》的其他派别的合流，但《齐诗》"伏氏之学"之名留存，也能表明"伏氏之学"在两汉还是有其突出特点的。今文经学各家大规模地删修典籍可以看作今古文经学合流的前奏。而这种没有了明显差异的典籍更易于传播与推广，加之家法传承不再森严，这都为伏恭在常山地区推广伏氏之学奠定了基础。

---

① 陈苏镇：《东汉今古文学的变化、兴衰与合流》，《儒家典籍与思想研究》，北京大学出版社2009年版，第151页。
② 钟肇鹏：《谶纬与齐文化》，《管子学刊》1993年第3期。
③ 《后汉书》卷三《章帝纪》，第138页。
④ 《后汉书》卷七十九《儒林列传·伏恭》，第2571页。
⑤ 陈苏镇：《东汉今古文学的变化、兴衰与合流》，《儒家典籍与思想研究》，第151页。

东汉建立后，经学家的研究重心转向如何"正身导下"、推行教化。此时的伏恭作为常山郡的太守，本就肩负着教化百姓的职责。伏恭在常山讲授的"伏氏之学"或许就包含着伏恭个人为官教化的经验。凭借深厚的家学渊源与个人的身体力行，伏恭成为这一时期士大夫为官的榜样。所以说，经伏恭删修后的《齐诗》，既继承了伏氏家族的传统内容，又添加了伏恭的个人经验，顺应了当时经学的发展趋势，可操作性更强，推广范围广，"由是北州多伏氏学"①。

伏氏之学由伏理创立，经过伏黯的解说，篇幅大量增加。又经历两汉之际的谶纬化，变得神秘而庸俗。至东汉初年，伏恭进行删修，以期还原齐诗的本来面目。纵观伏氏之学的发展过程，其发展脉络与两汉经学的发展紧密结合。不论是增是减，都顺应了时代发展对经学的要求。伏氏之学的传人们也都对每个时期的要求有所回应，这进一步推动了齐诗伏氏之学的传播与发展，也体现了齐诗伏氏之学旺盛的生命力。

（三）伏氏《齐诗》入常山及其传播

伏恭诞生、成长及早年为官都是在齐故地，伏氏家族也是琅琊著名的诗书世家。两汉时期，齐鲁故地是当时文化的强势地区②，对周边地区产生了重要而深远的影响。司马迁在《史记·儒林列传》记载："夫齐鲁之间于文学，自古以来，其天性也。"③ 齐鲁的文化氛围对伏恭的影响也是深远的。汉代设立经学博士，以经学作为施政教、选人才的标准。伏恭以太常经试第一和经学博士的双重身份迁任常山郡太守，足可见东汉中央政府对常山郡文治的重视以及对伏恭的期望。《齐诗》伏氏之学经过伏理、伏黯至伏恭，历经三代，虽在不同程度上有所发展，但还只是局限于齐地一隅，并没有得到广泛地传播与推广。

1. 兴办教育

两汉时期的常山地区任侠之风盛行，任侠之风反映出的是当地居民狂放勇武的传统。在这样的民风之下文化的发展受到了一定的抑制，使得常山地区的文化比其他地区稍显落后。这种情况在伏恭教授《齐诗》

---

① 《后汉书》卷七十九《儒林列传·伏恭》，第2571页。
② 刘跃进：《秦汉文学地理与文人分布》，第115—118页。
③ 《史记》卷一百二十一《儒林列传》，第3117页。

伏氏之学后逐渐改变。①

东汉初年地方办学有了很大的发展，体现在常山郡就是常山郡学的发展。伏恭任常山太守后"敦修学校，教授不辍"②。伏恭认识到教育对于常山百姓的重要性，他自任郡学执教，利用《齐诗》伏氏之学教化百姓，促进了常山百姓由狂放勇武向温柔敦厚的转型。他也把齐鲁地方优越的教育引入常山郡，这是齐鲁文化扩展的重要途径，也是儒学西渐③的重要方式。通过励学与教化而使风俗淳厚是地方官大力兴儒的目的。地方长官亲自执教于官学极大地促进了常山教育事业的发展，同时也促进了《齐诗》伏氏之学的发展。

伏恭任常山太守期间，《齐诗》伏氏之学得到广泛传播自然与伏恭个人的勤勉有着密切的关系，但也与当时的社会大背景密不可分。前文提到东汉建立后，士大夫们讨论和实践的主要课题已经转到如何"正身导下"、推行"教化"上面来，而《诗》作为儒家的传统经典本身就具有教人敦厚的作用，自然成为教化民心的素材。《礼记·经解》在评判六经时认为，"其为人也，温柔敦厚，《诗》教也"④，由此可见《诗》对百姓的教化作用。

伏恭正是把握住了这样的时机，利用自身的家学功底以及个人教授经验，文以载道，用《诗》来阐释道德信条并构建相应的行为规范。通过伏恭改章定句后的《齐诗》，排除了与其他流派的矛盾，解释经典的本意。而儒家经典本就是教化民心的文学著作。

2. 广泛传播

因史料缺乏，伏恭所教授的弟子不是很明了，但是自伏恭起"北州多为伏氏学"⑤却是事实。单凭伏恭一己之力是无法让《齐诗》伏氏之学广泛流传于北方州县的，他以常山郡学为基础，广授生徒，利用自己

---

① 关于伏恭与常山郡，参见吴洪成《封龙山与河北古代书院》（《教育实践与研究》2012年第2期）；张怀兵《石家庄封龙文化价值研究》（《大家》2010年第14期）；李小俊、王海东《论封龙山文化精神的包融性》（《现代国企研究》2016年第2期）；韩晓燕《齐鲁士人与两汉地方教化》（《山东师范大学学报》2010年第1期）。
② 《后汉书》卷七十九《儒林列传·伏恭》，第2571页。
③ 王子今：《秦汉时期齐鲁文化的风格与儒学的西渐》，《齐鲁学刊》1998年第1期。
④ （清）朱彬编：《礼记训纂》卷二十六《经解》，中华书局1996年版，第736页。
⑤ 《后汉书》卷七十九《儒林列传·伏恭》，第2571页。

家学的渊源和政治影响力,吸引周边郡县的学生进而影响他们。另外,东汉中后期,以治《齐诗》而致高官者,更是不乏其人。这也从另一个方面反证了《齐诗》的影响力,进而证明了伏恭对于《齐诗》发展所做的贡献。

此外,因为《齐诗》的演变方向与汉代儒学官方化的趋势大体一致,所以通晓《齐诗》往往成为儒者进入仕途最有效的通行证。[①] 这也是《齐诗》吸引大量生徒,得以广泛传播的又一重要因素。

伏恭推行教育使得伏氏之学在常山生根发芽,开枝散叶,也使得儒学进一步西渐。在儒学西渐的过程中,自身也得到了进一步的发展。伏恭的贡献就在于在其父的基础上删修《齐诗》,使之顺应东汉以来经学简化的趋势,弥合分歧,消除对立。随着伏恭到常山为官,他也将《齐诗》伏氏之学带到了常山,使其走出齐鲁一隅,走向更广阔平台。伏恭在常山郡敦修学校,传授学问,打破了经学森严的家法传承,使伏氏之学进一步走向大众,也使《齐诗》真正发挥了其教人"温柔敦厚"的教化作用。伏恭在常山教学,并以此为核心,辐射北方州郡。伏氏之学的广泛传播也进一步说明此时的伏氏之学并不再是一门高深的学问,而是走下神坛,逐步走向大众,成为一门教化之学。伏恭用自己的身体力行推动着伏氏之学的转变,也以他强烈的现实关怀,经世致用的特征,彰显了其学者的精神,并对常山郡文化的发展起到了积极正面的作用。

第二节 艺术成就

艺术是社会生活的反映。秦汉时期的石家庄地区政治格局稳定、经济形势繁荣、文化事业发达,这些情况都反映在了音乐、书法、雕塑等多种艺术形式上,形成了具有石家庄地区特点的艺术特色。四方交融,雍容为大,蓬勃的时代、新鲜的思想刺激着这一时期的石家庄艺术家,他们为秦汉帝国雄伟而繁荣的气象所陶醉,大多怀着一种未曾有过的喜悦、激动和自豪的心情运用不同的手段予以描述、予以表现。他们或通过雕刻、拿捏,或使用节奏、曲调,或通过动作、技巧,或用线条、色

---

① 苏红燕:《东汉经学传授与特点述论》,山东大学博士学位论文,2013年。

彩，或用造型、装饰，共同抒发出自我的精神体验，表现出时代的风貌，这些表现时代精神的特殊手段就是艺术的形式。

一 常山王禹的音乐成就①

秦汉时期是我国音乐舞蹈发展史上的一个重要的综合转型时期。史籍的记载表明，汉代奢靡之风很盛，上至皇室贵族、官僚豪富，下至平民百姓，都十分喜爱歌舞，常常用歌舞来表达自己的思想感情，手之舞之，足之蹈之。同时，皇帝贵族豪富地主也搜罗了大批乐人，有些高级贵族甚至发展到与人主争女乐的地步。汉代厚葬之风甚盛，在谓死如生、厚资多藏，器用如生人的葬俗观念指导下，墓中随葬了不少乐器和乐舞俑，墓内刻绘了许多反映墓主生前宴饮时观赏乐舞百戏的图像，这为我们了解汉代乐舞艺术提供了有价值的资料。西汉时期石家庄地区出现了一位优秀的音乐典籍专家，他集前人之大成，对汉代音乐进行整理，推动了西汉音乐的继续发展。

王禹，常山真定人，西汉音乐家。武帝时，前内史丞王定将《乐记》授予王禹；成帝时，王禹为谒者，曾数次与皇帝谈乐义，作《王禹记》（即《乐记》）24篇。

《汉书·艺文志》载："武帝时，河间献王好儒，与毛生等共采《周官》及诸子言乐事者以作《乐记》，献八佾之舞，与制氏不相远。其内史丞王定传之，以授常山王禹。禹，成帝时为谒者，数言其义，献二十四卷记。"② 后人刘向对其进行了考订校对，校得《乐记》二十三篇，和王禹的二十四卷有所不同。

汉代刚刚建立，制氏比较能够继承古制音律的铿锵鼓舞，但不能谈及深度义理。六国诸侯中的魏文侯最喜好古乐，孝文帝时得到了一名叫窦公的乐者，向朝廷献上窦公所作之书，也就是《周官·大宗伯》的《大司乐》篇章。③

河间献王刘德是汉景帝第二个儿子，他整修学问爱好古学古义，崇

---

① 在石家庄学院孙昀昕学士论文基础上修订。
② 《汉书》卷三十《艺文志》，第1712页。
③ 同上。

尚儒术和经学，研究遗留古书，复兴礼乐；《周官》也就是古雅乐。刘德通过采集《周官》和幽隐在外的精通乐理之人的有关乐舞知识，创作出古乐之书《乐记》。并且献上朝廷古制的乐舞，即是八佾之舞。献王所献雅乐乐舞同汉兴时宫中擅长古乐演奏的官员所精通的雅乐乐舞相差不远。

雅乐是用于郊庙祭祀、春秋飨射以及朝廷举行的各种典礼仪式上的乐舞，乐人多由具有一定身份的良家子充当；乐器虽然也有丝竹乐器，但以钟、磬为主，是金石之乐。雅乐表演时，舞人俱进俱退，整齐划一，闻鼓而进，击铙而退，文武有序，音乐和谐，气氛庄重。

郭沫若先生在其文章《公孙尼子与其音乐理论》中说道，现在留存的《乐记》是刘向校定的前十一篇；两人所作之书差别"只是少一卷"，而《王禹记》是献王刘德与毛生等所作《乐记》，由王定传之。这里郭沫若先生认为《王禹记》就是刘德等所作、王定传承的《乐记》，而刘向校订所得只是在卷数上少一卷，内容上无异。①

王文锦先生认为可能是缺少了一篇。② 王文锦先生的观点与郭沫若先生观点一致，都认为只是卷数上的不同，内容并无差别。

而王葆玹先生认为献王刘德当时所作，《乐记》有两个不同的版本，其中一本献王献雅乐时上给朝廷，刘向就依据这本校理得到后来的二十三篇；另一本则藏留于自己的宫廷，传授给王定，再由王禹继承。③ 不管是哪一位学者，对待这个问题的研究，大部分是根据《汉书》中对此问题的记录加以推测并且提出的。

郝明朝认为④：

第一，刘德向朝廷所献既包括所作之《乐记》也包括其所集之雅材。因《乐记》是献王和众人以《周官》和流传在外的古乐为素材创作的，而《周官》是记载古乐的，也就是雅乐，因此《乐记》是记载雅乐的。八佾之舞是古雅乐制，在《汉书·艺文志》中有提"献八佾之舞"，在《汉书·礼乐志》中也提及："河间献王有雅材，献所集雅乐。"⑤ 在《汉

---

① 郭沫若：《郭沫若全集·历史编》，人民出版社1982年版，第504页。
② 王文锦：《古学经子》，华夏出版社1996年版，第144页。
③ 王葆玹：《今古文经学新论》，中国社会科学出版社1987年版，第313页。
④ 郝明朝：《〈礼记·乐记〉非〈王禹记〉考》，《中国文化研究》2004年第3期。
⑤ 《汉书》卷二十二《礼乐志》，第1070页。

书·景十三王传·献王传》又说:"武帝时,献王来朝,献雅乐。"① 因此所献应该包括"八佾之舞"和《乐记》。

第二,内史丞王定传给王禹的是"八佾之舞"的雅材,即雅乐。并且创作的《王禹记》是以继承的雅材为基础,而非继承了成书《乐记》。《金楼子》载:常山王禹,世受河间乐(即雅乐——笔者注),能说其义。② 通过记载,《王禹记》的主要内容应是"河间乐"。《乐记》是献王和毛生以《周官》和流传在外的古乐为素材创作的古乐,而非河间地方雅乐。

第三,刘向校订之《乐记》与王禹所作《王禹记》不仅是卷数上的差别,内容上也有所不同。刘向校得"与禹不同",《艺文志》强调了"不同""其道",这说明刘向校理所得与《王禹记》在内容上是存在差异的。为了证明不同,必须说说刘向这个人。刘向校书总会"相校除复重",这表明了刘向在校理《乐记》时,得到的不会同《王禹记》重复。因此绝非郭沫若先生所说的,"与《王禹记》只是简单的卷数上的不同"。

在《王禹记》的问题上,学界向来存在争议。笔者在《王禹记》的问题上作出了推测:《王禹记》的主要内容是河间雅乐,其中内容有很大一部分是从献王那里继承来的"雅材";不论是献王所作还是刘向所集,他们的《乐记》和《王禹记》都有所不同。

二 石家庄地区的书法艺术

(一)秦汉时期的书法发展

书法是我国特有的一门艺术。中国的文字不仅是记录语言的符号,还作为一门艺术而存在。人们在写字时还追求其形态之美,使它成为一种表达民族美感、主观意识、心绪和感情的艺术。中国的书法与其他艺术相比,更具有抽象意识,其艺术表现比较婉转,不如绘画、雕塑等艺术能更直接触动人们的感官,激起人们强烈的审美欲,这是书法和其他艺术区别所在。

秦汉时期是中国文字书体变化衍生最丰富,也是最复杂的时期,是

---

① 《汉书》卷五十三《景十三王传·献王》,第2411页。
② (梁)萧绎:《金楼子》卷三《说蕃》,中华书局1985年版,第38页。

书法发展史上的重要阶段。

秦始皇完成大一统后,需要在全天下范围内传达指令,维护统治,于是令李斯等人整理文字。李斯以秦字为根本,参照其他字体,造出秦篆。这种字体匀圆齐整、书写较简略,成为官方文字。《说文解字》中提到秦始皇废除与秦篆不相同的文字。[①] 司马迁记载的"书同文字"[②] 也是一样。后来李斯采用一个小官吏程邈所创字体:将小篆加以简化,变匀为直,形成"隶书"便于书写。

西汉初年汉承秦书法之制。如宫廷器物铭文等严肃的地方,仍然沿用着秦规矩的篆书。秦篆有《泰山刻石》《阳陵虎符》,是官定典范篆书字体。秦隶笔道方折、结构严谨、易刻易写,西汉书法家吸取了这些优点,整理综合,形成一种崭新的书体——汉篆。汉代各种书体如雨后春笋般涌现,隶书尤为突出。秦时,篆书是朝廷所用文字,西汉时,隶书替代篆书,成为正式文字。西汉初期,隶书受秦隶的作用,古朴齐整笔拙,称古隶。西汉晚期,隶书书写又有所变化,形成今隶,也称汉隶。东汉书法艺术走向繁荣,种种书法字体都有发展。

(二) 石家庄地区的书法艺术——以东汉碑刻为例

东汉书法艺术走向繁荣,篆、隶、草、行、楷诸体具备,但东汉仍是以隶书为轴心的时代,隶书大为风行并发展到顶峰。东汉刻碑立石之风甚盛,多采用隶书,镌刻精细,所留丰碑极多,琳琅满目,丰富多彩,富有装饰趣味的燕尾波挑在汉碑中得到发展,趋向华美的风格,隶书至此已经完全成熟。篆书受到隶书影响,产生了缪篆。从隶书衍生出的章草、今草已经开始更广泛地使用,草书的衍生为书法艺术开拓了更大的领域。许多书法家和书法理论著作在汉末也大量涌现。近代还出土了大量东汉竹木简,为东汉书法艺术宝库增添了珍贵的书法资料。

碑刻是书法遗存的主要载体。因此在研究书法时,从研究碑刻中入手诚为一种有效的方法。碑刻是在石碑上刻画文章的一种载体,一般都是由名人大家写作出来,再找专业人士在石碑上进行刻画,成为碑刻。

[①] (东汉)许慎著,(宋)徐铉杨校定:《说文解字·序》,中华书局1963年版,第1页。
[②] 《史记》卷六《秦始皇本纪》,第239页。

碑刻的内容很丰富，有记录祭祀状况的，有记录个人活动的。但无论反映的内容如何，都必须是有资产的名人大家才能够有条件去刻制碑刻。因此碑刻一般不会记录平民生活和基本状况。但如果就研究书法而言。碑刻是非常能够反映当时当地书法之特点的东西。因碑刻是专业人士按照书法大家所作所写在石头上刻画，因此特别能够留存住书法大家的原本的书法特点。但在研究碑刻上的书法的方面上，也有它不可避免的问题：碑刻是在石头上刻画，因受石头质量的影响，石质的软硬程度、纹路等都会成为刻画的影响因素；碑刻一般会立于室外，长时间的风吹雨打，对其上的文字笔迹也是一种考验，因此在研究书法时必须考虑到这些复杂的因素对碑刻上文字笔迹的影响；碑刻是书法家写出再由其他人刻于石上，这就在刻画的同时，在书法家的基础上，加入了刻画之人的手法特点。所以碑刻上的文字书法，也许会受到刻画之人本身手法的影响，失去原本书法家书法之韵味。不论何时，这些复杂因素都必然存在，因此我们在通过碑刻上的书法，对某时某地的书法特点进行研究时，只能尽可能地结合这些外在因素进行考虑，不失本色，多方面多角度的考虑。

若要通过碑刻研究石家庄地区秦汉时期的书法，首先我们需要确定在石家庄地区发现的秦汉时期的碑刻。由于秦代时间较短，新莽时期又疯狂毁灭秦和西汉刻石碑碣，因此后世保存下来的秦代和西汉的碑刻很少。在石家庄发现的碑刻主要是东汉时期碑刻，内容大多有关祭祀。本书以《祀三公山碑》《封龙山颂》和《白石山君碑》为中心对秦汉时期石家庄地区的书法艺术进行探究。

1. 《祀三公山碑》

《祀三公山碑》原立三公山上，为常山相冯君于东汉元初四年（117）所立。三公山在元氏西北，系古代元氏六大名山之一。此碑全称《汉常山相冯君祀三公山碑》，俗称《大三公山碑》。元迺贤《河朔访古记》云："三公神庙，在元氏县西北二十里封龙山下，榜曰'天台三公之庙'，庙有《汉三公山碑》一通。""汉三公山碑"即指此碑。清乾隆三十九年（1774）元氏县令王治岐重新访得，始有拓本行世。碑文起首云："□初四年，'常山相陇西冯君到官，承饥衰之后……'"翁方纲考定年代为安帝元初四年（《两汉金石记》）。元氏县还曾有另一通隶书《三公山碑》。

《祀三公山碑》呈长方形，无额、无座、无穿，高 1.7 米、宽 0.7 米、厚 0.25 米。质地沙石，表面粗糙，未经磨光。碑文隶书，共十行，行字多寡不等，凡 200 字，主要记述常山相陇西冯君为消除天灾人祝、国泰民安而祭祀三公山神的活动。① 关于书刻年代，碑首原刻确切纪年，惜后来石材崩落，"□初四年"四字中的首字已不可辨识。金石诸家据初拓本考究的结果，确认"初"字之前为"元"字。"元初"系汉安帝纪年年号，元初四年即公元 117 年。

《祀三公山碑》是名垂书史的极有价值的碑刻之一。其书法是一种变体。说其是篆书，则其结字方正，许多字压扁，笔画有许多简省的地方，有些字末笔呈拉长的、垂下的尖笔出锋，可看作隶书波磔笔法的一种变形处理。说是隶书，则其结体方法多是篆法，有些笔画更变得屈曲排满，比篆书还要冗繁。而综合看去，它更像是一种有着浓厚书法味道的美术字。书体篆书兼隶意，于篆隶之间，又称"缪篆"，笔画由秦篆的圆润，变为汉隶之方正，个别字尚带行草之势。

《祀三公山碑》章法独特，其虽产生于篆书和隶书十分成熟的年代，但其不囿陈规，未入流俗，大胆尝试极富新意的笔法与字法，构建宏大的章法，打破了结字惯常的对称和均衡，注意字形正侧、大小、疏密、虚实的对比，强调字形结体的自由与纵横观照，从局部到整体、从单纯到复杂，最终回归质朴之境，大大提高了全碑的视觉表现力和艺术魅力。同时，此碑字态拙朴无华，生涩的用笔结字透出冷峻肃穆的气息，使通篇格调更显古茂拙朴。

传世东汉碑刻，以隶书居多，篆书少见，因此《祀三公山碑》这种带有篆意的碑刻十分珍贵。它有篆隶互用的典型特点。梁启超认为此碑"以隶书势作篆"②，他认为此碑刻者不谙篆书，熟练隶书，因此在刻碑用篆时，不可避免地带有隶书之意。裘锡圭先生说道："篆隶杂糅。"③ 裘锡

---

① 参见石家庄地区地方志编纂委员会编《石家庄地区志》，文化艺术出版社 1994 年版，第 876 页。

② 华人德：《中国书法史·两汉卷》，江苏教育出版社 2002 年版，第 162 页。

③ 刘正成：《中国书法全集·秦汉刻石》，荣宝斋出版社 2005 年版，第 40 页。

圭先生看法基本同梁启超保持一致。清代杨守敬所说该碑："非篆非隶，盖兼两体而为之。"① 杨守敬认为此碑文不是篆书也不是隶书，是篆隶过渡时期之书法，包含两种书法形式之特点，而不可定性为或篆或隶一种。

篆隶相兼的《祀三公山碑》在东汉碑刻中属于少见之作，在石家庄地区被发现，证明了石家庄地区在全国范围内，书法艺术成就发展程度较高。篆书主要盛行于秦代和西汉时期，因此在东汉碑刻上出现了带有篆书之意的碑刻，是对前代书法的继承，同时因带隶意，并且其中也有创新。因此《祀三公山碑》的发现，不仅对前代篆书的研究提供了条件，也为研究当时东汉书法由篆字向隶书过渡时的书法提供了有利条件。《祀三公山碑》在石家庄地区的发现，说明了石家庄地区在东汉时期的书法过渡有了研究依据。

2.《封龙山颂》

《封龙山颂》建于东汉延熹七年（164），无首无穿，碑座形式不详。隶书15行，行26字，不著书撰者姓名。首行书"元氏封龙山之颂"七字，碑因以得名。碑侧有唐咸通题字，碑阴罗列各衔。碑文内容较为集中，主要涉及祭祀方面。该碑主要记载了东汉常山国祭祀山神的活动。该碑全文运用汉隶，字体方圆兼备，书法遒劲豪放，藏露互见，自由奔放，起笔收笔处不加收束，线条起伏大，变化极丰富。《封龙山颂》结体上独具特色。纵向上，许多字在下部散开，字体瘦长，就像现代下部撑开的长裙。横向，左角和右角常常有所偏离，有时向上倾斜，有时向下倾斜，有时横向延伸。笔致生动，看似平稳，但暗藏波澜惊奇。

有意无意之间，妙在此矣。《封龙山颂》的字，富于表现，艺术水平高。一画之中，无重无复，起伏极大。生动与险绝，赋予在一碑之中。它被评价为"汉隶气魄之大，无逾于此"②。其中气势和它的不修边幅关系不浅。《封龙山颂》向来被金石家视为书法精品。书法艺术影响广远，近代书法家如赵广谦等皆从中得益。

《封龙山颂》的汉隶丰富多变，也证明东汉时期在石家庄地区的书法

---

① 杨守敬：《激素飞清阁评碑记》，谢承仁主编：《杨守敬集》（第八册），湖北人民出版社1997年版，第540页。

② 《激素飞清阁评碑记》，第544页。

已经不拘泥于方正规矩，有了新的变化。说明在当时的石家庄书法不仅有继承也有创新，在全国范围能够占得一席之地。

3.《白石神君碑》

《白石神君碑》建于东汉光和六年（183），此碑为宋代洪适最早发现，并著录于他的《隶释》（图7—1）。原立于白石山麓神君祠内，明万历年间元氏县令刘从仁将其移入城内开化寺。清乾隆年间又移至县学署。清代成书的《金石萃编》《金石遗文录》《常山贞石志》等金石专著也均著录，并加以考释。

图7—1 《白石神君碑》拓片①

该碑碑首为椭圆形，其左右透雕龙纹，中间浮雕一仙人用两臂作高举龙腹之势，为汉碑中较为美观的碑首。额呈等腰三角形，上面阳文篆书题"白石神群碑"五字。碑身高1.57米、宽0.81米、厚0.17米；碑首高0.65米、宽0.78米、厚0.17米。②碑身下有榫，说明当初设座。

---

① 杜香文：《元氏封龙山汉碑群体研究》，文物出版社2002年版，彩图。
② 参见《石家庄地区志》，第877页。

隶书16行，行35行，内容主要记述常山相冯巡因受当时盛行的巫风的影响而祭祀白石山神，以祈护国安邦，风调雨顺，逢凶化吉之事。

此碑文字笔画有力，瘦窄狭长，颇为清秀。因其书法特点，古人褒贬不一，并且对其年代产生怀疑。洪适在《隶释》有对《白石神君碑》的评价："此碑虽布置整齐"但"略无纤毫汉字气骨"①。他首先对此碑书法齐整表示了肯定，认为此碑之书法虽齐整，但没有汉隶的气韵，对此碑的年代表示怀疑，判断是魏晋之物。郭尚先《芳坚馆题跋》说："此碑结法，要自谨严也"②。郭尚先认为其谨严清劲，的确是汉代之物。③杨守敬认为其是汉隶中水平最低的。④但杨并不认为此碑是后人所为，作为东汉碑刻并无疑问，因其所载石碑，刻画方式上有些拙劣，因此才被人怀疑至此。

与汉隶整体堂皇的特点对照，《白石神君碑》的确容易让人产生疑问。横竖转折，以方取形，规行矩步，刻板且缺乏神韵，点画拘谨，工稳却无神采，一点也无汉隶之意。此碑字体方正，笔画瘦硬，一向与《华山庙碑》《乙瑛碑》《曹全碑》等名碑齐名。

《白石神君碑》在石家庄地区被发现，体现了石家庄地区东汉时期书法艺术发展不均衡，有继承也有创新。

三 雕塑等艺术成就

秦汉时期石家庄地区其他艺术形式亦有可圈可点之处。从雕塑上看，这一时期也可谓成绩斐然。秦汉时期的雕塑以其特有的艺术语言，多方面地反映了历史和现实生活，体现了那一时代气势宏阔、奔放有力、自豪自信的精神面貌。

西汉时代在石雕艺术上取得了突出成就，其作品有不少留存至今。现存最古老的汉代大型石刻是1985年发现于河北省石家庄市西北郊小安舍村的西汉南粤王赵佗先人墓附近的跽坐石人，系用青石雕成的一对裸

---

① （宋）洪适：《隶释》卷三《白石神君碑》，中华书局1986年版，第41页。
② （清）郭尚先：《芳坚馆题跋》卷上，新会梁氏藏书屋1890年版，第4页。
③ 同上。
④ 《激素飞清阁评碑记》，第548页。

体石人，男像高 174 厘米，女像高 160 厘米。两像都是椭圆脸，尖下巴、大眼、直鼻、小口，头戴平巾帻，腰间系带，作双手抚胸跽坐状，身上无衣纹。两尊石像粗犷大方，是西汉早期石雕的典型代表。

1991 年 11 月在鹿泉发现一座东汉时期的墓葬。这是以出土石雕镇墓兽而闻名全国的重要古墓。其中包括一件极其珍贵的镇墓兽（图 7—2）。人兽合体石镇墓兽，雕技精湛，汉代石镇墓兽存世极少，而人体兽体石镇墓兽大为罕见。它的出土，为研究我国古代石雕艺术的发展和镇墓兽的演变提供了重要的实物资料。1993 年 10 月，经国家文物鉴定委员会石刻组鉴定，此兽确定为一级文物，实为国宝。镇墓兽花岗岩质，出土时外涂一层白衣，双手残缺。兽高 40 厘米，底座长 24.5 厘米、宽 22 厘米、高 7 厘米，总重 30.8 千克。从正面看，昂首硕鼻、巨口、隆眉、圆目、尖耳，面目狰狞；双臂前伸。从侧面看，呈三角形几何体，稳重自然，头顶上的一束鬣毛，盘卷成丘状，突出威严的气势；大块面的双肩，显得浑厚、刚健；跽坐状的下肢，丰满、圆润。从背面看，雕刻更加复杂，

图 7—2　镇墓石兽①

---

① 杨香菊：《鹿泉市发现东汉石雕》，《文物春秋》1999 年第 2 期。

更加精细，圆柱状的颈，三角形的后膀，一串突起的脊关节，一高一低的双臂，弯成月牙形的双足，螺旋状的臀沟尾毛，这些富于曲线变化的局部雕刻，自上而下，有机联系，巧妙配合，达到形神兼备的艺术境界，堪称汉代石雕艺术珍品。

汉代的陶瓷工艺有了进一步提高和创新，各类陶瓷已取代了一部分铜器和漆器的地位。陶器和瓷器的品种有灰陶、红陶、彩绘陶、釉陶、青瓷等，其中彩绘陶、釉陶、青瓷在汉代陶瓷工艺中最富有特色。

顾名思义，彩绘陶就是在陶器上加以彩绘，盛行于战国，到西汉仅用于墓葬中的随葬明器，但图案构成和色彩等方面有了一定的发展。汉代厚葬之风盛行，因而彩绘陶的制作达到了极盛，在石家庄地区许多地方的汉墓中都出土有大量的彩绘陶。

釉陶是指涂有黄绿色低温铅釉的一种陶器，因而又称铅釉陶，大约在西汉初，陕西关中地区首先烧制釉陶成功。西汉中期以后，这种釉陶的制作普遍盛行起来。它的主要色剂是铜和铁，在氧化气氛下烧成，铜使釉料呈现出美丽的翠绿色，铁呈黄褐色和棕红色。铅釉陶因火度较低，烧成温度为800℃左右，实用度不高，和彩绘陶一样，也是用以随葬的明器。北方地区釉陶的釉作浓黄色或浓绿色，在宝鸡一带还发现一些同时施用黄、褐、绿三色釉的器物，色调配合十分新颖。这种复色釉的原理为后代的唐三彩的基础和源头。

无极南驰阳汉墓出土的绿釉陶楼极为精致。陶楼共5层，每层有斗拱承托出檐，筒瓦盖顶，翼角翘起，每层置有围栏、花窗，是一座重檐密布、气势高耸的楼阁式建筑。墓葬冥器的设计，来源于现实生活，是现实生活中实物的反映和再现，从这座陶楼，可以看出当时石家庄一带城垣建筑的布局和形式，是研究石家庄城市发展和建筑历史的重要资料。

秦汉时期石家庄地区的工艺艺术璀璨夺目。综合运用绘画、雕刻、工艺等艺术表现手法，已形成了有异于其他各地的独立风貌。总体艺术风格具有气魄豪放、装饰华美的特点。

四 小安舍村出土石人考①

1985 年，石家庄市文保所在文物普查时于石家庄市西北郊小安舍村发现两尊石人。石人原在农田斜道旁，坐西朝东，多年来水淹土埋，只露头部，后被圈入农院，现藏于石家庄市毗卢寺。石人被发现后，相继有学者介绍和研究。石家庄市文保所《石家庄发现汉代石雕裸体人像》认为石人是汉初石雕，并定性为裸体。② 王海涛《两尊汉代石人考》和《毗卢寺的汉代石人》配有大幅彩色照片和简要介绍。③ 野黎明《石家庄市毗卢寺西汉石雕人像艺术研究》，则从美术学的视角对石人的造型、艺术特征、审美意趣等进行了分析。④ 李零《翁仲考》作为补记曾提及石人。⑤ 徐龙国《山东发现的汉代大型胡人石雕像再研究》也用到这个材料，并断代为东汉晚期。⑥

笔者曾在毗卢寺见到这两尊石人，颇感于其质朴大气。尽管两尊石像在石家庄地区是孤立的存在，但通过与邢台石人、草原石人、陕西石人、山东石人等的对比，发现前期研究成果有对两尊石人的误释之处，石人的断代及其所反映的时代文化有进一步深入研究的必要。

（一）造型的程式化与生殖崇拜

两尊石人，一男像、一女像，均呈跽坐状，双手抚胸（图7—3）。男像高 1.74 米、胸围 2.08 米；女像高 1.6 米、胸围 1.93 米。脸型呈椭圆，直鼻大眼小口小耳。两石像均可见双乳、肚脐，男像生殖器明显。石人为青石料，虽多处有剥蚀，但仍能看出为着衣石像。男像头戴帽冠、脑后梳扁平髻；女像戴平顶帽，顶部下陷。两像均颈下有衣领斜纹、腰部

---

① 《石家庄小安舍村石人考》，原文发表在《四川文物》2017 年第 5 期。收录时有少许改动。
② 石家庄市文保所：《石家庄发现汉代石雕裸体人像》，《文物》1988 年第 5 期。
③ 王海涛：《两尊汉代石人考》，《河北画报》2010 年第 8 期；王海涛：《毗卢寺的汉代石人》，《当代人》2010 年第 9 期。简介类文章较多，如周彦平《小安舍的汉代石雕人像》，《乡音》1998 年第 1 期；安春华、刘子萌《安舍：家舍安宁的老村——寻访河北古村古镇（四十八）》，《当代人》2012 年第 6 期，等等。
④ 野黎明：《石家庄市毗卢寺西汉石雕人像艺术研究》，硕士学位论文，河北师范大学，2009 年。
⑤ 李零：《翁仲考》，《入山与出塞》，文物出版社 2004 年版，第 41—69 页。
⑥ 徐龙国：《山东发现的汉代大型胡人石雕像再研究》，《美术研究》2017 年第 3 期。

有菱纹带饰（图7—4）。与大约同时期出土的其他石人相比较，两尊石像除了它们特有的艺术特征外，在造型及表现主题上可能更多体现的是石人雕塑的程式化。

图7—3　小安舍村出土石人（贾丽英拍摄）

图7—4　小安舍村石人腰部菱纹带饰（贾丽英拍摄）

一是跽坐式。跽坐为秦汉社会生活中的主要坐姿,是指双膝并拢、双足在后,臀部坐在脚跟上。这种坐姿有人称作"端坐",① 也有人称作"跪坐"。② 汉画像石和画像砖讲经图、宴饮图、乘舆图等大量存在跽坐的坐姿。同时期存世的其他地区石人也多见跽坐式。陕西长安县常家庄和斗门镇的牛郎、织女石像;③ 原汉常山郡鄗县,现邢台柏乡县十五里铺出土的石人;④ 中山靖王刘胜墓的石俑;⑤ 山东青州、山东淄博石人⑥,等等。

二是抚胸状与不成比例的造型。我们注意到小安舍村出土的两尊石人均呈抚胸状,即左臂斜屈,手偏上,右臂横屈,手偏下,五指清晰,呈平伸状。而这一特点在新疆石人中常见。王博、祁小山调查的新疆波什屋博类型所有墓地石人,包括伊宁石人,都呈这样的抚胸姿势。⑦ 而这样的姿态呈现的无疑是一种虔诚与恭顺,也正是这个原因有人将这类石人称作"祈祷类石人",⑧ 可从。另一点值得注意的是,小安舍村石人的胳膊很纤细,与大头、肥身不成比例,这种现象在新疆草原石人中也是常见的。像喀依纳尔一号墓地石人、⑨ 乌求布拉克墓地石人、⑩ 阔科克墓地石人⑪等。与早期青铜时代石人只见其头和面部轮廓、不见雕刻其身的现象对比,推测这一特点应是石人发展过程中普遍存在的。

除了造型艺术,小安舍村石人表现的主题也具有程式化倾向。两尊

---

① 朱启新:《看得见的古人生活》,中华书局2012年版,第7页。
② 林沄:《古人的坐姿和坐具》,《中国典籍与文化》1993年第1期。
③ 汤池:《西汉石雕牵牛织女辨》,《文物》1979年第2期。
④ 李淑芹:《柏乡汉代石人释考》,《文物春秋》2006年第5期。
⑤ 汤池主编:《中国陵墓雕塑全集·西汉卷》,陕西人民出版社2009年版,第19—20页。
⑥ 林通雁主编:《中国陵墓雕塑全集·东汉三国卷》,陕西人民出版社2009年版,第12—13页。
⑦ 王博、祁小山:《新疆石人的类型分析》,《西域研究》1995年第4期。
⑧ 包桂红:《从"萨满"思想解读亚欧草原石人及其手中杯》,《世界宗教文化》2013年第5期。
⑨ 新疆维吾尔自治区文物局编:《新疆维吾尔自治区第三次全国文物普查成果集成:新疆草原石人与鹿石》,科学出版社2011年版,第27页。
⑩ 同上书,第58页。
⑪ 同上书,第68页,图9.3阔科克二号墓地石人。

石人因双乳、肚脐、生殖器官造型突出,最早被误释为裸体。① 事实上,笔者通过近距离观察,发现石像的衣领、腰带阴线雕刻非常明显,为着衣石像。生殖特征明显,反映的应是生殖崇拜的内涵。

生殖崇拜是一个遍及世界的历史现象,黑格尔在讨论象征型艺术"男性生殖器形的石柱"时曾说"东方所强调和崇敬的往往是自然界的普遍的生命力,不是思想意识的精神性和威力,而是生殖方面的创造力……表现为巨大的生殖女神的像,后来连希腊人也接受了这种概念"。② 由生殖崇拜而产生的生殖崇拜文化,最原始、最低层的无疑应是以直接体现与生殖相关身体特征的造型而出现的,如双乳、腹部、生殖器等。③ 这一点在史前文明中体现得最为明显。像兴隆洼文化遗址的石雕女神像、④ 红山文化遗址那斯台石雕人像、⑤ 东山嘴红山文化陶塑孕妇像、⑥ 河北滦平县后台子文化遗址石雕像(图7—5)⑦ 等。汉代生殖崇拜的文化发展得更加丰富,汉画像石画像砖中的伏羲、女娲、野合、秘戏、熊、鸟啄鱼、人叠人等,⑧ 无不展现了时人追求人丁兴旺、子孙繁衍昌盛的愿

---

① 石家庄市文保所:《石家庄发现汉代石雕裸体人像》,《文物》1988年第5期。近出研究成果也有提及未着衣的,如徐龙国《山东发现的汉代大型胡人石雕像再研究》(《美术研究》2017年第3期)提到的"除帽子和腰带外没有着衣"。

② [德]黑格尔:《美学》第三卷上册,朱光潜译,商务印书馆1981年版,第40页。

③ 何星亮认为最早的生殖崇拜形式是图腾崇拜,旧石器时代和新石器时代女性裸像突出乳房、腹部等是女祖先崇拜、母性崇拜或孕妇崇拜,而与生殖器崇拜无关(何星亮:《试论最早的生殖崇拜形式》,《社会科学研究》1992年第6期)。赵国华认为图腾说难以解释中国原始社会的文化遗存,以西安半坡彩陶为例,上有动物纹样鱼、鹿、鸟、龟、羊五种,还有植物纹样,那"一个半坡氏族或者同时或者先后岂不要有多种图腾,亦即有多位始祖、多种氏族标志?"(赵国华:《生殖崇拜文化论》,中国社会科学出版社1990年版,第146页)

④ 陈苇:《从居室墓和石雕像看兴隆文化的祖先崇拜》,《内蒙古文物考古》2008年第1期。

⑤ 张艳秋、曹铁宏:《生殖崇拜雕塑——古代人类自身生产思维的物化形式》,《内蒙古文物考古》2001年第2期。

⑥ 郭大顺、张克举:《辽宁省喀左县东山嘴红山文化建筑群址发掘简报》,《文物》1984年第11期。

⑦ 承德地区文物保管所、滦平县博物馆:《河北滦平县后台子遗址发掘简报》,《文物》1994年第3期。

⑧ 罗二虎:《中国西南汉代画像内容分类》,《四川大学学报》2002年第1期;刘茜:《汉代画像石中叠人造像的意义》,《文艺争鸣》2012年第12期;郑岩:《安丘董家庄汉墓立柱雕刻图像考》,山东大学历史系考古教研室编:《纪念山东大学考古专业创建20周年文集》,山东大学出版社1992年版,第397—413页。

望。小安舍村石人，生殖特征的明显显现，强调的正是生殖崇拜的意义。

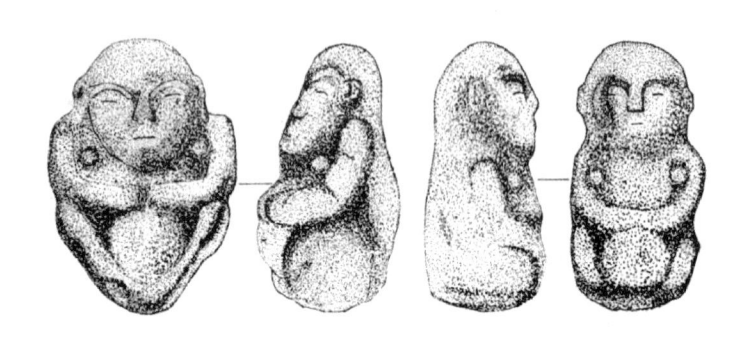

图7—5 河北滦平县后台子文化遗址石雕像①

此外，在两尊石人雕像上，还有两处显示的应该是生殖崇拜的文化符号。

一处在女像的帽子上。石家庄市文保所专家最早发现女像的帽子上有字迹，认为是"𠂇"，但同时又指出"因风化已不能辨认"。② 通过近距离观看，笔者发现女帽正前方确实有阴刻字符（图7—6），似为"卍"符号。③ 万字形符，赵国华认为是蛙肢形纹的抽象变形，在青海柳湾的陶器上有28种变形。最初的变形为"雷纹"，尔后"'雷纹'开始朝着四个方向勾画，开始形成'卍'纹样。刚刚形成的'卍'、'卐'纹样，有时故意留下蛙爪的痕迹，以后才演变得简洁明快"（图7—7）。④ 而蛙形纹揭示的正是祈求生殖繁盛之意。从表象上来看，蛙的肚腹，浑圆而膨大，与孕妇的肚腹形状相似；从内涵上来看，蛙的繁殖能力很强，产子繁多。蛙被原始先民认为是怀胎生子的象征。⑤ 也有人将"卍""卐"视为女阴

---

① 采自承德地区文物保管所、滦平县博物馆《河北滦平县后台子遗址发掘简报》，《文物》1994年第3期。

② 石家庄市文保所：《石家庄发现汉代石雕裸体人像》，《文物》1988年第5期。

③ 笔者按：韩国庆北大学尹在硕教授于2015年年底来石家庄，看到石像，他也认为帽子上是万字形符。照片发给了中国人民大学王子今教授，他则认为是"廿"。毗卢寺解说田老师认为这个符号是后代刻的。

④ 赵国华：《生殖崇拜文化论》，中国社会科学出版社1990年版，第199页。

⑤ 同上书，第181页。

图7—6　小安舍村石人女像帽子正前方阴刻字符（贾丽英拍摄）

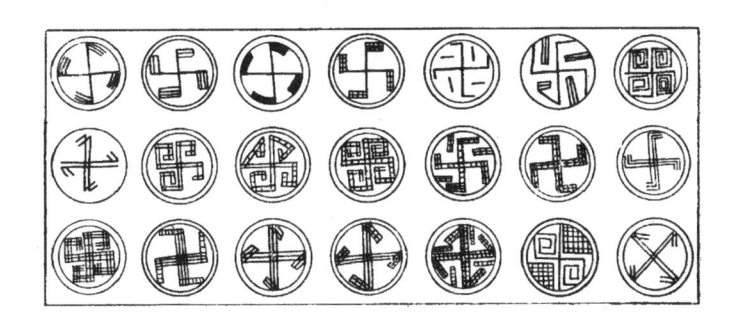

图7—7　柳湾彩陶蛙肢变形纹①

的抽象符号，② 从伯希和拍摄来的新疆古代砖刻来看（图7—8），此可备为一说。

二是菱形纹饰。小安舍村出土的石人，腰带明显有菱形纹饰，这一点也反映了石人生殖崇拜的意义。菱形为多个"×"的连续组合，而"×"为鱼纹的抽象化符号。有人释为是鱼鱼对顶，即两条鱼">"和

---

① 采自青海省文物管理处考古队、中国社会科学院考古研究所《青海柳湾——乐都柳湾原始社会墓地》，文物出版社1984年版，第148页。
② 车广锦：《中国传统文化论——关于生殖崇拜和祖先崇拜的考古学研究》，《东南文化》1992年第5期；杨甫旺：《"卍"符号与生殖崇拜初探》，《四川文物》1998年第1期。

图7—8　新疆古代砖刻①

"＜"对顶;② 有人认为是表示五条鱼的符号,是用两道交叉线将五个点缀合,与后来出现的数字"✕"同。③ 不管两条鱼也好,五条鱼也好,菱形都被视为抽象鱼纹的图案化。鱼,具有旺盛的繁殖能力,远古先民对鱼的崇拜,是期望将鱼强大的生殖能力转移至自身,鱼纹本身就具有了强烈的生殖崇拜的内容。④ 所以,石人带饰上的菱形纹,在一定意义上也具有祈求子孙繁盛之意。

小安舍村,东距赵佗先人墓所在赵陵铺村3000米。现今赵陵铺村已为城市开发,赵佗先人墓剩有封土堆两座,位于赵佗公园内,当地人称"马鞍山"。赵佗先人墓为汉文帝时修葺,《汉书·南粤传》"文帝元年,初镇抚天下,使告诸侯四夷从代来即位意,谕盛德焉。乃为佗亲冢在真定置守邑,岁时奉祀",派陆贾出使南粤,赐赵佗书中提到:"朕以王书罢将军博阳候,亲昆弟在真定者,已遣人存问,修治先人冢。"⑤ 当时文帝为表诚意,修治规模应较大,尽管当时的情况未详,但一直到了明代,

---

① 采自赵国华《生殖崇拜文化论》,第198页。
② 王鲁昌:《论彩陶纹"×"和"米"的生殖崇拜内涵——兼析生殖崇拜与太阳崇拜的复合现象》,《中原文物》1994年第1期。
③ 赵国华:《生殖崇拜文化论》,第99页。
④ 赵国华:《生殖崇拜文化略论》,《中国社会科学》1988年第1期。
⑤ 《汉书》卷九十五《南粤传》,第3849页。

还有"高冢累累列道旁"的景象,甚至赵陵烟树在获鹿县志中被誉为八大景之一,所谓"烟树苍茫锁赵陵"。①清代《光绪获鹿县志》载赵陵"汉文所修三十六赵佗先塚"。②民国《河北通志稿》记载,则说"凡大冢六、小冢二十三,即汉文帝敕修者"。③由此可见汉代初修之时规模更加蔚为可观。

墓前立刻石或石雕像为赵、中山、常山之地的习俗。现距离石家庄市约45公里的平山县三汲乡中山王陵区发现的一通河光石刻石,高90厘米、宽50厘米、厚40厘米,凡19字,称"监罝守丘刻石"④。邢台柏乡十五里村出土一尊石人,石人北约300米是三个高大的封土堆,据说是鄗侯刘舟之墓,整理者推测石人是刘舟墓前翁仲。⑤刘舟为景帝之孙,赵敬肃王之子,汉武帝征和四年(前89)"坐祝禬上,要斩"⑥。小安舍村两尊石人,毗邻赵佗先人冢,属于墓园范围,我们认为石人所蕴含的祈求子孙繁荣昌盛的生殖崇拜之意,正与汉文帝修治赵佗先人冢、感化赵佗的目的相契合。因此小安舍村石人应为先人冢墓前遗物,断代在西汉文帝或稍后时期。

从常山一带出土的墓前石人,并结合霍去病墓前的石刻,我们有理由认为东汉时期墓前排列规范、制度化的石刻、翁仲,与西汉时期墓前石人石刻有直接的渊源。只不过,外貌上西汉"胡"的特征更加明显,东汉则更加"中国化"了。

(二)胡人石像及其反映的文化交流

从外貌上来看,小安舍村石人与大约同时期燕赵之地出土的其他石俑明显不同,直鼻大眼特征明显。从造型上来看,石人的鼻子基本上有两种类型,"其一是宽翼型鼻,另一种是直鼻,都具有几何图形

---

① 张献中、黄健主编:《石家庄文物名胜》,中国对外翻译出版社公司2001年版,第183页。
② 《中国地方志集成·河北府县志辑④》,上海书店出版社2006年版,第103页。
③ 河北省地方志编纂委员会办公室整理点校:《河北通志稿(民国)》,北京燕山出版社1993年版,第660页。
④ 河北省文物管理处:《河北省平山县战国时期中山国墓葬发掘简报》,《文物》1979年第1期。
⑤ 李淑芹:《柏乡汉代石人释考》,《文物春秋》2006年第5期。
⑥ 《汉书》卷十五上《王子侯表上》,第478页。

特点,即三角形鼻和矩形鼻"。① 从种族人类学上来看,尼格罗人种鼻翼最宽,蒙古人种次之,欧罗巴人鼻翼狭窄,而直形鼻表现的是窄鼻。从眼睛的形状上来看,蒙古人种居民眼睛具有内角低、外角高的特点,而欧罗巴人种眼睛则一般表现为平直或外角向下。② 小安舍村出土的石人,直鼻大眼,男像眼睛外角向下比较明显,具有欧罗巴人种的特征倾向。也就是这两尊石像事实上是汉人概念中以游牧生活为主的"胡人"。

再从服饰上来分析,小安舍村的石人尽管没有代表胡人形象的尖顶帽,但腰间束带清晰可见。这一点在传世文献及汉代画像石、画像砖反映的胡人胡服形象中都有体现。束带,在文献材料中称络带,《晋书·舆服志》:"袴褶之制……腰有络带以代鞶。"③ 王国维《胡服考》:"络带者,具带之胡名。"④ 束带是胡服特征之一。⑤ 其他地区同时代胡人石像的束带,也很突出。如青州汉代胡人石像"石人尖顶帽上有一周菱形穿钱纹和水波纹,腹部也饰有一周菱形穿钱纹"。⑥ 淄博汉代胡人除双乳突出外,其他与青州石人基本一致,腹部束腰纹饰的穿钱纹更为清晰。⑦ 新疆石人也有很多是束腰带的,王博、祁小山说:"石人表现出束腰,这是游牧人的装束风格。"⑧

胡人,在不同时期所指称的民族群体有所不同。战国时的赵国,曾称今石家庄地区原中山国所在地为胡地,中山人所着服为胡服。《史记·赵世家》载赵武灵王胡服骑射,曾说"吾不疑胡服也……世有顺我者,

---

① 王博、祁小山:《丝绸之路草原石人研究》,新疆人民出版社1996年版,第185页。
② 同上书,第189页。
③ 《晋书》卷二十五《舆服志》,中华书局1974年版,第772页。
④ 王国维:《胡服考》,《观堂集林》,河北教育出版社2001年版,第662—690页。
⑤ 邢义田从图像考古学的角度总结汉以前已形成的汉民族记忆中的胡服有五个类似之处:(1)被发、辫发、椎髻或戴尖顶帽;(2)上身穿窄袖短衣;(3)腰束带;(4)下身穿长裤;(5)脚穿靴。见其《古代中国及欧亚文献、图像与考古资料中的"胡人"外貌》,《画为心声:画像石、画像砖与壁画》,中华书局2011年版,第197—314页。
⑥ 郑岩:《汉代艺术中的胡人形象》,中山大学艺术学研究中心编:《艺术史研究(第一辑)》,中山大学出版社1999年版,第133—150页。
⑦ 林通雁主编:《中国陵墓雕塑全集·东汉三国卷》,第13页。
⑧ 王博、祁小山:《新疆石人的类型分析》,《西域研究》1995年第4期。

胡服之功未可知也。虽驱世以笑我，胡地中山吾必有之"。① 秦汉帝国一统之后，时人眼中的"胡"首先应指北方以游牧生活为主的匈奴，王国维、白鸟库吉、吕思勉都持此说，② 今人李鸿宾也如是说。③《史记》中"胡"与"匈奴"两种称谓也确实存在频繁互换的现象。④ 正是"胡"由于最初是从方位上指称北方的匈奴，也才有"东胡""西胡"之说。王国维说"汉人谓西域诸国为西胡，本对匈奴与东胡言之"。⑤ 后来胡人的称呼在方位上发生了变化，开始指西域诸胡。"后汉以降，匈奴浸微，西域诸国，遂专是号"，⑥ "降及后汉，'胡'字之用法似渐专于西方"。⑦ 事实上，正如吕思勉所说，在人种族属特征上，只要与中原人不同，均称之为"胡"。⑧

石家庄小安舍村，地理位置上为战国末赵地。北接匈奴之胡，西接西域之胡。《史记·匈奴列传》："当是之时，冠带战国七，而三国边于匈奴。"⑨ 这三国即是燕、赵、秦。目前从对匈奴部族的调查和墓葬发掘来看，有立鹿石的习俗，却没有发现墓地石人。⑩ 而石家庄小安舍村虽然距离西域之地，即现在新疆一带遥远，但两尊石人流露出来的风格与新疆

---

① 《史记》卷四十三《赵世家》，第1807页。
② 王国维认为："其见于商、周者，曰鬼方、曰混夷、曰獯鬻。其在宗周之季，则曰玁狁。入春秋后，则始谓之戎，继号曰狄。战国以降，又称之曰胡、曰匈奴。"（王国维：《鬼方昆夷玁狁考》，《观堂集林》，第369页）白鸟库吉认为："匈奴之称胡，果为中国人所与之名称，抑为匈奴人自称之国号，是要待考索之问题也。中国人动辄于外国之名称，有一种厌其长而缩之为一字之风俗。如元魏时之贺赖氏汉人改为贺氏，仆兰氏改为仆氏，阿伏于氏改为阿氏，等例证，不遑枚举。然则中国人之所谓胡（Hu），岂非匈奴（Hiungnu）一语之首音匈（Hiun-Hu）之译音耶？"（[日] 白鸟库吉：《东胡民族考》，方壮猷译，商务印书馆1934年版，第14页）吕思勉认为："胡之名本专指匈奴，后乃驰为北族通称。"（吕思勉：《胡考》，林幹编：《匈奴史论文选集》，中华书局1983年版，第37页）
③ 李鸿宾：《"胡人"亦或"少数民族"？——用于唐朝时期的两个概念的解说》，樊英峰主编：《乾陵文化研究》四《丝路胡人与唐代文化交流学术讨论会论文集》，三秦出版社2008年版，第10—28页。
④ 陈勇：《〈史记〉所见"胡"与"匈奴"称谓考》，《民族研究》2005年第6期。
⑤ 王国维：《西胡考上》，《观堂集林》，第383—386页。
⑥ 同上。
⑦ 岑仲勉：《伊兰之胡与匈奴之胡》，林幹编：《匈奴史论文选集》，第29—36页。
⑧ 吕思勉：《胡考》，林幹编：《匈奴史论文选集》，第37—53页。
⑨ 《史记》卷一百一十《匈奴列传》，第2886页。
⑩ 王博、祁小山：《丝绸之路草原石人研究》，第219页。

草原石人却惊人地相似。主要体现在以下几点：

（1）均为墓地大型石刻，在1—3米之间；（2）直鼻大眼的胡人形象；（3）腰间束带的游牧人风格；（4）左臂斜屈向上，右臂横屈，五指清晰平直的抚胸状，以及与大头肥身不成比例的纤细手臂；（5）面向东方。①

新疆草原石人属于亚欧草原文化，起源于青铜时代（前1200—前700），消亡于11世纪。截止到第三次全国文物普查，新疆石人统计有282尊，石人墓125处，主要分布在阿尔泰山、天山、准噶尔西部山地、伊犁河谷等地。② 我们知道亚欧草原上的古代居民在不同的时期属于不同的民族，因此草原石人也有以族属命名者，像斯基泰石人、突厥石人、黠戛斯石人、铁勒石人、回鹘石人等。③ 尽管草原石人分布非常广阔、民族情况复杂、风格差异很大，但作为草原文化的共性和延续性也是显而易见的。比如表达同一内涵和主题的石人往往在造型上有相似之处。生殖崇拜石人强调的是生殖器官和腹部、武士保护神型石人强调的是刀、剑等兵器，诸如此类。而新疆草原石人兴起甚早，且其传承具有延续性，由此显见位于中原地区的汉代小安舍村石人，应是受到了来自草原文化的单向影响。而搭起这个文化传播桥梁的，笔者分析很有可能就是中山之胡。

小安舍村在战国时曾为中山之地，后为赵所灭。中山国为白狄鲜虞族属，本身就被视作"胡地"。白狄早期的活动地域和商代的𢀖方地域是相同的，均活动于晋陕交界一带，西至甘肃庆阳，北到鄂尔多斯草原及内蒙古东南部。④ 中山文化深受西方和北方游牧文化影响，像墓葬习俗中的积石墓、石板墓、石棺墓，与阿勒泰地区石人墓相似度甚高。⑤ 如前所

---

① 王博、祁小山《丝绸之路草原石人研究》前言提到"草原石人，以石为材，雕刻了人像，一般立于墓葬地表建筑物前，面向东方，形成一种固定模式"。小安舍村石人发现时，土埋至石人脖子，只露头部，坐西面东。是否经过搬移，则不清楚。
② 新疆维吾尔自治区文物局编：《新疆维吾尔自治区第三次全国文物普查成果集成：新疆草原石人与鹿石》，第2页。
③ 王博、祁小山：《丝绸之路草原石人研究》，第23页。
④ 何艳杰等：《鲜虞中山国史》，科学出版社2011年版，第20页。
⑤ 李征：《阿勒泰地区石人墓调查简报》，《文物》1962年第7、8期；何艳杰等：《鲜虞中山国史》，第9页。

述墓前也见有立大型石刻习俗。由此可见，小安舍村的石人与中山之胡的传承关系。

山东青州、淄博等地的汉代胡人石像，除深目高鼻外，还头戴尖顶帽，草原风格更加明显。① 值得注意的是，腰间束带的位置和菱形纹饰、肥胖的腹部、突出的双乳与小安舍村石人出奇地一致。山东齐地处在赵地东侧，没有跟匈奴、西域相毗邻，如果说这里的胡人石像也是草原文化影响下产生的，那么其文化传播的媒介只能是赵和中山之地。其经历的途径是：西域之胡—中山之胡—齐地。

值得注意的，汉代陵墓中采用胡人造型守墓的设计并不是孤立的，在与墓葬无关的地方也常能见到胡人守卫。如当时置于宫廷的金人、铜人，文献明确记述为"皆夷狄服"，② 李零先生认为是"胡装胡相的翁仲，本来的含义是借夷狄为守卫"③；河南方城的"胡奴门"画像石及"胡人执钺门吏"画像砖体现的应是"胡人守门"④；阳陵明器三足仓出粮口的长条形胡人头塞，则是"胡人守仓"⑤。如果说胡人守墓是受草原文化的影响，那么胡人守宫、守门、守仓其源头在哪里？为什么秦汉时代会有如此广泛的借胡人以守卫理念？这也是一个值得深入探讨的文化现象。

---

① 朱浒：《山东地区汉代胡人石像研究》，《贵州大学学报（艺术版）》2013年第1期。
② 《汉书》卷二十七下之上《五行志下之上》，第1472页。
③ 李零：《翁仲考》，《入山与出塞》，文物出版社2004年版，第41—69页。
④ 王子今：《汉世"胡奴"考》，《四川文物》2010年第3期；顾英华、周巧燕：《略论南阳汉墓中的"胡人"形象文物》，《中原文物》2012年第3期。
⑤ 石宁：《汉阳陵出土的仓和西汉的仓》，《农业考古》2016年第1期。

第八章

汉墓考古文化

秦汉时期石家庄地区的考古文化也很丰厚，从文化遗产的角度揭示了这一时期繁荣的文化现象。因秦帝国建国时间短，我们仅以具有代表性的汉墓作大致的介绍。据发掘简报，石家庄地区目前发现的诸侯王墓有三座，一座发现于石家庄北郊小沿村，简报定为赵王张耳墓，一座为高庄常山王刘舜墓，一座为北新城某代真定王墓。因北郊汉墓争议较大[1]，本章暂不收录，只介绍另两座诸侯王墓。

此外，我们已知的还有石家庄肖家营汉墓[2]、石家庄市北宋村两座汉墓[3]、石家庄市城角庄汉墓[4]、石家庄市东岗头村汉墓[5]、石家庄市西南郊振头村东汉墓[6]、石家庄岳村铺东汉墓[7]、石家庄北郊柳新庄东汉墓[8]等。近年来，南水北调工程大规模的工程建设，使地下宝藏大量面世。因常山故城的城市聚落繁荣，汉代文化层内容丰富，考古发掘中发现汉

---

[1] 简报释该墓所出铜印"舛且"为"张耳"，认为此为汉初赵王张耳墓。参见石家庄市图书馆文物考古小组《河北石家庄市北郊西汉墓发掘简报》，《考古》1980年第1期。孙贯文、赵超先生则认为二字非是，断定此墓主不是张耳。参见孙贯文、赵超《从出土印章看两处墓葬的墓主等问题》，《考古》1981年第4期。

[2] 河北省文物研究所、石家庄市文物研究所：《河北石家庄肖家营汉墓发掘报告》，河北省文物研究所编：《河北省考古文集（三）》，科学出版社2007年版，第72—97页。

[3] 河北省文物管理委员会：《石家庄市北宋村清理了两座汉墓》，《文物》1959年第1期。

[4] 石家庄市文物保护研究所：《石家庄市城角庄汉墓》，《文物春秋》2007年第6期。

[5] 王海航：《石家庄市东岗头村发现汉墓》，《考古》1965年第12期。

[6] 李胜伍、郭书春：《石家庄东汉墓及其出土的算筹》，《考古》1982年第3期。

[7] 河北省文物研究所、石家庄市文物管理所：《石太高速公路岳村铺墓葬发掘简报》，河北省文物研究所编：《河北考古文集》，东方出版社1998年版，第279—284页。

[8] 石家庄文物保管所：《石家庄北郊东汉墓》，《考古》1984年第9期。

墓数量最多，且非常密集，本章也以发掘报告为基础作大致介绍。

第一节　高庄常山王汉墓[①]

高庄汉墓位于河北石家庄获鹿县（后改为鹿泉市，现已划归石家庄市区）新成乡高庄村村西的凤凰山下。最初东距高庄有1公里，现只隔一条公路。凤凰山是太行山脉的一座小山丘，海拔高度191米。高庄汉墓在这个小山丘的东坡山脚下，背靠凤凰山，面向广阔的平原，迎接初升的太阳（图8—1）。高庄汉墓有两个大的封土堆，俗称灵台，因附近砖窑取土，封土破坏严重。1991年5月，高庄砖厂烧砖取土时，发现铜鼎等文物，石家庄文物保管所等进行抢救性挖掘。正式挖掘时，封土高约5米。

高庄汉墓为大型土坑墓，有东西两条墓道，平面基本呈"中"字形。墓向95°，由墓室、墓道和回廊三部分组成（图5—8）。高庄汉墓口大底小，挖掘时残墓口南北长39.8米，东西长44.4米，底南北16.8米，东西18.8米，墓深11.4米。椁室系石条筑成，在墓坑底部正中，平面呈长方形。由于焚烧，石椁多处塌陷，只存残貌。内框南北有12.16米，东西15.5米。主室内的葬具被烧，只留一堆木炭。1994年6月，河北省文物研究所挖掘工作结束后，据高村老村长叙述墓坑用石家庄市生活垃圾和建筑垃圾回填（见图8—2）。

高庄汉墓为西汉常山王刘舜的陵墓。该墓气势恢宏，形制独特，随葬品丰富。主室外的回廊中共出土有9个长方形大木箱。从木材痕迹实测，箱子长16.5—18.4米，宽3.5—3.7米，高1.3—1.42米，随葬品大多出在这几个箱子中。主要有陶器499件，有壶、钫、釜、罐、缸、盆、甑等。铜器多出于东北回廊，计有46件，包括鼎（见图8—3）、钫、壶、锺、甑、瓿、匜、釜、盆、鉴、执炉、药臼、药杵、量斗、灯等。还有银器、玉器、石器、漆器等。高庄汉墓经盗掘和火烧，加之有的木箱中未发现随葬品，因此各大木箱的功用不太明朗。从海昏侯墓外藏椁中的

[①] 此节数据主要依据河北省文物研究所、鹿泉市文物保管所编著《高庄汉墓》，科学出版社2006年版，河北省文物研究所编著：《河北考古重要发现（1949—2009）》，科学出版社2011年版，第168—171页。

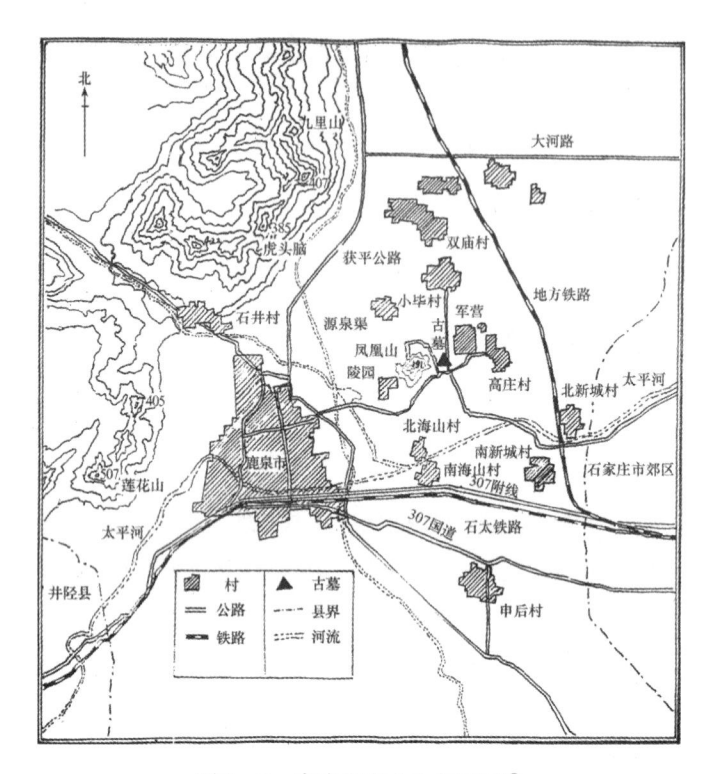

图8—1 高庄汉墓M1位置图①

图8—2 高庄汉墓今貌（贾丽英拍摄）

---

① 采自河北省文物研究所、鹿泉市文物保管所编著《高庄汉墓》，科学出版社2006年版，第1页。

图 8—3　凤鸟铜鼎①

钱库、粮库、乐器库、食官库、衣笥库、武库等配置的周密安排来看，高庄汉墓的外藏椁不同的木箱应为不同的库用功能，至少我们从现有信息可以判定，西北方向应为衣笥库、东北方向为食官库，实用车马库位于墓道旁。

值得注意的是铜器中药臼、药杵（图8—4）、药量的出土，这是石家庄市内出现得最早的汉代铜制医药器具。近年，海昏侯墓也出土有两件铜药杵和五味子等中药材。② 有学者据诸侯墓出土有药具、药材来判断诸侯王的身体有疾病，这一点未免有些主观。我们知道古人视死如生，用药材、药具下葬与其说是生前有疾病，不如说是为了给墓主人在死后的世界提供医疗保障更加合理。另外汉代画像石上常见有羽人或玉兔捣药，陕西茂陵丛葬坑、江苏铜山小龟山等均有药臼、药杵出土③，这都充分说

---

① 采自河北省文物研究所编著《河北考古重要发现（1949—2009）》，科学出版社2011年版，第171页。
② 信立祥：《西汉废帝海昏侯刘贺墓考古发掘的价值及意义略论》，《南方文物》2016年第3期。
③ 参见咸阳地区文管会等《陕西茂陵一号无名冢丛葬坑的发掘》，《文物》1982年第9期。南京博物院：《铜山小龟山西汉崖洞墓》，《文物》1973年第4期。

明祖国的中医药学发展源远流长。

图8—4　高庄汉墓药臼、药杵①

诸侯王和列侯的车舆制度，在《续汉书·舆服志》有这样的记载："公、列侯安车，朱班轮，倚鹿较，伏熊轼，皂缯盖，黑轓，右騑。"② 不过，此为东汉制度，西汉制度史无详载。画像石和画像砖上有大量的车马出行图，规模较大的有山东孝堂山大王出行图（图8—5和图8—6），但实物出土的车舆较少。高庄汉墓的木箱中出土有两组车马。一组为偶车马，一组为实用车马。

偶车马，也称明器车马，高庄汉墓共出土有9辆。位于外藏椁西南部的木箱中。出土时因木箱板和箱壁坍塌，多次淤水，9辆车相互叠压，车马饰件散乱无序，车舆几乎无存。图版所示为保存较好的2号明器车马（图8—7）。发掘报告中没有指明偶车的类别，但从"独辕双轮"③ 的

---

① 采自河北省文物研究所编著《河北考古重要发现（1949—2009）》，科学出版社2011年版，第171页。
② （宋）范晔撰，（唐）李贤等注：《后汉书》志第二十九《舆服上》，第3647页。
③ 河北省文物研究所、鹿泉市文物保管所编著：《高庄汉墓》，第61页。

图 8—5　山东孝堂山祠堂画像石大王出行图东西壁画像摹本①

图 8—6　山东孝堂山祠堂画像石大王出行图局部摹本②

图 8—7　2 号偶车马③

---

① 采自信立祥《汉代画像石综合研究》，文物出版社 2000 年版，第 106 页。
② 同上书，第 51 页。
③ 采自河北省文物研究所、鹿泉市文物保管所编著《高庄汉墓》，科学出版社 2006 年版，彩版 19—1。

描述看，应为汉时的轺车。轺车，为普通的车型，一车一马，轻便出行，在贵族出行的车阵中应属于从车或导车。

实用车马共有 3 辆，置于西墓道入口处右侧的木箱中。从保存情况看，每车驾 4 马，1 个御官俑。张治强、穆朝娜对三辆车马进行了复原研究（图 8—8、图 8—9、图 8—10）。从图版看，高庄汉墓出土车马与秦陵车马坑车马形制相似，尤其是 1 号和 3 号车。《续汉书·舆服志》"立车、安车"，徐广："立乘曰高车，坐乘曰安车。"① 研究者认为 1 号车御者立于车上，身佩长剑，视野开阔。随车有弩机、战鼓，应是一辆战车或戎车。此应为开道和保卫之用。2 号车小而华丽，车舆前、左、右外饰凤鸟，舆底用革条网织，乘坐舒适，彰显富贵级别。从乘坐方式看，属安车。而从车耳外翻的形制来看，属辒车。3 号车分前后两部分，后开门，可容两人卧憩其中。《周礼正义·春官宗伯第·巾车》引《释名释车》"辒车载辒重，卧息其中之车也。辒，厕也，所载衣物杂厕其中也……衣车前户，所以载衣服之车也。"② 孙诒让认为"后户者，汉时辒车之制"。③ 应是便于出行者及家人途中休息。《史记·外戚世家》："武帝起更衣，子夫侍尚衣轩中，得幸。"《史记正义》注："尚，主也。于主衣车中得幸

图 8—8　1 号车侧视示意图④

---

① 《后汉书》志第二十九《舆服上》，第 3645 页。
② （清）孙诒让撰：《周礼正义》，中华书局 1987 年版，第 2185 页。
③ 同上。
④ 采自张治强、穆朝娜《河北高庄汉墓出土实用车马复原研究》，《文物春秋》2005 年第 6 期。

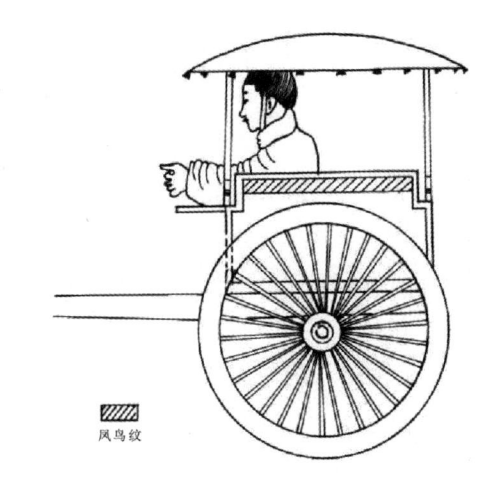

图 8—9　2 号车侧视示意图①

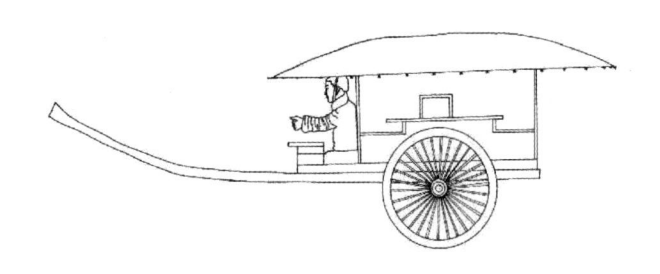

图 8—10　3 号车侧视示意图②

也。"③ 这种辎车车身长，有人形容"如鳖而长"④，汉桓帝时禁臣下乘之。

海昏侯墓共出土有实用车马 5 辆，均为安车，6 辆偶轺车和 2 辆偶乐车，共出土有 13 辆。⑤ 高庄汉墓实用车马 3 辆，偶车马 9 辆，共 12 辆。从两个诸侯王墓出土车马的对比来看，西汉诸侯王出行要较我们从汉画

---

① 采自张治强、穆朝娜《河北高庄汉墓出土实用车马复原研究》，《文物春秋》2005 年第 6 期。

② 同上。

③ （汉）司马迁撰：《史记》卷四十九《外戚世家》，第 1978—1979 页。

④ （清）孙希旦撰：《礼记集解·曲礼上》，中华书局 1989 年版，第 101 页。

⑤ 信立祥：《西汉废帝海昏侯刘贺墓考古发掘的价值及意义略论》，《南方文物》2016 年第 3 期。

像石或画像砖的看到的车马出行图简易得多，或此种规制才是汉时诸侯车舆制度的真实内容。

第二节　北新城真定王汉墓[①]

北新城汉墓位于鹿泉市（现石家庄市区）北新城村西，西北距离高庄汉墓约2公里。墓地200米处设有村办砖窑一座，墓区范围内南面和西面发掘前已形成窑场取土坑。北新城汉墓由南北并排两座大墓组成，墓坑相距32米。南侧之墓编号为M1，北侧之墓编号为M2。

M1是一座土坑石室墓，有东西两条墓道，呈"中"字形，墓向90°。墓东西残长31.1米，南北宽13.8—14.6米。墓坑底部砌有石室，基本呈方形，东西长14.6—15.3米，南北宽约11.7米。墓室分为南室、北室和中室三部分（图8—11）。推测原应有木质结构，由于遭盗掘焚烧，具体不详。

图8—11　北新城汉墓M1南室、中室、北室（图示自东向西）[②]

[①] 此节数据主要依据河北省文物研究所、鹿泉文物保管所：《鹿泉市北新城汉墓M1发掘简报》，河北省文物研究所编：《河北省考古文集（三）》，科学出版社2014年版，第70—80页。河北省文物研究所、石家庄市文物研究所、鹿泉文物保管所：《鹿泉市北新城汉墓M2发掘简报》，《文物春秋》2008年第5期。河北省文物研究所编著：《河北考古重要发现（1949—2009）》，科学出版社2011年版，第172—174页。

[②] 采自河北省文物研究所编著《河北考古重要发现（1949—2009）》，科学出版社2011年版，第173页。

M2是一座"中"字形土圹木椁墓,有东西两条墓道。由于砖厂取土,发掘前墓道东端、部分外藏椁和墓的上部已被破坏。墓葬东西残长36.3米,南北宽23.7—30.7米。是一个大型积炭木椁墓,墓底普遍残存有厚约45厘米的木炭。该墓由墓室、东西墓道、外藏椁组成。墓室平面呈长方形,东西残长13.3—13.5米,南北残宽11.0—11.1米,残深3.0—3.35米。外藏椁有6个,环绕于墓室的外侧。外藏椁为砖砌,顶部留有方木遗迹,多呈朱色,有木灰,应是以木覆顶。

M1墓早年被盗并焚烧。该墓共发现4个盗洞,除第一个盗洞为墓被焚烧之后进入墓室外,其余皆为焚烧之前进入墓室。因此此墓大件器物无存。出土有陶器、铁器、铜器等400余件,以及五铁钱1000余枚。其中陶质器物大部分出于南室,计有鼎、壶、盒、盘、耳杯、罐、盆、奁、勺、碗,以及鸡、鸭、狗、马陶明器共计20余种。铜器中明器车马饰占有大宗,另有轮、空心珠、耳杯镶口、铺首、环等。明器车马基本出于南室。五铢钱币绝大部分出于北室。这可能与王侯贵族钱库、食官库、车马库的安排有直接关系。

M2虽然早年也经盗挖并焚毁,出土了部分随葬品,其中包括玉器、铜器、铁器以及陶器、石器等,共计480余件。明器车马饰件基本均出于外藏椁内。值得注意的是,M2出土了4件辁轮,由铜轮、铁轴、铁架组成。轮为圆柱体,有铁轴贯穿铜轮中心,轴也为圆柱体,轴的两端有铁架(图8—12)。《说文·车部》:"轮,有辐曰轮,无辐曰辁。从车仑声。"发掘报告将之定名的"辁",甚是。《潜夫论·浮侈》提及诸侯贵族重丧葬,棺椁用料厚重考究,"夫既其终用,重且万斤,非大众不能举,非大车不能挽"①。这样厚重的棺椁,因墓道不能容纳大量的人力,下葬时或用此辁轮。如《仪礼·士丧礼》所云:"升棺用轴,盖在下",郑玄注:"轴,輁轴也。輁状如床,轴其轮,挽而行。"②

---

① (汉)王符著,(清)汪继培笺,彭铎校正:《潜夫论笺校正》,中华书局1985年版,第134页。

② (汉)郑玄注,(唐)贾公彦疏:《仪礼注疏》,北京大学出版社2009年版,第699页。

图 8—12　北新城汉墓 M2 出土辁轮①

另外，M2 还出土有 133 件玉器，其中一件为玉璧，132 件是玉片。玉片四角有穿孔，供穿接之用。但考古现场未发现连接所用材料。玉片正面阳刻瑞兽，背部为素面，发掘者推测为玉衣片。我们知道，汉代玉衣为帝王、诸侯、列侯、贵人、公主殓衣，《续汉书·礼仪志下》："诸侯王、列侯、始封贵人、公主薨，皆令赠印玺、玉柙银缕；大贵人、长公主铜缕。"② 此所述为东汉制度，卢兆荫先生统计东汉所出玉衣墓葬 16 座，其中出银缕、铜缕玉衣各一套的有 3 座，出银缕玉衣的 3 座，出鎏金铜缕玉衣的 1 座，出铜缕玉衣的 7 座，所出玉衣不明缕质的 2 座。其用缕制度与《续汉书》所载相符合。不过，西汉为玉衣形成的早期阶段，分级制度尚不严格，"不重视编缀玉片用的是什么质料的'缕'，既可以用'金缕'、'银缕'或'铜缕'，也可用'丝缕'"③。卢兆荫先生统计西汉出土有玉衣墓葬共 18 座，所有玉衣为金缕的有 8 座，银缕的 2 座，铜缕的 2 座，丝缕的 1 座，不知材质的 5 座。因 M2 墓室为焚烧遗留，笔者推测墓主所着玉衣或为"丝缕"。

---

① 采自河北省文物研究编著：《河北考古重要发现（1949—2009）》，科学出版社 2011 年版，第 174 页。
② 《续汉书》志第六《礼仪下》，第 3152 页。
③ 卢兆荫：《再论两汉的玉衣》，《文物》1989 年第 10 期。另可参见卢兆荫《试论两汉的玉衣》，《考古》1981 年第 1 期。

发掘简报认为"北新城汉墓 M2 有很长的双墓道，有围绕整个墓室复杂的回廊外藏椁，其外在墓道的两侧还分布有耳室等，是汉代中原一带流行的诸侯王墓葬形制"①。《史记·五宗世家》记载第二代常山王刘勃被废，国绝。元鼎三年（前114）武帝下诏：

> 天子为最亲，乃诏有司曰："常山宪王蚤夭，后妾不和，適孽诬争，陷于不义以灭国，朕甚闵焉。其封宪王子平三万户，为真定王。"②

真定王，据《汉书·诸侯王表》共传六代，西汉末真定王刘杨在王莽时被贬为公。而北新城汉墓仅距高庄汉墓千米的距离，属于同一个墓域，应是常山王刘舜的后代，为武帝所封真定王中的某代王。M1 和 M2 同坟异穴，是西汉时期流行的夫妻合葬形式，推测两座汉墓为真定王及夫人的夫妻合葬墓。

第三节　南水北调汉代墓葬群

2009 年 7 月，为配合南水北调工程，河北省考古发掘工作也全面展开。南水北调工程石家庄段长 123.19 公里，分成京石段和邯石段，其中，京石段供水工程起自古运河枢纽，经新华区、正定县（现为石家庄正定新区），到新乐市出境，全长 57.4 公里。邯石段工程自古运河枢纽起，止于邢石界，经新华区、桥西区、鹿泉市（现为石家庄鹿泉区）、元氏县、赞皇县、高邑县，全长 65.79 公里。③ 因此，相关石家庄地区的考古工作主要集中在元氏县、鹿泉区和正定新区以及赞皇县和高邑县。从已发表的发掘报告看，此次工程石家庄段由全国各地考古文物部门共同协作完成。比如河北省文物研究所负责元氏小留村、赵村、南程村、北程

---

① 河北省文物研究所、石家庄市文物研究所、鹿泉文物保管所：《鹿泉市北新城汉墓 M2 发掘简报》，《文物春秋》2008 年第 5 期。
② 《史记》卷五十九《五宗世家》，第 2103 页。
③ 《南水北调石家庄段贯通》，《燕赵都市报》2013 年 12 月 9 日。

村等大部分南水北调工程抢救性发掘，宁夏文物考古研究所负责元氏殷村墓地的发掘，山西大学考古系负责元氏县南吴会墓地的发掘，大连市文物考古研究所、四川大学历史文化学院考古系等负责西龙贵墓地的发掘①等。

一　常山故城中心聚落的繁荣

本书秦汉篇第五章"秦汉恒山郡（国）、常山郡（国）、真定国建置沿革"，曾探讨过秦汉时恒山郡、恒山国、常山郡和常山国的历史变迁。秦帝国存续时间短，在现石家庄辖区所设为恒山郡，郡治在东垣，现石家庄市区体育北大街附近。汉时恒（常）山郡和恒（常）山国郡治首府都在元氏，即今元氏故城。

元氏，最早赵国因军事防御目的而修建，《史记·赵世家》记载赵孝成王"十年，燕攻昌壮，五月拔之。赵将乐乘、庆舍攻秦信梁军，破之……而秦攻西周，拔之……十一年，城元氏"②，这一年即公元前255年。结合《汉志》常山郡"高帝置"和《史记·张丞相列传》"汉乃以张苍为常山守"③，元氏成为郡治应在高帝三年（前204）。

元氏在西汉时期的文献材料中并没有突出的记述，《汉书》中"元氏"一词仅一见，是《地理志》述及地名时提及。但到了东汉时期，元氏城的政治地位因刘秀的儿子汉明帝刘庄生于"元氏"之故，逐渐显赫起来。《后汉书·皇后纪上》追述光烈阴皇后"建武四年，从征彭宠，生显宗于元氏"④。史书中多次见到帝王亲临或蠲免元氏赋税、徭役的记述。

《后汉书·明帝纪》明帝永平五年（62）：

>常山三老言于帝曰："上生于元氏，愿蒙优复。"诏曰："丰、沛、济阳，受命所由，加恩报德，适其宜也。今永平之政，百姓怨

---

① 南水北调中线干线工程建设管理局、河北省南水北调工程建设组办公室、河北省文物局编著：《石家庄元氏、鹿泉墓葬发掘报告》，科学出版社2014年版，"前言"。
② 《史记》卷四十三《赵世家》，第1827页。
③ 《史记》卷九十六《张丞相列传》，第2675页。
④ 《后汉书》卷十上《皇后纪上》，第405页。

结，而吏人求复，令人愧笑。重逆此县之拳拳，其复元氏县田租更赋六岁。"①

《后汉书·章帝纪》章帝建初七年（82）：

> 劳赐常山、赵国吏人，复元氏租赋三岁。②

《后汉书·章帝纪》章帝元和三年（86）：

> 癸酉，还幸元氏，祠光武、显宗于县舍正堂；明日又祠显宗于始生堂，皆奏乐。三月丙子，诏高邑令祠光武于即位坛。复元氏七年徭役。③

国家的重视，政策的倾斜，使常山一带在东汉时期达到鼎盛。元氏汉碑《祀三公山碑》《三公御语山神碑》《封龙山颂》《三公之碑》《无极山碑》《八都神庙碑》《白石神君碑》七通汉碑记载了东汉时地方官员行国家祭祀及祷山求雨的盛况。详可参见本书第六章收录王文涛先生所著相关内容。

两汉四百余年，常山元氏故城一直作为郡治或国治，《元和郡县图志》："两汉常山太守皆理于元氏。"④ 无疑，元氏故城是汉代冀中地区的重要城市，以元氏为中心形成了繁荣的聚落群。因此，在南水北调的考古探查工作中发现，围绕元氏故城，汉代遗址墓葬星罗棋布、非常密集（图8—13）。⑤ 图中所示为报告所列15处遗存，一般来说常山郡故城遗

---

① 《后汉书》卷二《显宗孝明帝纪》，第108页。
② 《后汉书》卷三《肃宗孝章帝纪》，第143页。
③ 同上书，第155页。
④ （唐）李吉甫撰：《元和郡县图志》卷第十七《河北道二·赵州·元氏》，中华书局1983年版，第490页。
⑤ 图中1—15，分别为1.元氏故城、2.故城东北遗址、3.小留遗址、4.赵村遗址、5.赵村西遗址、6.赵村东南遗址、7.陈郭庄东遗址、8.陈郭庄西遗址、9.北程遗址、10.南程北遗址、11.陈郭庄西南遗址墓地、12.东贾村北遗址、13.南程墓地、14.殷村遗址墓地、15.龙正遗址。

图 8—13　常山郡元氏故城周边遗存①

址为当时的官署及住宅区，小留遗址古井群②是为城内军民供应饮用水的

---

① 采自《常山郡元氏故城南程墓地》，科学出版社 2014 年版，第 7 页。
② 张童心、王斌：《河北元氏龙正遗址与汉常山郡（国）考古》，《中国考古学会第十五次年会论文集》，文物出版社 2012 年版，第 413 页："2009 年 11 月至 2010 年 4 月，河北省文物研究所于小留村墓地所在的一万平方米范围内发掘出土 6 眼西汉时期水井，且分布密集。另据当地群众介绍，先前民众耕种及挖沙时曾损毁 30 余眼此类水井。出土水井每眼深约 5—7 米，直径 1.3—1.4 米，均由陶井圈层层构筑而成。井圈呈圆弧形，宽约 30 厘米，三块可拼接成圈。"另外，也记作水井 60 口的，井与井之间的距离有的相距仅 1.2 米，有的紧紧挨在一起（参见南水北调中线干线工程建设管理局、河北省南水北调工程建设领导小组办公室、河北省文物局编著《常山郡元氏故城南程墓地》，科学出版社 2014 年版，第 10 页）。

如此多而密集，且属同一时期水井的发现，在考古学上并不罕见。比如 1956 年在北京西郊白云观发现 151 座陶井，其中战国 36 座，西汉 115 座（北京市文物工作队：《北京西郊白云观遗址》，《考古》1963 年第 3 期）。1980 年至 1983 年，在咸阳长陵车站秦代遗址中发现 81 座水井，其中第 8 号为西汉时期，其余均为秦代水井，集中分布在四个沙坑中（参见咸阳秦都考古工作队：《咸阳长陵一带考古调查》，《考古与文物》1985 年第 3 期）、1989 年在苏州北郊一建筑工地 50 平方米的范围内发现 11 座汉代水井，呈人字形排列，井与井之间最近处有的只有 0.3 米，断代为西汉中晚期至东汉早期（王德庆：《苏州北郊汉代水井群清理简报》，《考古》1993 年第 3 期）等，都显示了秦汉社会水井的集中分布。学者分析，国家"将居民区和水井区分开，以便对居民日常生活特别是公共生活的监督和控制"，此与"市井"一词有密切关系（臧知非：《秦汉土地赋役制度研究》，中央编译出版社 2017 年版，第 424—428 页），可备一说。

水源区，赵村遗址发现的古砖瓦窑系给常山郡供应建筑材料的工业区，北程遗址是生产生活陶器或其他器具的手工业作坊区，南程、殷村墓地则是当时人们埋葬先人的墓葬区。①

以墓葬为例，汉文化遗存非常发达。比如南程墓地，2009年3月河北省文物研究所曾配合石武铁路客运专线在A区进行了抢救性发掘，当时共发掘66座墓葬，除M1042有开元通宝和瓷碗出土，应为唐—五代时期墓葬外，其余65座均为汉代墓葬。② 2009年10月为配合南水北调，在B区（北区）再次发掘126座墓葬，全部为西汉中期至东汉中期的汉代墓葬。③ 殷村墓地南水北调考古挖掘中发掘27座墓葬，全部为东汉中期至汉末曹魏的墓葬。④

围绕元氏故城的汉代遗存，不仅仅在现今元氏县境内，临近故城的原常山郡现石家庄鹿泉区、正定新区等南水北调考古工作中，也有同样的现象发现。比如河北正定野头墓地共挖掘17座墓，其中14座东汉墓，1座唐墓，3座宋墓。⑤ 鹿泉区西龙贵墓地所挖掘的更是有38座汉墓⑥，10座金代墓葬⑦，少数宋墓，数目不详。

由此可见汉代石家庄地区人口密集、城市发达以及经济之繁荣。下面我们选择有代表性的不同分期的汉墓群，择要述之。

---

① 参见张童心、王斌《河北元氏龙正遗址与汉常山郡（国）考古》，《中国考古学会第十五次年会论文集》，文物出版社2012年版，第403—416页。

② 河北省文物研究所、石家庄市文物研究所、元氏县文保所：《石武铁路客运专线南程墓地发掘报告》，南水北调中线干线工程建设管理局、河北省南水北调工程建设领导小组办公室、河北省文物局编著：《常山郡元氏故城南程墓地》，科学出版社2014年版，第213—255页。

③ 南水北调中线干线工程建设管理局、河北省南水北调工程建设领导小组办公室、河北省文物局编著：《常山郡元氏故城南程墓地》，第210页。

④ 南水北调中线干线工程建设管理局、河北省南水北调工程建设领导小组办公室、河北省文物局编著：《石家庄元氏、鹿泉墓葬发掘报告》，第121页。

⑤ 辽宁省文物考古研究所：《河北正定野头墓地发掘简报》，《文物》2012年第1期。

⑥ 四川大学历史文化学院考古系、上海大学艺术研究院美术考古研究中心等：《河北鹿泉西龙贵汉代墓葬》，《考古学报》2013年第1期。该文提及此次西龙贵发掘29座汉墓，大连文物考古研究所挖掘10座，但是，笔者查大连文物考古研究所发掘报告，为9座东汉墓。此统计从原报告。

⑦ 南水北调中线干线工程建设管理局、河北省南水北调工程建设领导小组办公室、河北省文物局编著：《石家庄元氏、鹿泉墓葬发掘报告》，第156页。

二　元氏南程汉墓群[①]

南程墓地位于河北省石家庄市元氏县城西北8.5公里，北距常山郡元氏故城遗址1.6公里，处于殷村镇南程村与陈郭庄村之间。据河北省文物研究所的探查发掘，在此区域内分布有大量的两汉时期墓葬。目前发掘的有三区。A区为石武铁路客运专线沿线发掘的南程墓地，共计发掘66座墓葬，其中65座为汉墓。B区为南水北调的南程墓地北段，在A区的西面，共计发掘墓葬126座，都是汉代墓葬。C区为南水北调南程墓地南段，共发掘墓葬30余座（由北京市文物研究所发掘，具体报告未出）。南程墓地如此大规模的汉代墓葬区，应属于常山郡元氏故城的平民墓葬区。整个墓区呈区域性集中分布，每个区域可能属于不同的家族或人群。

河北省文物研究所南水北调南程墓地的发掘从2009年11月至2010年6月，发掘面积2980平方米。126座墓葬中竖穴土坑墓60座，椁室有木椁、石椁、砖椁三种，4座墓在墓主的头侧有龛。另有洞室墓2座，带墓道土坑墓2座，单砖室墓10座，双砖室墓4座。报告通过器物组合，结合墓葬形制，将所发掘汉墓分为四期：西汉中期、西汉晚期、东汉早期和东汉中晚期。南程墓葬多为长2—4.36米，宽0.6—1.56米，深0.2—3.2米的小型墓葬，性质上为三四平方米的元氏平民墓地。所有墓葬中前二期数量最多，是南程墓地的主体。由此我们可以看出西汉中期、晚期元氏故城人口数量多，是城市发展的稳定和繁荣期。如上所述，传世文献中对西汉时期的元氏记述疏略，在这一层面上考古新材料非常珍贵，可以补传世文献之不足。

南程墓地为小型平民墓，有不少被盗扰，所出土文物没有精品。A区出土文物90件，有铜、陶、瓷、琉璃器。B区出土的可复原文物248件（组），有铜、陶、石、骨等类别。陶器最多，一般墓葬中都葬有两三件陶罐、陶盆、陶壶、陶盘、陶碗等，泥质灰陶。B区出土陶俑19件，

---

① 此部分数据如无特殊说明，均来源于南水北调中线干线工程建设管理局、河北省南水北调工程建设领导小组办公室、河北省文物局编著《常山郡元氏故城南程墓地》，科学出版社2014年版。以及书后附录河北省文物研究所、石家庄市文物研究所、元氏县文保所《石武铁路客运专线南程墓地发掘报告》。

包括女侍俑、男侍俑、驭手俑及马牛车轮等车马器。这一现象与秦汉墓中常见陶俑、木俑、石俑等文化现象相一致。女侍俑多着深衣、右衽，直踞长裙；男侍俑也着深衣，除一件不露足外，其他或腿外露，或足外露，为直立或曲膝站立；驭手俑则呈跽坐状。只不过因平民墓中出土，制作粗糙，面目多模糊，出土时残坏严重（图8—14）①。

图 8—14　南程墓地陶俑②

铜器、铁器、骨器数量很少，共 16 件（组），且为小件，小铁刀锈蚀非常严重。出土 2 枚印章，M096 出土的印面有边框，第一个为"王"，第二字右边为"斤"，似为"王斯"？（图 8—15）M084 印面无边框，报告释为"□□成"，似为"孔道成"？（图 8—16）③ 铜钱的数量较多，其

---

① 据发掘报告 1—7 为女侍俑，8—10 为男侍俑，11—12 为驭手俑。
② 采自《常山郡元氏故城南程墓地》，第 197 页。
③ 图片为甘肃文物考古研究所张俊民先生用 Photoshop 水平翻转而成。集美大学叶梅先生倾向于"孔道成"，张俊民先生倾向于"初道成"，认为左侧应为"示"。若有铃盖或更清楚些。

图 8—15　南程 M096 印章水平翻转图①

图 8—16　南程 M084 印章水平翻转图②

中以五铢钱为大宗,有不少制作精良的,图 8—17 为 M001 出土,属西汉晚期,图 8—18 是 M056 出土,属东汉中晚期。二者字迹变化比较明显,前者"五"字两笔斜直,微有弧曲;后者两笔弯曲;前者"铢"字头方

---

① 《常山郡元氏故城南程墓地》,彩版十。
② 同上。

折，后者圆折（图 8—17 和图 8—18）。

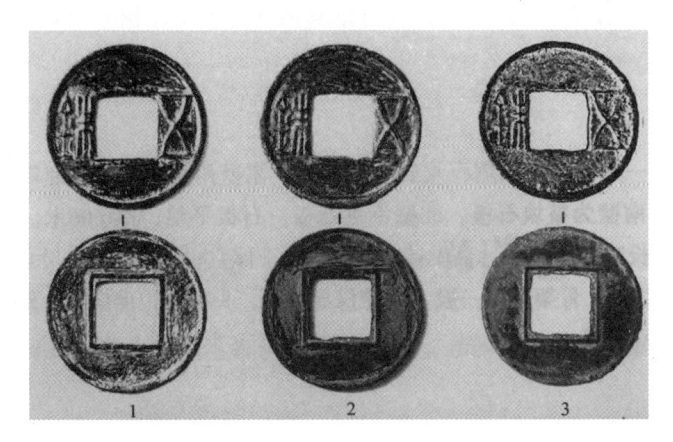

图 8—17　南程 M001 出土铜钱①

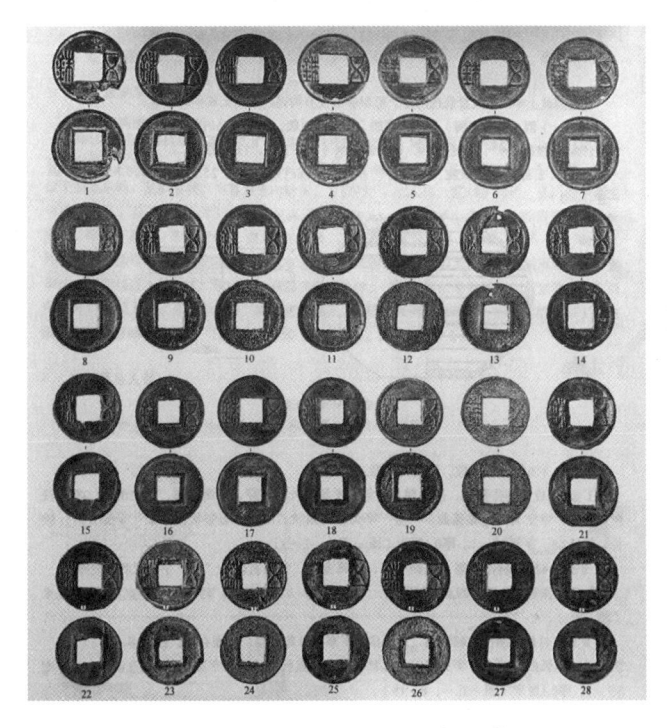

图 8—18　南程 M056 出土铜钱②

---

① 《常山郡元氏故城南程墓地》，第 26 页。
② 同上书，第 148 页。

南程墓地因墓葬数量众多，且断代比较单一，有助于我们对大一统汉文化变迁的深入研究。现石家庄辖区原属战国时中山国和赵国，在这次发掘中南程墓地群发现具有赵文化特征的少数实用器物，比如高领罐和折腹碗，由此可见区域文化对传统文化的传承。更值得注意的是，赵文化丧葬习俗中的器物组合鼎、豆、壶、盘、匜销声匿迹，而代之以鼎、豆、盒、壶的组合，而且形态差别也很大，写意的云气纹突出。另外，陪葬人物俑和车马器，也是从关中而来的秦文化、汉文化的传播结果。这一方面说明秦汉大一统文化的影响之深远；另一方面也揭示了汉代元氏故城的人们紧跟时代风尚，逐渐与汉帝国主流文化相融合的历程。

三 鹿泉西龙贵汉墓群[①]

西龙贵墓地北距鹿泉市（现鹿泉区）寺家庄镇西龙贵村约600米，东北距南龙贵村800米，南距山尹村镇约800米。山尹村镇与元氏县接壤，在故城之北。西龙贵墓地在南水北调中线工程考古发掘中分别由大连市文物考古研究所和四川大学历史文化学院考古系、河北省文物研究所、上海大学艺术研究院美术考古研究中心等共同完成。其中大连市负责9座东汉墓葬，四川大学等负责29座汉墓（图8—19）。

墓葬从形制上分作砖室墓和土坑墓，土坑墓共3座，其中两座小型土坑墓有可能是一种特殊葬制，从瓮棺葬的情况来看，两墓的墓主可能都是婴幼儿或儿童。砖室墓是西龙贵墓地的主流，又分作刀把形单室墓、凸字形单室墓、双室墓、三室墓几种形制。与同时期墓葬形制及器物组合等对比，西龙贵墓地应为东汉早中期至东汉晚期、东汉末。

该墓地破坏很严重，在东汉墓中发现宋金时期的瓷片，说明最晚在宋金时期就被盗掘。所有砖室墓墓顶都不存在了，墓砖也所剩无几。但从墓室面积来看，规模都不太小，应属于中小型，报告统计单室墓包括墓道全长多在9—12米，墓穴长4—6米；双室墓全长12—15米，墓穴长

[①] 本部分数据如无特殊说明均来自南水北调中线干线工程建设管理局、河北省南水北调工程建设组办公室、河北省文物局编著《石家庄元氏、鹿泉墓葬发掘报告》，科学出版社2014年版。四川大学历史文化学院考古系、上海大学艺术研究院美术考古研究中心等《河北鹿泉西龙贵汉代墓葬》，《考古学报》2013年第1期。

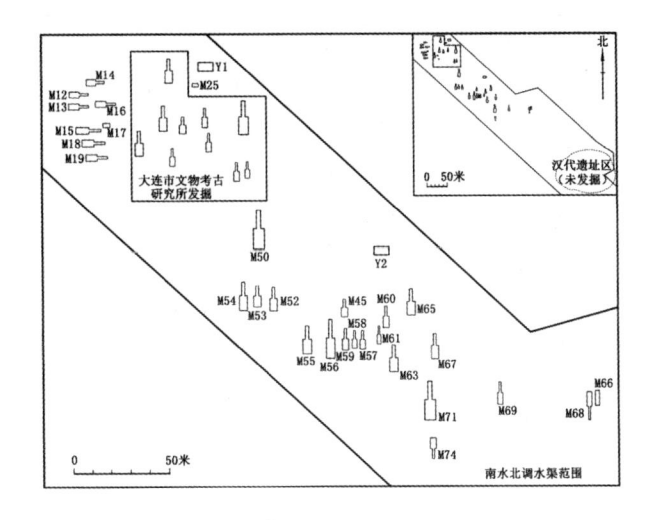

图 8—19　西龙贵墓地墓葬分布图①

6—8 米；三室墓全长 17 米，墓穴全长约 8 米。而且不管墓葬形制或规模如何，所用砖皆为本地烧制的，因此报告认为入葬这个墓地的可能都属于当地平民中的富裕者，也不排除有个别下层官吏。

西龙贵墓地的两次挖掘，由墓道方向看可分作三组。第一组位于发掘区的西北方向，墓道向东；第二组位于中北部至南部，方向朝北，这一组包括大连文物考古研究所发掘的；第三组位于最南缘，方向都朝南。三组墓葬形制、随葬品组合和种类基本相同，只是在规模上双室墓和三室墓多于其他二组。三组墓的年代大体同时，是同一时期使用的。因此三组墓的墓主"应该分别属于不同的集团，或许代表不同的家族集团，各集团在资产等方面可能存在一定的差异"②。与南程村墓地和殷村墓地的区域性集中分布（图 8—20）相对照看，笔者更倾向于西龙贵墓地为不同的家族墓地。汉代聚落并不是一个家族，从《白石神君碑》就可看出东汉晚期元氏故城及其附近，分布着马姓、王姓、帅姓、陈姓、杜姓、

---

① 采自四川大学历史文化学院考古所、上海大学艺术研究院美术考古研究中心等《河北鹿泉西龙贵汉代墓葬》，《考古学报》2013 年第 1 期。
② 同上。

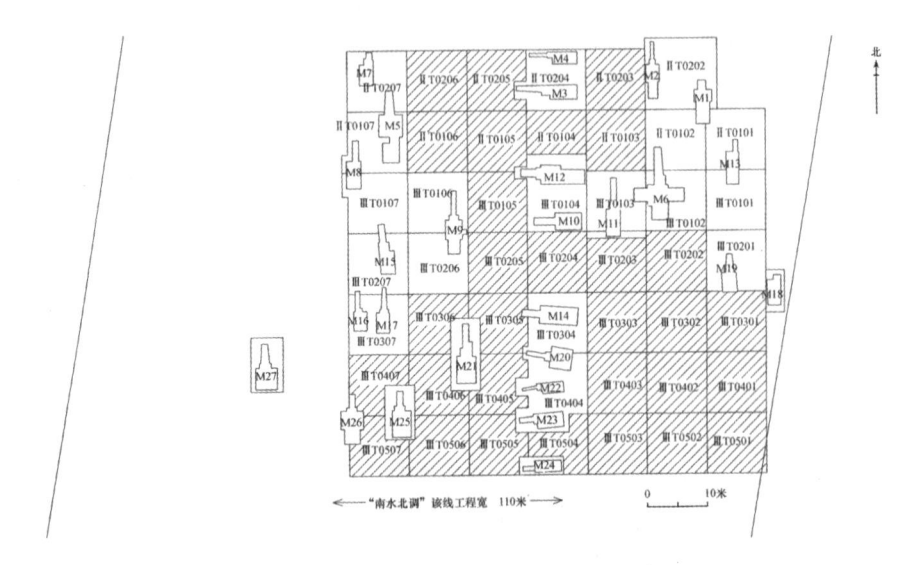

图 8—20　殷村墓地墓葬分布平面图①

李姓、吴姓、张姓、范姓、郝姓、郗姓、赵姓、郭姓、韩姓、解姓、郎姓等②，有的家族兴旺发达，有的家族衰落凋零，有的人口多些，有的人口少些。不同的家族，很可能在墓地最初选址时，所请阴阳师的师道传承不同，导致同一地区墓道方向的差异。当然，仅就西龙贵墓地来说，现有资料并不能说明墓道方向相同的就都是同一个家族，很可能是几个家族都遵循阴阳师的北向或东向墓道原则。

西龙贵墓地被严重盗扰，墓底很少有未被扰乱的随葬品。而且作为平民墓地，即使没有盗掘，也没有价值连城的精品文物。所出随葬品主要为陶器，也有很少量的铜器、铁器、铅器、石制品等。陶器主要为泥质灰陶，另有极少量的泥质褐陶、泥质红陶和夹砂红陶。器类有灶、井、房、厕圈、鸡、狗、壶、釜、瓮、罐、盆、钵、盘、杯等。铜器主要是铜镜两件，一件为残片，一件为柿蒂连弧纹星云镜，主要流行于东汉早中期。另外五铢钱、大泉五十、货泉等。特别需强调的是，所出模型明

---

① 采自南水北调中线干线工程建设管理局、河北省南水北调工程建设组办公室、河北省文物局编著《石家庄元氏、鹿泉墓葬发掘报告》，科学出版社 2014 年版，第 6 页。

② 袁延胜：《中国人口通史（东汉卷）》，人民出版社 2007 年版，第 283 页。

器，有陶套盒以及灶、井、楼房、圈厕等的组合（图8—21和图8—22）。我们知道灶、井、楼、仓、圈厕及家畜俑等的组合，不同于早期的仿铜礼器，这是生活中常见的实物明器，主要流行于东汉中晚期的墓葬中。①这一点与依墓葬形制的断代是一致的。

图8—21　西龙贵墓地带围屏灶②　　　图8—22　西龙贵墓地井③

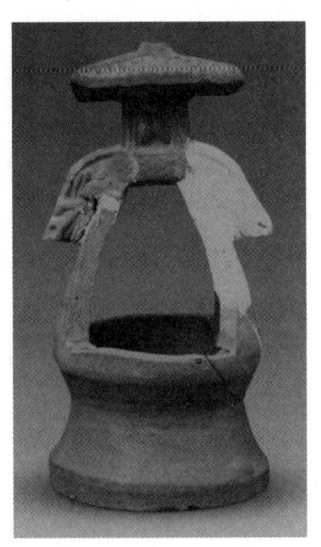

---

①　西安市文物考古研究所：《西安东汉墓（下）》，文物出版社2008年版，附表二，第1059—1074页。
②　采自四川大学历史文化学院考古系、上海大学艺术研究院美术考古研究中心等《河北鹿泉西龙贵汉代墓葬》，《考古学报》2013年第1期。
③　同上。

第九章

社会风俗文化

关于"风俗"一词的概念,汉代人有多种解释。《汉书·地理志下》:"凡民函五常之性,而其刚柔缓急,音声不同,系水土之风气,故谓之风;好恶取舍,动静亡常,随君上之情欲,故谓之俗。"①《风俗通义·序》:"风者,天气有寒暖,地形有险易,水泉有美恶,草木有刚柔也。俗者,含血之类,像之而生,故言语歌讴异声,鼓舞动作殊形,或直或邪,或善或淫也。"②而北齐刘昼的解释更是从区域文化的角度,解释了风俗的不同。《新论·风俗章》:"风者,气也。俗者,习也。土地水泉,气有缓急,声有高下,谓之风焉。人居此地,习以成性,谓之俗焉。"③彭卫、杨振红先生用现代汉语解释为"群体生活方式的差别是风俗的基本内容,风俗是在自然和人文共同作用下形成的"④。

秦汉时期各地风俗的不同,在文献材料中主要是《史记·货殖列传》和《汉书·地理志下》,前者反映的是战国后期至西汉中期以前的风土人情,后者则展示西汉中期至西汉后期各地风俗概况。⑤ 司马迁所描述的地域风俗主要以春秋战国时期的地理位置为主,是各故国风俗的延续。而朱赣保存在《汉书·地理志下》中对各地风俗的描述,与司马迁所述有相同的,也有不同的,可以看作是对《史记》所记风土人情的延续和补充。

具体到现石家庄辖区,不论司马迁还是朱赣,都将其视作赵地或中

---

① 《汉书》卷二十八下《地理志下》,第1640页。
② (汉)应劭撰、王利器校注:《风俗通义校注》,中华书局1981年版,第8页。
③ (汉)陆贾撰、王利器校注:《新语校注》,中华书局1986年版,第21页。
④ 彭卫、杨振红:《中国风俗通史(秦汉卷)》,上海文艺出版社2002年版,第3页。
⑤ 同上。

山之地。现将材料摘录于下：

《史记·货殖列传》：

> 中山地薄人众，犹有沙丘纣淫地余民，民俗懁急，仰机利而食。丈夫相聚游戏，悲歌忼慨，起则相随椎剽，休则掘冢作巧奸冶，多美物，为倡优。女子则鼓鸣瑟，跕屣，游媚贵富，入后宫，徧诸侯。①

《汉书·地理志下》：

> 赵地……北有信都、真定、常山、中山，又得涿郡之高阳、鄚、州乡；东有广平、巨鹿、清河、河间，又得渤海郡之东平舒、中邑、文安、束州、成平、章武，河以北也；南至浮水、繁阳、内黄、斥丘；西有太原、定襄、云中、五原、上党。
>
> ……
>
> 赵、中山地薄人众，犹有沙丘纣淫乱余民。丈夫相聚游戏，悲歌忼慨，起则椎剽掘冢，作奸巧，多弄物，为倡优。女子弹弦跕躧，游媚富贵，徧诸侯之后宫。②

由上我们可以看出赵、中山之地民俗懁急，男子好气剽悍，悲歌慷慨；女子多才多艺，游媚贵富。但风俗的含义如上所引，是指自然与人文共同构建的群体生活方式，即俗语所说一方水土养一方人。因此饮食厨事、服饰风尚、居住建筑等相关衣食住行的习俗，是我们这一章要叙述的主要内容。

第一节　饮食与厨事

《史记·货殖列传》和《汉书·地理志下》记述各地风土人情，除了

---

① 《史记》卷一百二十九《货殖列传》，第3263页。
② 《汉书》卷二十八下《地理志下》，第1655页。

人的习性，还多记地方自然物产，比如燕地"民雕捍少虑，有鱼盐枣栗之饶"①；齐地"膏壤千里，宜桑麻，人民多文彩布帛鱼盐"②。但是，在记述赵和中山之地时，却缺漏了地方物产。正由于这个原因，有学者得出了"由此可知当时河北平原的中部和东部，仍然在很大程度上保持着上古以来沼泽遍布、丛棘茂盛、猛兽出没的自然生态"③的结论。

史书没有记录，不一定是不存在的。事实上仅从我们上一章所述及的南水北调考古工程中常山郡、常山国密集的墓葬群的分布，以及汉墓中明器仓④、实用铁铲、铁犁⑤的出土也可以推断出这一带农业文明的发展。那么，秦汉时期常山人种植什么？又吃什么？

首先，饮食的主食上应该是时人常说的五谷。五谷的概念在汉代人的认知中并不完全一致。黄展岳先生通过与马王堆汉墓遣策记录与出土实物的对比得出，五谷应指"黍、粟、麦、菽、稻"⑥。

粟，也称禾，是我们今天所说的小米。作为禾本科的一年生草本作物，对土壤要求不严，适应性强，特别适合秦汉时期的北方地区种植。同时考古发现，"粟"在江苏、湖北、湖南、广西等地的西汉墓葬中都有发现。⑦所以，粟是当时种植非常广泛的一种农作物。值得注意的是史书中还有这样的记述，比如"请令吏得入粟补官，及罪人赎罪。令民能入粟甘泉各有差，以复终身"⑧，"令民入粟受爵至五大夫以上，乃复一人耳"⑨。纳粟可以授爵、拜官，可以赎罪、免役等，由此我们可以看出

---

① 《史记》卷一百二十九《货殖列传》，第3265页。
② 同上书，第3265页。
③ 张京华：《燕赵文化》，辽宁出版社1995年版，第26页。
④ 石家庄市文物保管所：《石家庄市北郊东汉墓》，《考古》1984年第9期。此汉墓所出仓明器，高55厘米，宽44厘米。分为仓顶和仓身两部分。整体呈长方形。两侧和中央各有一个通风孔。辽宁文物考古研究所：《河北正定野头墓地发掘简报》，《文物》2012年第1期。正定野头汉墓的陶仓明器较小，分为上下两层，下层残缺，形制不明。正面有长方形窄门，楼内中空。长16.3厘米、宽15厘米、残高15.6厘米。
⑤ 河北省文物管理委员会：《石家庄市北宋村清理了两座汉墓》，《文物》1959年第1期。
⑥ 黄展岳：《汉代人的饮食生活》，《先秦两汉考古论丛》，科学出版社2008年版，第154—168页。
⑦ 陈文华编著：《中国农业考古图录》，江西科学技术出版社1994年版，第28页。
⑧ 《史记》卷三十《平准书》，第1441页。
⑨ 《汉书》卷二十四上《食货志上》，第1134页。

"粟"在汉代是一种最基本的、最重要的粮食，其在社会流通中的作用在一定程度上堪比实物货币。可能正是这个原因，秦国的《吕氏春秋·审时篇》和西汉《氾胜之书》都将"粟（禾）"作为五谷之首。尽管从目前的考古发掘来看，现在石家庄的汉墓中没有发现粟。但是，早在新石器时代的正定南杨庄遗址中，发现过粟。① 在石家庄南边的邯郸磁山更是发现新石器时代的圆角长方形粮食窖藏189个，这些粮食堆积经中国社会科学院考古所作灰象分析，发现有粟的痕迹。② 而历史文明发展到汉代，粟只能是更大范围地种植，常山、真定一带"粟"仍是重要的农作物之一。

麦类作物是秦汉时代种植很广泛的一种农作物。洛阳金谷园汉墓陶器上的"小麦""大麦屑万石""小麦舖"的粉书次数推测，学者据此认为这一时期黄河中下游地区以种植大小麦为最多。③ 从文献材料看，麦的种植在西汉时期多在关东，《汉书·食货志上》载董仲舒上言汉武帝"今关中俗不好种麦，是岁失《春秋》之所重，而损生民之具也"，建议汉武帝"诏大司农，使关中民益种宿麦，令毋后时"④。似乎显示关中地区麦的推广是在汉武帝时期。但是，睡虎地秦简《秦律十八种·仓律》多次提到麦"种：稻、麻亩用二斗大半斗，禾、麦亩一斗（简38）"⑤ "麦十斗，为䵂三斗（简43）"⑥，《法律答问》"有禀叔（菽）、麦，当出未出，即出禾以当叔（菽）、麦，叔（菽）、麦贾（价）贱禾贵，其论可（何）殹（也）？（简153）"⑦ 秦发源于关中，可见麦的种植比以往我们认知的可能更加早、更加广泛。考古发掘中汉代的麦的实物没有在现石家庄辖区内出现过，只有文献材料记载刘秀早年经略河北，"时天寒烈，众皆饥疲，异上豆粥"，饥寒尽解。后遇大风雨，冯异"复进麦饭菟肩。因复度

---

① 唐云明：《河北新石器时代遗址农业考古概述》，《农业考古》1989年第1期。
② 罗平：《磁山遗址农业生产初探》，河北省文物考古学会等编：《磁山文化论集》，河北人民出版社1989年版，第146—148页。
③ 黄展岳：《汉代人的饮食生活》，《先秦两汉考古论丛》，第154—168页。
④ 《汉书》卷二十四上《食货志上》，第1137页。
⑤ 《睡虎地秦墓竹简》，第29页。
⑥ 同上书，第30页。
⑦ 同上书，第129页。

滹沱河至信都"①，麦饭是以野蔬为主料加以面粉蒸制而成的，跟豆粥一样都属乡野粗食。

黍，是一种抗旱能力很强的草本作物，在我国北方和西北地区种植。甲骨文和《诗经》中黍出现的最多，远远超过其他农作物，研究者认为黍应是商周时期的主要粮食作物。②石家庄藁城台西村的商代遗址，出土过黍。③但从文献材料的记述来看，秦汉时期黍的地位已经下降，更多出现的是粟、麦、稻、菽。河北满城汉墓出土了黍。从种植传承上推测，汉代常山一带也应有黍的少量种植。

五谷中的菽（大豆）和稻，在考古材料和文献材料中我们都不能发现与石家庄相关的记录。据上述《后汉书·冯异列传》刘秀食豆粥，可以得知常山、真定及附近一带豆类作物有种植，且可能是普通庶民的主要食物。《战国策·韩策》记述张仪说韩王时提及"民之所食，大抵豆饭藿羹"④。尽管豆粥粗陋，但因及时解了饥寒，多年后，光武帝还因"芜蒌亭豆粥，滹沱河麦饭"⑤赏赐冯异珍宝衣服。至于稻，在满城汉墓中也有出土，但没有文献材料相佐证，也没有前代的相关出土实物。而且满城汉墓为诸侯王墓，所以，汉代常山一带是否种植或普通百姓能够食用，不详。

至于佐食，因为材料的限制，我们不能了解得很清楚。但是，从汉代平民墓葬出土的圈厕（图9—1）（有的放有陶猪，有的没有）、鸡、鸭、鹅、狗陶俑（图9—2、图9—3、图9—4），以及明器灶上摆的鱼（图9—5）、羊头⑥、牛头⑦、牛马陶俑，可以看出肉食、蛋类，应是汉代常山一带主要佐食。肉食常用的主要是猪、鸡、鸭、鱼肉、羊肉、狗肉之类，至于马牛，估测不会是日常所食。我们知道西汉因与匈奴的战争，非常重视养马，专门有"马复令"，颜师古曰："因养马以免徭赋也。"⑧

---

① 《后汉书》卷十七《冯异列传》，第641页。
② 陈文华编著：《中国农业考古图录》，第36页。
③ 唐云明：《河北商代农业考古概述》，《农业考古》1982年第1期。
④ （汉）刘向集录：《战国策》，上海古籍出版社1998年版，第934页。
⑤ 《后汉书》卷十七《冯异列传》，第649页。
⑥ 石家庄市文物保护研究所：《石家庄市城角庄汉墓》，《文物春秋》2007年第6期。
⑦ 南水北调中线干线工程建设管理局、河北省南水北调工程建设领导小组办公室、河北省文物局编著：《石家庄元氏、鹿泉墓葬发掘报告》，第90页。
⑧ 《汉书》卷九十六下《西域传下》，第3916页。

光武帝建武四年（28）曾有诏书："毋得屠杀马牛。（简 E. P. F22：47A）"① 事实上，即使没有国家政策的限制，一般情况下马牛这种作为运输或挽力的畜力，百姓轻易也不会食用。或许只有在国家"赐百户牛酒"② 这样普天同庆的时候，普通庶民才能吃上牛肉吧。

图9—1　西龙贵汉代圈厕③

图9—2　西龙贵陶鸡④

---

① 《居延新简集释》，第440页。
② 《汉书》卷二十五下《郊祀志下》，第1253页。
③ 采自《石家庄元氏、鹿泉墓葬发掘报告》，图版52—3。
④ 采自四川大学历史文化学院考古所等《河北鹿泉西龙贵汉代墓葬》，《考古学报》2013年第1期。

图 9—3　城角庄汉墓陶鹅①

图 9—4　西龙贵陶狗②

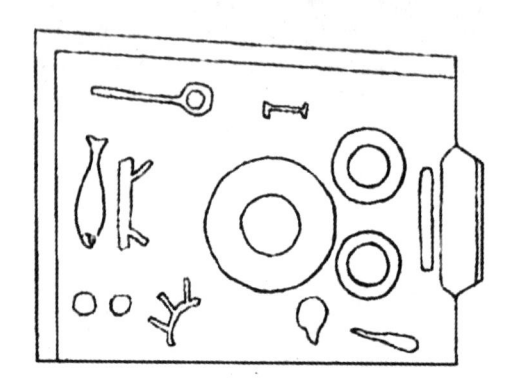

图 9—5　西龙贵灶上的鱼③

其次，炊具和食器。秦汉时人的炊具主要是灶釜和甑，全国各地的汉墓中常有出土。一般是整体作立体长方形。前面有灶门，后面有烟囱，灶面上有大火眼一个，小火眼一两个。大火眼上放釜、甑，小火眼上放小釜。甑放在釜上，器底部有箅孔，是蒸煮器。干饭用甑蒸，稀饭用釜来煮。

---

① 采自石家庄市文物保护研究所《石家庄市城角庄汉墓》，《文物春秋》2007年第6期。
② 采自四川大学历史文化学院考古所等《河北鹿泉西龙贵汉代墓葬》，《考古学报》2013年第1期。
③ 同上。

现石家庄辖区内的汉墓中灶的种类和形制较多。灶面有的是椭圆形①，有的为长方形，有的是圆角三角形，有的是圆角长方形，有的则是圆角梯形。南水北调考古工程所出灶多为长方形。这些灶中有的灶制作简单粗糙，灶台面上无任何装饰，有三个火眼，但火眼内无底部（图9—6）；有的灶台面和灶尾及右侧有围屏，即隔烟墙，灶面上还有釜和甑的模型；有的灶制作很精细，灶台面上还布置有炊煮器具及食材。像西龙贵M60出土的灶，上面装饰有勺子、瓢、案、鱼、环首刀等（图9—5）。肖家营汉墓所出3件灶，有2件三个火眼，有1件为五个火眼（图9—7），这在汉代明器灶中是很少见的。《汉书·五行志》曾提及一种都灶，颜师古注："都灶，烝炊之大灶也。"② 显然，这件应是文献所说的都灶。

图9—6　西龙贵灶③

比较独特的是在元氏北程东汉遗址层中出成形器物59件，陶器标本251件④，其中出土有一组陶炉与陶盆的组合（图9—8），陶盆架在支钉

---

① 石家庄文物保管所：《石家庄北郊东汉墓》，《考古》1984年第9期。
② 《汉书》卷二十七中之下《五行志中之下》，第1437页。
③ 采自四川大学历史文化学院考古所等《河北鹿泉西龙贵汉代墓葬》，《考古学报》2013年第1期。
④ 南水北调中线干线工程建设管理局、河北省南水北调工程建设领导小组办公室、河北省文物局编著：《常山郡元氏故城南程墓地》，第12页。

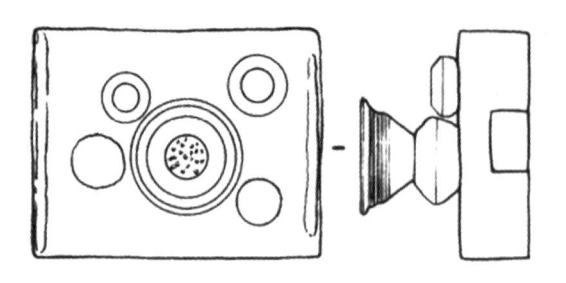

图 9—7 肖家营五眼灶①

上。这应该是《说文》提到的烓。《说文·火部》："烓，行灶也。"② 是一种可以移动的火炉。行灶，黄河流域的汉墓中多见，但形制上并不完全一致。比如河南陕县刘家渠东汉墓中常出圆形矮炉，口沿上有承釜之支钉，炉身中部有炉箅，炉下部开拱形火门。河南禹县出土的铁圆炉，上有铜釜，下有承灰之盘。③ 北程村这种方便移动的组合，可能更多的是用于温水或温粥，适合北方地区使用。诸侯王墓中的炉子材质更好，使用起来更便利，在炉身一侧还有手执柄，图中所显示的是刘舜墓出土的一款执炉，也是《说文》所云行灶的一种，上面有铭文"常食中般"

图 9—8 北程陶炉与陶盆④

---

① 采自河北省文物研究所、石家庄市文物研究所《河北石家庄肖家营汉墓发掘报告》，河北省文物研究所编：《河北省考古文集（三）》，科学出版社 2007 年版，第 86 页。
② （汉）许慎撰、（清）段玉裁注：《说文解字注》，上海古籍出版社 1988 年版，第 482 上。
③ 参见孙机《汉代物质资料图说》，文物出版社 1991 年版，第 335 页。
④ 采自《常山郡元氏故城南程墓地》，图版 7—5。

（图9—9），这样的行灶高庄汉墓共有5件。

图9—9　高庄汉墓执炉①

存放粮食、食物的器物或盛食器、盛水器从出土的实物看主要有瓮、罐、盆、碗、钵、壶、盘、杯、案、勺等。诸侯王和富有之家除了陶器，还多用铜器漆器、金银器。比如高庄汉墓尽管被盗扰，还出土有铜鼎、铜钫、铜壶、铜甗、铜釜、银盘、银勺、漆案、漆盘等。② 而常山郡元氏故城附近平民墓出土的实用器绝大多数为陶器。而且陶器表面的装饰纹很少，常见拍印纹或戳印绳纹。不论从器形的规整，还是精致程度上都无法与高庄汉墓的陶器相媲美。这里选取两组实用器物组合，以观当时常山一带民间与饮食相关习俗（图9—10、图9—11）。

图9—10　南程随葬器物组合③

---

① 采自《高庄汉墓》，彩版27—1。
② 河北省文物研究所、鹿泉市文物保管所编著：《高庄汉墓》，第45页。
③ 采自《常山郡元氏故城南程墓地》，图版93-1。

图9—11　南程随葬器物组合①

第二节　人俑与服饰

　　文献史料对常山、真定一带的服饰记述极其稀少。而上引《史记·货殖列传》"女子则鼓鸣瑟，跕屣，游媚贵富"，《汉书·地理志下》"女子弹弦跕躧，游媚富贵，徧诸侯之后宫"这样的描述，不是描述区域服饰，而是特指乐伎舞女的装束。跕，臣瓒曰："蹑跟为跕也。"② 屣，是躧的异字体，意思一样。颜师古曰："屣谓小履之无跟者也。"③ 大概是指穿着无跟的轻便小鞋，跕着脚尖走路。上身的装束没有描述，但我们从与现在河北近邻的河南、山东等地的汉画像石、汉画像砖的舞女形象④可以想见，赵、中山之地的乐伎舞女，也定是长袖束腰的。《韩非子·五蠹》记载鄙谚曰："长袖善舞，多钱善贾。"⑤ 可见这种风尚由来已久。

　　鉴于史料的严重缺乏，我们重点通过考察出土材料中的人俑来了解秦汉时期石家庄一带大致的服饰风俗。

　　目前出土有木俑和陶俑的汉墓，据笔者统计，主要是高庄汉墓、城角庄汉墓、南程汉墓群、西龙贵汉墓群、北宋村汉墓。为了更加直观，现汇作表9—1：

---

① 采自《常山郡元氏故城南程墓地》，图版103-1。
② 《史记》卷一百二十九《货殖列传》，第3264页。
③ 《汉书》卷二十八下《地理志下》，第1655页。
④ 参见彭松《中国舞蹈史》，图1—10，文化艺术出版社1984年版。
⑤ （清）王先慎撰：《韩非子集解》，中华书局1998年版，第454页。

表 9—1　　　　　　　　石家庄地区汉代人俑汇表　　　　　　　（单位：厘米）

墓葬名称	木俑	陶俑	数量	大小	具体地点	断代
高庄汉墓	文仪仗俑		1	193	M1	西汉中期
	武仪仗俑		1	155		
	侍俑（报告未完全清理）		222	42–52		
南程汉墓群		女侍俑	1	碎	M61	西汉中期
			1	残高28	M65	
			1	26.55	M65	
			1	23	M65	
			1	27.68	M84	
			1	25.46	M120	
			1	25.4	M120	
			1	15.8	M125	
		男侍俑	1	18.3	M61	
			1	22.85	M65	
			1	15.57	M120	
		驭手俑	1	26.4	M65	
		驭手俑	1	15.4	M120	
城角庄汉墓		跽坐俑	1	15.8	M1	东汉中晚期
无极南池阳东汉墓		庖厨俑	1	26.7		东汉中晚期
			1	27.5		
			1	25.5		
北宋村汉墓		庖厨俑	1	22	M1	东汉晚期
西龙贵汉墓群		吹箫俑	1	8	M14	东汉末期

秦汉人的服装可分为外衣、中衣、内衣和下裳。衣，是上身服装的统称。《说文·衣部》："衣，依也。上曰衣，下曰常。"[1]《巾部》："常，下帬也。从巾尚声。"段注："《释名》曰'上曰衣，下曰裳'。裳，障也。以自障蔽也。"[2] 限于史料，我们只对外衣和冠饰发型作陈述。

---

[1] （汉）许慎撰，（清）段玉裁注：《说文解字注》，第388页下。
[2] 同上书，第358页下。

先来看秦汉社会常山、真定一带流行服装。

深衣，是春秋战国之交出现的一种新款服装，即将上衣和下裳连在一起。《礼记·深衣》郑注："名曰'深衣'者，谓连衣裳而纯之经采也。"① 《礼记·正义》说："以余服则上衣下裳不相连，此深衣衣裳相连，被体深邃，故谓之'深衣'。"② 今天的连衣裙尽管上下相连，但并不是汉时的深衣。深衣，在裁制的样式上是曲裾、交领、右衽（图9—12），衽放在身后左侧。这种样式的深衣，颇费布料，据孙机先生的计算，比同样长度的直裾长衣多用料40%。③ 由于身份的不同，深衣在衣领及袖、颜色上所饰不同，但秦汉时期深衣流行的时间非常长，即使到了东汉，其全身性服装都有深衣的特征。那么，为什么要用这种曲裾式样呢？估测与当时裤的不完善直接相关。为了便于行步，还要使护体不严的裤不外露，只能采用曲裾拥掩的方式。

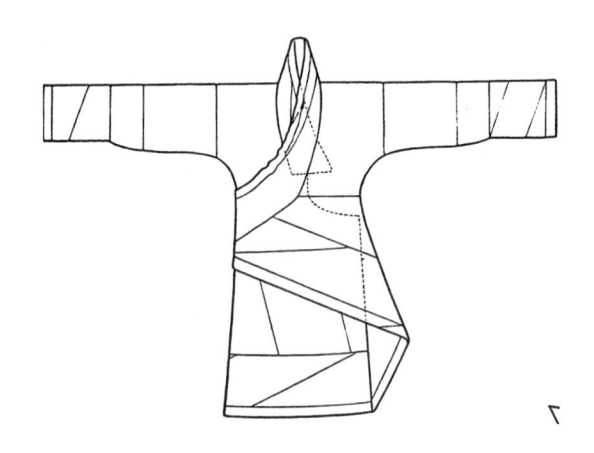

图9—12　曲裾深衣式样④

深衣男女通用，《汉书·江充传》："充衣纱縠禅衣，曲裾后垂交输。"⑤

---

① （汉）郑玄注，（唐）孔颖达疏：《礼记·正义》，第1560页。
② 同上书，第1561页。
③ 孙机：《汉代物质资料图说》，第243页。
④ 采自湖南省博物馆、中国社会科学院考古所编《长沙马王堆一号汉墓》，文物出版社1973年版，第66页。
⑤ 《汉书》卷四十五《江充传》，第2176页。

如淳曰:"交输,割正幅,使一头狭若燕尾,垂之两旁,见于后,是《礼·深衣》'(绩)〔续〕衽钩边'。"苏林曰:"交输,如今新妇袍上挂全幅缯角割,名曰交输裁也。"① 事实上,男性的深衣缠绕一层,女性曲裾往往缠绕几层,所以女性着深衣更显得腰细而下摆宽大飘逸,身姿优美。而南程汉墓所出女俑着衣,皆符合这个特点。如图(图9—13、图9—14、图9—15)。而直踞长衣,下摆要小得多(图9—16)。报告所说"上衣为交领。右衽,宽袖。下着长裙,裙下摆宽大,直踞拖地"②,恐怕有再探讨的必要。尤其是 M120 所出的女俑和男俑(图9—17、图9—18、图9—19),"着深衣,交领,右衽,宽袖……下身着长裙,裙摆宽大,拖地。长裙后侧中部有一折皱"③,这样的表述是自相矛盾的,因为深衣本身是上衣与下裳相连的衣服。其"后侧中部有一折皱",看来应是曲裾的缠绕。可与徐州北洞山西汉墓所出陶俑作对比。④ 事实上木俑和陶俑所见深衣下摆还不算肥大,在楚墓帛画中的深衣下摆极为褒博,有一大片拖曳在背后,更显得雍容。⑤

图9—13　南程 M65 女侍俑 1⑥

---

① 《汉书》卷四十五《江充传》,第2176页。
② 南水北调中线干线工程建设管理局、河北省南水北调工程建设领导小组办公室、河北省文物局编著:《常山郡元氏故城南程墓地》,第87页。
③ 同上书,第127页。
④ 孙机:《深衣与楚服》,《中国古舆服论丛》,文物出版社2001年版,第139—149页。
⑤ 同上。收录有长沙陈家大山楚墓帛画。
⑥ 采自《常山郡元氏故城南程墓地》,第88页。

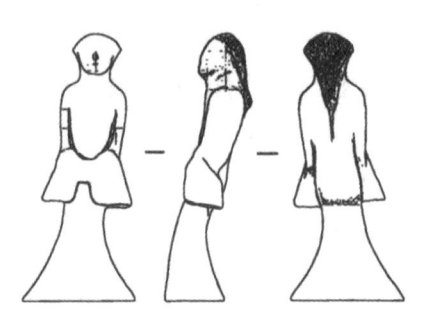

图 9—14　南程 M65 女侍俑 2①

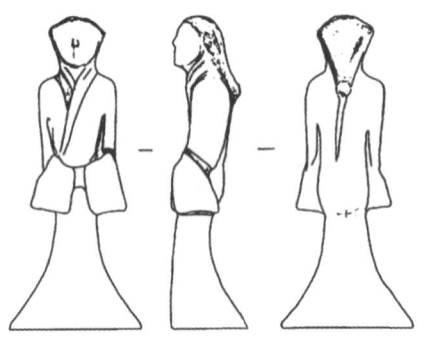

图 9—15　南程 M84 女侍俑②

图 9—16　西安任家坡从葬坑直裾长衣女侍俑③

---

① 采自《常山郡元氏故城南程墓地》，第 88 页。
② 同上书，第 105 页。
③ 采自王学理、吴镇烽《西安任家坡汉陵从葬坑的发掘》，《考古》1976 年第 2 期。

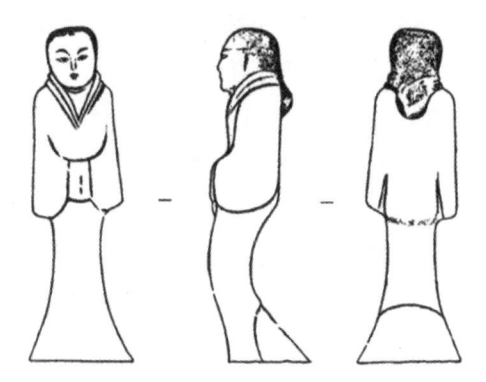

图 9—17　南程 M120 女侍俑 1①

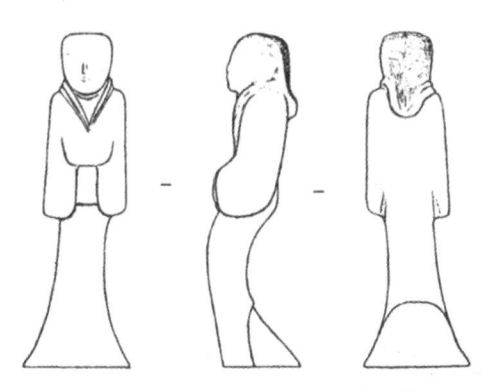

图 9—18　南程 M120 女侍俑 2②

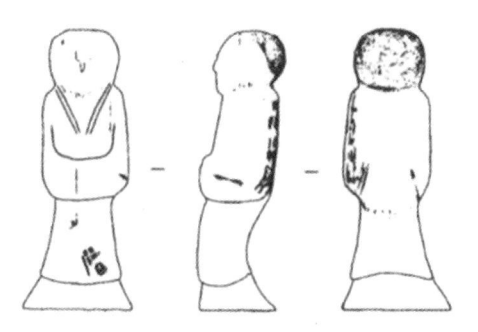

图 9—19　南程 M120 男侍俑③

---

① 采自《常山郡元氏故城南程墓地》，第 128 页。
② 同上。
③ 同上。

襜褕，是一种没有里子的袍式服装。《释名·释衣服》："襜，属也，衣裳上下相联属也，荆州谓禅衣曰'布襜'，亦曰'襜褕'，言其襜襜宏裕也。"① 《说文·衣部》："褕，一曰直裾谓之襜褕。"② 可见，襜褕是禅衣，直裾长衣。因为曲裾的衣服交衽绕体旋转向一侧，所以看起来形体显瘦。襜褕，则是直裾宽松的。可能正因为如此，西汉时襜褕是非正式场合的着装。《史记·惠景间侯者年表》："侯梧坐衣襜褕入宫廷中，不敬，国除。"③ 但是到了东汉时期，宽松的衣服逐渐得到认可。东汉初年，耿纯"率宗族宾客二千余人，皆衣缣襜褕、绛巾，奉迎上于费。上目之，大悦"④。鲍永"拜仆射，行将军事，将兵安集河东。永好文德，虽行将军，常衣皂襜褕，路称鲍尚书兵马"⑤。这时候的襜褕被看作文雅的服饰，深受人们喜爱。而耿纯，钜鹿人，钜鹿毗邻常山郡，属今天的邢台市。其宗族宾客两千余人皆穿襜褕，可见这种宽大的袍服式服装在这一地区非常流行。

袍服，先秦时是指内衣，至东汉时期渐成为外衣。⑥ 《释名·释衣服》："袍，丈夫著，下至跗者也。袍苞也；苞内衣也。妇人以绛作衣裳，上下连，四起施缘，亦曰袍，义亦然也。"⑦ 《说文解字·衣部》："袍，襺也。从衣包声。《论语》曰：'衣敝缊袍'。"段注："古者袍必有表。后代为外衣之称。"⑧ 马王堆汉墓出土的汉代袍服 12 件，其中 11 件棉袍，1 件夹袍。棉袍中间是丝棉。曲裾 9 件，直裾 3 件。⑨ 可见至少到西汉前中期，袍是一种有表有里，或中间有絮的长衣，适合秋冬季节穿用。高庄汉墓发掘报告，清理出的木俑有 222 件，第一类"个体较大""穿袍

---

① （汉）刘熙撰，（清）毕沅疏证，王先谦补：《释名疏证补》，中华书局 2008 年版，第 171 页。
② （汉）许慎撰，（清）段玉裁注：《说文解字注》，第 389 页下。
③ 《史记》卷十九《惠景间侯者年表》，第 1024 页。
④ （汉）刘珍等撰，吴树平校注：《东观汉记校注》，中华书局 2008 年版，第 400 页。
⑤ 同上书，第 565—566 页。
⑥ 孙机：《汉代物质资料图说》，第 243 页。
⑦ （汉）刘熙撰，（清）毕沅疏证，王先谦补：《释名疏证补》，第 175 页。
⑧ （汉）许慎撰，（清）段玉裁注：《说文解字注》，第 391 页上。
⑨ 湖南省博物馆、中国社会科学院考古所编：《长沙马王堆一号汉墓》，文物出版社 1973 年版，第 65 页。

服"" 'V'形领，外露三层领，从里到外分别为白、黑、红色"。① 不过，从出土的实物来看，袍服也并不一定都是长至脚背的。高庄汉墓出土的文仪仗俑："身着红色袍服，两手合于胸前，黑眉，黑须，朱唇，面部表情慈祥。着黑色裤。"② 能看见黑色长裤的袍，不会太长。秦陵兵马俑的战袍就长至膝，更接近汉代的"襦"。

《续汉书·舆服志》："《礼记》'孔子衣逢掖之衣'。缝掖其袖，合而缝大之，近今袍者也。今下至贱更小史，皆通制袍。"③ "逢掖之衣"指大袖的禅衣。东汉之时，宽博大袖的长袍应是流行的外衣。西龙贵汉墓出土一件人物饰件（图9—20），从宽松的线条来看，与文献材料所述的"袍"吻合。

图9—20　西龙贵人物饰件④

襦、绔和裙。《说文·衣部》释"襦"："短衣也。从衣需声。一曰㬥

---

① 河北省文物研究所、鹿泉市文物保管所编著：《高庄汉墓》，第46页。
② 同上。
③ 《后汉书》志第三十《舆服下》，第3666页。
④ 采自四川大学历史文化学院考古系、上海大学艺术研究院美术考古研究中心等《河北鹿泉西龙贵汉代墓葬》，《考古学报》2013年第1期。

衣。"段注："按襦若今襖之短者。袍若今襖之长者。"① 襦是一种短外套。一般的襦短至于膝或膝上，也有更短的。《释名·释衣服》："要襦，形如襦，其要上翘下齐要也。"② 和襦搭配穿用的下衣是"绔"。张家山汉简《二年律令·赐律》："赐衣者六丈四尺、缘五尺、絮三斤，襦二丈二尺、缘丈、絮二斤，绔（袴）二丈一尺、絮一斤半……五大夫以上（简282）锦表，公乘以下缦表，皆帛里；司寇以下布表、里。二月尽八月赐衣、襦，勿予里、絮。（简483）"③ 从赐布的尺寸上看，这里的衣，应指长衣。襦是短上衣、绔是下衣，可以是单襦、绔，也可以加里加絮的复襦、绔。从社会各层都赐襦绔来看，这一组合应是秦汉社会非常常见的服饰组合。只不过爵高的用锦帛，身份序列低的用布匹。

值得注意的是，汉代的绔有两种，一种是不合裆的，即开裆绔；一种是合裆的。《释名·释衣服》："绔，跨也，两股各跨别也。"④ 估测与襦配合使用的应是合裆绔。广川王刘去"其殿门有成庆画，短衣大绔长剑"⑤。南水北调考古工程中，南程汉墓群M61男侍俑，所着应为长襦大绔（图9—21）⑥。

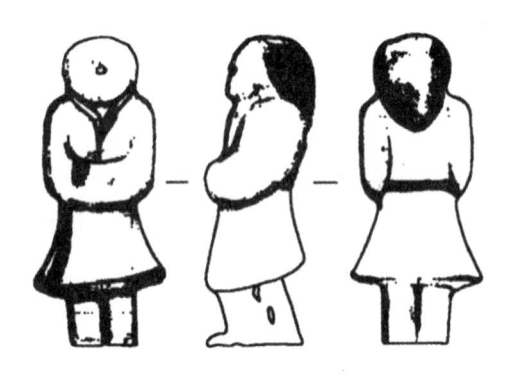

图9—21　南程M61男侍俑⑦

---

① （汉）许慎撰，（清）段玉裁注：《说文解字注》，第394页下。
② （汉）刘熙撰，（清）毕沅疏证，王先谦补：《释名疏证补》，第174页。
③ 《张家山汉墓竹简（二四七号墓）》（释文修订本），第48页。
④ （汉）刘熙撰，（清）毕沅疏证，王先谦补：《释名疏证补》，第170页。
⑤ 《汉书》卷五十三《景十三王传》，第2428页。
⑥ 按：报告认为是"深衣，衣领较浅，腰间束带，下摆垂至膝下，下摆宽大，直踞，膝下双腿外露"，恐表述是不准确的。通过上面我们的分析可知，深衣为曲裾长衣，衣服下摆至膝的只能称为襦。另可与孙机《汉代物质资料图说》，第239页，图59—4的长襦大绔图作对比。
⑦ 采自《常山郡元氏故城南程墓地》，第82页。

襦除了与绔组合外，还可以与裙组合。襦裙组合同时适用于男性与女性。乐府诗《陌上桑》中描绘罗敷"缃绮为下裙，紫绮为上襦"①，是指女性着装。睡虎地秦简《封诊式·贼死》提到"衣布襌裙、襦各一。其襦北（背）直痏者，以刃夬（决）二所，癘（应）痏。襦北（背）及中衽（简58）□污血（简59）"，②指的男性死尸上的衣着。南程汉墓M65有一男侍俑和驭手俑，均为上着短衣，下着裙（图9—22、图9—23）的形象。襦绔、襦裙搭配组合，简单便利，更适用于日常活动及劳作，在秦汉时代的大部分地区都很常见。有的襦，为了劳作方便，甚至裁制成半袖的。像北宋村汉墓的庖厨俑③，跪坐，前面有一小俎，右手执刀作剖鱼状。其上身所着交领右衽半袖襦（图9—24）。

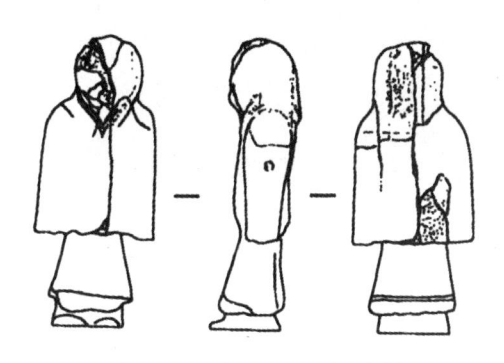

图9—22 南程M65男侍俑④

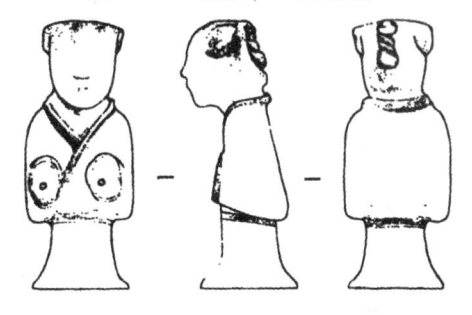

图9—23 南程M65驭手俑⑤

---

① （清）沈德潜选：《古诗源》卷三《汉诗·乐府歌辞》，中华书局1963年版，第72页。
② 《睡虎地秦墓竹简》，第157页。
③ 河北省文物管理委员会：《石家庄市北宋村清理了两座汉墓》，《文物》1959年第1期。
④ 采自《常山郡元氏故城南程墓地》，第88页。
⑤ 同上。

图 9—24　北宋村庖厨俑①

再来看帽冠与发髻发式。

帽，在汉代的文献中记述非常少。现在能见到的记载主要是两条，一条是车师王"安得惶恐，走出门，脱帽抱马足降"②，一条是匈奴"单于脱帽徒跣，对庞雄等拜陈，道死罪"③，均不是指中原华夏族。《说文·冃部》："冃，小儿及蛮夷头衣也。"④ 关于帽的形制，文献更无记录。孙机先生据山西平陆枣园新莽墓壁画中的扶耧人以及河南灵宝张湾3号东汉墓中的持锸俑所戴，推测汉代劳动者戴帽，式样为尖顶，与画像石中所见匈奴尖顶帽相同⑤。常山王刘舜墓所出木俑，据发掘报告东北角小箱

---

① 采自河北省文物管理委员会《石家庄市北宋村清理了两座汉墓》，《文物》1959年第1期。
② 《后汉书》卷十九《耿弇列传》，第717页。
③ 《后汉书》卷八十九《南匈奴列传》，第2958页。
④ （汉）许慎撰，（清）段玉裁注：《说文解字注》，第353下。
⑤ 参见孙机《汉代物质资料图说》，第229页。

的"头戴朱红小圆顶帽",西南角小箱的"头戴朱红帽"①。笔者翻检同时期诸侯王墓或贵族墓所出木俑、石俑和陶俑,均没有发现有戴帽的描述。因此,高庄汉墓所出木俑朱红小圆顶帽,对于汉代的帽的形制研究意义重大。

冠,在秦汉社会是上层成年男子用来束发的。《释名·释首饰》:"冠,贯也,所以贯韬发也。"② 在释"巾"时又说:"二十成人,士冠庶人巾。"③ 当然现实生活中不一定在20岁行冠礼,比如董偃"颇读传记。至年十八而冠"④。但是,冠在服饰上是非常重要的等级身份的标志,是时人共同的认知。晏子曾说"夫冠足以修敬,不务其饰"⑤ 就是这种情形的写照。我们这一节所考察的对象主要是考古材料中的人俑,而人俑的身份多为侍俑或驭手俑,身份地位低,在反映时人的服饰上有局限性。因此,除了元氏南程汉墓M120驭手俑,发掘报告记述为"头顶似带帻,脑后带冠"⑥ 外,没有其他戴冠的记录。与石家庄毗邻的邢台,曹演庄汉墓断代为西汉中期,出土有踞坐的男陶俑一件,"头戴冠……冠呈棕色"⑦,此俑双手部位有圆孔,似应与木构件相连,或也为驭车俑。文献材料中也有身份地位低的人所戴之冠,《续汉书·舆服志下》:"却非冠,制似长冠,下促。宫殿门吏仆射冠之。"⑧ 只是,因南程村所出陶俑制作粗糙,五官及发式不清,不能判断是否是却非冠。

帻,"赜也,头首严赜也"⑨,是包裹头发的头巾。其兴起的较晚,《续汉书·舆服志下》记载:"秦雄诸侯,乃加其武将首饰为绛袙,以表贵贱,其后稍稍作颜题。汉兴,续其颜,却摞之,施巾连题,却覆之。"

---

① 河北省文物研究所、鹿泉市文物保管所编著:《高庄汉墓》,第46页。
② (汉)刘熙撰,(清)毕沅疏证,王先谦补:《释名疏证补》,第154页。
③ 同上书,第158页。
④ 《汉书》卷六十五《东方朔传》,第2853页。
⑤ (清)马骕撰:《绎史》卷七十七《春秋·晏子相齐上》,中华书局2002年版,第1633页。
⑥ 南水北调中线干线工程建设管理局、河北省南水北调工程建设领导小组办公室、河北省文物局编著:《常山郡元氏故城南程墓地》,第127页。
⑦ 河北省文物研究所、邢台市文物管理处:《邢台曹演庄汉墓群发掘报告》,《文物春秋》1998年第4期。
⑧ 《后汉书》志第三十《舆服下》,第3669页。
⑨ 同上书,第3671页。

颜题，是指在巾的下部挨着额头至脑后的地方作介壁，似今天帽子下部的一圈。巾连着颜题，覆在头上。这称为帻。入汉后，颜题进一步加宽，后来更是"高颜题……崇其巾为屋"①，并在后部收紧。当然，由于用途不一，也可能由于喜好不一，帻的样式也不相同。汉代常见的帻有介帻、平上帻、平巾帻。上下群臣贵贱都可以着帻。

介帻，即屋帻，帻顶隆起，似屋顶状。无极南池阳东汉墓Ⅱ式庖厨俑所戴应为比较典型的屋帻（图9—25）。此外，笔者推测颜题有宽有窄，头发有多有少，包裹头发的巾的形状就不能保持完全一致，可能不是所有的介帻都如孙机先生所绘的坚挺似屋顶状。比如沂南画像石奏乐人、伐鼓人、撞钟人等所戴就不大相同②，或许称帻巾更为合适。而且"帻

图9—25　无极南池阳村东汉墓庖厨俑③

---

① 《后汉书》志第三十《舆服下》，第3670—3671页。
② 曾昭燏等：《沂南古画像石墓发掘报告》，文化部文物管理局1956年。图版85、86、87、88、89、90、93等。
③ 采自王巧莲、范瑞平、刘友恒《河北省无极县东汉墓出土陶器》，《文物》2002年第5期。

巾，所谓覆髻也"①，头发的多少、髻的大小，也会影响帻的形状。西汉末刘盆子曾"半头赤帻"，李贤注："半头帻即空顶帻也。"② 未成年的童子所戴的就称作"无屋帻"。北宋村 M1 所出庖厨俑所戴帻巾，可能由于把所有头发都包起的原因，形状上高高耸起，似今天的厨师帽③，无极南池阳村另一件Ⅰ式庖厨俑与之相似，形状上更扁些④。诸城前凉台汉画像石庖厨图上坐在灶前的烧火者，所戴帻巾也是这个样子。⑤

平上帻和平巾帻比较相似，平上帻的顶部是平的，平巾帻后部略高。"延熹中，梁冀诛后，京都帻颜短耳长"⑥，颜短指前低，耳长应指后面高。这种样式兴起的较晚。现石家庄元氏南程村 M65 驭手俑戴着的就是"平上帻"，因平上帻头顶部低平，此俑的头发在脑后挽成麻花状的粗辫。高庄汉墓仪仗俑和木俑，报告记述为"头戴平巾帻"和"戴平巾帻，穿袍服"⑦。从平巾帻流行于汉末来看，这里的文字表述是不准确的，应是"平上帻"。而且，从线描的图来观察，仪仗俑头上的帻顶很平，并不是前低后高的样式（图9—26）。此外，城角庄汉墓所出陶俑，跽坐，头上也戴平上帻⑧。

女侍俑的发髻。汉代女子的发髻式样很丰富。有单髻、双髻、三髻等，贵族女子中还流行戴假发，发髻装饰有插笄、钗、簪花、戴胜、戴华胜、戴擿、戴步摇等。常山郡元氏故城出土的陶女俑也梳髻，但式样比较简单。我们见到的只有椎髻。椎髻是单髻的典型式样。女性的椎髻不是梳在头顶，而是梳在脑后垂至脖项或肩下，因此也称作垂髻。孙机先生认为"盖自战国以来，妇女的发式已以拖垂为尚"⑨。椎髻是汉代很多见的发髻式样，尤其是社会下层女性最为常见。东汉时梁鸿妻孟光，

---

① 《后汉书》卷十一《刘盆子列传》，第481页。
② 同上。
③ 河北省文物管理委员会：《石家庄市北宋村清理了两座汉墓》，《文物》1959年第1期。图版1。
④ 王巧莲、范瑞平、刘友恒：《河北省无极县东汉墓出土陶器》，《文物》2002年第5期。
⑤ 参见杨爱国《汉画像石中的庖厨图》，《考古》1991年第11期。
⑥ 《后汉书》志第十三《五行一》，第3271页。
⑦ 河北省文物研究所、鹿泉市文物保管所编著：《高庄汉墓》，第46页。
⑧ 石家庄市文物保护研究所：《石家庄市城角庄汉墓》，《文物春秋》2007年第6期。
⑨ 孙机：《汉代物质资料图说》，第244页。

图 9—26 高庄汉墓仪仗俑①

"更为椎髻，着布衣，操作而前"②。而从我们搜集到的陶女俑基本都是拖垂的椎髻，足见此种发式在常山一带的流行。椎髻的式样主要有三种：南程 M65 是打结后发梢下垂；M120 是向上挽起，系成结状，不见发梢；M125 是打结后，髻结成环状，一缕头发在环髻左侧垂下（图 9—27）。任

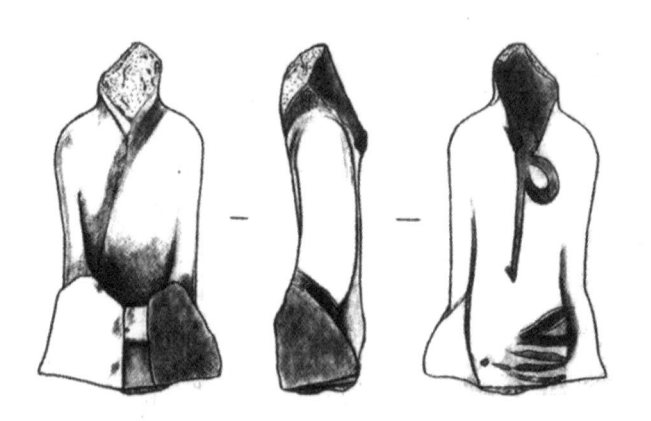

图 9—27 南程 M125 女侍俑③

---

① 采自河北省文物研究所鹿泉市文物保管所编著《高庄汉墓》，第 47 页。
② 《后汉书》卷八十三《逸民列传》，第 2766 页。
③ 采自《常山郡元氏故城南程墓地》，第 132 页。

家坡汉陵从葬坑女侍俑也是肩下结髻有一缕发梢在髻侧垂下。只是比 M125 陶俑的发髻精致得多。马王堆汉墓着衣女侍俑的头发在肩下结成垂髻后，再挽青丝假发垂在髻的一侧。由此可见各地椎髻式样的些许不同。

第三节　居住与建筑

秦汉社会人们对所居房屋的门的朝向、结构、形制等都非常在意，《图宅术》曰："商家门不宜南向，徵家门不宜北向……向得其宜，富贵吉昌；向失其宜，贫贱衰耗。"① 睡虎地秦简《日书·甲种》有屋宇的建筑形式、垣的高低对居住者命运产生影响的记录：

> 凡宇最邦之高，贵贫。宇最邦之下，富而瘴。宇四旁高，中央下，富。宇四旁下，中央高，贫。宇北方高，南方下，毋（无）宠。宇南方高，北方下，利贾市。宇东方高，西方下，女子为正。宇有要（腰），不穷必刑。宇中有谷，不吉。宇右长左短，吉。宇左长，女子为正。宇多于西南之西，富。宇多于西北之北，绝后。宇多于东北之北，安。宇多于东北，出逐。宇多于东南，富，女子为正。道周环宇，不吉。祠木临宇，不吉。垣东方高西方之垣，君子不得志。（简 15 背壹—23 背贰）②

秦汉社会比较常见的普通住宅，是一座院落中有一间堂屋两间卧室，另有门厅、仓、厨、圈厕等。比如说睡虎地秦简《封诊式·封守》提及被查封的士伍"一宇二内，各有户，内室皆瓦盖，木大具，门桑十木（简 8—9）"③。汉文帝时晁错上言为充实塞下的移民"先为筑室，家有一堂二内，门户之闭，置器物焉，民至有所居"④。

那么，秦汉时期的常山真定一带的居住风俗如何？因地域的限制，

---

① （汉）王充撰，黄晖校释：《论衡校释·诘术篇》，中华书局 1990 年版，第 1038 页。
② 《睡虎地秦墓竹简》，第 210 页。
③ 同上书，第 149 页。
④ 《汉书》卷四十九《晁错传》，第 2288 页。

史料没有直接的记载。我们只能从考古所出的建筑明器中去搜索历史的踪迹。

《礼记·檀弓上》"其曰明器，神明之也"①，"夫明器，鬼器也。祭器，人器也"②。随葬明器的种类在常山郡一带最早是赵文化系统，为鼎、豆、壶、盘、匜的仿礼器组合，西汉中期以后受到大一统汉文化的影响，建筑明器增多起来。南水北调工程中南程汉墓多为西汉中期和中晚期墓葬，共126座。出土有陶井2件，其中1件残。其他仓、楼、房、圈厕等没有发现。东汉初期柳新庄汉墓开始出现仓、井、圈厕的组合，东汉前期的肖家营汉墓出土楼1件。至中晚期建筑明器越来越多，西龙贵墓地出土房16件、楼1件③，殷村出土楼17件，其他灶、仓、井、圈厕等建筑明器也随之增多。

关于建筑明器的随葬理念，学界有多种观点，有的认为是与祭祀活动有关，或与时人的天地思想、灶神信仰、辟邪镇凶等相关。④ 也有的认为随着西汉晚期至东汉初年大土地所有制的发展，庄园经济的流行，墓葬中逐渐形成一套象征庄园生活的明器群，如仓、灶、井、磨、碓房、猪圈、羊圈、动物、楼阁和多种人俑等。⑤ 这些东西也许是墓主实际拥有的，也许是墓主或家人希望其拥有的。笔者不否认，明器与时人的信仰紧密相关，但更加赞同俞伟超先生庄园模型明器的论断。当今明器石家庄地区多以电视、手机、汽车、楼房等模型入葬，应是出于同一理念。而模型明器，尽管与现实生活中的实物相比，有意念或艺术上夸张的成分，但由于来源于生活，故也可以反映生活。因石家庄地区目前出土的考古材料中没有典型的院落型和庄园型明器，我们只能以单件介绍。

1. 楼

高台楼阁在西汉时就已见记载。《三辅黄图》："长安九市，夹横桥大

---

① （清）朱彬撰：《礼记训纂》，中华书局1996年版，第107页。
② 同上书，第109页。
③ 数据为大连市文物考古研究所和四川大学历史文化学院考古系等所出报告的件数之和。
④ 黄晓芬：《汉墓的考古学研究》，岳麓书社2003年版，第225—226页。此外，汉宝德：《斗栱的起源与发展》，台湾明文书局1988年版，第28—29页，认为建筑上的斗栱"若不是本身就是神明，至少它是室内神明的护神"。
⑤ 俞伟超：《考古学上的汉文化问题》，《古史的考古学探索》，文物出版社2002年版，第180—190页。

道，市楼皆重屋。"孙诒让案："汉时市有市楼，为市吏候望之所。"① 东汉时随着框架施工技术的发展，高楼越来越多地见于记载。陈县豪族彭氏"造起大舍，高楼临道"②；宦者侯览"起立第宅十有六区，皆有高楼池苑，堂阁相望"③ 等。楼房种类也较多，有居住的、有仓储的、有警卫的。目前石家庄地区出土的楼数目较多，但有的因残缺不能判定其功能，比如殷村的17件楼，没有一件保存完好，仅见屋顶、斗栱、窗棂等残片。④ 保存完整的，主要有以下两类：

陶望楼。是一种用于瞭望、防卫的高楼。《墨子·备高临篇》："为高楼以射道，城上以荅。"⑤ 孙诒让疑"道"为"敌"。1973年，无极南池村发现一座东汉中晚期墓，出土两件绿釉六层陶望楼，均为仿木结构建筑，制作精细，一件高132厘米，一件高120.7厘米。第一件底部为前后两部分，合并围成一方形院落，正面开门，并于门旁各施斗栱一朵，承托檐出，檐上饰瓦当。后墙及两侧山墙上有两个圆孔。第一层四面正中辟门，第二层每面中间有网格状明窗，窗两侧各有一个长方形门。第三层有勾栏平座，出宽沿，底部与下层屋檐相接。第四层有平座栏杆一周。第五层与第三层结构相同，第六层与第四层相同。楼顶为庑殿式（图9—28）。但是，楼上没有诸如盾、弩等设备的报道，也没有射孔的描述。因此我们把它归入望楼，承高楼警卫瞭望于一体，或也有休闲娱乐功能。⑥ 第二件与第一件相似，只是没有院落。

仓储型楼。用于仓储的楼，属于仓的一种，叫作"廪"⑦。《礼记·月令》："天子布德行惠，命有司发仓廪。"《礼记·正义》曰："蔡氏云：'谷藏曰仓，米藏曰廪。'"⑧ 米是脱皮的，比原粮精细，价格更贵。御廪，

---

① （清）孙诒让撰：《周礼正义·地官司徒》，中华书局1987年版，第1065页。
② 《后汉书》卷七十七《酷吏列传》，第2497页。
③ 《后汉书》卷七十八《宦者列传》，第2523页。
④ 南水北调中线干线工程建设管理局、河北省南水北调工程建设组办公室、河北省文物局编著：《石家庄元氏、鹿泉墓葬发掘报告》，第115页。
⑤ （清）孙诒让撰：《墨子闲诂·备高临》，中华书局2001年版，第539页。
⑥ 马志祥：《汉代陶楼小议》，《文博》1991年第1期。
⑦ 孙机：《汉代物质资料图说》，第207页。
⑧ （汉）郑玄注，（唐）孔颖达疏：《礼记·正义》，第484页。

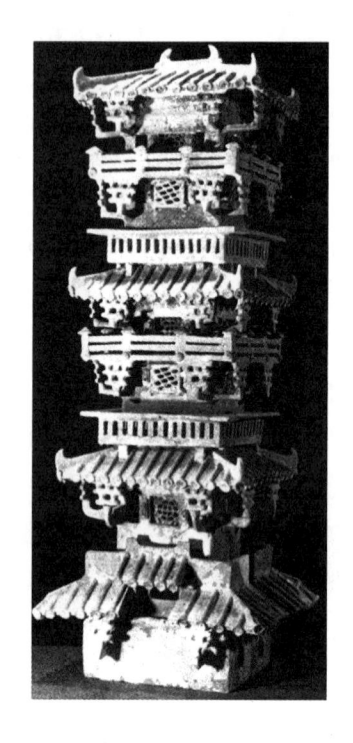

图 9—28　无极南池阳陶楼①

刘向以为"夫人八妾所舂米之臧以奉宗庙者也"②。所以廪比一般仓的建筑更为讲究。石家庄地区出土的廪，比较典型的如城角庄汉墓三层楼，第一层有一个井字形饰圆圈纹的花窗，花窗两侧各开一个长方形小孔。正面上部设四个长方形窗，下部斜置踏步，踏步上一个人负物上行。第二层较低，花窗两侧各开一弧线三角形孔，斗栱下垂。第三层结构与一层大致相同，花窗的样子及三角形孔与二层相仿，整体高84.9厘米（图9—29）。西龙贵东汉墓M54出土一件相似的楼房。正面有贴塑的楼梯、窗，和沿梯而上的负米者。楼梯的顶端有一个小门，门内有半身人物塑像，似在等待负米者，将米收入廪中（图9—30），上面还刻画着双开门窗。出米口据汉代河南、天津等地出土的石、陶廪来看，应该在下层的大门。

---

①　采自河北省博物馆、文物管理处《河北省出土文物选集》，文物出版社1980年版，第277页。

②　《汉书》卷二十七上《五行志上》，第1321页。

各门还有挡门板，外加门关封闭。① 上面两例是东汉中晚期的，相对来说结构比较复杂。东汉前期的肖家营 M3 出土的仓楼，二层，下层底部有四个圆形气孔，中上部有四个方窗。第二层正中有竖长方形门，左右各有

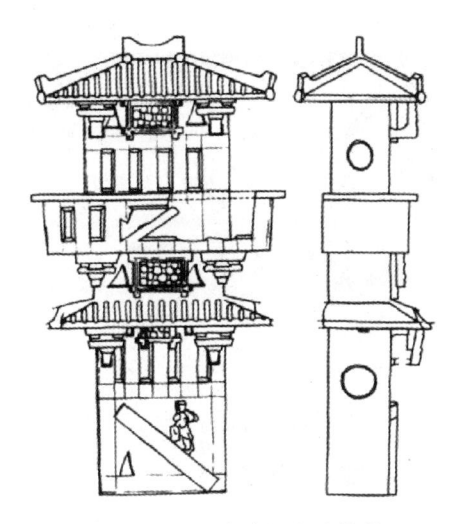

图 9—29　城角庄汉墓陶楼②

图 9—30　西龙贵汉代陶楼③

---

① 孙机：《汉代物质资料图说》，第 208 页。
② 采自石家庄市文物保护研究所《石家庄市城角庄汉墓》，《文物春秋》2007 年第 6 期。
③ 采自四川大学历史文化学院考古系、上海大学艺术研究院美术考古研究中心等《河北鹿泉西龙贵汉代墓葬》，《考古学报》2013 年第 1 期。

一方形气窗。通高61.2厘米，没有负米者和楼梯（图9—31）。还有比之更简易的，像鹿泉西龙贵M5陶楼，平顶平底，只有三个象征斗栱的装饰，另有三个孔，象征气窗（图9—32）。

图9—31　肖家营陶楼①

图9—32　西龙贵汉代陶楼②

---

① 采自河北省文物研究所、石家庄市文物研究所《河北石家庄肖家营汉墓发掘报告》，河北省文物研究所编：《河北省考古文集（三）》，科学出版社2007年版，图版三。

② 采自《石家庄元氏、鹿泉墓葬发掘报告》，图版52—1。

2. 仓房

仓与廪都用于储藏，但如上文提到的，仓是用来"谷藏"的。《释名·释宫室》："藏也，藏谷物也。"① 谷物为原粮，价格比不上舂好的米，所以仓多为平房。石家庄地区的考古发掘中出土有不少这样的仓房。这些仓房从外形上看与普通民宅很相似，面阔一间、二间、三间，平面为长方形。但是，与普通民房不同的是门开在中部，而不是底部，有的底部还有明显的台基（图9—33），应该是出于防潮防雨的目的。仓的门、窗一般较小，推测应与仓库的密封保存相关。有的甚至正面墙体没有窗户。比如西龙贵M15平房式仓房，房正面中部有一长方形门，没有窗户（图9—34）。两侧墙上各一个小梯形窗，地面有两个圆形孔。这样的圆形孔应是气洞，与高处的小窗形成对流，便于通风、防潮。由此也可见古人关于仓的建筑设置的科学性。

图9—33 正定野头陶仓②

3. 圈厕

圈厕其实是一种建筑的两种功用，即猪圈和厕所。秦汉社会的宅厕

---

① （汉）刘熙撰，（清）毕沅疏证，王先谦补：《释名疏证补》，第192页。
② 采自辽宁文物考古研究所《河北正定野头墓地发掘简报》，《文物》2012年第1期。

图 9—34　西龙贵汉代仓房①

有的建在室内，多见于南方干栏式建筑②；有的在室外，独立存在③；有的则是与猪圈建在一处。目前石家庄地区出土的建筑明器圈厕，有的叫作圈厕④，有的叫作圂⑤，有的叫作溷⑥。《说文·囗部》："圂，豕厕也。"⑦ 笔者翻检所有石家庄地区汉墓发掘报告，发现不管是称作圈，还是称作溷，其实都是将厕所与猪圈建在一起的建筑。比如说殷村汉墓考古发掘报告汇总随葬品，提及"圈"5 件。其中 M4 的描述是"呈倒八字形，周围有高起的围墙，柄部黏接一长方形斜坡踏道"⑧。仔细观察 M4 的彩图，发现在斜坡踏道的上端是一个厕所的蹲坑，与猪圈相通（图 9—35）。

因为是平民墓，殷村 M4 圈厕应属于简陋型。肖家营汉墓的墓主为侯

---

① 采自四川大学历史文化学院考古系、上海大学艺术研究院美术考古研究中心等《河北鹿泉西龙贵汉代墓葬》，《考古学报》2013 年第 1 期。

② 广西壮族自治区文物工作队：《广西北海市盘子岭东汉墓》，《考古》1998 年第 11 期。广州市文物管理委员会：《广州南郊南石头西汉木椁墓清理简报》，《文物参考资料》1955 年第 8 期。

③ 河南省文化局文物工作队：《河南桐柏万岗汉墓的发掘》，《考古》1990 年第 8 期；朱土生：《浙江龙游县东华山汉墓》，《考古》1993 年第 4 期。

④ 四川大学历史文化学院考古系、上海大学艺术研究院美术考古研究中心等：《河北鹿泉西龙贵汉代墓葬》，《考古学报》2013 年第 1 期。

⑤ 南水北调中线干线工程建设管理局、河北省南水北调工程建设组办公室、河北省文物局编著：《石家庄元氏、鹿泉墓葬发掘报告》，第 120 页。

⑥ 河北省文物研究所石家庄市文物研究所：《河北石家庄肖家营汉墓发掘报告》，河北省文物研究所编：《河北省考古文集（三）》，第 92 页。

⑦ （汉）许慎撰，（清）段玉裁注：《说文解字注》，第 278 页下。

⑧ 南水北调中线干线工程建设管理局、河北省南水北调工程建设组办公室、河北省文物局编著：《石家庄元氏、鹿泉墓葬发掘报告》，第 24 页。

第九章　社会风俗文化　343

图 9—35　殷村 M4 圈厕①

爵身份的人，随葬品也相对丰富而精致。M3 所出圈厕，四周是矮墙，对角各有一个厕所。左下平台上是男厕，敞棚；右上角平台上是女厕，为庑殿顶的小屋，还有长方形门与斜坡踏道相连（图 9—36）。《史记·酷吏列传》曾记载郅都"尝从入上林，贾姬如厕，野彘卒入厕"②，郅都拒绝救贾姬。由此可见皇宫及其附属建筑中，厕所也是分男女的。

图 9—36　肖家营圈厕③

---

① 采自南水北调中线干线工程建设管理局、河北省南水北调工程建设组办公室、河北省文物局编著《石家庄元氏、鹿泉墓葬发掘报告》，彩图版 5—3。
② 《史记》卷一百二十二《酷吏列传》，第 3132 页。
③ 采自河北省文物研究所、石家庄市文物研究所《河北石家庄肖家营汉墓发掘报告》，河北省文物研究所编：《河北省考古文集（三）》，科学出版社 2007 年图版三。

值得注意的，这里所说的圈厕之圈一定是猪圈，而不是马、牛、羊的圈。饲养马的多称为"厩"、饲养牛的多称为"牢"。尽管饲养羊的也称作圈，但不与厕相连。出土实物中圈厕中也只有"猪"一种家畜。如城庄角汉墓里有卧猪一头，个头较大；石家庄北郊的柳新庄则是小陶猪一头。有的圈厕，还直接建有猪窝。西龙贵汉墓 M5 出土的圈厕，就由厕所、猪窝、猪圈组成，厕所与猪窝相通，猪窝与猪圈有门相通[①]。

民居的建筑明器中除了楼、仓、圈厕之外，还有灶和井，因在饮食风俗中已述及，这里不再赘述。

总之，秦汉社会的常山（恒山）、真定一带，深受大一统汉文化的影响，随葬器物自进入东汉以后，模型建筑明器的种类逐渐增加，形成了象征富裕农家生活缩影的明器群，楼、仓、灶、井等。这与其说是时人居住习俗的反映，不如说是时人对"有楼有房，有厨有仓，有猪狗鸡鸭"这样理想家居庭院的向往。

[①] 南水北调中线干线工程建设管理局、河北省南水北调工程建设组办公室、河北省文物局编著：《石家庄元氏、鹿泉墓葬发掘报告》，第 169 页。

参考文献

一 史料

（一）文献史料

《二十四史》，中华书局点校本。

《景印文渊阁四库全书》，（台湾）商务印书馆1986年影印本。

《文津阁四库全书》，商务印书馆2005年版。

北京图书馆古籍出版编辑组：《北京图书馆古籍珍本丛刊》，书目文献出版社1998年版。

李学勤主编：《十三经注疏（简体、横排）》，北京大学出版社1999年版。

（汉）董仲舒撰，（清）苏舆校证：《春秋繁露义证》，中华书局1992年版。

（汉）韩婴撰，许维遹校释：《韩诗外传集释》，中华书局1980年版。

（汉）刘熙撰，（清）毕沅疏证，王先谦补：《释名疏证补》，中华书局2008年版。

（汉）刘向集录：《战国策》，上海古籍出版社1998年版。

（汉）刘珍等撰，吴树平校注：《东观汉记校注》，中华书局2008年版。

（汉）陆贾撰，王利器校注：《新语校注》，中华书局1986年版。

（汉）王充撰，黄晖校释：《论衡校释》，中华书局1990年版。

（汉）王符著，（清）汪继培笺，彭铎校正：《潜夫论笺校正》，中华书局1985年版。

（汉）许慎撰，（清）段玉裁注：《说文解字注》，上海古籍出版社1988年版。

（汉）应劭撰，王利器校注：《风俗通义校注》，中华书局2001年版。

（吴）谢承等撰，周天游辑注：《八家后汉书辑注》，上海古籍出版社1986年版。

（晋）常璩撰，刘琳校注：《华阳国志校注》，巴蜀书社1984年版。

（东晋）袁宏撰、张烈点校：《后汉纪》，中华书局2002年版。

（梁）萧统编，（唐）李善注：《文选》，中华书局1977年版。

（北魏）郦道元著，陈桥驿校释：《水经注校释》，杭州大学出版社1999年版。

（唐）李吉甫撰，贺次君点校：《元和郡县图志》，中华书局1983年版。

（唐）陆德明撰：《经典释文》，上海古籍出版社2012年版。

（唐）欧阳询撰：《艺文类聚》，上海古籍出版社1982年版。

（宋）晁公武撰，孙猛校证：《郡斋读书志校证》，上海古籍出版社1990年版。

（宋）洪迈撰：《容斋随笔·容斋续笔》，中华书局2005年版。

（宋）乐史撰：《太平寰宇记》，中华书局2007年版。

（宋）黎靖德编：《朱子语类》，中华书局1986年版。

（宋）李昉等撰：《太平御览》，中华书局1960年版。

（宋）欧阳修撰：《欧阳修全集》，中华书局2001年版。

（宋）司马光编著：《资治通鉴》，中华书局1956年版。

（宋）郑樵撰：《通志》，中华书局1995年版。

（清）陈立撰：《白虎通疏证》，中华书局1994年版。

（清）顾炎武撰，黄汝城集解：《日知录集解》，上海古籍出版社2006年版。

（清）顾祖禹撰：《读史方舆纪要》，中华书局2005年版。

（清）郭尚先：《芳坚馆题跋》，新会梁氏藏书屋1890年版。

（清）刘宝楠撰：《论语正义》，中华书局1980年版。

（清）马骕撰：《绎史》，中华书局2002年版。

（清）皮锡瑞：《经学通论》，中华书局1954年版。

（清）沈德潜选：《古诗源》，中华书局1963年版。

（清）孙希旦撰：《礼记集解》，中华书局1989年版。

（清）孙诒让撰：《墨子闲诂》，中华书局2001年版。

（清）孙诒让撰：《周礼正义》，中华书局1987年版。

（清）唐晏：《两汉三国学案》，中华书局1986年版。
（清）王先谦撰：《庄子集解》，中华书局2012年版。
（清）王先慎撰：《韩非子集解》，中华书局1998年版。
（清）章学诚著，叶锳校注：《文史通义校注》，中华书局1985年版。
（清）朱彬编：《礼记训纂》，中华书局1996年版。
陈直：《汉书新证》，天津人民出版社1979年版。
邓安生校注：《蔡邕集编年校注》，河北教育出版社2002年版。
屈守元笺疏：《韩诗外传笺疏》，巴蜀书社2012年版。
王季思主编：《全元戏剧》，人民文学出版社1990年版。
王叔岷撰：《史记斠证》，中华书局2007年版。
姚奠中主编：《元好问全集》，山西人民出版社1990年版。
中华书局编辑部点校：《全唐诗（增订本）》，中华书局1999年版。
周绍良主编：《全唐文新编》，吉林文史出版社2000年版。

（二）简牍、碑刻、画像石等史料

（宋）洪适撰：《隶释　隶续》，中华书局1986年版。
陈伟主编：《里耶秦简牍校释（第一卷）》，武汉大学出版社2012年版。
北京鲁迅博物馆编：《鲁迅藏拓本全集·砖文卷Ⅱ》，西泠印社出版社2016年版。
杜香文：《元氏封龙山汉碑群体研究》，文物出版社2002年版。
甘肃简牍保护研究中心甘肃省文物考古研究所等编：《肩水金关汉简》（壹），中西书局2011年版。
甘肃省文物考古研究所等编：《居延新简·甲渠候官与第四燧》，文物出版社1990年版。
高文：《汉碑集释》（修订本），河南大学出版社1985年版。
李贵龙、王建勤主编：《绥德汉代画像石》，陕西人民美术出版社2001年版。
李林、康兰英、赵力光：《陕北汉代画像石》，陕西人民出版社1995年版。
李子孺：《元氏封龙山汉碑研究》，河北人民出版社2017年版。
睡虎地秦墓竹简整理小组编：《睡虎地秦墓竹简》，文物出版社1990年版。

谢桂华、李均明、朱国炤：《居延汉简释文合校》，文物出版社1987年版。

徐玉立主编：《汉碑全集》，河南美术出版社2006年版。

俞伟超、信立祥主编：《中国画像砖全集》，四川美术出版社2006年版。

张德芳主编：《居延新简集释》，甘肃文化出版社2016年版。

张家山二四七号汉墓竹简整理小组编著：《张家山汉墓竹简（二四七号墓）》（释文修订本），文物出版社2006年版。

中国文物研究所等编：《新中国出土墓志·河北壹》，文物出版社2004年版。

（三）地方志、地方史类

安作璋、王志民主编：《齐鲁文化通史》，中华书局2014年版。

程鸿飞主编：《河北地名文化志》，当代中国出版社2007年版。

当阳市地方志编纂委员会：《当阳县志》，中国城市出版社1992年版。

高英民：《石家庄文物大观》，新华出版社1992年版。

韩盼山、李远杰：《河北名人小传》，河北人民出版社1984年版。

河北省地方志编纂委员会办公室整理点校：《河北通志稿》，北京燕山出版社1993年版。

河北省地方志编纂委员会编：《河北市县概况》，内部发行，1986年。

河北省正定县地方志编纂委员会编：《正定县志》，中国城市出版社1992年版。

河北省政协文史资料委员会编：《河北历史名人传》，河北人民出版社1997年版。

胡克夫、杜荣泉主编：《燕赵文化史稿》，河北教育出版社2013年版。

梁勇、杨俊科：《石家庄史志论稿》，河北教育出版社1988年版。

梁勇主编：《石家庄通史（古代卷）》，河北人民出版社2010年版。

鹿泉市史志编纂委员会编：《获鹿县志》，中国档案出版社1998年版。

秦进才：《燕赵历史文献研究》，中华书局2005年版。

石家庄市长安区志编纂委员会编：《石家庄市长安区志（1991—2005）》，新华出版社2010年版。

石家庄政协文史资料研究委员会等编：《石家庄风物志》，内部发行，1995年。

孙万勇主编：《石家庄历史名人》，河北人民出版社 2008 年版。
王长华主编：《河北文学通史》，科学出版社 2010 年版。
严兰绅主编：《河北通史》，河北人民出版社 2000 年版。
袁行霈、陈进玉主编：《中国地域文化概览》，中华书局 2014 年版。
张京华：《燕赵文化》，辽宁出版社 1995 年版。
赵明信：《历史上的石家庄》，方志出版社 2004 年版。
赵县地方志编纂委员会：《赵州志校注》，1985 年版。
赵新月：《开国第一城：石家庄》，中国青年出版社 2009 年版。
政协石家庄市委员会编：《石家庄城市发展史》，中国对外翻译出版公司 2000 年版。
政协石家庄市委员会编：《石家庄建筑精览》，中国对外翻译出版公司 2000 年版。
政协石家庄市委员会编：《石家庄历史名人》，中国对外翻译出版公司 2000 年版。
政协石家庄市委员会编：《石家庄民俗文化》，中国对外翻译出版公司 2000 年版。
政协石家庄市委员会编：《石家庄名村名镇》，中国对外翻译出版公司 2000 年版。
政协石家庄市委员会编：《石家庄文物名胜》，中国对外翻译出版公司 2000 年版。
政协石家庄市委员会编著：《石家庄历史文化精华》，中国对外翻译出版公司 1997 年版。
周文夫、周振国主编：《影响中国历史进程的河北名人》，河北大学出版社 2006 年版。
（明）周应中修，杨芳纂：《真定县志校注》，山西人民出版社 1992 年版。
《中国地方志集成·河北府县志辑》，上海书店出版社 2006 年版。

二 引用著述

［日］白鸟库吉：《东胡民族考》，方壮猷译，商务印书馆 1934 年版。
曾大兴：《文学地理学研究》，商务印书馆 2012 年版。
陈苏镇：《两汉魏晋南北朝史探幽》，北京大学出版社 2013 年版。

陈文华编著：《中国农业考古图录》，江西科学技术出版社1994年版。
丁原明：《黄老学论纲》，山东大学出版社1997年版。
樊英峰主编：《丝路胡人与唐代文化交流学术讨论会论文集》，三秦出版社2008年版。
冯友兰：《中国哲学史》，华东师范大学出版社2011年版。
龚鹏程：《汉代思潮》，商务印书馆2008年版。
龚书铎总主编：《中国文化发展史》，山东教育出版社2013年版。
古山月编著：《读古人学做事》，中国书籍出版社2010年版。
顾颉刚：《史林杂识初编》，中华书局1963年版。
郭沫若：《郭沫若全集》，人民出版社1982年版。
汉宝德：《斗栱的起源与发展》，台湾明文书局1988年版。
何艳杰、曹迎春等：《鲜虞中山国史》，科学出版社2011年版。
河北省文物研究所、鹿泉市文物保管所编著：《高庄汉墓》，科学出版社2006年版。
河北省文物研究所编著：《河北考古重要发现（1949—2009）》，科学出版社2011年版。
［德］黑格尔：《美学》，朱光潜译，商务印书馆1981年版。
后晓荣：《秦代政区地理》，社会科学文献出版社2009年版。
湖南省博物馆、中国社会科学院考古所编：《长沙马王堆一号汉墓》，文物出版社1973年版。
华人德：《中国书法史·两汉卷》，江苏教育出版社2002年版。
黄寿祺、张善文编：《周易研究论文集（第一集）》，北京师范大学出版社1987年版。
黄晓芬：《汉墓的考古学研究》，岳麓书社2003年版。
金春峰：《汉代思想史》，中国社会科学出版社1987年版。
李晓杰：《东汉政区地理》，山东教育出版社1999年版。
李学勤：《简帛佚籍与学术史》，江西教育出版社2001年版。
李学勤：《周易溯源》，巴蜀书社2006年版。
李玉洁编著：《儒学与中国政治》，科学出版社2010年版。
林通雁主编：《中国陵墓雕塑全集·东汉三国卷》，陕西人民出版社2009年版。

刘跃进：《秦汉文学地理与文人分布》，中国社会科学出版社2012年版。
刘云虹主编：《中国传统政治思想》，河海大学出版社2001年版。
刘正成：《中国书法全集·秦汉刻石》，荣宝斋出版社2005年版。
梅新林：《中国古代文学地理形态与演变》，复旦大学出版社2006年版。
南水北调中线干线工程建设管理局、河北省南水北调工程建设领导小组办公室、河北省文物局编著：《常山郡元氏故城南程墓地》，科学出版社2014年版。
南水北调中线干线工程建设管理局、河北省南水北调工程建设组办公室、河北省文物局编著：《石家庄元氏、鹿泉墓葬发掘报告》，科学出版社2014年版。
［日］内野熊一郎：《汉初经学书的研究》，清水书店1942年版。
彭松：《中国舞蹈史》，文化艺术出版社1984年版。
彭卫、杨振红：《中国风俗通史（秦汉卷）》，上海文艺出版社2002年版。
任继愈主编：《中国哲学发展史（秦汉）》，人民出版社1985年版。
施和金撰：《北齐地理志》，中华书局2008年版。
孙机：《汉代物质资料图说》，文物出版社1991年版。
孙机：《中国古舆服论丛》，文物出版社2001年版。
谭其骧：《长水集（上）》，人民出版社1987年版。
谭其骧：《长水集续编》，人民出版社1994年版。
谭其骧主编：《中国历史地图集》，中国地图出版社1982年版。
汤池主编：《中国陵墓雕塑全集·西汉卷》，陕西人民出版社2009年版。
王葆玹：《今古文经学新论》，中国社会科学出版社1987年版。
王博、祁小山：《丝绸之路草原石人研究》，新疆人民出版社1996年版。
王国维：《观堂集林》，河北教育出版社2001年版。
王蘧常：《秦史》，上海古籍出版社2000年版。
王文锦：《古学经子》，华夏出版社1996年版。
王仲荦撰：《北周地理志》，中华书局1980年版。
西安市文物考古研究所编著：《西安东汉墓》，文物出版社2008年版。
夏征农、陈至立主编：《辞海》第六版彩图本，上海辞书出版社2009年版。
［日］狩野直祯：《三国智慧的启示》，杨耀禄、李星译，兰州大学出版社

1990年版。

辛德勇:《秦汉政区与边界地理研究》,中华书局2009年版。

新疆维吾尔自治区文物局编:《新疆维吾尔自治区第三次全国文物普查成果集成:新疆草原石人与鹿石》,科学出版社2011年版。

熊铁基:《秦汉新道家》,上海人民出版社2001年版。

徐复观:《两汉思想史》,华东师范大学出版社2002年版。

袁延胜:《中国人口通史(东汉卷)》,人民出版社2007年版。

臧知非:《秦汉土地赋役制度研究》,中央编译出版社2017年版。

张涛:《经学与汉代社会》,河北人民出版社2001年版。

赵国华:《生殖崇拜文化论》,中国社会科学出版社1990年版。

周晓陆、路东之:《秦封泥集》,三秦出版社2000年版。

周振鹤:《西汉政区地理》,人民出版社1987年版。

周振鹤:《学腊一十九》,山东教育出版社1999年版。

周振鹤等:《中国历史文化区域研究》,复旦大学出版社1997年版。

朱启新:《看得见的古人生活》,中华书局2012年版。

三 引用论文

安春华、刘子萌:《安舍:家舍安宁的老村——寻访河北古村古镇(四十八)》,《当代人》2012年第6期。

安作璋、刘德增:《齐鲁博士与两汉儒学》,《史学月刊》2001年第1期。

包桂红:《从"萨满"思想解读亚欧草原石人及其手中杯》,《世界宗教文化》2013年第5期。

北京市文物工作队:《北京西郊白云观遗址》,《考古》1963年第3期。

岑仲勉:《伊兰之胡与匈奴之胡》,林幹编:《匈奴史论文选集》,中华书局1983年版。

车广锦:《中国传统文化论——关于生殖崇拜和祖先崇拜的考古学研究》,《东南文化》1992年第5期。

陈松长:《岳麓书院藏秦简中的郡名略考》,《湖南大学学报》2009年第2期。

陈苏镇:《东汉今古文学的变化、兴衰与合流》,《儒家典籍与思想研究》,北京大学出版社2009年版。

陈苇：《从居室墓和石雕像看兴隆文化的祖先崇拜》，《内蒙古文物考古》2008年第1期。

陈勇：《〈史记〉所见"胡"与"匈奴"称谓考》，《民族研究》2005年第6期。

承德地区文物保管所、滦平县博物馆：《河北滦平县后台子遗址发掘简报》，《文物》1994年第3期。

冯晓虎：《中国性格》，《青年博览》2009年第10期。

顾英华、周巧燕：《略论南阳汉墓中的"胡人"形象文物》，《中原文物》2012年第3期。

广西壮族自治区文物工作队：《广西北海市盘子岭东汉墓》，《考古》1998年第11期。

广州市文物管理委员会：《广州南郊南石头西汉木椁墓清理简报》，《文物参考资料》1955年第8期。

郭大顺、张克举：《辽宁省喀左县东山嘴红山文化建筑群址发掘简报》，《文物》1984年第11期。

韩晓燕：《齐鲁士人与两汉地方教化》，《山东师范大学学报》2010年第1期。

郝杰：《河南内黄三杨庄汉代聚落遗址第二处庭院复原初探》，《中华民居》2014年第1期。

郝明朝：《〈礼记·乐记〉非〈王禹记〉考》，《中国文化研究》2004年第3期。

何慕：《秦代政区研究》，复旦大学博士论文，2009年。

何星亮：《试论最早的生殖崇拜形式》，《社会科学研究》1992年第6期。

河北省文物管理处：《河北省平山县战国时期中山国墓葬发掘简报》，《文物》1979年第1期。

河北省文物管理委员会：《河北石家庄市赵陵铺镇古墓清理简报》，《考古》1959年第7期。

河北省文物管理委员会：《石家庄市北宋村清理了两座汉墓》，《文物》1959年第1期。

河北省文物研究所、石家庄市文物研究所：《河北石家庄肖家营汉墓发掘报告》，河北省文物研究所编：《河北省考古文集（三）》，科学出版社2007年版。

河北省文物研究所、鹿泉文物保管所：《鹿泉市北新城汉墓 M1 发掘简报》，河北省文物研究所编：《河北省考古文集（三）》，科学出版社 2014 年版。

河北省文物研究所、石家庄市文物管理所：《石太高速公路岳村铺墓葬发掘简报》，河北省文物研究所编：《河北考古文集》，东方出版社 1998 年版。

河北省文物研究所、石家庄市文物研究所、鹿泉文物保管所：《鹿泉市北新城汉墓 M2 发掘简报》，《文物春秋》2008 年第 5 期。

河北省文物研究所、邢台市文物管理处：《邢台曹演庄汉墓群发掘报告》，《文物春秋》1998 年第 4 期。

河北省文物研究所：《石家庄市后太保元代史氏墓群发掘简报》，《文物》1996 年第 9 期。

河南省文化局文物工作队：《河南桐柏万岗汉墓的发掘》，《考古》1990 年第 8 期。

河南省文物考古研究所、内黄县文物保护管理所：《河南内黄三杨庄汉代聚落遗址第二处庭院发掘简报》，《华夏考古》2010 年第 3 期。

河南省文物考古研究所等：《河南内黄县三杨庄汉代庭院遗址》，《考古》2004 年第 7 期。

胡家祥：《〈易传〉中的"易简"新释——兼谈"易简天下之理得"》，《周易研究》2007 年第 5 期。

胡建军：《"齐诗"源流考》，《聊城大学学报》2008 年第 2 期。

胡平生：《阜阳汉简〈年表〉整理札记》，《文物研究（第七辑）》，黄山书社 1991 年版。

黄展岳：《汉代人的饮食生活》，《先秦两汉考古论丛》，科学出版社 2008 年版。

李零：《翁仲考》，《入山与出塞》，文物出版社 2004 年版。

李胜伍、郭书春：《石家庄东汉墓及其出土的算筹》，《考古》1982 年第 3 期。

李淑芹：《柏乡汉代石人释考》，《文物春秋》2006 年第 5 期。

李小俊、王海东：《论封龙山文化精神的包融性》，《现代国企研究》2016 年第 2 期。

李禹阶:《陆贾"新无为"论探析——论汉初新儒家的援道入儒思想》,《中华文化史论坛》2003年第1期。

李征:《阿勒泰地区石人墓调查简报》,《文物》1962年第7、8期。

李知恕:《论〈韩诗外传〉的黄老思想》,《社会科学研究》2002年第2期。

辽宁省文物考古研究所:《河北正定野头墓地发掘简报》,《文物》2012年第1期。

辽宁文物考古研究所:《河北正定野头墓地发掘简报》,《文物》2012年第1期。

林沄:《古人的坐姿和坐具》,《中国典籍与文化》1993年第1期。

刘光胜:《汉初易学传流管窥》,《甘肃理论学刊》2009年第1期。

刘茜:《汉代画像石中叠人造像的意义》,《文艺争鸣》2012年第12期。

刘玉民:《汉初儒、道融合与互黜新探》,《安庆师范学院学报》2005年第3期。

卢兆荫:《试论两汉的玉衣》,《考古》1981年第1期。

卢兆荫:《再论两汉的玉衣》,《文物》1989年第10期。

罗二虎:《中国西南汉代画像内容分类》,《四川大学学报》2002年第1期。

罗平:《磁山遗址农业生产初探》,河北省文物考古学会等编:《磁山文化论集》,河北人民出版社1989年版。

马志祥:《汉代陶楼小议》,《文博》1991年第1期。

蒙传铭:《周易成书年代考》,黄寿祺、张善文编:《周易研究论文集(第一集)》,北京师范大学出版社1987年版。

孟繁峰:《谈新发现的史氏残谱及史氏元代墓群》,《文物春秋》1999年第1期。

孟繁峰:《谈新发现的史氏残谱及史氏元代墓群(续)》,《文物春秋》1999年第4期。

南京博物院:《铜山小龟山西汉崖洞墓》,《文物》1973年第4期。

彭裕商:《禅让说源流及学派兴衰——以竹书〈唐虞之道〉、〈子羔〉、〈容成氏〉为中心》,《历史研究》2009年第3期。

秦进才:《常山太傅韩婴籍贯初探》,《石家庄学院学报》2016年第1期。

任利：《河北正定与临城争夺赵云故里 两地大兴土木》，《河北青年报》2010年3月18日。

沈刚：《东汉碑刻所见地方官员的祠祀活动》，《社会科学战线》2012年第7期。

沈刚：《东汉分封诸侯王问题探讨》，《咸阳师范学院学报》2011年第5期。

石家庄市图书馆文物考古小组：《河北石家庄市北郊西汉墓发掘简报》，《考古》1980年第1期。

石家庄市文保所：《石家庄发现汉代石雕裸体人像》，《文物》1988年第5期。

石家庄市文物保管所：《石家庄市北郊东汉墓》，《考古》1984年第9期。

石家庄市文物保管所：《石家庄市郊陈村明代壁画墓清理简报》，《考古》1983年第10期。

石家庄市文物保护研究所：《石家庄市城角庄汉墓》，《文物春秋》2007年第6期。

石家庄文物保管所：《石家庄北郊东汉墓》，《考古》1984年第9期。

石宁：《汉阳陵出土的仓和西汉的仓》，《农业考古》2016年第1期。

四川大学历史文化学院考古系、上海大学艺术研究院美术考古研究中心等：《河北鹿泉西龙贵汉代墓葬》，《考古学报》2013年第1期。

苏红燕：《东汉经学传授与特点述论》，山东大学博士学位论文，2013年。

孙贯文、赵超：《从出土印章看两处墓葬的墓主等问题》，《考古》1981年第4期。

孙少华：《汉代黄老思想的学术生态及对儒学的影响》，《诸子学刊》2012年第2期。

汤池：《西汉石雕牵牛织女辨》，《文物》1979年第2期。

唐云明：《河北商代农业考古概述》，《农业考古》1982年第1期。

唐云明：《河北新石器时代遗址农业考古概述》，《农业考古》1989年第1期。

王柏中：《汉代祭祀财物管理问题试探》，《鞍山师范学院学报》1999年第1期。

王博、祁小山：《新疆石人的类型分析》，《西域研究》1995年第4期。

王德庆：《苏州北郊汉代水井群清理简报》，《考古》1993年第3期。

王海航：《石家庄市东岗头村发现汉墓》，《考古》1965年第12期。

王海涛：《两尊汉代石人考》，《河北画报》2010年第8期。

王海涛：《毗卢寺的汉代石人》，《当代人》2010年第9期。

王华权《高丽藏本〈一切经音义〉引〈韩诗〉考探》，《宁夏大学学报》（人文社会科学版）2011年第6期。

王鲁昌：《论彩陶纹"×"和"米"的生殖崇拜内涵——兼析生殖崇拜与太阳崇拜的复合现象》，《中原文物》1994年第1期。

王巧莲、范瑞平、刘友恒：《河北省无极县东汉墓出土陶器》，《文物》2002年第5期。

王子今：《汉世"胡奴"考》，《四川文物》2010年第3期。

王子今：《秦汉时期齐鲁文化的风格与儒学的西渐》，《齐鲁学刊》1998年第1期。

吴洪成：《封龙山与河北古代书院》，《教育实践与研究》2012年第2期。

咸阳地区文管会等：《陕西茂陵一号无名冢丛葬坑的发掘》，《文物》1982年第9期。

咸阳秦都考古工作队：《咸阳长陵一带考古调查》，《考古与文物》1985年第3期。

谢模楷：《东汉儒学变化对文学的影响》，《文艺评论》2012年第6期。

信立祥：《西汉废帝海昏侯刘贺墓考古发掘的价值及意义略论》，《南方文物》2016年第3期。

徐龙国：《山东发现的汉代大型胡人石雕像再研究》，《美术研究》2017年第3期。

许跃彬：《东垣古城或将省会历史提早2000年》，《石家庄日报》2008年4月24日。

杨爱国：《汉画像石中的庖厨图》，《考古》1991年第11期。

杨甫旺：《"卍"符号与生殖崇拜初探》，《四川文物》1998年第1期。

野黎明：《石家庄市毗卢寺西汉石雕人像艺术研究》，河北师范大学硕士学位论文，2009年。

尤佳：《汉晋绍封制度论考》，《中华文化史论丛》2014年第3期。

俞伟超：《考古学上的汉文化问题》，《古史的考古学探索》，文物出版社

2002年版。

张鹤泉:《汉碑中所见东汉时期的山岳祭祀》,《河北学刊》2011年第1期。

张怀兵:《石家庄封龙文化价值研究》,《大家》2010年第14期。

张怀通:《先秦时期的山川崇拜》,《河北师院学报(社会科学版)》1997年第2期。

张莉:《秦郡再议》,《历史地理(第二十九辑)》,上海人民出版社2014年版。

张涛:《汉初易学的发展》,《文史哲》1998年第2期。

张童心、王斌:《河北元氏龙正遗址与汉常山郡(国)考古》,《中国考古学会第十五次年会论文集》,文物出版社2012年版。

张艳秋、曹铁宏:《生殖崇拜雕塑——古代人类自身生产思维的物化形式》,《内蒙古文物考古》2001年第2期。

赵国华:《生殖崇拜文化略论》,《中国社会科学》1988年第1期。

郑岩:《安丘董家庄汉墓立柱雕刻图像考》,山东大学历史系考古教研室编《纪念山东大学考古专业创建20周年文集》,山东大学出版社1992年版。

郑岩:《汉代艺术中的胡人形象》,中山大学艺术学研究中心编《艺术史研究(第一辑)》,中山大学出版社1999年版。

钟肇鹏:《谶纬与齐文化》,《管子学刊》1993年第3期。

周书灿:《中国早期四岳、五岳地理观念析疑》,《浙江学刊》2012年第4期。

周晓陆、孙闻博:《秦封泥与河北古史研究》,《文物春秋》2005年第5期。

周彦平:《小安舍的汉代石雕人像》,《乡音》1998年第1期。

朱浒:《山东地区汉代胡人石像研究》,《贵州大学学报(艺术版)》2013年第1期。

朱土生:《浙江龙游县东华山汉墓》,《考古》1993年第4期。